# 역사문헌교독법

고전적정리이론총서 006

# 역사문헌교독법

장순휘張舜徽 지음 | 오항녕 옮김

한국고전번역원

## 일러두기

1. 이 책은 2004년 화중사범대학출판사(華中師範大學出版社)에서 간행한 장순휘(張舜徽)의 《중국고대사적교독법(中國古代史籍校讀法)》을 번역한 것이다.
2. 독자의 이해를 돕기 위하여 원서의 편집 체제를 일부 수정하였다.
3. 본문과 인용문에서 저자가 괄호로 제시한 보충설명 및 원주(原註)는 소자(小字)로 처리하였다.
4. 중국 인명은 우리말 한자음으로, 일본 인명은 일본식 발음으로 표기하였다.
5. 맞춤법과 띄어쓰기는 한글 맞춤법과 표준어 규정에 따르는 것을 원칙으로 하였다.
6. 이 책에서 사용한 표점부호는 한국고전번역원 원칙을 준용하였다.

차례

# 서문

과거의 적지 않은 학자들이 중국의 문화유산을 정리하면서 경(經)·사(史)·자(子)·집(集)이라는 옛 범주에 좁게 얽매인 채 그런 태도를 떨쳐 버리려고 하지 않았다. 피차간에 경계가 있고 각각 전공 범위가 정해져 있었던 셈이다. 심지어 경학(經學)을 연구하는 자는 평생 하나의 경서만 연구하고, 문학을 연구하는 자는 평생 하나의 문집만 연구하면서 굳이 다른 것에 관여하지 않았다.

학술을 분과학문별로 전공하는 관점으로 보면 당연히 그들은 한 분야를 깊이 연구하였기 때문에 좋은 성과를 낼 수 있었다. 그렇지만 이런 태도는 오히려 좋지 않은 결과를 야기하는 경우도 적지 않았다. 학문에 널리 정통했던 과거 학자들은 모두 이런 편협한 연구 방법에 대해 이미 지적하였다. 기실 이른바 경·사·자·집의 분류는 서적의 발달이 날로 번다해지던 시대에 편목(編目)을 편리하게 만들어 같은 종류끼리 배열함으로써 찾는 데 쉽게 한 것일 뿐이다. 선인들이 글을 쓸 때 언제 경·사·자·집 같은 구별이 있었겠는가. 이 문제는 《중국역사요적개소(中國歷史要籍介紹)》 제1장에 상세하다.[1]

오늘날 우리는 헤아릴 수 없을 정도로 많은 경·사·자·집, 이른바 사부(四部)의 책을 만나게 되는데, 역사를 서술하거나 편찬할 때 이 모든 것을 자료로 다루기 위해서는 비판적으로 서로를 비교하고 활용한다. 경학 서적은 모

1 이 문제는……상세하다 : 《중국역사요적개소(中國歷史要籍介紹)》는 1955년 간행되었다. 장순휘는 이 책 제1장에서 경 · 사 · 자 · 집의 분류가 한나라 이후에 서서히 형성된 분류 체계라고 설명했다. 이 책을 수정하여 1979년에 출간한 책이 《중국고대사적거요(中國古代史籍擧要)》이다. 《중국고대사적거요》와 《중국고대사적교독법》을 합쳐 화중사범대학출판사(華中師範大學出版社)에서 2004년에 '장순휘집(張舜徽集)'이란 이름으로 출간되었다.

두 고대사의 중요한 자료이거니와, 제자백가(諸子百家)의 서적은 말할 나위 없이 사상이나 학설을 연구하는 데 기본적으로 읽어야 할 대상이다. 역대 문집, 필기(筆記)의 경우는 보존된 사료 가운데 그 양이 가장 많다. 그러니 오늘날 중국 역사를 연구할 때 읽어야 할 책은 참으로 풍부하다.

이렇게 많은 서적을 어떻게 읽어야 할까? 만약 착오가 있는 판본을 주의해서 읽지 않는다면 이동(異同)이 있거나 잘못하여 빠진 문자 때문에 역사 사실의 진상(眞相)에 영향을 끼칠 수 있다. 그러므로 책을 읽을 때에는 무엇보다 교감에 주의해야 한다. 교감은 어떠한 방법으로 해야 하며 교감에 필요한 기본 조건은 무엇인가, 이것이 고대 역사 서적을 읽기 전에 시급히 해결해야 하는 중요한 문제이다.

나는 1955년에 《중국역사요적개소》라는 책을 한 권 썼는데, 이 책은 비교적 중요한 저술이지만 개괄적인 평론과 해설을 내용으로 한다. 많은 동학들이 쉴 새 없이 편지를 보내, 독서 방법에 관련된 부분의 논의가 너무 소략하니 계속 여러 사적(史籍)에 대한 교독(校讀) 방법과 경험을 소개해야 한다고 지적했다. 내가 이 《중국고대사적교독법(中國古代史籍校讀法)》을 쓰려고 마음먹은 이유도 원래 이와 같은 주위의 요구에 부응하려는 것이었다. 앞의 책과 서로 번갈아 보완하면서 이용하기 바란다.

15년 전에 나는 《광교수략(廣校讎略)》장의헌(壯議軒)에서 간행한 판본이다.을 썼는데, 정초(鄭樵)의 《통지(通志)》 〈교수략(校讎略)〉[2]의 체제를 바

2 정초(鄭樵)의 통지(通志) 교수략(校讎略) : 정초는 중국 송나라 때 역사학자이자 목록학자이다. 자는 어중(漁仲)이다. 남송(南宋) 흥화군(興化軍) 보전(莆田) 사람으로, 세상에서 협제선생(夾漈先生)이라고 불렀다. 약 80여 종의 저술이 있는데, 《통지》는 정초의 대표적 저술이다. 여기에 권25 〈씨족략(氏族略)〉부터 권76 〈곤충초목략(昆蟲草木略)〉까지 정사(正史)의 서(書)와 지(志)를 종합한 이른바 20략 52권이 있다. 〈교수략〉은 권71에 해당한다. 20략은 고대부터 당나라까지 각종 정치·경제·문화·사회 제도를 집성했기 때문에 전장(典章) 연구에 참조할 수 있으나, 두우(杜佑)의 《통전(通典)》에 비해 내용이 떨어진다는 평가도 있다. 《四庫大辭典, 吉林大學出版社, 1996》

탕으로 학술 분류나 저작 격식과 아울러 목록·교감·변위(辨僞 진위 판별)·집일(輯佚 일서(佚書) 수집) 등 다방면의 문제를 주로 논의했다. 당시 이 책은 문언문(文言文)[3]으로 집필했고, 논의 대상별로 주제를 잡았으며 주제별로 서로 연관된다. 모두 100편이다. 지금 보면 그 가운데 보잘것없는 내용도 있지만, 어리석은 사람의 천 가지 생각 중에 하나라도 건질 것이 있다고 양해해 주기 바란다. 이번에는 비교에 적합한 자료를 선택하여 한 걸음 더 나아간 보충과 분석을 시도하여 이 책을 썼다.

고서의 교독에 대해 논의하자면, 한당(漢唐)의 여러 학자가 이미 후학을 위하여 길을 닦아 놓았다. 송(宋)나라 시대의 학자들이 교독에 가장 부지런했고, 청(淸)나라 학자들이 가장 정밀했다. 그렇지만 그들의 방법은 과거 시대의 것이고, 오늘날 우리는 선인(先人)의 단계에 머물러서는 안 된다. 선인들이 오랜 노력으로 얻어 낸 풍부하고 성공적인 경험과 장점에 더하여, 쓸모없는 것은 버리고 훌륭한 성과는 가져온다면 유용하고 가치 있는 내용을 적지 않게 발현할 수 있을 것이다. 모래를 헤치고 금을 가려내면 왕왕 보배를 발견할 수 있다는 말처럼, 그들의 성과를 전반적으로 부정하고 버려둘 까닭이 없다.

나는 이 책에서 선인들의 여러 학설을 널리 원용하였는데, 도리(道理)가 곧 그 안에 있다. 과거 학자들의 학술 정체성은 봉건사회 또는 부르주아 계급의 사상 체계와 유심주의(唯心主義)의 관점을 지닌다.[4] 그러나 고서 교독에 관하여 논의할 때 그들은 각고의 노력을 다하고 사실을 토대로 진리를 연구하는 실사구시(實事求是)의 태도를 견지했다. 오랜 세월의 감성과 인식

3 문언문(文言文) : 5·4운동 이전 고대 한문을 기초로 한 문언을 가리킨다.

4 과거……지닌다 : 역사가 생산력, 이성·자유·정의, 과학 등의 확대 또는 발달과 함께 진보하고, 이에 따라 세계사적으로 보편적 역사 발전 단계가 존재한다는 해석은 1958년 중국의 교조화된 마르크스주의를 전제로 이해해야 한다. 이런 역사관은 장순휘의 이 책 내용과 별로 상관이 없다.

과정을 통해서 풍부한 경험을 얻었고 다양한 방법을 창출했다. 더구나 이러한 방법과 경험은 모두 이미 규칙성이 있는 지식으로 정련되어 과학적이라고 할 수 있으며, 어떤 경우는 과학적 이론에 접근한 경우도 있어 오늘날에도 여전히 참고할 가치가 있다.

이 책은 크게 통론(通論)·분론(分論 각론)·부론(附論 보론) 세 부분으로 이루어져 있다. 분론편이 상대적으로 많기 때문에 상하로 나누었으니, 책 전체는 4편이다. 제1편에서는 고서 교독의 기본 조건을 통론하고, 글자 이해에서 시작하여 판본 변별 과정에서 나타나는 여러 문제까지 다루었다. 제2편 분론 상에서는 교감이라는 측면에서 나타나는 문제만을 논의했다. 제3편 분론 하에서는 독서라는 측면에서의 문제만 논의했다. 제4편 부론에서는 변위와 집일의 측면에서 나타나는 문제를 다루었다. 연관된 문제들이 적지 않지만 여전히 사례만 들어 두었다. 미진한 부분은 앞으로 보충하고 수정하도록 하겠다.

1958년 1월 30일

무창(武昌)에서 장순휘(張舜徽)

제1편

# 통론 : 고대 사적 교독의 기본 조건

# 제1장 고대 서적을 읽기 위한 능력

## 제1절 문자의 이해

"책을 읽기 위해서는 반드시 글자를 먼저 알아야 한다."라는 말은 의심할 여지가 없다. 특히 중국의 고대사 서적은 대대로 전해 오는 오래된 경전(經典)과 주(周)나라에서 진(秦)나라에 걸친 제자백가의 저술을 포함하는데, 그중 대부분은 자주 접하지 못하는 고대 한자로 기록되어 있어 이것을 알지 못하면 근본적으로 독서를 할 수 없다. 진한(秦漢) 시대 이후의 서적은 비교적 이해하기 쉽지만, 많은 곳에서 고자(古字) 그대로의 의미를 사용하고 있으며 그것은 근세에 사용하는 글자와 의미가 상당히 다르다. 근저에서부터 속속들이 깊게 연구하지 않으면 책에서 말하는 원래 의미를 쉽게 깨달을 수 없다.

그러므로 '글자를 안다.〔識字〕'라는 것은 현재 중국 고대사를 연구하는 학자들이 해결해야 할 문제임은 물론 마땅히 힘써 익혀야 하는 과제이기도 하다. 바로 세계사에 뜻을 두고 깊이 연구하는 사람들이 반드시 외국 말과 문자를 습득하는 것을 기초로 삼아 원문의 본령을 읽을 수 있게 된 뒤에야 연구에 깊이 들어갈 수 있는 것과 마찬가지이다.

글자를 아는 일을 과거 봉건시대 학자들은 '소학(小學)'이라고 일컬었으며, 경학(經學)에 종속된 분야로 간주하였다. 근래 수십 년 이래 이를 문자학이라고 일컫고 있으며, 전문 학과가 되었다. 넓은 의미에서 보면 문자학은 글자의 모양·소리·의미 세 부분을 포함한다. 따라서 각각의 한자는 모두 모양〔形〕·소리〔聲〕·뜻〔義〕의 삼자로 구성되어 있으며, 이는 분할할 수 없는 통일체이다.

근래 사람들은 더욱 정밀함을 추구한 나머지 이를 다시 문자학·음운학·훈고학 등 세 부문으로 나누었지만, 이 분야들은 실상 서로 의존적이며 연관되어 있다. 어떤 한 가지 전공을 깊이 연구하려면 매우 정밀한 분석을 마다하지 않아야 한다. 만일 고서를 읽는 데 편한 조건을 만들려고 한다면 곧 이 삼자의 종합은 운용될 때의 작용에서 표현된다는 점을 강조해야겠다. 그러므로 우리가 고대 사적을 더욱 잘 이해하기 위해서는 글자를 알려고 노력해야 하지만, 고문자 전문가의 목적이나 요구와는 다소 다를 수도 있다.

고대 한자는 수의 증가, 필획 또는 자형이 복잡해지는 규칙성을 띠면서 부단히 발전하였다. 1716년 청나라 강희(康熙) 55년 《강희자전(康熙字典)》[1]이 편찬되었을 때 이미 4만 2174자가 등록되었다. 200여 년이 지난 지금 계속 새로 많은 글자가 더해졌다. 한자의 글자 수로 볼 때 이미 너무 많다고 하겠다. 그렇지만 우리 보통 지식인이나 전문 학자들이 통상 머릿속에 알고 있거나 쓸 수 있는 한자는 불과 2, 3천 자이고, 더러 적게는 1500자만 알더라도 충분하다.

이는 한자의 쓰임이 변증법적이며 융통성이 있기 때문이다. 하나의 글자가 놓이는 부위가 다르면 함의에 변화가 일어날 뿐 아니라 독음(讀音) 또한 따라서 달라진다. 일부 지방에서는 본래의 뜻으로 쓰지만, 다른 지방에서는 본의에서 확장된 의미〔引申義〕나 빌려 온 의미〔假借義〕로 쓴다. 본의는 간단하지만 확장되거나 빌려 온 의미는 변화무쌍하여 한 글자가 7, 8자 또는 5, 6자의 뜻으로 사용되는 경우를 한자에서는 늘 볼 수 있다. 또한 몇몇 글자는 10여 글자를 대체하여 쓸 수도 있다. 이 때문에 사람들이 평소 기억하는 글자는 몇천 자이지만 몇만 자를 기억하는 것과 다를 바 없는 것이다.

1 강희자전(康熙字典) : 청나라 강희제의 명으로 장옥서(張玉書) 등 30명의 학자가 편찬한 중국 최대의 자전이다. 《설문해자(說文解字)》와 《옥편(玉篇)》을 기본으로 하여 역대의 자전을 집대성한 것으로 모두 4만 9030자를 수록하였으며, 강희 55년(1716)에 간행되었다. 총 42권 12집 119부이다.

하나의 글자가 몇 글자를 대체하여 사용되는 경우를 고대 역사서에서 자주 접할 수 있다. 그래서 우리는 중국 역사서의 사료를 읽을 때 특히 고대사와 관련된 원시 자료를 읽을 때 반드시 먼저 고대 한자의 본래 의미, 확장된 의미와 빌려 온 의미를 이해한 다음 비로소 매 글자의 원의를 분명히 판단하여야 글자를 잘못 알거나 잘못 읽지 않을 수 있다.

예를 들어 '제(齊)' 자는 전서(篆書)로 '[illegible]'라고 쓰는데, 이 글자의 최초 형태는 '[illegible]'이거나 '[illegible]'였다. 옛 금문(金文)과 새문(璽文) 즉 인문(印文)의 두 형태가 있다. 허신(許愼)의 《설문해자(說文解字)》에는 "보리나 벼가 이삭이 패어 위가 평평해진 것이다. 상형이다.〔禾麥吐穗上平也. 象形.〕"라고 했는데, 이것이 '제(齊)' 자의 본래 의미이다.

그 글자의 본의는 '가지런하다〔齊平〕'라는 뜻이었는데, 이 때문에 뜻이 확장되어 '정직(正直)'이 되었다.

> 《모시(毛詩)》 〈소아(小雅) 소완(小宛)〉에 "바르고 성스러운 사람〔人之齊聖〕"이라고 했는데, 전(傳)에 "제(齊)는 정(正)이다."[2]라고 했다.

또한 뜻이 확장되어 '화동(和同)'이 되었다.

> 《춘추좌씨전(春秋左氏傳)》 양공(襄公) 22년에 "동맹을 받아들였습니다.〔以受齊盟.〕"라고 했는데, 두주(杜注)에 "제(齊)는 동(同)이다."[3]

2 제(齊)는 정(正)이다 : 소철(蘇轍)의 《시집전(詩集傳)》 권10에 나온다. 주희(朱熹)는 《시집전》에서 "엄숙하고 성스러운 사람은 술을 마시되 온순함으로 이겨 내거늘 저 어리석어 알지 못하는 자들은 취함에 한결같아 날로 심해지도다.〔人之齊聖, 飮酒溫克, 彼昏不知, 壹醉日富.〕"라는 《시경》 〈소완(小宛)〉의 구절을 풀이하면서 "제(齊)는 숙(肅)이다."라고 했다.

3 제(齊)는 동(同)이다 : 두예(杜預)의 주석이다. 이하 《춘추좌씨전》에 대한 판본은 이

라고 했다.

또한 뜻이 확장되어 '적중(適中)'이 되었다.

《이아(爾雅)》[4] 〈석지(釋地)〉에 "제주부터 이남으로〔岠齊州以南〕"라고 했는데, 곽주(郭注)에 "제(齊)는 중(中)이다."[5]라고 했다.

또한 뜻이 확장되어 '평등(平等)'이 되었다.

《장자(莊子)》 〈어부(漁夫)〉에 "백성들을 교화하여〔以化於齊民〕"라고 했는데, 주(注)에 "제(齊)는 등(等)이다."[6]라고 했다.

이들은 모두 '가지런하다'라는 한 가지 뜻이 바뀐 데서 온 것이다.
이 글자를 가차(假借)하여 별도의 글자로 사용할 경우에는 다시 여러 의미로 변하는데 시대나 지역에 따라 차이가 있다.
우선 '제(齊)' 자를 가차하여 '재계(齋戒)'의 '재(齋)' 자가 될 때가 있다.

종락(李鍾洛) 편《춘추좌씨전-부두주(附頭注)》를 이용했다. 위의 말은 진(秦)나라가 정(鄭)나라에 조회를 요구한 데 대한 답변 내용 중에 정나라가 초(楚)나라와 동맹한 사실을 언급하는 데서 나온다.

4 이아(爾雅) : 중국에서 가장 오랜 자서(字書)이다. 《시경(詩經)》, 《서경(書經)》 등 고전의 문자를 추려 유의어(類義語)와 자의(字義) 등을 해설한 것으로 고대 중국어의 어휘 연구에 중요한 자료로 쓰인다. 유가의 이른바 '13경' 가운데 하나로 꼽히며, 수많은 주석서를 낳아 '아학(雅學)'이라는 학문 분야를 형성하기도 하였다.

5 제(齊)는 중(中)이다 : 진(秦)나라 곽박(郭璞)의 주이다. 《이아》에 "제주부터 이남으로 해를 맞아 단용이 된다.〔岠齊州以南, 戴日爲丹穴.〕"라고 했다.

6 제(齊)는 등(等)이다 : 《장자》 〈어부〉에, 어부가 공자에 대해 묻자 자공(子貢)이 어부에게 설명하는 데서 나온다. 자공은 공자에 대해 "아래로는 백성들을 교화하여 천하를 이롭게 하려고 한다."라고 소개했다.

《논어(論語)》에 "반드시 공경히 하셨다.〔必齊如也.〕"라고 했는데, 공주(孔注)에 "제(齊)는 엄숙하고 공경하는〔嚴敬〕 모습이다."라고 했다.[7]

또한 가차하여 '분제(分穧 나누다)'의 '제(穧)' 자가 될 때가 있다.

《주례(周禮)》〈팽인(亨人)〉에 "물과 불의 양을 공급한다.〔以節水火之齊.〕"라고 했는데, 정주(鄭注)에 "제(齊)는 많고 적은〔多少〕 양이다."라고 했다.[8]

또한 가차하여 '조제(調劑)'의 '제(劑)' 자가 될 때가 있다.

《예기(禮記)》〈소의(少儀)〉에 "국물이 있는 음식을 먹을 때는 양념을 치지 않는다.〔有湇者不以齊.〕"라고 했는데, 정주(鄭注)에 "제(齊)는 화(和)이다."라고 했다.

또한 가차하여 '제등(躋登 오르다)'의 '제(躋)' 자가 될 때가 있다.

《예기》〈악기(樂記)〉에 "땅의 기운이 오른다.〔地氣上齊.〕"라고 했는데, 주(注)에 "제(齊)는 제(躋)이다."라고 했다.

7 논어(論語)에……했다 : 《논어》〈향당(鄕黨)〉에, 음식에 대한 공자의 예절을 설명하며 "비록 거친 밥과 나물국이라도 반드시 제사를 하되, 공경히 하셨다.〔雖疏食菜羹, 必祭, 必齊如也.〕"라고 했다. '공주(孔注)'는 공안국(孔安國)의 주이다.

8 주례(周禮)……했다 : 《주례》〈천관(天官) 팽인(亨人)〉에 "팽인은 솥을 담당하며 물과 불의 양을 공급한다.〔亨人掌共鼎鑊, 以給水火之齊.〕"라고 했다. 장순휘가 인용문에서 '급(給)'을 '절(節)'이라고 했는데, '급'이 옳다. 형(亨)은 곧 팽(烹)이다. 정주(鄭注)는 후한(後漢) 정현(鄭玄)의 주이다.

또한 가차하여 '자편(齎緶 옷자락)'의 '자(齎 음은 咨)' 자가 될 때가 있다.

《논어》〈향당〉에 "옷자락을 잡고 대청에 오르다.〔攝齊升堂.〕"라고 했는데, 하안(何晏)의 집해(集解)에 "옷 아래를 제(齊)라고 한다."라고 했다.

또한 가차하여 '자성(齍盛)'의 '자(齍 음은 咨)' 자가 될 때가 있다.

《모시》〈소아(小雅) 보전(甫田)〉에 "우리 자명을 가지고〔以我齊明〕"라고 했는데, 전(傳)에 "그릇이 차는 것을 제(齊)라고 하고, 그릇에 담긴 것을 성(盛)이라고 한다."라고 했다.[9]

또한 가차하여 '복제(腹臍 배꼽)'의 '제(臍)' 자가 될 때가 있다.

《춘추좌씨전》 장공(莊公) 6년에 "후계자들이 배꼽을 물어뜯는다.〔後君噬齊.〕"라고 했는데, 두주에 "배꼽을 물어뜯는 것과 같다.〔若齧腹齊.〕"라고 했다.[10]

9 모시……했다 : 《시경》〈보전(甫田)〉에 "우리 자명과 우리 희생양을 가지고 사에 제사 지내고 방에 제사하니 우리 토지가 이미 좋은 것이 농부들의 복이로다.〔以我齊明與我犧羊, 以社以方, 我田旣臧, 農夫之慶.〕"라고 했다. 뒤에 나오는 전(傳)은 모형(毛亨)의 주를 말한다.

10 춘추좌씨전……했다 : 초 문왕(楚文王)이 등(鄧)나라를 통과할 때 등나라 기후(祁侯)가 잘 대우하자, 대부 추생(騅甥) 등이 초 문왕을 죽이라고 청하면서 "만일 도모하지 않으면 기후의 후계자들이 배꼽을 물어뜯어도 소용이 없을 것이다."라고 했다. '배꼽을 물어뜯는다〔噬臍〕'라는 뜻은, 사향노루가 배꼽 때문에 잡힌 것을 알고 배꼽을 물어뜯으려고 해도 입이 닿지 않았다는 데서 온 말로, 일이 벌어진 뒤에는 소용없다는 의미이다.

또한 가차하여 '제저(齏菹)'의 '제(齏)' 자가 될 때가 있다.

《주례》〈해인(醢人)〉에 "5제, 7해, 7저, 3니로 채운다.〔以五齊、七醢、七菹、三臡實之.〕"라고 했는데, 정주에 "제(齊)는 제(齏)라고 써야 한다. 잘게 썬 것을 제(齏)라 하고, 온전히 담근 것을 저(菹)라 한다."라고 했다.

이렇듯 모두 '제(齊)' 자가 다른 뜻으로 가차되어 쓰였는데, 고서에 남아 있어 흔히 볼 수 있는 사례이다. 앞서 보았듯이 '제(齊)'라는 한 글자에 10여 개의 용법이 있다. 아직도 더 많은 사례가 있지만 여기서 다 거론하지 않는다. 이쯤에서 우리는 의심해 보아야 한다. 앞서 예로 들었던 재계(齋戒)·분제(分穧)·조제(調劑)·제등(躋登)·자편(齎緶)·자성(齍盛)·복제(腹臍)·제저(齏菹) 같은 명사나 조사는 원래 각기 그 뜻을 나타내는 글자가 있는데, 무엇 때문에 막상 쓸 때는 '제(齊)' 자를 차용했는가? 이는 1700년 전에 이미 위대한 경학자인 정현(鄭玄)이 일찍이 답변했던 문제이다. "처음 글을 쓸 때 갑자기 그 글자가 떠오르지 않으면 음이 같은 부류의 글자를 가차하여 쓰기도 했거니와, 유사성에 착안한 것이었다." 육덕명(陸德明)의 《경전석문(經典釋文)》[11] 〈서록(敍錄)〉에서 정현의 말을 인용했다.

정현은 고대 한자를 운용할 때 일반적으로 가차를 채용했던 원인을 설명하면서, 이는 글자를 쓸 때 창졸간에 해당 글자를 쓰는 방법을 잊고 그저 음이 같거나 비슷한 글자를 그 대신 사용했기 때문이라고 보았다. 물론 이것도 이유 중 하나일 것이다. 그런데 다른 하나의 이유에 대해서 정현은 언급하지 않았다.

11 육덕명(陸德明)의 경전석문(經典釋文) : 육덕명은 경학가이자 훈고학자로, 이름은 원랑(元朗)이고 덕명은 자이다. 육조(六朝) 말 《경전석문》을 저술했는데, 14종의 경전에 대해 그 편찬 순서에 따라 문자의 이동(異同)을 밝히고, 제자백가가 해석한 음의(音義)를 모아 엮었다.

우리 선조들은 문자를 사용할 때 언제나 습관적으로 필획이 간단한 글자로 필획이 복잡한 글자를 대신하기를 좋아했다. 특히 형성자(形聲字) 중에서 하나의 성부(聲符)를 써서 이 성부와 비슷한 몇몇 글자를 대표하는 경향이 있었다.[12] 고서에서 '제(齊)' 자가 재(齋)·제(穧)·제(劑)·제(躋)·자(齎)·자(齍)·제(臍)·제(齏) 같은 글자를 대체하여 사용된 것은 이상할 것이 없다.

고서에서 사용된 글자는 가차된 것이 많으므로 후대 사람들이 고서를 이해하려면 반드시 본래 글자를 찾아 그 글자를 통하여 읽어야 순조롭게 읽을 수 있다. 가차된 글자를 가지고 이해하면 틀림없이 어긋나 글이 통하기 어렵고, 심지어 원래의 의미를 잘못 알게 되기도 한다. 과거 한당(漢唐)의 학자들이 고서에 전(傳)이나 주(注)를 달 때 심각하게 이런 잘못을 범했다. 청(淸)나라 유학자들은 독서할 때 꼼꼼히 주의를 기울였으며, 이러한 방면의 사례를 찾아 선인들의 허다한 착오를 바로잡은 곳이 적지 않다.

왕인지(王引之)의 《경의술문(經義述聞)》 같은 저술은 더할 나위 없이 풍부하고 가치 있는 견해를 담고 있다. 이 책의 내용은 대부분 그의 부친인 왕염손(王念孫)이 독서를 하고 깨달은 것이다. 《경의술문》 권32 《통설(通說)》 하(下)에 〈경의가차(經義假借)〉 1편이 있는데, 주석가들이 가차에 대한 이해가 부족하여 저지른 착오에 대해 종합적으로 서술하였다. 왕인지가 언급한 범위는 많은 경서에 미치고 있다. 나는 이제 왕인지가 거론한 사례와 관련된 《상서(尙書)》, 《시경(詩經)》, 《춘추좌씨전》의 일부분을 예로 들어 이야기하겠다.

이 세 책은 중국 고대사의 중요한 사료이기 때문에 우리는 왕인지가 들었던 사례를 통하여 분석·연구함으로써 우리가 읽어야 할 원시 사료에 대해 이해하고 도움을 받을 수 있다. 왕인지가 든 각 사례를 인용하고, 원문에 근거

12 형성자(形聲字)……있었다 : 형성은 뜻을 나타내는 글자와 음을 나타내는 글자를 합하여 한자를 구성하는 방법이며, 성부란 그 조합 중 음을 나타내는 글자를 말한다.

하여 간략히 통상의 해석을 제시함으로써 쉽고 평이하게 이해할 수 있다. 다음을 보자.

'광(廣)' 대신에 '광(光)'을 빌려 썼는데, 푸는 사람이 '광명(光明)'의 '광(光)' 자로 잘못 생각했다.

> 《상서》〈요전(堯典)〉에 "광피사표(光被四表)"라고 한 것은 곧 "널리 사방에 미치네.〔廣被四表.〕"라는 뜻인데 '光'은 '廣'의 가차자이다.[13]

'방(旁)' 대신에 '방(方)'을 빌려 썼는데, 푸는 사람이 '사방(四方)'의 '방(方)' 자로 잘못 생각했다.

> 《상서》〈요전(堯典)〉에 "넘실대는 홍수가 두루 해를 끼치네.〔湯湯洪水方割〕"라고 하고, 〈미자(微子)〉에 "소민들이 널리 일어나 서로 대적하여 원수가 되고 있다.〔小民方興, 相爲敵讐.〕"라고 했으며, 〈입정(立政)〉에 "널리 천하에 행해서 해외에 이르기까지 복종하지 않는 자가 없게 하네.〔方行天下, 至于海表, 罔有不服.〕"라고 하고, 〈여형(呂刑)〉에 "두루 무고함을 하늘에 고하였다.〔方告無辜于上.〕"라고 했는데 이들 '方'은 모두 '旁'으로 읽어야 하며, 이는 광범(廣泛), 보편(普遍)의 뜻이다.[14]

'맹(孟)' 대신에 '명(明)'을 빌려 썼는데, 푸는 사람이 '명암(明暗)'의 '명(明)' 자로 잘못 생각했다.

13 상서……가차자이다 : 채침(蔡沈)의 《서집전(書集傳)》에서는 '光'을 '현(顯)'으로 보았으니, 장순휘가 지적한 오류의 한 사례이다.

14 방(旁) 대신에……뜻이다 : '旁'을 '四方'으로 본 것을 굳이 오류라고 해야 할지는 모르겠다. 사방 역시 '두루', '널리'라는 의미를 담고 있기 때문이다. 한편, 채침의 《서집전》에서는 '方'을 '바야흐로, 곧'이란 뜻으로 보았다.

《상서》〈우공(禹貢)〉에 '맹저(孟豬)'라고 했는데,[15] 《사기》〈하본기(夏本紀)〉에 '명도(明都)'라고 했다. '맹(孟)'은 옛날에 '명(明)'과 같은 소리로 통용되었음을 증명한다. 《이아(爾雅)》에 "맹(孟)은 면(勉)이다."라고 했고, 이에 따라 '명(明)' 자에도 '면(勉)'의 뜻이 있었다. 〈반경(盤庚)〉에 "힘써 나의 말을 들으라.〔明聽朕言.〕"라고 했고, 〈낙고(洛誥)〉에 "힘써 일을 하여 공을 이룬다.〔明作有功.〕", "공께서 나 충자를 힘쓰게 하고 보우하셨다.〔公明保予冲子.〕"라고 했는데,[16] 이들 '明' 자는 모두 '孟'으로 읽어야 하며 '勉' 자로 해석해야 한다.

'정(正)' 대신에 '정(政)'을 빌려 썼는데, 푸는 사람이 '정사(政事)'의 '정(政)' 자로 잘못 생각했다.

《상서》에 〈주서(周書) 입정(立政)〉 편이 있는데 '정(政)'은 '정(正)'과 같다. 《이아》에 "정(正)은 장(長)이다."라고 했는데, 이는 장관(長官)이라는 말이다. 이 편은 전적으로 관인(官人)들의 도리를 논하는 내용이므로 '입정'이란 두 자를 편명으로 삼은 것이다. 〈입정〉에서 "지금부터는 장관을 세울 적에 간사한 사람을 쓰지 말라.〔繼自今立政, 其勿以憸人.〕"라고 하고, 또 "지금부터는 후대 임금이 장관을 세울 때 떳떳한 사람을 등용할 수 있게 하라.〔繼自今後王立政, 其惟克用常人.〕"라고 했으니,[17] 이렇게 보면 원문이 매우 명확하게 드러난다.

15 우공(禹貢)에 맹저(孟豬)라고 했는데 : "하택을 인도하여 맹저에 이르게 하였다.〔導澤, 被孟豬〕"라고 했다. '孟豬'는 《이아(爾雅)》에 '孟諸'로 되어 있다.

16 반경(盤庚)에……했는데 : 채침의 《서집전》에서는 '明'을 '분명히', '밝은'이란 뜻으로 보았다.

17 상서에……했으니 : 채침의 《서집전》에서는 '政'을 '정사(政事)'로 보았다.

'변(辨)' 대신에 '별(別)'을 빌려 썼는데, 푸는 사람이 '분별(分別)'의 '별(別)' 자로 잘못 생각했다.

《상서》〈주서 강고(康誥)〉에 "옛 밝은 임금을 판단하여 찾아 그 가르침을 듣고서 행하라.〔別求聞由古先哲王.〕"라고 했다.[18] 이 '별(別)' 자는 옛날에 '변(辨)' 자와 통용했다. '변(辨)' 자는 또 '편(徧)' 자로 풀기도 했다. '유(由)' 자는 '어(於)' 자로 풀었다.

'문(紊)' 대신에 '문(文)'을 빌려 썼는데, 푸는 사람이 '예문(禮文)'의 '문(文)' 자로 잘못 생각했다.

《상서》〈주서 낙고(洛誥)〉에 "왕께서 처음 성대한 예를 거행하여 새 도읍에 제사 지내시되 모두 차례를 지켜 문란하지 않게 하소서.〔王肇稱殷禮, 祀于新邑, 咸秩無文.〕"라고 했다.[19] 이 '문(文)' 자는 당연히 '문(紊)' 자로 읽어야 한다. 〈반경(盤庚)〉에 "조리가 있어 문란하지 않다.〔有條而不紊.〕"라고 했고, 육덕명(陸德明)의 《경전석문(經典釋文)》에 "문(紊) 자에 대해 서음(徐音)[20]에는 문(文)이라고 하였다."라고 했다. 여기서 '紊'과 '文'은 옛 음이 같았다는 것을 알 수 있다. '문(紊)'은 어지럽다는 뜻이다.

'은(隱)' 대신에 '의(依)'를 빌려 썼는데, 푸는 사람이 '의호(依怙 믿고 의지함)'의 '의(衣)' 자로 잘못 생각했다.

18 주서 강고(康誥)에……했다 : 채침의 《서집전》에서는 '別'을 '별도로'란 뜻으로 보았다.
19 주서 낙고(洛誥)에……했다 : 채침의 《서집전》에서는 '文'을 '기록'이란 뜻으로 보았다.
20 서음(徐音) : 서막(徐邈)의 《오경음훈(五經音訓)》으로, 《경전석문(經典釋文)》에서 인용한 《상서음(尙書音)》을 가리키는 것으로 보인다.

《상서》〈주서 무일(無逸)〉에 "먼저 농사일의 어려움을 알고 편안하면 백성들의 고통을 알 것이다.〔先知稼穡之艱難, 乃逸則知小人之依.〕"라고 했다.[21] 이 '의(依)' 자는 '은(隱)' 자로 해석해야 한다. 《백호통(白虎通)》에 "의(衣) 자는 은(隱)이다."라고 했으니, 옛 발음이 본디 같았다. '은(隱)'은 고통이라는 뜻이다. 〈주어(周語)〉에 "백성들의 고통을 근심하고 돌본다.〔勤恤民隱.〕"라고 했고, 위주(韋注)에 "은(隱)은 통(痛)이다."라고 한 것이 그 뜻이다.[22]

'설(說)' 대신에 '열(閱)'을 빌려 썼는데, 푸는 사람이 '검열(檢閱)'의 '열(閱)' 자로 잘못 생각했다.

《상서》〈주서 여형(呂刑)〉에 "그 죄를 해명하다.〔閱實其罪.〕"의 '실(實)' 자는 어조사로, 《시경》〈대아(大雅) 생민(生民)〉의 "싹이 트고 우거지고〔實方實苞〕", 《시경》〈대아 한혁(韓奕)〉의 "성을 쌓고 못을 파며〔實墉實壑〕" 등이 그것을 증명한다. 모두 어사(語詞)에 관계되어 실제 뜻은 없다. 고서 중 이러한 예는 매우 많다. '閱'은 당연히 '說'로 읽어야 한다.[23] 《시경》〈패풍(邶風) 곡풍(谷風)〉에 "내 자신도 말하지 못한다.〔我躬不閱.〕"라고 하였고,[24] 《춘추좌씨전》 양공(襄公) 25년에 "아궁불설(我躬不說)"이라 인용해 글을 썼으니, 옛 글자는 본래 같

21 주서 무일(無逸)에……했다 : 채침의 《서집전》에서는 '依'를 '의지하는 바'란 뜻으로 보았다.

22 주어(周語)에……뜻이다 : 《국어(國語)》〈주어〉에 실려 있는 오(吳)나라 위소(韋昭)의 주석에 나온다.

23 주서 여형(呂刑)에……한다 : 채침의 《서집전》에서는 '閱'을 '바라보다〔視〕'의 뜻으로 보았다.

24 패풍(邶風) 곡풍(谷風)에……하였고 : 주희의 《시집전》에서는 '閱'을 '용납하다〔容〕'의 뜻으로 보았다.

이 통용될 수 있었다. '說'은 '설명하다, 해명하다〔解釋〕'의 뜻이니 '說其罪'는 '그 죄를 해명하다.〔釋其罪〕'이다.

'아(俄)' 대신에 '의(義)'를 빌려 썼는데, 푸는 사람이 '인의(仁義)'의 '의(義)' 자로 잘못 생각했다.

《상서》〈주서 입정(立政)〉에 "마침내 그러한 사람을 관직에 두면, 이에 삼택(三宅)[25]에 삿된 사람이 없을 것입니다.〔則乃宅人, 玆乃三宅無義民.〕"라고 했는데,[26] 이 '義'는 당연히 '俄'로 읽어야 한다. '아(俄)' 자는 '기울어지다, 삿되다〔傾邪〕'의 뜻이다. 《광아(廣雅)》[27]에 "아(俄)는 사(衺)이다."라고 한 것이 그 뜻이다. 저 문장은, 관직에 지혜로운 이를 두고, 그를 믿으면 나쁜 사람이 조정의 관직을 부당하게 차지하지 못한다는 것을 말하고 있다.

'두(斁)' 대신에 '택(擇)'을 빌려 썼는데, 푸는 사람이 '특별히 가려 뽑다〔別擇〕'의 '택(擇)' 자로 잘못 생각했다.

25 삼택(三宅) : 《서경》〈주서(周書) 입정(立政)〉에 나오는 말로, 상백(常伯)·상임(常任)·준인(準人)의 지위에 있는 자이다. 현재 관직에 있는 자를 뜻한다.

26 주서 입정(立政)에……했는데 : 채침의 《서집전》〈주서(周書) 다방(多方)〉에서는 '의민(義民)'을 '현자'란 뜻으로 보았다.

27 광아(廣雅) : 중국 위(魏)의 장읍(張揖)이 찬술한 자전(字典)으로 박아(博雅)라고도 한다. 주공(周公)이 기원전 2세기경에 지은 《이아(爾雅)》를 증보한 것으로, 《이아》와 같은 형식으로 고서의 자구를 해석하고 경서를 고증하고 주석을 달았다. 그러나 내용은 《이아》와 중복되지 않는 독자적인 것이다. 훈화 형식을 띠며, 상중하 3권이었으나 수(隋)의 조헌(曹憲)이 10권으로 나누었다. '박아'라고 불린 까닭은 수 양제(隋煬帝)의 시호가 '광(廣)'이어서 황제의 시호를 함부로 쓸 수 없었기 때문이다.

> 《상서》〈주서 여형(呂刑)〉에 "공경하고 조심해서 위태로운 말이 몸에 있지 않게〔敬忌罔有擇言在身〕"의 '擇' 자는 당연히 '斁' 자로 읽어야 한다. 《상서》〈주서 홍범(洪範)〉에는 "인간의 도리가 위태롭고 무너졌다.〔彝倫攸斁.〕"라고 하였고, 《사기집해(史記集解)》에서는 정주(鄭注)를 인용하여 '斁'를 '敗'로 새겼다. 이 본래 글자는 당연히 두(殬)이다. 《설문해자(說文解字)》에 "殬는 敗이다."라고 《상서》를 인용하여 "彝倫攸殬"라고 썼다. 殬, 斁, 擇 세 글자의 옛 발음은 모두 같다.

'종(終)' 대신에 '중(衆)'을 빌려 썼는데, 푸는 사람이 '많고 적음〔衆寡〕'의 '중(衆)' 자로 잘못 생각했다.

> 《시경》〈용풍(鄘風) 재치(載馳)〉에 "끝내 어리고 또 어리석다.〔衆穉且狂.〕"의 '衆' 자는 당연히 '終'으로 읽어야 한다. '終' 자를 '기(旣)' 자로 쓰는 것에 대해 말하자면, 《시경》 중 이러한 예는 매우 많다. "마침내 온순하고 또 순하다.〔終溫且惠〕"[28]는 '旣溫且惠'와 같으며 "마침내 바람 불고 또 사납다.〔終風且暴〕"[29]는 '旣風且暴'와 같고 "끝내 가난하고 또 가난하다.〔終窶且貧〕[30]"는 '旣窶且貧'과 같고 "마침내 평화롭고 또 평안하다.〔終和且平〕"[31]는 '旣和且平'과 같다. 그러므로 '終穉且狂'은 자연히 '旣穉且狂'이다.

'이(而)' 대신에 '능(能)'을 빌려 썼는데, 푸는 사람이 '재능(才能)'의 '능(能)' 자로 잘못 생각했다.

28 마침내……순하다 : 《시경》〈패풍(邶風) 연연(燕燕)〉에 나온다.
29 마침내……사납다 : 《시경》〈패풍 종풍(終風)〉에 나온다.
30 끝내……가난하다 : 《시경》〈패풍 북문(北門)〉에 나온다.
31 마침내……평안하다 : 《시경》〈소아(小雅) 벌목(伐木)〉에 나온다.

《시경》〈위풍(衛風) 환란(芄蘭)〉에 "비록 뿔송곳을 차고 있으나 나와 알지 못한다.……비록 깍지를 차고 있으나 나와 가깝지 않다.〔雖則佩觿, 能不我知.……雖則佩韘, 能不我甲.〕"라고 했다.[32] 이 두개의 '能' 자는 당연히 '而' 자로 읽어야 한다. 이 몇 구의 의미는 동자가 뿔송곳을 차고 있지만 실은 나와 서로 알지 못하며, 깍지를 차고 있으나 실은 나와 가깝지 않다는 말이다. '甲'은 '狎'으로 읽으니, 가깝다는 뜻이다. 옛글에서는 대부분 '而' 대신에 '能'을 빌려 썼다. 《주역(周易)》〈이괘(履卦) 육삼(六三)〉에 "소경인데도 보며, 절름발이인데도 걸을 수 있다.〔眇能視, 跛能履.〕"라고 했는데,[33] 우번(虞翻)의 책[34]에 '能'을 '而'로 썼으니, 그 예이다.

'말(沫)' 대신에 '매(寐)'를 빌려 썼는데, 푸는 사람이 '오매(寤寐)'의 '매(寐)' 자로 잘못 생각했다.

《시경》〈위풍(魏風) 척호(陟岵)〉에 "부역 가서 밤낮으로 쉬지 못하리로다.〔行役, 夙夜無已.〕", "부역 가서 밤낮으로 그치지 못하리로다.〔行役, 夙夜無寐.〕"라고 했다.[35] 이 두 구절의 의미는 서로 같으니 '寐'는 '沫'로 읽어야 한다. '無沫'은 '無已'라는 말과 같다. 〈이소(離騷)〉에 "향내음 지금도 그침이 없다네.〔芬至今猶未沫.〕"라고 했는데, 왕일(王逸)의 주[36]에 "말(沫)은 이(已)이다."라고 한 것이 그 증거이다.

32 위풍(衛風) 환란(芄蘭)에……했다 : 《시집전》에서 주희는 '能'을 '능히'라는 뜻으로 보았다.
33 주역(周易)……했는데 : 《주역》 전에서 정이(程頤)는 '能'을 '능히'라는 뜻으로 보았다.
34 우번(虞翻)의 책 : 우번이 주를 낸 《주역》을 말한다.
35 위풍(魏風) 척호(陟岵)에……했다 : 《시집전》에서 주희는 "무매(無寐)는 매우 수고롭다는 뜻이다."라고 하여 '寐'를 글자 그대로 '자다'라는 뜻으로 보았다.
36 왕일(王逸)의 주 : 후한 때 왕일이 주석을 붙인 《초사장구(楚辭章句)》를 말한다.

'구(逑)' 대신에 '구(求)'를 빌려 썼는데, 푸는 사람이 '간구(干求)'의 '구(求)' 자로 잘못 생각했다.

《시경》 〈소아(小雅) 상호(桑扈)〉에 "만복이 와서 거두어들인다.〔萬福來求〕"라고 했다.[37] 이 '求' 자는 '逑'로 읽어야 하고, '逑'는 '聚'를 말한다. '만복래구(萬福來求)'는 '만복래취(萬福來聚)'라고 말하는 것과 같다.

'망(忘)' 대신에 '망(亡)'을 빌려 썼는데, 푸는 사람이 '멸망(滅亡)'의 '망(亡)' 자로 잘못 생각했다.

《시경》 〈소아 각궁(角弓)〉에 "선량하지 못한 사람은 서로 일방을 원망하고, 작위를 받고 사양하지 아니하나니 이 잊어버리는 데 이른 것이다.〔民之無良, 相怨一方, 受爵不讓, 至于已斯亡.〕"라고 했다.[38] 이 '亡'은 '忘'을 빌려 쓴 것이다. 의미를 말하자면, 다만 남이 자기에게 양보하지 않는 것을 원망하고 도리어 자기는 남에게 양보한 적이 없다는 것을 잊어버리니, 바로 선량하지 못한 사람이 남을 심하게 책망하는 풍조에 대해 설명한 것이다.

'경(經)' 대신에 '경(徑)'을 빌려 썼는데, 푸는 사람이 '행경(行徑)'의 '경(徑)' 자로 잘못 생각했다.

37 소아(小雅) 상호(桑扈)에……했다 : 《시집전》에서 주희는 '求'를 '구하다'라는 뜻으로 보았다.

38 소아 각궁(角弓)에……했다 : 《시집전》에서 주희는 '亡'을 '망하다'라는 뜻으로 보았다.

《춘추좌씨전》 희공(僖公) 25년에 "옛날에 조최가 병과 저녁밥을 가지고 임금을 따라갔을 때 시간이 오래 지나 배가 고팠는데도 먹지 않았습니다.〔昔趙衰以壺飧從, 徑餒而弗食.〕"라고 했다. 이 '徑'은 당연히 '經'으로 읽어야 한다. '경뇌이불식(經餒而弗食)'은 시간이 오래 지났는데도 배고픔을 잊고 감히 먹지 않았다는 뜻이다.

'지(祇)' 대신에 '다(多)'를 빌려 썼는데, 푸는 사람이 '다과(多寡)'의 '다(多)' 자로 잘못 생각했다.

《춘추좌씨전》 양공(襄公) 14년 "나의 군령이 실로 잘못되었으니 후회한들 어찌 미칠 수 있겠는가. 다만 우리 군대를 진나라 군대의 포로로 줄 뿐이다.〔吾令實過, 悔之何及? 多遺秦禽.〕"[39]의 '多'는 당연히 '祇'로 읽어야 한다. 지(祇)를 적(適)으로 풀이하는 것은 옛날에 소리가 같아 통용되었기 때문이다. '다유진금(多遺秦禽)'은 '다만 우리 군대를 진나라 군대의 포로로 줄 뿐이다.'라는 말과 같다. 《춘추좌씨전》에 이러한 예는 매우 많다. 정공(定公) 15년 "어찌 초를 섬길 것인가. 다만 비용만 들 뿐이다.〔事楚何爲? 多取費焉.〕", 애공(哀公) 8년 "오나라 군사에게 해를 끼치지 못하고 다만 나라의 인재를 죽일 것이니, 그치는 것만 못하다.〔不足以害吳而多殺國士, 不如已也.〕"의 '多' 역시 당연히 '祇'로 읽어야 한다.

'정(旌)' 대신에 '정(靖)'을 빌려 썼는데, 푸는 사람이 '안정(安靖)'의 '정(靖)' 자로 잘못 생각했다.

39 나의……뿐이다 : 《춘추좌씨전》 두예(杜預)의 주에서는 '多'를 '많다'의 뜻으로 보았다.

《춘추좌씨전》 소공(昭公) 원년 "잘한 사람을 표창하지 않는다면 누가 따르겠습니까. 노나라의 숙손표는 잘했다고 할 수 있으니, 그를 사면하여 잘한 사람들을 표창하십시오.〔不靖其能, 其誰從之? 魯叔孫豹可謂能矣, 請免之以靖能者.〕"[40]의 '靖'은 당연히 '旌'으로 읽어야 한다. '旌'은 표창(表彰)의 뜻이다.

'형(刑)' 대신에 '형(形)'을 빌려 썼는데, 푸는 사람이 '제어하다, 제압하다〔形制〕'의 '형(形)' 자로 잘못 생각했다.

《춘추좌씨전》 소공 12년 "백성들의 역량을 실현시키면서도, 취하고 배부를 마음이 없다.〔形民之力, 而無醉飽之心.〕"[41]의 '形'은 당연히 '刑'으로 읽어야 한다. 《후한서(後漢書)》 〈진번전(陳蕃傳)〉의 주에서 이 말을 인용했는데 '형민지력(刑民之力)'으로 바로 썼다.[42] 형(刑)을 성(成)으로 해석하는데 '형민(刑民)'은 곧 '성민(成民)'의 뜻이다.

'취(聚)' 대신에 '취(取)'를 빌려 썼는데, 푸는 사람이 '겁취(劫取)'의 '취(取)' 자로 잘못 생각했다.

《춘추좌씨전》 소공 20년 "정나라에 도적이 많아져 사람들을 환포[43]의 늪에 모았다.〔鄭國多盜, 取人於萑苻之澤.〕"[44]의 '取'는 당연히 '聚'로

40 잘한 사람을……표창하십시오 : 《춘추좌씨전》 두예의 주에서는 '靖'을 '안정(安靖)'의 정(靖)으로 풀었다.

41 백성들의……없다 : 두예의 주에서는 '제어하다, 제압하다'의 형(形)으로 풀었다.

42 후한서(後漢書)……썼다 : 《사고전서(四庫全書)》에 수록된 《후한서》에는 '형민(刑民)'이 아니라 '형인(刑人)'으로 나온다.

43 환포 : 육덕명(陸德明)의 〈음의(音義)〉에 따르면 '萑'는 '환'으로, '苻'는 '포'로 읽는다.

44 정나라에……모았다 : 두예의 주에서는 '겁취(劫取)'의 취(取)로 보았다.

읽어야 한다. 《문선주(文選注)》,[45] 《태평어람(太平御覽)》[46]에서 이 말을 인용하여 모두 '聚人'이라 썼으니 증명이 된다.

이상 왕인지의 《경의술문》에서 거론한 〈경의가차(經義假借)〉에 대한 내용 가운데 《서경》, 《시경》, 《춘추좌씨전》과 관련된 사례로 비교적 쉽게 이해할 수 있는 경우 20조항을 뽑아 중국 고대사 사료 중 문자의 측면에서 존재하는 문제점이 분명 적지 않음을 설명해 보았다. 문자의 가차법을 이해하지 못하면 고서를 쉽게 읽을 수 없다. 가차법은 대부분 음(音)을 위주로 한다. 쌍성(雙聲) 발음 부위가 같다. 에서 취하기도 하고, 첩운(疊韻) 수음(收音) 부위가 같다. 에서 취하기도 한다. 또 자형(字形)이 서로 비슷한 것을 가차하는 데서 유래하기도 한다. 청나라 말 오승지(吳承志)는 《손재문집(遜齋文集)》 권4 〈고서가차거례(古書假借擧例)〉에서 다음과 같이 말하였다.

> 가차의 경우는 음을 위주로 한다. 음이 비슷하기 때문에 그 글자의 획수를 생략하는 경우도 있고, 음이 비슷하기 때문에 획수를 늘리는 경우도 있으며, 음이 비슷하다는 이유로 다른 글자를 쓰는 경우도 있다. 음이 비슷하기 때문에 그 글자의 획수를 생략하는 것으로는, 녹(麓) 대신 녹(鹿)을 빌려 쓰거나 총(寵) 대신 용(龍)을 빌려 쓰는 경우이다. 음이 비슷하기 때문에 획수를 늘리는 것으로는, 정(正) 대신 정(政)을 빌려 쓰거나 개(皆) 대신 해(偕)로 쓰는 경우이다. 음이 비슷하다는 이유로 다른 글자를 쓰는 것으로는, 문(問) 대신 문(聞)을 빌려 쓰거나 론

45 문선주(文選注) : 당나라의 학자 이선(李善)이 조헌(曹憲)에게 《문선》을 배우고 658년에 《문선》에 방대한 주석을 단 책으로, 총 60권이다. 《문선》은 양(梁)나라의 소통(蕭統)이 진한(秦漢) 이후 제(齊)나라와 양나라의 대표적인 시문을 모아 엮은 책이다.

46 태평어람(太平御覽) : 중국 송(宋)나라 때 이방(李昉)이 편찬한 백과사서(百科辭書)이다. 《사고전서》본에는 '취(聚)'가 아니라 '취(取)'로 나온다.

(論) 대신 륜(綸)을 빌려 쓰는 경우이다. 이들은 소리는 같지만 형태를 변화시킨 것이다.

지(祗) 대신 제(禔)를 빌려 쓰거나 폭(輻) 대신 복(輹)을 빌려 쓰는 경우는, 형태는 비슷하지만 그 소리를 변화시킨 것이다. 고(告) 대신 곡(穀)을 빌려 쓰거나 보(報) 대신 복(卜)을 빌려 쓰는 경우는, 형태와 소리를 다 변화시키고 쌍성자로 대신한 것이다. 독(篤) 대신 독(毒)을 빌려 쓰거나 하(夏) 대신 가(暇)를 빌려 쓰는 경우는, 형태와 소리를 다 변화시키고 첩운자로 대신한 것이다. 이들 모두 음이 비슷하기 때문에 가차한 사례이다.

형태가 비슷하여 서로 통용한 경우는 선유(先儒)들이 형오(形誤)라고 하였지 가차라고 하지 않았다. 내가 생각하기에, 가차는 본디 음을 위주로 했지만 형태가 비슷해 가차하는 경우도 있다. 《설문(說文)》에서 인용했듯이, 초(屮)는 고문에서 초(艸)로, 우(丂)는 우(亏)로, 필(疋)은 족(足)으로 썼고, 정(鼎)은 주문(籀文)에서 정(貞)으로 썼다. 이것이 옛사람들이 초(艸) 대신 초(屮)를, 우(亏) 대신 우(丂)를, 족(足) 대신 필(疋)을, 정(貞) 대신 정(鼎)을 빌려 쓴 증거가 아니겠는가.

오승지의 이 말은 실로 이전 사람들이 밝히지 못했던 점을 밝혔다고 하겠다. 고대의 전적(典籍) 중 실제로 형태가 비슷해 서로 빌려 쓰는 사례가 있다. 반고(班固)의 《한서(漢書)》에서 초목(艸木)이란 글자를 모두 초목(屮木)이라고 쓴 것이 하나의 증거이다. 다만 형태가 비슷해 가차하는 글자는 결국 소수이다. 문자의 가차를 연구할 때는 응당 성음(聲音)에 기초해야 한다. 대체로 고대 문적 중에 본래 글자를 쓴 경우는 겨우 열에 두셋이고, 차자(借字)를 쓰는 경우가 열에 일고여덟이다. 우리가 이런 점에 주의를 기울이지 않으면 쓸데없이 파고들면서 견강부회하다가 고인들의 원문에 담긴 의미를 잘못 이해하기 쉽다. 이러다 보면 경서나 제자서 같은 주(周)나라, 진(秦)나라의 고서를 이해할 수 없을 뿐 아니라 《사기》나 《한서》 이하 일련의 저술조차도 읽을 수 없을 것이다.

고대 문자, 음운, 훈고에 대해서 소양이 없는 역사 연구자가 혼자 힘으로 고대 사료 중 문자가 통용되는 일반 규칙을 스스로 파악하기란 어렵다. 그 어려움을 극복하기 위해서는 가장 먼저 주해(注解)에 의존할 필요가 있다. 주해에는 어려운 글자의 음독과 의미가 비교적 분명하게 소개되어 있는데, 이는 우리들이 사료를 읽을 때 유일한 근거이다. 그다음으로, 항상 비교적 좋은 공구서를 사용해야 한다. 옛 주석에서 언급하지 않은 어려운 글자와 마주치거나 설명이 분명하지 못하면 공구서에 근거하여 문제를 해결해야 한다. 예를 들면 청대 학자 주준성(朱駿聲)이 지은 《설문통훈정성(說文通訓定聲)》[47]은 각 글자의 본래 뜻과 파생된 뜻과 가차된 뜻에 대한 모든 설명이 매우 명확하다. 그중 어떤 견해는 천착함을 면치 못하지만, 어쨌든 우리가 참고할 만하다. 또 《경적찬고(經籍纂詁)》[48]와 같은 책은, 건륭·가경 연간에 지식인들이 일을 나누어 협력하여 완원(阮元)의 지도하에 완성한, 경전의 옛 훈고를 모은 대작이다. 그들은 그 당시 필요한 부분을 뽑아 순서에 따라 배열하였을 뿐, 어떠한 의견과 고증을 더하지 않고 객관적으로 고대 주석가의 해석을 한곳에 종합하였다. 우리가 글자를 찾을 때, 여러 뜻이 모두 구비되어 있어 무척이나 편리하다.

47 설문통훈정성(說文通訓定聲) : 중국 청(淸)나라 주준성(朱駿聲)의 문자 연구서로, 1850년 간행되었다. 18권이며, 부록에 검운(檢韻)·설아(說雅)·고금운준(古今韻準) 등이 있다. 《설문해자(說文解字)》에 수록된 문자를, 단옥재(段玉裁)·왕염손(王念孫)의 연구를 이은 고음십팔부설(古音十八部說 : 상고 한어의 韻母 분류)에 따라 분류하고, 각 문자에 대하여 본훈(本訓 : 근원이 되는 字義)을 설명하였다.

48 경적찬고(經籍纂詁) : 중국 청나라 완원(阮元)이 완성한 자전(字典)으로, 106권이다. 1798년 절강독학(浙江督學) 완원이 장용당(臧鏞堂)·장예당(臧禮堂) 형제를 편집책임자로 하고 학자 40여 명을 동원하여 완성한, 훈고(訓詁) 자료를 집대성한 책이다.

다만 이러한 고대 한자는 실의(實義)와 허의(虛義)가 있다. 앞서 거론한 것은 단지 실의의 영역과 관련이 있다. 고대의 저작 중에서 항상 볼 수 있는 지(之), 호(乎), 야(也), 자(者), 이(已), 언(焉), 재(哉)와 같은 글자의 용법 및 기타 조사의 운용 중 변화 규칙은 허의의 영역과 관련이 있다. 이것들을 알지 못하면 고서를 완전히 이해하는 것이 매우 어렵다. 청대 학자 가운데 고우(高郵)의 왕염손(王念孫)·왕인지(王引之) 부자는 훈고학 영역에 조예가 매우 깊어 문자의 허·실 양면을 둘 다 중요하게 여겼다. 왕염손은 먼저 《광아소증(廣雅疏證)》을 저술해 문자의 실의를 밝혔고, 왕인지는 다시 《경전석사(經傳釋詞)》[49]를 저술해 문자의 허의를 밝혔다.

후세의 사람은 《경전석사》의 체제를 따라 결함의 보충과 발전을 계속해 왔다. 근대 사람인 양수달(楊樹達)이 편찬한 《사전(詞詮)》[50]은 널리 수집하고 골라 뽑아 상세히 설명하여, 고서 중에 있는 매우 다양한 어사(語詞)의 용법을 아주 전면적으로 총괄하였다. 체계가 정연하여 초학자에게 매우 편리하고, 학자들이 함께 살펴보고 찾아보아 참조하기에도 적합하다.

이상에서 언급한 것은 고문자학에 소양이 없는 사람들에게 제시하는 하나의 보조 방법이다. 조건이 허락하여 근본적으로 문제를 해결할 수 있다면 여기에 머물 필요는 없다. 사람들이 반드시 읽어야 할 서적에 대해 계통적으로 더 나아갈 수도 있다. 예를 들어 단옥재(段玉裁)의 《설문해자주(說文解字注)》, 학의행(郝懿行)의 《이아의소(爾雅義疏)》, 왕염손의 《광아소증》, 왕인지의 《경전석사》는 모두 정독해야 할 문자학·훈고학의 명저들이다. 이 저서들을 깊이 연구하여 가슴속 깊이 통달한다면 차츰 고대 한자의 운용에

49 경전석사(經傳釋詞) : 중국 청나라 말기에 왕인지(王引之, 1766～1834)가 저술한 자서(字書)로, 10권이다. 사(詞)란 허자(虛字), 즉 지시사·접속사·조사·부사 등을 말하며, 전한(前漢)까지의 고전에 나오는 허자 160자를 자세히 해설하였다.

50 사전(詞詮) : 양수달(楊樹達)이 편찬한 책으로, 최근에는 1995년 대만(臺灣) 상무인서관(商務印書館)에서 출판하였다.

나타나는 일반적인 규칙을 파악할 수 있을 것이다. 이어 고서를 읽다가 이전 주석에서 설명하지 않은 것을 보게 되어도 그 빠진 부분을 보충할 수 있을 것이고, 이전 주석에서 설명한 것이라면 그 착오를 바로잡을 수 있을 것이다. 이렇게 해서 비로소 자기의 창조적인 노력을 발휘하여 그 이유를 궁구할 수 있게 된다. 이것이 문제를 근본적으로 해결하는 방법이다.

앞서 비록 이전 주석의 기능을 강조했지만, 이전 주석을 맹종하라는 말은 아니다. 단지 그 주석이 중요한 논거와 참고가 된다는 뜻이다. 이전 주석은 고대 언어 문자를 근래의 언어 문자로 번역해 줄 뿐 아니라 개별적이거나 소수의 인명·관명·지명에 대해서도 특수한 독음을 알려 준다. 그 독법은 한위(漢魏)의 옛 음과 관계된 것일 수도 있고, 어떤 지방의 특수한 언어와 관계된 것일 수도 있으며, 아무런 근거가 없는 것이 아니다. 우리들이 이전 주석을 벗어나면 쉽게 그런 내용을 잘못 파악하게 되고 불필요한 오류를 초래하게 마련이므로 자연히 역사 연구 과정에서 응당 주의해야 할 일이다. 지금 중국 역사에서 자주 나오는 인명·지명에 대해 아래에 몇몇을 예시하고자 한다.

인명 관명을 포함한다. 에 관한 것은 다음과 같다.

閼氏 음은 '연지' : 흉노(匈奴) 왕후(王后)의 칭호이다.
休屠 음은 '휴제' : 흉노 왕(王)의 칭호이다.
冒頓 음은 '묵특' : 흉노 태자(太子)의 칭호이다.
谷蠡 음은 '녹리' : 흉노의 관명(官名)이다.
可汗[51] 음은 '극한' : 돌궐(突厥) 군장(君長)의 칭호이다.
洗馬 '洗'의 음은 '선' : 관명이다.
僕射 '射'의 음은 '야' : 관명이다.

51 可汗 : 중세기 선비(鮮卑)·돌궐(突厥)·회흘(回紇)·몽고(蒙古) 등의 종족이 사용하던 군주의 칭호로, 중세 몽골어 '칸(khan)'의 음역어이다.

酈食其 음은 '역이기' : 한대(漢代) 인명이다.

金日磾 '日磾'의 음은 '밀저' : 한대 인명이다.

万俟卨[52] 음은 '묵기설' : 송대(宋代) 인명이다.

지명에 관한 것은 다음과 같다.

月支 음은 '육지' : 서역(西域)의 국명(國名)이다.

吐谷渾 음은 '돌욕혼' : 국명이다.

龜兹 음은 '구자' : 한(漢)나라 현(縣)의 명칭으로 상군(上郡)에 속한다.

朱提 음은 '주시' : 한나라 현의 명칭으로 건위군(犍爲郡)에 속한다.

允吾 음은 '연아' : 한나라 현의 명칭으로 금성군(金城郡)에 속한다.

狋氏 음은 '권정' : 한나라 현의 명칭으로 대군(代郡)에 속한다.

單父 음은 '선보' : 한나라 현의 명칭으로 산양군(山陽郡)에 속한다.

方與 음은 '방예' : 한나라 현의 명칭으로 산양군에 속한다.

澶淵 '澶'의 음은 '선' : 지명이다.

惡池[53] 호타(滹沱) : 물 이름이다.

이상 예로 든 스무 가지 사례는 우리가 일상에서 자주 만나는 지극히 일반적인 예이다. 예를 들 수 없는 것이 훨씬 더 많다. 이 글자들의 독법과 평상시의 독법은 조금 다른데, 원인이 없는 것은 아니다. 고주에 이미 많은 옛 독법이 보존되어 있으니 우리들은 모름지기 그것을 신뢰하고 의지하면 된다. 이 또한 우리들이 문자를 인식하고 음독(音讀)을 제대로 하는 데 중요하다.

52 万俟卨 : 송(宋)나라 휘종(徽宗) 때 사람이다. '万俟'는 원래 선비(鮮卑)의 부락명(部落名)이었으나 후에 성(姓)이 되었다.

53 惡池 : '惡'의 음은 호(滹)인데 호타하(滹沱河)의 다른 이름이다.

## 제2절 구두의 판단

과거 중국의 일반 역사 서적은, 시골 학교에서 계몽을 위해 쓰인 책을 제외하면 대부분 권점이나 구두점이 없다. 우리들이 그 책을 이해하려면 반드시 구두(句讀)를 분명히 알아야 한다. 선학들은 매우 이른 시기부터 사람들에게 가르칠 때 이 한 가지 문제에 우선 주의를 기울였다. 《예기(禮記)》〈학기(學記)〉에, 고대 교육 과정과 학습 성과 점검에 대해 "1년이면 이경(離經)하고 변지(辨志)한다."라고 했는데, 정현(鄭玄)의 주에 '이경은 구두를 끊는 것〔斷絶〕'이라고 했다.[54] 이것이 옛사람들이 독서 커리큘럼에서 구두를 중시했던 증거이다.

구(句)와 두(讀)는 나누어 말하자면 구별되는 것이다. 대개 하나의 구는 말하는 호흡이 완결될 때 구를 이루며, 말하는 호흡이 완결되지는 않지만 조금 쉰다는 느낌이 있으면 두가 된다. 과거에 학자들이 신식 표점을 사용하기 이전에 고서에 권점을 할 때는 일반적으로 두 종류의 부호를 채택했다. 어의(語意)가 완결되는 곳에는 글자 옆에 방점〔圈〕 요즘 마침표와 같다. 하나를 찍었으며, 어의가 완결되지 않는 곳에는 자구(字句)의 중간에 작은 점 요즘 쉼표와 같다. 을 찍었다. 이는 고대 이경의 원래 취지와 서로 부합한다.

청나라 학자 황이주(黃以周)는 "옛 이경에는 두 가지 방법이 있었다. 하나는 구단(句斷)이고, 다른 하나는 구절(句絶)이다. 구단은 요즘 말하는 구두(句逗)로, 옛날에는 구투(句投)라고도 했다. 원주 : 《문선(文選)》〈장묘부(長笛賦)〉를 보라. 단(斷)은 두(逗), 투(投)와 음이 비슷한 글자이다. 구단

54 예기(禮記)……했다 : 《예기》〈학기(學記)〉에 1년, 3년, 5년, 7년까지 이룬 성과를 소성(小成)이라 하였는데, 정현의 주에 "이경(離經)은 구절을 끊는 것〔斷句〕이고, 변지(辨志)는 그 저자가 의도하는 바를 판별하는 것이다."라고 풀이했다.

이란, 그 문장이 여기서 중단되지만 의미가 끊어지지 않는 것이다. 구절이란, 문장과 의미가 함께 끊어지는 경우이다. 정현의 주에서 이(離)를 단절(斷絶)이라고 풀이한 것은 두 규칙을 겸하여 말한 것이다."라고 했다.《경계잡저(儆季雜著)》〈군경설(群經說) 3 이경변지설(離經辨志說)〉 황이주의 이 말은 《예기》 정현 주를 충분히 설명한 것으로, 후세 학자들이 이 두 부호를 채용하여 고서에 권점했음을 알 수 있는데, 당연히 선조들이 수천 년 동안 배워서 전수한 옛 규칙이었다.

고서에 구두를 하지 못하거나 구두를 잘못 끊으면, 어느 경우에나 아주 좋지 않은 결과를 초래한다. 특히 역사를 연구할 때 사료의 진실성에 직접 영향을 끼치므로 문제가 상대적으로 심각해진다. 지금 한 가지 실례를 들어 구두의 착오 때문에 발생한 혼란을 설명하고자 한다. 《사기》 권47 〈공자세가(孔子世家)〉의 일부를 보자.

> 공자는 노나라 창평향 추읍에서 태어났다. 그의 선조는 송나라 사람으로 공방숙이다. 방숙은 백하를 낳았고, 백하는 숙량흘을 낳았다. 흘은 안씨 집안 여자와 야합하여 공자를 낳았다.……구가 태어난 후 숙양흘이 세상을 떠나자 방산에 장사를 지냈다. 방산은 노나라 동쪽에 있다. 이 때문에 공자는 아버지의 무덤이 어디에 있는지 의심했지만 어머니는 그것을 숨겼다.……공자는 어머니가 죽자 곧 오보지구에 빈하였는데, 이는 대개 (부모를 함께 매장하는 풍속을 지키기 위해서) 신중을 기하기 위함이었다. 추읍 사람 만보의 어머니가 공자 아버지의 묘소를 알려주어 그 후에야 비로소 방산에 합장하였다.〔孔子生魯昌平鄉郰邑, 其先宋人也, 曰孔防叔. 防叔生伯夏, 伯夏生叔梁紇. 紇與顔氏女野合, 而生孔子.……丘生而叔梁紇死, 葬於防山. 防山在魯東. 由是孔子疑其父墓處, 母諱之也.……孔子母死, 乃殯五父之衢, 盖其愼也. 郰人輓父之母誨孔子父墓, 然後往合於防焉.〕

사마천의 이런 기록이 있었기 때문에 후세 독자들의 아주 큰 의심을 불러일으켰다. 우선 사마천은 이미 숙량흘이 "안씨 집안 여자와 야합하여 공자를 낳았다."라는 것을 인정함으로써 사람들은 '지극한 성인(聖人)인 스승'이 한 명의 사생아라고 말했다. 사마천은 계속 "공자는 아버지의 무덤이 어디에 있는지 의심했지만 어머니는 그것을 숨겼다."라고 했다. 정리(情理)에 비추어 보면, 사람이 자기 아버지 무덤이 어디에 있는지도 전혀 모르고 어머니도 깊이 숨겨 두고 알려 준 적이 없었으니, 그 부모가 당시 얼마나 떳떳하지 못하게 만나 공자를 낳았는지 자연 천년의 큰 현안이 되었으리라는 것을 상상할 수 있다. 주석가들이 어떻게 미봉하려고 해도 그 의혹을 풀지 못했다. 우리가 만일 한 걸음 나아가서 근원을 따지려고 한다면, 반드시 사마천이 자료를 어디서 채택했는지, 원자료의 인용이 틀린 데는 없는지를 명확하게 조사하여야 비로소 다시 정리하여 결론을 내릴 수 있다.

공자가 아버지의 묘소를 모른다는 고사에 관한 기록은 《예기》〈단궁(檀弓)〉에 가장 먼저 나온다. 《예기》는 원래 한(漢)나라 학자들의 초집(鈔輯)을 통해 예경(禮經)을 해설한 작품으로 이루어졌다. 다만 대부분 한나라 이전에 만들어진 것으로, 자연히 한나라 사람의 작품 속에 뒤섞이는 것을 피할 수 없었다. 《한서(漢書)》〈예문지(藝文志) 육예략(六藝略)〉에 기록된 '《예기》 131편'이라는 말에 반고(班固)가 주를 달기를 "공자 70제자 이후의 학자들이 기록한 것이다."라고 했으니, 이 한 구절은 매우 객관적인 소개이다. 의심할 여지 없이 이들 작품은 공자 문하 이하로부터 한나라 학자들에 이르기까지 계속 기록된 것이다. 한나라 초기의 작품이 그 안에 있지만 또한 주(周)나라 말기의 글도 그 안에 들어 있다. 그런데 뽑아서 편집할 때 한나라 사람인 대덕(戴德), 대성(戴聖) 같은 학자들의 정리를 한 차례 거쳤다. 〈단궁〉의 저술 시대처럼, 비록 공영달(孔穎達)이 《예기정의(禮記正義)》에서 언급한 "단궁(檀弓)은 육국(六國) 시대 사람이므로 곧 이 편의 작품들도 육국 시대 사람의 손에서 나왔다."라는 견해를 인정할 수 없더라도 그 편의 문장은 조항을 나누어 사실을 서술하는 형식으로 이루어져 있는데, 이는 후세 필기(筆記)·잡찬(雜纂)류의 서술과 다르지 않고 그 안에는 불가피하게 주나라 말기의 영성(零星)하고 단편적인 기록들이 보존되어 있다. 공자가 아버지의 묘소를 몰랐다는 고사를 기록한 것은 절대 한나라 초기 사람의 기록이 아니며, 또한 양한(兩漢) 학자들이 이 일을 이야기하는 중요한 근거가 되어 버렸다. 그들이 구두점을 잘못 본 것으로 인해 사실이 와전된 것에 지나지 않는다.

여기서 《예기》〈단궁〉의 원문을 다음과 같이 옮겨 본다.

> 공자가 어려서 아버지를 여의었으므로 아버지 묘소가 오보지구에 빈장되어 있는지를 몰랐다. 그것을 본 사람들은 모두 매장이라고 생각했으나, 관을 끄는 끈이 빈장하는 끈이었다. 추만보의 어머니에게 물어본 뒤에야 방 땅의 아버지 묘에 합장할 수 있었다.〔孔子少孤, 不知其墓殯於五父之衢. 人之見之者, 皆以爲葬也. 其愼也, 蓋殯也. 問於郰輓父之母, 然後得合葬於防.〕

저 부분은 원래 구두가 없었다. 동한의 위대한 경학자 정현이 '不知其墓' 아래에 있는 주에서 말하기를 "공자의 아버지 추숙량흘이 안씨의 딸 징재와 야합하여 공자를 낳았다. 그러므로 징재는 이를 부끄럽게 여겨 말해 주지 않았다.〔孔子之父郰叔梁紇與顔氏之女徵在野合而生孔子. 徵在恥焉不告.〕" 라고 하였다. 정현은 이미 '不知其墓'를 구로 읽어, 자연히 그 이유를 생각할 수밖에 없었고, 결국 자기의 학설을 그럴듯하게 만들려고 견강부회하는 것을 면치 못했다. 정현만 이와 같은 게 아니라 사마천도 이와 같이 구두를 끊었다. 사마천 당시 아직 《예기》라는 책명이나 〈단궁〉이라는 편명이 없었다. 오로지 뿔뿔이 흩어진 유문(遺文)과 일사(佚事)만 사회에 유행하였다. 구두에 착오가 있었기 때문에 잘못 알게 되어 사실도 따라서 왜곡이 일어났다.

이와 같이 잘못된 독법은 청대 옹정(雍正) 연간에 이르러 고우(高郵)의 손호손(孫濩孫) 자(字)는 수인(邃人)이다. 이 《단궁논문(檀弓論文)》을 지을 때야 비로소 그 오류가 바로잡혔다. 강영(江永)의 《군경보의(群經補義)》, 무억(武億)의 《경독고이(經讀考異)》에 모두 그 설이 실려 있다. 손호손은 '不知其墓殯於五父之衢'의 10자를 한 구로 보고 다음과 같이 이해했다. '공자가 어렸을 때 부친과 사별하여 그 장소를 정확히 알지 못했다. 그래서 부친의 묘를 심장(深葬)했는지 천장(淺葬)했는지 빈(殯)은 천장하는 것이다. 에 대해 신중하게 의문을 제기하고, 한 할머니에게 확실히 천장했는지 매장했는지를 물어본 뒤에 빈을 열고 부모를 방 땅에 합장했다.' 손호손은 이와 같이 읽음으로써 순조롭게 문리가 잘 통해 어떠한 보충 설명도 필요 없이 문자에 따라 이해할 수 있었다. 이로부터 구두를 정확히 아는 것은 분명 독서 과정 중 가장 긴요한 일임을 알 수 있다.

다음으로, 어떤 역사 서적에서 기록한 사실이나 사물의 내용 중에 우연히 한두 글자의 구두가 잘못되면 또한 허다한 혼란을 일으킬 수 있다. 예를 들어 《한서》 권28 〈지리지(地理志)〉에 나오는 다음의 사례를 보자.

> 제남군(齊南郡)
> 호수 : 14만 761호, 인구 : 64만 2884명, 현(縣) 14개 : 동평릉(東平陵)·추평(鄒平)·대(臺)·양추(梁鄒)

청대 이전의 학자들은 이 문장을 읽다가 '鄒平臺' 3자에 이르러서는 鄒 자를 하나로 읽고, 平臺 2자를 하나로 읽었다. 추를 한 현으로 보고, 평대를 한 현으로 본 것이다. 청나라 초기 고염무(顧炎武)[55]는 이 잘못된 독법을 비

55 고염무(顧炎武) : 중국 명말 청초의 사상가이다. 명나라 말기, 당시의 양명학이 공리공론을 일삼는 데 환멸을 느끼고 경세치용(經世致用)의 실학에 뜻을 두었다. 그의 실증적

로소 바로잡았다. 《일지록(日知錄)》 권31에 다음과 같은 말이 있다.

《한서》에 제남군의 현은 14개로 ①동평릉(東平陵), ②추평(鄒平), ③대(臺), ④양추(梁鄒)라고 했고, 〈공신표(功臣表)〉에는 대(臺) 정후(定侯) 대야(戴野), 양추(梁鄒) 효후(孝侯) 무호(武虎)가 있는데, 이 두 현이 모두 후국(侯國)이 되었다고 했다. 《속한지(續漢志)》에는 제남군은 성이 10개이니, ①동평릉, ④대, ⑦양추, ⑧추평이라고 했다.

《후한서(後漢書)》〈안제기(安帝紀)〉에는 "연광(延光) 3년 2월 무자에 제남에서 상언하기를 '봉황이 대현(臺縣) 승확(丞霍)에 모여 나무 위에 깃들어 살았다.'라고 했다." 하였다. 장회태자(章懷太子)[56] 주에 이르기를 "대현은 제남군에 속한다. 옛 성이 지금 제주(齊州) 평릉현 북쪽에 있다."라고 하였다. 《안자춘추(晏子春秋)》에는 "경공(景公)이 안자를 위해 봉읍을 내려 주고 전무우(田無宇)로 하여금 대(臺)와 무염(無鹽)을 주게 하였다."라고 하였고,[57] 《수경주(水經注)》[58]에서도 "제수(濟水)는 또한 동북쪽으로 대현 북쪽을 지난다."라고 하였다.

학풍은 청조의 고증학을 연구하는 데 많은 도움을 주었다. 대표 저서에 《일지록(日知錄)》, 《천하군국이병서(天下郡國利病書)》 등이 있다.

56 장회태자(章懷太子) : 중국 당(唐)나라 측천무후(則天武后)의 둘째 아들로 675년 황태자가 되었다가 680년 폐위되었다. 장대안(張大安) 등의 학자들을 소집하여 범엽(范曄)의 《후한서(後漢書)》에 주석을 붙였다.

57 안자춘추(晏子春秋)에는……하였고 : 《안자춘추》는 중국 춘추 시대 말기에 제(齊)나라의 명재상 안영(晏嬰, ?~기원전 500)의 언행을 후대인이 기록한 책으로, 이 내용은 《안자춘추》 권6 〈내편잡하(內篇雜下)〉에 나온다.

58 수경주(水經注) : 중국 북위(北魏)의 역도원(酈道元)이 지은 중국 지리책이다. 3세기경에 편찬된 중국의 하천지(河川誌) 《수경(水經)》에 주석을 달았는데, 실제 내용은 중국 각지를 편력한 저자의 지리적 체험과 문헌에서 얻은 화북(華北)의 지리를 서술한 것이다. 중국 각지의 수로를 중심으로 그 유역의 도읍·고적·산수 등을 기술하였다.

이 위아래를 살펴보면 문구가 절로 명백해진다. 후대 사람들이 《한서》를 읽고 '鄒'에서 구두를 잘못 끊음에 따라 추를 한 현으로 여기고, 평대를 한 현으로 여겼던 것이다. 《제승(齊乘)》[59]에서 마침내 한나라 제남군에 추현이 있다고 했고 후한 때 추평으로 고쳤으나, 또 대와 평대를 두 현으로 보았으니, 이는 구두를 제대로 끊지 못하고 함부로 말한 것이다.

제소남(齊召南)의 《한서고증(漢書考證)》에도 다음과 같은 내용이 나온다.

송본(宋本), 감본(監本)[60]과 별본(別本) 모두 추를 한 현으로 하고 평대를 한 현으로 하였으니, 이는 큰 오류이다. 추평의 옛 성은 지금 추평현 북쪽에 있는데, 노(魯)나라에 속한 추현(鄒縣)과는 다르다. 대현은 고조(高祖)의 공신 대야(戴野)의 제후국이니, 선제(宣帝)[61]가 사현(史玄)을 봉하여 제후국으로 삼은, 상산군(常山郡)에 속한 평대현과는 또 다르다.

고염무와 제소남, 두 학자가 이 구두를 분명히 하고서야 거기서 실제로 가리킨 지명이 명확해졌다. 또 《한서》 권29 〈구혁지(溝洫志)〉에 다음과 같은 사례가 있다.

59 제승(齊乘) : 원나라 우흠(于欽)이 지은 책이다.

60 감본(監本) : 중국의 국자감(國子監)에서 발간한 판본으로 내용이 가장 정확한 것으로 정평이 있다. 이를 비롯하여 관청에서 발간한 것은 관본(官本)이라고 한다.

61 선제(宣帝) : 중국 전한(前漢)의 제10대 황제(기원전 91～기원전 49)로, 이름은 순(詢)이다. 상평창(常平倉)을 처음으로 설치하여 빈민 구제에 힘쓰고, 흉노를 격퇴하여 변경 지역을 안정시켰다.

이 뒤로 형양 아래 하동 남쪽까지 끌어다 홍구를 만들어, 송·정·진·채·조·위와 통하고 제수·여수·회수·사수와 만나게 하였다. 초나라의 경우, 서쪽으로는 한천과 운몽 사이에 물길을 내고 동쪽으로는 양자강과 회수 사이로 물길을 냈다. 오나라의 경우, 삼강과 오호로 물길을 냈다. 제나라의 경우 치수와 제수 사이로 물길을 냈다. 촉나라의 경우, 촉 태수 이빙이 이퇴를 파서 말수의 피해를 피했고, 이강과 성도 가운데를 팠다.〔自是之後, 滎陽下引河東南爲鴻溝. 以通宋、鄭、陳、蔡、曹、衛, 與濟、汝、淮、泗會. 於楚: 西方則通渠漢川、雲夢之際, 東方則通溝江、淮之間. 於吳: 則通渠三江、五湖. 於齊: 則通淄、濟之間. 於蜀: 則蜀守李冰鑿離碓, 避沫水之害, 穿二江、成都中.〕

위 문단의 독법은 멀리 한나라 말에 이미 '會於楚'를 하나의 구두로 삼았다. 《한서》〈고제기 상(高帝紀上)〉에 "항우는 이에 한나라와 천하를 양분하기로 약속하고 홍구 이서(以西) 지역을 나누어 한나라 영토로 삼았다."라고 했고, 안사고(顔師古)의 주에 문영(文穎)을 인용하여 "형양 아래 하동 남쪽까지 끌어다 홍구를 만들어 송·정·진·채·조·위와 통하고 제수·여수·회수·사수와 초에서 만나게 하였다. 바로 지금의 관도수이다.〔滎陽下引河東南爲鴻溝. 以通宋、鄭、陳、蔡、曹、衛, 與濟、汝、淮、泗會於楚. 卽今官渡水也.〕"라고 했다. 문영은 한나라 말 남양(南陽) 사람이다. 그의 이 주해는 분명히 원래 〈구혁지〉의 구두를 잘못 파악하였기 때문에, 이를 다시 〈고제기〉에 나오는 홍구를 해석하는 데 인용함으로써 지형과 물길을 대부분 이해할 수 없게 만들었다.

북송 시대에 이르러 유봉세(劉奉世)가 《한서간오(漢書刊誤)》를 쓸 때 다시 위의 〈구혁지〉 대목을 의심하면서 "홍구 하나가 본디 여섯 나라와 두루 통할 수가 없고, 또 제수는 천승(千乘)의 나라에서 바다로 들어가는데, 어떻게 초에서 만날 수 있겠는가."라고 했다. 이를 통해 북송의 학자도 옛 구두를 계속 사용했고 '會於楚' 세 글자를 하나의 구로 잘못 파악했음을 알 수 있다.

남송 시대에 이르러 오인걸(吳仁傑)이 《한서간오보유(漢書刊誤補遺)》를 썼는데, 주희(朱熹)가 일찍이 오인걸에게 편지를 보내어 유봉세가 《한서》를 읽을 때 구두를 착오한 것에 대해 언급하기를 "〈구혁지〉의 '於楚'는 본래 아래 구절에 속하니, 아래 문장의 '於齊'나 '於蜀'은 모두 그 구절의 처음이다. 유씨가 잘못 읽어서 위 구절에 붙였다."라고 했다.[62] 왕응린(王應麟)의 《곤학기문(困學紀聞)》 권12에서 인용하였다. 주희가 잘못된 구두법을 바로잡은 이후 청대 학자들은 비로소 '於楚' 두 글자를 아래에 붙여 읽는 데 일치했으니, 문제가 해결된 셈이다.

위에서 제시한 사례로 보면, 구두를 판단하는 것이 모두 간단 용이한 일이 아니라 극히 중요한 일임을 알 수 있다. 우연히 한두 글자를 잘못 끊은 구절이 수백 년 내지 수천 년이란 세월이 지나서야 그 구두가 바로잡힐 수 있었으니, 이는 반드시 자세히 알아야 할 분야이다. 이러한 어려움이 생기는 근본 원인은 우리 선학들이 저술할 때 구두점을 찍지 않았기 때문이다. 그들은 종래 후세 사람들에게 그렇게 많은 혼란과 어려움을 남겨 주리라고는 생각하지 못했을 것이다.

고대 저자들 자신이 구두를 찍지 않은 채로 지금까지 이어져 내려왔기 때문에, 우리들이 근본적으로 구두를 찍을 수 없는 상태로 역사 서적에 보존되어 있는 문자가 적지 않게 남아 있다. 예를 들면 《북사(北史)》 권99 〈철륵전(鐵勒傳)〉에 다음과 같은 기록이 나온다.

> 철륵(鐵勒)의 선조는 흉노의 후손으로 종족이 가장 많다. 서해의 동쪽으로부터 산과 계곡에 의지해 있으며 가도 가도 끊이지 않는다. 독락하

62 주희(朱熹)가……했다 : 주희는 유봉세가 주해의 오류를 알지 못하고 도리어 본문이 오류라고 의심했다고 지적했다. 《회암집(晦庵集)》 권59 〈답오두남(答吳斗南)〉에 보인다.

(獨洛河)의 북쪽에 복골(僕骨)·동라(同羅)·위흘(韋紇)·발야고(拔也古)가 있는데, 이를 다시 아울러 사근(俟斤)이라 한다. 몽진(蒙陳)·토여흘(土如紇)·사결(斯結)·혼(渾)·곡설(斛薛) 등 여러 씨족은 정예병이 2만 명 정도 된다. 이오(伊吾)의 서쪽, 언기(焉耆)의 북쪽 백산(白山) 옆에는 계폐(契弊)·박락직(薄落職)·을질(乙咥)·소파(蘇婆)·나갈(那曷)·오호(烏護)·흘골(紇骨)·야질(也咥)·어니호(於尼護) 등이 있는데 정예병이 2만 명이다. 금산(金山)의 서남쪽에는 설연타(薛延陀)·질륵아(咥勒兒)·십반(十槃)·달계(達契) 등이 있는데, 1만여 명의 정예병이 있다. 강국(康國)의 북쪽 아득수(阿得水) 옆에는 가질(訶咥)·갈절(曷截)·발홀(撥忽)·비간(比干)·구해(具海)·갈비실(曷比悉)·하차소(何嵯蘇)·발야말알달(拔也末謁達) 등이 있는데 3만여 명의 정예병이 있다. 득억해(得嶷海) 동서쪽에는 소로갈(蘇路羯)·삼색인(三索咽)·멸촉(篾促)·융홀(薩忽) 등 여러 씨족이 있는데 8000여 명 정도이다. 불소(拂蘇) 동쪽에는 은굴(恩屈)·아란(阿蘭)·북욕구리(北褥九離)·복올혼(伏嗢昏) 등이 있는데 2만 명에 가깝다. 북해(北海)의 남쪽에는 도파(都波) 등이 있다. 비록 성씨들이 각기 다르지만 모두 철륵이라 한다.

위에 인용한 글에 언급된 여러 부락의 성씨는 대부분 이해하기 어렵다. 복골·동라·위흘·발야고·사결·혼·곡설·계폐·설연타·도파 등 다른 책을 보고 참고하여 증명할 수 있는 이름을 제외하고 그 나머지는 구두를 표시하기가 상당히 어렵다. 만약 쓸 당시에 저자가 직접 구두를 표시한 것이 지금까지 전해졌다면 이러한 어려움이 생겼겠는가. 이것만 보더라도 구두의 역할과 중요성을 설명하기에 충분하다.

우리가 만약 구두 찍기의 기원을 찾기 위해 거슬러 올라가 보면, 그 시작은 매우 이른 시기일 것이다. 멀리 한나라 이전에 우리의 조상은 이미 구두

부호를 만들었다. 《설문해자》 제5편 '、' 부에서 "'、'는 내용이 끊어지는 곳에 '、'를 써서 표시하는 것이다."라고 했다. 이는 곧 후세의 구두 기호〔讀号號〕, 즉 오늘날에 널리 쓰이는 쉼표〔逗点〕와 같다. 오늘날 '、'는 주(主)로 읽지만 옛 발음은 두(豆)이다.

《설문해자》 제12편 '궐(亅)' 부에 "ㄴ은 걸리는 곳을 표시한다. 궐(亅) 자의 좌우가 바뀐 모양이다. 철(叕)이라고 읽는다."라고 했다. 이는 곧 후세의 마침표〔句號〕로, 옛사람은 그칠 곳에 철(ㄴ) 자를 썼다. 《사기》 〈골계전(滑稽傳)〉 저소손(褚少孫) 보주(補注)에서 "동방삭(東方朔)이 상서(上書)했는데, 모두 3000개의 주독(奏牘)에 썼다. 임금이 처음부터 그것을 읽기 시작하여, 읽다가 멈추면 그때마다 그곳에 '을(乙)' 자로 표시하였다. 두 달이 지나 끝났다."[63]라고 했다. 단옥재(段玉裁)[64]의 《설문해자주(說文解字注)》의 해석에서 "첩을(輒乙)의 을은 갑을(甲乙)의 을(乙)이 아니므로 철(ㄴ) 자로 바로잡는다. 오늘날 사람들이 책을 읽을 때 점검하는 것이 바로 이와 같다."라고 하였다. 단옥재의 설이 매우 적절하다. 옛사람이 책을 읽을 때 구두 기호를 썼고 계속 사용해 온 기간이 짧지 않음을 알 수 있다.

우리 조상이 글을 쓸 때, 헷갈리기 쉬운 부분이 있으면 자기가 스스로 구두를 찍어 문장의 구분을 보여 주는 경우도 있었다. 보존되어 있는 유물에서

63 동방삭(東方朔)이……끝났다 : 《사고전서》에 나오는 원문은 위와 조금 다른데, 다음과 같다. "朔初入長安至公車上書, 凡用三千奏牘. 公車令兩人共持擧其書, 僅然能勝之. 人主從上方讀之, 止, 輒乙其處. 讀之二月乃盡."

64 단옥재(段玉裁) : 자는 약응(若膺), 호는 무당(茂堂)이다. 강소성(江蘇省)에서 출생하였다. 대진(戴震)의 제자로 왕염손(王念孫)과 더불어 대씨(戴氏)의 '단왕이가(段王二家)'라고 불린다. 설문학(說文學)의 태두(泰斗)이며, 한(漢)나라 허신(許愼)이 지은 자서(字書) 《설문해자(說文解字)》의 주석서 30권을 저술함으로써 난해한 설문 주석에 획기적인 업적을 남겼다. 저서에 《고금상서찬이(古今尚書撰異)》 32권, 《춘추좌씨경(春秋左氏經)》 12권 등이 있다.

도 흔적을 찾을 수 있다. 예를 들어《유사추간(流砂墜簡)》[65]〈둔수총잔(屯戍叢殘)〉에는 한나라 시대 서쪽 변두리의 군사 주둔지 목간 하나가 유물로 보존되어 있는데, 그중 한 목간을 보자.

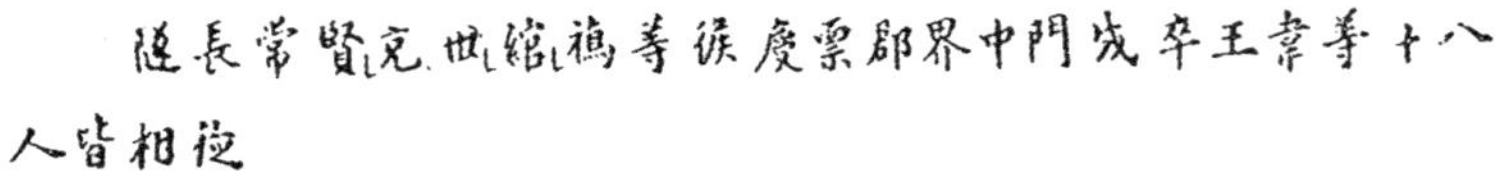

고고학자 왕국유(王國維)가 설명하기를 "추장 4명 중 앞의 3명의 이름 아래에 모두 철(∟) 자를 써서 구절을 나눈 것은 후세에 구두를 표시한 것과 같다. 4명의 이름이 모두 서로 이어져 있어 사람들이 잘못 읽을 것을 걱정하였기 때문이다."라고 하였다. 이에 의하면 옛사람은 구두 부호를 만들어, 책을 읽을 때뿐만 아니라, 자기가 글을 쓸 때도 글 위에 표시했다는 것을 알 수 있다. 안타깝게도 이러한 전통은 잘 계승되어 오지 못했다. 통상 후대 저자들은 자신의 글 위에 구두를 찍지 않았고, 원래 구두가 있더라도 필사하거나 조판(彫版)하던 사람들이 빼 버리는 경우가 있었다.

《송사(宋史)》 권438 〈하기전(何基傳)〉에 "무릇 책을 읽을 때 표점을 하지 않으면 안 된다. 의미가 드러나고 의도가 분명해지니 논의할 필요도 없이 저절로 드러난다."라고 했는데, 이 말 안에서 두 가지 문제를 설명하고 있다.

먼저 당시 독서하는 사람들이 대개 대강의 뜻만 간략하게 살필 뿐 깊이 파고들지 않았다는 것을 짐작할 수 있다. 하기(何基)는 책을 읽을 때 홀로 자세하게 글자와 어구를 놓치지 않고 깊이 연구하여 역사서의 전기에 중요하게 기록되었는데, 이는 대단한 공적이라고 인정되었기 때문이다.

65 유사추간(流砂墜簡) : 나진옥(羅振玉) · 왕국유(王國維) 편저로, 북경 중화서국에서 1993년에 간행되었다. 왕국유는 청나라 말기 민국 초의 고증학자로, 청조 고증학 전통에 따라 경학·사학·금석학을 연구했다. 나진옥은 청나라 말기의 학자로, 금석학과 고증학에 밝았으며, 은허(殷墟)에서 출토된 갑골문자를 연구하였다. 구사료 정리와 함께 중국 고대의 사실 구명에 공적을 남겼다.

그다음으로, 당시 표점(標點)이란 말을 보면 반드시 구두 외에도 다른 부호가 있었음을 알 수 있다. 점(點)은 구두를 가리켜 말하는 것이고, 표(標)는 다만 책에서 중요하거나 특별한 내용에 각종 부호를 붙여서 기억을 돕고자 한 것이다. 이러한 종류의 부호가 있으면 책 중의 중요한 뜻을 한 번만 보아도 알 수 있다. 〈하기전〉에서 "논의할 필요도 없이 저절로 드러난다."라고 한 말 안에 그 이치가 있다.

이 방법은 계속해서 원나라와 명나라 학자들이 계승하면서 발전시켜 왔다. 청나라 유학자 전태길(錢泰吉)[66]의 《폭서잡기(曝書雜記)》 중에 다음과 같은 조목이 나온다.

> 중국 상숙(常熟)의 모보계(毛黼季)가 원대 사람이 표점한 오경(五經)을 소장하였는데, 위숙자(魏叔子)[67]가 이에 대해 문집 권16에 기록해 두었다. 그 대략에 "《서집전찬주(書集傳纂注)》에, 지순(至順) 임신년(1332) 2월 오수민(吳壽民)이 지(識)를 붙여 《상서표점(尙書標點)》이라 했다. 왕노재(王魯齋)[68] 선생 범례에 의하면 붉은 줄은 큰 줄거리와 대의에 표시하고, 붉은 점은 중요한 말과 경계하는 말에 표시했다. 검은 줄은 제도를 고찰하는 데 쓰이고, 검은 점은 사실의 시말이나 언어

66 전태길(錢泰吉) : 1791~1863. 자는 보의(輔宜), 호는 경석(警石)이며, 절강성 가흥(嘉興) 사람으로 청대 장서가이다. 저서에 《폭서잡기》 3권이 있다.

67 위숙자(魏叔子) : 명말 청초의 사상가이자 문학자 위희(魏禧)를 말한다. 청조의 관직 제의를 거절하고 은거해서 강학에 몰두하였다. 각지를 여행하며 주이존(朱彛尊), 이청(李淸), 매문정(梅文鼎) 등과 교류하였다. 저술로는 《좌전경세(左傳經世)》, 《위숙자문집(魏叔子文集)》 등이 있다.

68 왕노재(王魯齋) : 송 영종(宋寧宗)과 도종(度宗) 연간의 유학자인 왕백(王柏)으로, 노재는 그의 호이다. 젊어서는 제갈량의 사람됨을 사모하여 호를 장소(長嘯)라 하였다. 성리학(性理學)에 밝았고 시화(詩畫)에도 능했다. 저서에 《노재집(魯齋集)》, 《논어통지(論語通旨)》, 《독역기(讀易記)》 등이 있다.

밖의 뜻에 표시했다. 대략 사서(四書) 표점의 사례와 같다. 《시집전(詩集傳)》 또한 검고 붉은 표점을 했고, 《역전의(易傳義)》는 노랗고 붉은 표점을 했는데, 원대 사람의 인기(印記)가 있다. 《예기집설(禮記集說)》 또한 원대 사람이 제목을 붙였다. 삼경(三經)의 표점은 모두 왕노재의 범례와 유사하다. 《춘추호전(春秋胡傳)》은 오색 붓을 사용하여 점을 찍고 줄을 그었는데, 거기에 인용한 《좌씨전(左氏傳)》, 《공양전(公羊傳)》, 《곡량전(穀梁傳)》은 위에 표점을 하여 여러 경서를 볼 때 더욱 정밀하였다."라고 하였다.

모보계가 또 말하기를 "근래 원대 사람이 노재의 사서 표점을 본뜬 것을 보니, 태흥 어사(泰興御史) 계진의(季振宜)의 집에 있는 것도 범례가 오경의 경우와 같다."라고 하였다.

모보계와 계진의가 소장한 경서가 이 세상에 지금도 남아 있는지 모르겠고, 또한 베낀 책도 보지 못했다. 공부하는 사람이 이런 의미로 경서를 읽는다면 《독서분년일정(讀書分年日程)》에 실린 면재(勉齋) 황간(黃榦)[69]이 비점(批點)한 사서의 예와 비슷할 수 있을 것이다.

이에 의하면, 원대 사람들은 책을 읽을 때 이미 표점을 많이 사용하였고, 또 붉은 줄, 붉은 점, 검은 줄, 검은 점 등을 구별하여 사용했으며, 그런 표시를 쓸 때 각각 의미하는 중요 사항이 있었음을 알 수 있다. 과거 학자들은 이런 방법이 비교적 기억을 도울 수 있고 사고를 계발할 수 있는 독서법이라고 생각한 것이다.

명대를 지나지 않아 일반 문인들도 대부분 이런 방법을 가지고 문사(文

69 황간(黃榦) : 호는 면재(勉齋), 자는 직경(直卿)이다. 주희(朱熹)의 사위이며 고제(高弟)이다. 주희가 일찍이 예서(禮書)를 편찬하다가 상례(喪禮)·제례(祭禮) 두 편을 황간에게 맡겨 이를 완성하게 하였으며, 임종 시에 그에게 도통(道統)을 전했다.

辭)를 평하고 표점하는 데 전문적으로 사용하였다. 전태길의 《폭서잡기》 권중(卷中)에도 명대 귀유광(歸有光 진천(震川))이 《사기》를 평하고 표점한 방법을 소개하고 있다.

> 진천(震川)이 사기를 평하고 표점하면서 스스로 범례를 만들었다. 요약하여 말하자면, 붉은 방점을 한 부분은 전체적으로 의미와 서술이 잘 된 것을 뜻하고, 노란 방점을 한 부분은 핵심 맥락이다. 붉은 방점을 한 부분은 사람들이 이해하기 쉬운 부분이고, 노란 방점을 한 부분은 이해하기 어려운 부분이다. 흑척(黑擲)은 이치에 어긋난 부분에 쓰고, 청척(靑擲)은 그다지 중요하지 않은 부분에 쓰며, 주척(硃擲)은 아주 중요한 곳에 쓰고, 황척(黃擲)은 한 부분이 중요할 때 쓴다.

귀유광처럼 이렇게 고서에 표점을 한 것은 문장을 쓰는 과정에서 정성을 다해 퇴고했기 때문이라는 사실에 의심의 여지가 없다. 귀유광은 자연 전편의 구조, 단락별 요점·핵심에서부터 의도의 변화, 정신이나 기백 등의 측면에 집중하여 문인들의 탐구나 사색에 도움이 되게 하였고, 이를 《고문비전(古文祕傳)》이라 하였다. 이후 지방 학교에서 사용했던 《사기정화록(史記精華錄)》, 《고문필법백편(古文筆法百篇)》, 《고문관지(古文觀止)》 같은 책들은 이 전통을 계승하면서 한결같이 옛사람들을 모방하고자 하였다. 이러한 태도는 단지 봉건사회에서의 학습과 작문이라는 점에서 말하자면 이미 견식이 얕은 방법이고, 다시 말하면 학문 수준이라고까지는 할 수 없다. 그래서 우리들이 오늘날 역사를 공부할 때, 특히 《사기》 같은 명저를 읽을 때는 사실을 연구한다는 견지에서 탐구해야지, 다시 과거의 논평하고 표점하는 낡은 습관을 그대로 쓰면서 무익하게 얽매여서는 안 된다.

그렇지만 오색 붓으로 고서에 표점하는 방법 자체가 완전히 무의미하다고 할 수는 없다. 우리가 만일 표점의 내용을 가지고 사실(史實)의 분석이라는 측면에 집중한다면 여전히 쓸모가 있다. 송대 학자 소식(蘇軾)은 역사서를 읽을 때 이른바 팔면수적법(八面受敵法)을 강조했다고 전해진다.[70] 그것은 분류의 방법을 통해 사실을 연구하는 것이었다. 하나의 책을 많게는 여러 번 읽기도 한다. 한 번 읽을 때마다 한 방면의 문제에 주의를 기울인다. 예를 들어 처음에는 정치 방면의 문제에 주의를 기울이고, 두 번째는 군사 방면의 문제에 주의를 기울인다. 이렇게 반복하여 학습하면 책 전체 내용에 대해 자연히 조리 있고 계통적으로 기억이 머릿속에 남게 된다.

요즘도 우리가 비교적 분량이 많고 내용이 복잡한 책을 연구할 때 하나의 학습 방법으로 여전히 활용할 수 있다. 우선 자신이 주의를 기울여야 할 사항을 경제·정치·교육·군사 등의 부문으로 나누고, 한번 읽을 때마다 하나의 색연필로 기록하거나 혹은 각종 부호로 표시한다. 그러면 그에 따라 복잡하게 착종(錯綜)된 가운데서도 일련의 흐름을 찾을 수 있고, 내내 번거로움을 피하고 간략하게 정리할 수 있으며 체계적으로 핵심을 꿰는 성과를 거둘 수 있다.

그런데 그 방법이 도무지 초학자에게 쉬운 방법은 아니다. 초학자들은 단지 열심히 구두를 분명하게 하여 기초를 쌓을 것을 생각해야 한다. 요즘 통용하는 신식 표점 부호를 써서 읽어야 할 책에 구두를 찍어 보는 것은 여전히 학문을 하는 데 꼭 거쳐야 할 단계이다. 학문을 한다는 것은 본래 인내를 필요로 하는 과정이니만큼, 학자들은 절대 구두가 힘들고 번거롭다고 하여 소홀히 해서는 안 된다.

옛사람이 말하기를 "학식이 어떤가 알려면 책에 찍은 구두점을 보면 된다.〔學識何如, 觀點書.〕"라고 했다.《자가집(資暇集)》 권상(卷上), 직하(稷下)

70 소식(蘇軾)은……전해진다 : 소식이 왕상(王庠)에게 보내는 편지에서 "훗날 학문을 이루어 팔방에서 적과 마주치게 되었을 때, 제대로 섭렵한 사람은 그렇지 못한 사람과 같은 수준에서 말할 수가 없다.〔他日學成, 八面受敵, 與涉獵者不可同日而語也.〕"라고 하였다.《東坡全集 卷76 答王庠書》

의 말에 보인다. 이 말은 매우 일리가 있다. 그러므로 어떤 사람이 학식이 없다면 문리도 통하지 않아, 고서에 표점을 하더라도 반드시 적지 않은 착오를 저지르거나 완전하게 구두를 찍을 수 없다. 어려운 글자나 흔하지 않은 단어를 만났을 때 위로 붙여 읽을지 아래로 붙여 읽을지는 독자 자신의 수준에 따라 결정된다. 수준이 높은 사람은 의심 없이 과감할 수 있을 뿐 아니라 이전에 잘못 읽어 왔던 독법도 자신이 수정할 수 있다. 그러므로 과거 학자들은 어떤 사람이 구두를 찍은 책만 보아도 그 사람이 어느 정도 수준인지 가늠할 수 있었다. 그것이 의외로 비교적 객관적인 하나의 성적 측정 방법이었던 셈이다.

책에 구두를 찍는 것은 시간이 드는 데다 번거로운 작업이다. 그러나 초학자는 반드시 끈기 있고 인내할 수 있어야 하며, 장시간 이런 태도를 견지하여 이 관문을 통과해야 한다. 오랜 기간 어려운 과정을 극복하고 나면 자신의 수준을 제고할 수 있다. 나는 구두점을 찍는 작업이 초학자에게 두 가지 점에서 도움이 된다고 생각한다.

첫째, 구를 잘못 끊어 책을 잘못 이해하거나 혹은 다른 사람의 웃음거리가 될까 걱정하면서 반드시 애써 어려운 글자나 구절에 대해 생각을 해 보고 그렇게 된 이유를 탐구하다 보면 자연 책을 번역하는 데 부지런하게 되고 자전(字典)을 부지런히 찾아보게 된다. 이렇게 자신을 단련하면 보이지 않는 중에 자신의 지식이 풍부해진다.

둘째, 시작만 있고 끝을 보지 못하는 병통이 있을까 걱정하면서 펜을 들고 몇 권 구두를 찍다 보면 다 읽고 싶은 마음이 생기고, 그런 자세를 견지하다 보면 큰 규모의 책을 읽는 습관을 항상 기를 수 있다.

또한 글자나 구절을 쫓아가면서 읽어야 하며 대충 지나가듯 읽어서는 안 된다. 이런 습관을 기르고 나면 종신토록 학문을 하는 데 성공할 수 있는 유리한 조건을 갖추게 될 것이다. 그러므로 나는 평소 독서에 뜻을 둔 청년들에게 늘 보는 몇 권의 책에 열심히 구두점을 찍으며 읽으라고 권한다.

중국의 고대 역사책은 매우 많고 복잡한데, 과연 어느 책부터 표점을 찍으며 읽어야 할까? 나는 초학자들이 한꺼번에 모든 역사책을 표점하며 읽을 수 없다는 것을 알지만, 최소한 사사(四史)나 《통감(通鑑)》은 자세히 표점을 찍으며 읽어야 할 것이다. 《사기》, 《한서》, 《후한서》, 《삼국지》를 합쳐 사사라 칭하는 것은 청나라 건륭·가경 연간의 학자에게서 시작되었다. 왕명성(王鳴盛)[71]은 《십칠사상각(十七史商榷)》 권42에서 삼사(三史)에 대해 다음과 같이 말하였다.

> 당나라와 송나라 이후, 학자들은 모두 항상 오경삼사(五經三史)를 말했다. 삼사란 사마천(司馬遷), 반고(班固), 범엽(范曄)을 가리킨다. 마땅히 여기에 다시 진수(陳壽)를 더해 사사라 부르는 것이 옳으며, 오경과 짝하여도 부끄러움이 없다. 그 나머지 각종 역사서는 모두 그보다 못하다.

한편 요내(姚鼐)는 《석포척독(惜抱尺牘)》[72]에서 다음과 같이 말하였다.

> 초학자에게 《사기》, 《한서》, 《후한서》, 《삼국지》보다 급한 것은 없다. 이후 바로 《통감》을 읽어야 한다. 《진서(晉書)》 이하는 천천히 해도 된다.

이로부터 건륭·가경 연간의 학자는 이미 사사의 중요성을 강조하면서, 학

71 왕명성(王鳴盛) : 1720～1797. 청나라의 고증학자 겸 시인이다. 내각학사(內閣學士) 겸 예부시랑(禮部侍郎)을 지냈다. 거의 같은 시대의 전대흔(錢大昕), 조익(趙翼) 등과 비견되는 유명한 역사학자로, 그의 학문을 청나라 고증사학(考證史學)이라 부른다.

72 석포척독(惜抱尺牘) : 요내(姚鼐) 편저로 1909년에 북경(北京) 중국서점(中國書店)에서 간행되었다.

자들이 반드시 암송하고 익혀야 할 기본 서적이라고 생각했음을 알 수 있다.

그런데 요내가 "《진서》 이하는 천천히 공부해도 된다."라고 말한 것은 일반 학자를 위한 말이다. 역사학을 연구하는 데 뜻이 있는 사람이라면 여기서 멈추어서는 안 되며 《진서》 이하의 정사(正史)도 폭넓게 읽어 보아야 한다. 초학자가 노력하는 발단은 먼저 사사를 읽는 것에서 시작된다. 사사에 자세히 표점을 찍으면서 읽었을 때의 가치를 말하자면 다음과 같다.

1. 《사기》는 먼 옛날부터 한나라 초기까지의 사회 변화와 자연 변화를 총괄했다. 더욱이 여러 경전을 요약하고 제자백가를 기재함으로써 풍부한 고대 문화유산을 보존하고 있다.
2. 《한서》 중 십지(十志)는 다양하고 자세한 내용을 포함하고 있다. 그중 〈예악지(禮樂志)〉, 〈형법지(刑法志)〉, 〈식화지(食貨志)〉, 〈지리지(地理志)〉, 〈예문지(藝文志)〉가 가장 중요하다. 이는 고대의 법제, 경제, 지리〔輿地〕를 고증할 때 학술적으로 중요한 근거 자료이다.
3. 《한서》, 《후한서》는 정치와 학문을 논하는 기록이 가장 많다. 중국에서 개별 문집이 편찬되기 전인 전한과 후한의 글을 모두 모은 것과 다름없으므로, 가치 있는 글을 보존한 것이 적지 않다.
4. 《삼국지》는 역사 사실을 수록하고 있고 《후한서》와 서로 고증할 수 있다. 배송지(裴松之)의 《삼국지주(三國志注)》는 더욱 상세하여 많은 일서(逸書)들이 모여 있다.

《자치통감(資治通鑑)》 이하 《통감》 은 기전체를 편년체로 바꾸어 십칠사(十七史)의 역사 서술을 하나로 모아, 1362년의 사적(事迹)을 꿰뚫었다. 《통감》은 체계가 방대하고 사상이 정교하므로 자세히 읽지 않을 수 없다. 최근 과학원에서 인력을 조직하여 모든 책에 신식 표점을 찍어 다시 새로 인쇄하여 배포하였기 때문에 초학자에게 매우 편리하다.

사사와 《통감》의 권수를 세어 보면 그다지 많지 않다. 모두 《사기》 130권, 《한서》 120권, 《한서》는 편수로 100편이다. 편이 길어 상하 혹은 상중하 권으로 나누었기 때문에 권수가 편수보다 많다. 《후한서》 130권, 범엽의 책은 원래 90편인데 나누어 100권이 되었다. 사마표(司馬彪) 《속한서(續漢書)》의 8개 지(志) 30권을 합쳐 간행한 것이 오래되었으므로 나누지 않았다. 《삼국지》 65권이다. 여기에 《통감》 294권을 합치면 모두 739권이다. 날마다 1권씩 읽을 수 있는 학자라면 2년이면 마칠 수 있다는 계산이 나온다. 이렇게 기초를 다지면 이후 다른 역사서를 표점하면서 읽는 일은 비교적 쉽게 시작할 수 있다.

## 제3절 편장의 분석

글자가 모여 구(句)를 이루고, 구가 모여 장(章)을 이루며, 장이 모여 편(篇)을 이룬다. 독서는 반드시 문자를 알고 구두를 명확히 하는 데서 시작해야 나중에 편장을 분석하는 데로 한 걸음 나아갈 수 있고, 매 장과 매 편의 대의(大意)를 헤아릴 수 있다. 이는 《예기》 〈학기(學記)〉에서 말한 이경변지(離經辨志)의 의의와 서로 부합한다. 청나라 학자 황이주(黃以周)는 〈이경변지설(離經辨志說)〉에서 다음과 같이 말하였다.

> 이경은 전적으로 구를 분석하는 말이고, 변지는 곧 문장을 판단하는 말이다. 지(志)는 지(識)와 통한다. 변지란 문장의 뜻을 변별하여 표시한다는 뜻이다.

황이주의 말은 핵심을 이해하고 있다. 옛사람들의 독서는 구두를 명료하게 하고 장의 뜻을 변별하는 것이 같은 비중을 차지하고 있었다. 황이주는 위의 글에서 또 말하였다.

> 초학자가 《사기》와 《한서》를 읽을 때 이경변지의 방법을 써서 구두를 표시하고 단락을 나누어 대의를 분명히 하도록 한다. 한 번만 살펴보면 이해력이 깊은지 얕은지 알 수 있으니, 참으로 좋은 방법이다.

황이주가 단락을 나눈다고 말한 것은, 바꾸어 말하자면 곧 장(章)을 나눈다는 의미이다. 장이란 단락의 다른 이름으로, 한 편이 비교적 길게 서술될 때 그 속에 몇몇의 단락이 있게 마련이다. 우리가 구두점을 찍으며 읽을 때 반드시 단락을 분명히 알아야 비로소 매 장의 대의와 전편의 요지를 알 수 있다.

옛사람들이 저술할 때 원래 매 편 안에서도 단락을 나누었다. 매 장은 줄을 바꾸어 따로 기록했으므로 층차가 분명했다. 당나라 이후 조판(組版) 인쇄술이 성행하면서부터 글자를 새기는 사람들이 공력을 덜기 위해서 꾀를 부렸기 때문에 고서의 격식 또한 크게 변화했다. 매 편의 길이에 상관없이 모두 단락을 붙여 씀으로써 줄을 바꾸는 일이 없어진 것이다. 예를 들어 우리가 현재 읽고 있는 《한서》 〈식화지(食貨志)〉는 단지 상권과 하권으로 나뉘어 있고, 매 권 안에서 문자를 이어서 써 놓았으며 어떤 장절(章節)도 보이지 않는다.

그렇지만 《고일총서(古逸叢書)》 중에 영인된 당나라 사본(寫本) 《한서》 〈식화지〉와 대조하여 조사해 보면 전혀 다르다. '한흥(漢興)', '선제즉위(宣帝卽位)', '원제즉위(元帝卽位)', '성제시(成帝時)', '애제즉위(哀帝卽位)', '왕망인한승평지업(王莽因漢承平之業)' 같은 곳은 당나라 사본에 모두 줄을 바꾸어 따로 썼기 때문에 단락이 분명하여 각본(刻本) 이전의 원래 형식을 살펴볼 수 있다. 왕선겸(王先謙)[73]은 《한서보주(漢書補注)》 권24 상에서 이 점을 잘 설명했다.

> 당나라 판본을 보면 여전히 당시 반고(班固) 〈식화지〉의 모습을 상상할 수 있고, 각 권이 다르지 않다. 그러나 간본(刊本)은 처음과 끝이

73 왕선겸(王先謙) : 중국 청나라 말기의 학자로 한림원 편수(翰林院編修)·국자감 좨주(國子監祭酒) 등을 역임하였고, 사임한 후 향리에서 인재 양성에 진력하였다. 학문은 한학(漢學)과 송학(宋學)을 종합한 것으로 다방면에 걸친 저술 활동을 하였다. 《동화록(東華錄)》·《동화속록(東華續錄)》·《황청경해속편(皇淸經解續編)》 등을 편집하였으며, 《한서보주(漢書補注)》·《후한서집해(後漢書集解)》·《순자집해(荀子集解)》 등의 저서를 남겼다.

꼬리를 물듯 편집되어 있어 옛 형식을 따르지 않았다. 〈예악지(禮樂志)〉의 '금해내경시(今海內更始)'는 관본(官本)에 줄을 바꾸었는데, 이를 보면 옛 흔적이 다 사라지지 않았음을 알 수 있다.[74]

고서가 전사(傳寫)되고 번각(翻刻)되면서 원래의 형식이 바뀐 것은 《한서》 〈식화지〉만 그런 것이 아니었다. 자연히 역사 서적에 나타난 커다란 파괴이자 혼란이었다. 우리가 지금 단락을 나누고 장을 나누는 문제에 대해 주의를 기울이는 이유는 첫째, 읽기에 편하고 각 편의 주요 내용을 쉽게 추리려는 것, 둘째, 이에 따라 고대 저술가의 원래 형식을 회복하여 역사 서적의 모습을 다시 분명히 보려는 것이다. 그러므로 이 일은 매우 어렵고 중요하다. 고대 서적의 편장이 어떻게 나뉘고 합쳐졌는지, 표제(標題) 차이의 일반 규칙은 무엇인지에 대해 이해해야 시작할 수 있는 것이다.

우선 편(篇)의 유래를 이야기해 보자. 우리 선조들이 인공 종이를 발명하기 이전에, 최초로 언어 문자를 기록한 매체는 죽간(竹簡)과 목판(木板)이었다. 왕충(王充)은 《논형(論衡)》 〈양지(量知)〉에서 "대나무를 잘라 통(筒)을 만들고 쪼개어 첩(牒)을 만들었으며, 붓과 먹으로 글씨를 써서 문자를 기록했다. 큰 글자는 경(經)이고, 작은 글자는 전기(傳記)이다. 나무를 잘라 참(槧)을 만들고 갈라서 판(版)을 만들었으며, 거기에 깎고 파서 주독(奏牘)을 작성했다."라고 했다.

이에 따르면 고대에 사용되던 목판은 일반적으로 서로 통신하던 편지로 쓰였음을 알 수 있다. 뭔가를 적는 데는 죽간을 썼던 것이다. 편(篇)이나 간(簡) 등의 글자는 모두 '竹'이 부수(部數)이다. 《설문(說文)》에 "간(簡)은 첩(牒)이다.", "편(篇)은 서(書)이다."라고 했는데, 이처럼 대나무 한 조각

74 예악지(禮樂志)의……있다 : 《사고전서》 《한서》 권22 〈예악지〉에 보면 '今海內更始'가 행갈이되어 있다. 왕선겸이 말하는 관본이 이 사고전서본을 말하는 게 아닌가 한다.

을 간(簡)이라고 일컬었고 다수의 죽간을 모은 것을 편(篇)이라고 일컬었다. 후대에 일이 많아지면서 죽간에는 많은 글자를 쓸 수 없게 되자 비단을 함께 사용하기 시작했다. 한나라에 이르기까지 계속 죽간과 비단이 아울러 사용되었다.

비단에 기록하게 되면서 둘둘 말 수 있었으므로 죽간보다 보존에 용이했고, 이렇게 해서 한나라 이후에는 점차 간편(簡編)이 사라지고 권축(卷軸)이 유행하였다. 권(卷)이란 명칭은 서권(舒卷 말고 폄)이란 뜻에서 나왔다. 처음에는 권과 편의 구별이 그리 명확하지 않았다.

한나라 때 언어와 문자를 기록한 매체는 죽간과 비단 두 가지였기 때문에 편과 권은 아무런 차이가 없었다. 《한서》〈예문지〉에 등재된 서적들에 대해 권이라 하기도 하고 편이라 하기도 하는 등 일치하지 않는 것이 바로 분명한 증거이다. 청나라 학자 노문초(盧文弨)는 《종산찰기(鍾山札記)》[75] 권1에서 다음과 같이 말하였다.

> 편(篇)은 곧 권(卷)이다. 《한서》〈예문지(藝文志)〉에서 《주역(周易)》은 모두 편이라 하였고, 《시경(詩經)》은 모두 권이라 하였다. 그 나머지 부류는 편이라 하기도 하고 권이라 하기도 하여 일정하지 않다. 〈예문지〉 맨 끝에 "전체 책은 6략(略), 38종(種), 596가(家)로 분류되는데, 모두 1만 3269권이다."[76]라고 하였으니, 이는 편이 곧 권이라는 것이 아니겠는가.

노문초의 이 말은 다만 한나라 때 편과 권에 구분이 없던 일반적인 상황을

75 종산찰기(鍾山札記) : 대만(臺灣) 상무인서관(商務印書館)에서 1965년에 간행되었다. 노문초(1717~1796)가 중국 경사(經史) 서적에 대해 연구하고 이견을 기록한 저서이다.

76 전체……1만 3269권이다 : 《한서》〈예문지〉는 6략 아래 38종을 나누어 기록하고, 38종 아래 저자별로 정리하는 형식의 편집 체제로 되어 있다.

설명하기에 충분한데, 정말 상황이 그러하였다.

그렇지만 또 적지 않은 역사서에서 실제로 편과 권이 등장하고 있다. 바로 《한서》의 예를 들면 〈고제기(高帝紀)〉는 상하로 나뉘고, 〈왕자후표(王子侯表)〉도 상하로 나뉜다. 〈백관공경표(百官公卿表)〉는 상하로 나뉘고, 〈율력지(律曆志)〉도 상하로 나뉜다. 〈식화지(食貨志)〉는 상하로 나뉘고, 〈교사지(郊祀志)〉도 상하로 나뉜다. 〈오행지(五行志)〉는 상중하로 나뉘고, 또 중지상·중지하, 하지상·하지하로 나뉜다. 〈지리지(地理志)〉는 상하로 나뉜다. 〈사마상여전(司馬相如傳)〉은 상하로 나뉘고, 〈엄주오구주부서엄종왕가전(嚴朱吾丘主父徐嚴終王賈傳)〉도 상하로 나뉘며, 〈양웅전(揚雄傳)〉도 상하로 나뉜다. 〈흉노전(匈奴傳)〉은 상하로 나뉘며, 〈서역전(西域傳)〉도 상하로 나뉘고, 〈외척전(外戚傳)〉도 상하로 나뉜다. 〈왕망전(王莽傳)〉은 상중하로 나뉘고, 〈서전(敍傳)〉은 상하로 나뉜다. 이런 것들은 모두 편의 분량이 너무 길기 때문에 어쩔 수 없이 나눈 것이다. 왕선겸은 《한서보주》 '고제기제일상(高帝紀第一上)'의 표제 아래에 다음과 같이 설명하고 있다.

> 상하라는 글자는 안사고(顔師古)가 권을 나누면서 붙인 것이지 반고의 《한서》 원본에 있던 말이 아니다.[77]

안사고가 《한서》를 주해하면서 책 전체의 편 분량이 너무 긴 것을 한번 정리했음을 알 수 있다. 비록 작자가 원래 저술한 책의 모습과 일치하지는 않지만 독자들에게는 편리하였다. 그래서 후대 사람들이 《한서》에 대해 목록을 정리·배열하여 권수(卷首)에 둘 때 권수의 목록은 후대 사람들이 보완하여

77 상하라는……아니다 : 안사고(顔師古)는 중국 당나라 초기의 학자로 《한서(漢書)》에 주석을 달았다. 《한서》 〈엄주오구주부서엄종왕가전(嚴朱吾丘主父徐嚴終王賈傳)〉을 상하로 나누면서 안사고는 "엄안 이후를 나누어 하권으로 삼았다.〔分嚴安以後爲下卷.〕"라고 했다.

배열했는데 뒤에 상론한다. 다음과 같이 기재하였다.

| | | |
|---|---|---|
| 제기(帝紀)12 | 13권 | |
| 표(表)8 | 10권 | |
| 지(志)10 | 18권 | |
| 열전(列傳)70 | 79권, | 모두 120권 |

이것이 바로 한 책 안에서 권수가 편수보다 많다는 분명한 증거이다. 그러나 또 다른 서적에는 이와 상반되는 사례가 있다. 예를 들면 《한서》〈예문지(藝文志) 육예략(六藝略)〉 효경류(孝經類)에 "《이아(爾雅)》는 3권 20편이다." 현재 판본은 3권 19편이다. 라고 했으니, 이것이 바로 한 권 안에 여러 편을 포함하였다는 분명한 증거이다. 대개 권의 분합(分合)은 분량의 다소에 따라 결정되었고, 편의 시작과 끝은 저서의 의례(義例 주제와 체례)에 의해 결정되었는데, 두 방식이 통일적으로 적용되기를 강요할 수 없다.

다음으로 편제(篇題 편의 제목)에 대해 이야기하자면, 대제목과 소제목으로 나뉜다. 대제목은 책 전체를 통칭하는 이름을 가리키고, 소제목은 매 편의 편명을 가리킨다. 고서의 일반적인 격식에 따르면, 모두 편명을 위쪽에 쓰고 책명은 아래쪽에 썼다. 노문초가 《종산찰기》 권3에서 말하였다.

> 고서의 대제목은 대부분 소제목의 아래에 있다. '주남관저고훈전제일(周南關雎詁訓傳第一)'은 소제목인데 앞에 나온다. '모시(毛詩)' 두 글자는 대제목인데 아래에 나온다. 육덕명(陸德明)은 "마융(馬融), 노식(盧植), 정현(鄭玄)이 《삼례(三禮)》[78]에 주해를 달 때도 모두 대제목을 아래에 두었다. 반고의 《한서》, 진수의 《삼국지》의 제목도 역시

78 삼례(三禮) : 《예기》, 《주례》, 《의례》를 말한다.

> 그러하다."[79]라고 했다. 대체로 옛사람들은 제목이 상대적으로 작더라도 이처럼 옛 방식을 지켜 어지럽히지 않았다. 오늘날 사람들은 마음대로 어수선하게 변경한다.……《한서》, 《삼국지》의 경우 모진(毛晉)의 급고각(汲古閣)[80]에서 출판·발행한 것만이 옛 방식을 잇고 있을 뿐 다른 판본들이 모두 그렇지는 않다.

전대흔(錢大昕)[81]은 《십가재양신여록(十駕齋養新餘錄)》 권상(卷上)에서 다음과 같이 말하였다.

> 당나라 때 새긴 석경(石經)은 모두 대제목이 아래에 있다. 《시경》의 권수(卷首)를 보면 '주남고훈전제일(周南詁訓傳第一)'을 위에 두었고 '모시(毛詩)' 두 글자는 이 행 아래에 두었으니, 이른바 '대제목은 아래에 둔다.'라는 것이다. 송나라와 원나라 이후에 새긴 각본(刻本)은 모두 대제목을 위로 옮겼으므로 옛 방식이 마침내 사라졌다. 내가 일찍이 《사기》의 송나라 대자본(大字本)을 보았는데 역시 대제목이 아래에 있었다.

노문초와 전대흔 두 학자의 의견을 근거로 하여, 우리들은 통용되는 고대 역사 서적이 정말 그런 형식을 바꾸었는지 조사할 수 있다. 특히 건륭 4년

79 마융(馬融)……그러하다 : 《경전석문(經典釋文)》 제5권 〈모시음의(毛詩音義)〉 상편에 나온다.

80 급고각(汲古閣) : 중국 명나라 말기 강소성(江蘇省) 상숙현(常熟縣)의 모진(毛晉)이 지은 장서관(藏書館)으로, 장서 수가 8만 4000권에 달했다. 급고각본은 현재까지 널리 유포되어 있으며, 후세에 끼친 영향이 매우 크다.

81 전대흔(錢大昕) : 중국 청나라의 유학자이자 고증학자이다. 15세 때 제생(諸生)이 되었고 1751년 내각중서(內閣中書)로 임용되었다. 역사학에 정통했으며, 강녕(江寧)의 종산서원(鍾山書院)과 소주(蘇州)의 자양서원(紫陽書院) 등의 원장으로 있으면서 2000명에 이르는 제자를 가르쳤다.

(1739)에 교정하여 간행한 《한서》 통칭 관본(官本)의 표제(標題)를 펼치면, 첫 번째 줄의 맨 위 칸에 '전한서권일상(前漢書卷一上)' 6자를 쓰고, 두 번째, 세 번째 줄에 두 칸 낮추어 저자와 주해자의 이름과 성을 표기하고, 네 번째 줄에 한 칸 낮추어 다시 '고제기제일상(高帝紀第一上)'이라는 6자를 썼다.[82]

이러한 격식은 명백하게 잘못된 것이다. '한서' 두 글자 위에 전(前) 자를 덧붙인 것은 더욱 부당하다. 청나라 말 왕선겸이 《한서보주》를 간행할 무렵에야 이를 바로잡았고, 급고본에 따라 옛 모습을 회복시켰으니 가장 식견이 있다고 할 수 있다.

후세 사람들이 고대의 역사 서적을 번각할 때 간혹 표제를 임의로 덧붙였을 뿐 아니라, 오로지 주관적인 좋고 싫음에 따라 원래 표제에서 한두 글자를 빼 버리기도 했다. 예를 들면, 서진(西晉)의 진수(陳壽)가 사마씨(司馬氏)의 신하 된 신분으로 《삼국지》를 저술했기에, 어쩔 수 없이 위(魏)를 정통이라고 하였다. 《수서(隋書)》 〈경적지 정사류 서(經籍志正史類敍)〉에서 이미 다음과 같이 말하였다.

> 서진 때 파서(巴西)의 진수가 삼국의 사건을 추려 모았는데, 오로지 위나라 황제만 본기로 하고 그 공신 및 오나라와 촉나라의 군주를 모두 열전에 넣었다. 이어 나라별로 분류하고 정리하여 《삼국지》라고 했다.

이에 근거하여, 당나라 초기의 《삼국지》 판본에는 원래 본기와 열전의 구별이 있었음을 알 수 있다. 그다음으로 조공무(晁公武)의 《군재독서지(郡

82 건륭……썼다 : 관본(官本) 《한서》는 문연각 사고전서 판본이 대표적이다. '흠정사고전서(欽定四庫全書)'라는 표제 때문에 '전한서권일상', '고제기제일상'을 맨 위 칸 즉 극항(極行)이 아니라 한 칸 낮추어 썼지만 장순휘가 말하는 관본 《한서》의 형식과 동일하다.

齋讀書志)》[83]에서도 이와 같은 편질(篇秩)을 다음과 같이 지적하였다. "위나라는 본기가 4편, 열전이 26편이고, 촉은 열전이 15편, 오는 열전이 20편이다." 이는 송대에도 원래의 모습이 보존되었음을 증명하기에 충분하다.

그렇지만 오늘날 통용되는 《삼국지》 판본은 '무제조(武帝操)', '문제비(文帝丕)', '명제예(明帝叡)' 등의 표제만 있을 뿐 기(紀)나 본기(本紀) 같은 명칭은 찾아볼 수 없다. 이는 분명 남송(南宋) 이후의 학자들이 주희(朱熹)의 촉한 정통론을 그대로 준용하여 삭제한 것이다. 다만 위나라 군주에게만 제(帝) 자를 붙인 것이 바로 다 삭제되지 않고 남아 있는 흔적이다. 함분루(涵芬樓)[84]에서 영인한 《백납본이십사사(百衲本二十四史)》의 《삼국지》는 송나라 소흥(紹興) 때 간행한 판본을 채택했다. 목록상의 표제는 지금 통용되는 판본과 같다. 다만 〈위지(魏志)〉 앞의 네 편은 '무제기제일(武帝紀第一)', '문제기제이(文帝紀第二)', '명제기제삼(明帝紀第三)', '소제기제사(少帝紀第四)' 등의 제목이 달려 있어, 남송 때의 각본이 아직 원래 모습을 보존하고 있음을 알 수 있다.

편마다 편의 제목이 있고, 책 전체에도 매 편의 제목을 총괄하는 목록이 있다. 이것은 중국에서 모든 서적을 편찬·저술하는 형식이다. 그렇지만 고대 저자들은 항상 책 전체의 목록을 그 책의 가장 끝에 배치했으니, 요즘 사람들이 목록을 권수(卷首)에 두는 것과는 확연히 다르다. 이는 옛사람들이 글을 쓸 때 곧장 써 내려가다가 모두 서술하여 끝낸 이후에 비로소 해당 편을 결론짓는 성격의 글을 책의 말미에 놓았기 때문이다.

이와 같은 총괄 성격의 글에는 자신의 가계(家系), 행적(行跡), 지취(志

83 군재독서지(郡齋讀書志) : 중국 송(宋)나라 때 조공무(晁公武)가 엮은 도서 해설 목록이다.

84 함분루(涵芬樓) : 장원제(張元濟, 1867~1959)가 세운 상무인서관(商務印書館)의 부설 도서관 이름이다. 뒤에 동방도서관으로 이름을 바꾸고, 송원(宋元) 시대의 우수한 역대 정사 판본 여러 종을 모아 《백납본이십사사》를 펴냈다.

趣) 및 책을 쓰게 된 연유 등이 포함된다. 저술 체례와 책 전체의 편목을 남김없이 열거하여 한 편의 완벽한 목록을 만들었다. 예를 들어 《사기》의 〈태사공자서(太史公自序)〉, 《한서》의 〈서전(敍傳)〉이 그런 종류의 전형적인 작품이라고 할 수 있는데, 〈태사공자서〉와 〈서전〉은 책의 말미에 배치되어 있으니 곧 가장 뚜렷한 증거이다.

책 목록을 말미에 배치하면 독자들이 책을 찾아보기에 매우 불편하다. 그래서 후세에 책을 교감하거나 책을 출간하는 사람들이 목록을 하나 보완하여 책의 앞면에 덧붙였다. 독자가 잘못 이해할 경우 이것이 저자의 원서에 있었던 것으로 알기 쉽다.

노문초는 《종산찰기》 권4에서 다음과 같이 설명하였다.

> 《사기》와 《한서》는 책 앞에 목록이 있다. 판본이 있던 이래로 앞에 목록이 있었으니, 이는 검토와 열람에 편리하도록 하기 위해서였을 뿐이다. 그렇지만 두 역사서의 본래 취지에는 손실이 많았다. 〈태사공자서〉는 바로 《사기》의 목록이며, 반고의 〈서전〉은 바로 《한서》의 목록이다. 그런데 후세 사람들이 찾아보기 어렵다는 이유로 다시 조목을 만들어 맨 앞에 붙였다. 또 후세 사람들은 책 앞에 목록이 있는 것을 보고 저자 자신이 정해 놓은 것으로 생각하고 이 책들을 헐뜯기까지 했다.

노문초의 말은 매우 합당하다. 후세 사람들이 고서에 목록을 덧붙인 사실은 당나라 이전에도 이미 있었다. 《수서(隋書)》 〈경적지(經籍志)〉에 "《사기》는 130권이다."라고 하고, 그 아래 주석에 "목록은 1권이다."라고 하였으니, 아주 일찍부터 《사기》에 목록이 있었음을 알 수 있다. 그 목록 하나가 본서에 덧붙여짐으로써 독자 입장에서는 비교적 편리하였다. 그러나 독자는 저자의 원본에 원래 있었던 것이 아니라는 것을 명확히 알아야 한다.

역사서 중 목록이 저자 스스로의 손에 의해 만들어진 것은 남북조 시대의 송나라 사람 범엽(范曄)이 찬술한 《후한서》에서 시작되었다. 당나라 때의 사학자 유지기(劉知幾)는 《사통(史通)》 〈제목(題目)〉에서 다음과 같이 말하였다.[85]

> 울종(蔚宗 범엽(范曄))이 《후한서》에서 범례를 만들어 처음으로 성명을 모두 기록했다. 본문 중에 합전(合傳)된 인물의 성명을 일일이 늘어놓고,[86] 표제 외에 본문 중에 세주(細注)를 모은다든지[87] 자손이 내용 중에 함께 다뤄지면 그 조상의 이름 아래에 각주(脚注)로 기록했다.[88]

또한 《사통》 〈인습(因習)〉에서 다음과 같이 설명하였다.

> 울종은 열전 첫머리에 이러한 제목을 쓰고 열전 안에 해당 인물의 성명을 기록하고 나서, 또 열전 아래에 열녀(列女)라든가 고은(高隱)이라

85 유지기(劉知幾)는……말하였다 : 유지기(661~721)의 자는 자현(子玄)이고, 팽성현(彭城縣) 출신으로 사관(史官)을 지낸 역사학자이다. 《사통》은 측천무후(則天武后)의 실록이 편찬되던 705년 내지 706년에서 시작하여 〈서문(序文)〉을 쓴 710년 2월 사이에 완성된 것으로 보인다. 《사통》 20권 중, 내편이 10권, 외편이 10권으로 구성되어 있고, 내편 10권 39편 중에서 〈체통(體統)〉, 〈비무(紕繆)〉, 〈이장(弛張)〉 등 세 편은 제목만 남아 있다. 《유지기, 史通, 오항녕 역, 역사비평사, 2012》

86 울종(蔚宗)이……늘어놓고 : 《한서》에는 여러 사람의 합전(合傳)인 경우에도 각각의 인물명을 본문 내용 중에 따로 표시를 하지 않았는데, 《후한서》에는 권 앞의 표제 외에 인물별로 표제를 따로 두고 있다. 아마 이것을 말하는 것 같다. 또 각 인물의 표제를 적을 때 앞의 내용과 구분하여 행갈이를 하기 때문에 원문에 단행(短行)이라 한 것이 아닌가 한다.

87 표제……모은다든지 : 표제 아래에 작은 글씨로 합전 인명을 기재하는 것을 말하는 것으로 보인다.

88 자손이……기록했다 : 정식으로 입전(立傳)된 것은 아니지만 입전된 인물과 관련하여 기록이 된 인물의 경우, 입전된 인물의 이름 아래에 관계와 이름이 각주로 달려 있다. 예외가 있기는 하지만 대부분 자손이나 친족이다.

든가[89] 하는 주석을 달았다.[90]

이에 따르면 역사가가 책을 저술할 때 저자 스스로 목록을 만든 것은 범엽이 가장 먼저 시작한 새로운 방식이라는 것을 알 수 있다.

그런데 범엽 이후에 역사를 편수할 때도 저자 스스로 목록을 만들지 않았고, 목록은 여전히 후대 교서(校書)하는 사람의 손에서 이루어졌다. 증공(曾鞏)[91]의 《원풍유고(元豐類稿)》 권11에는 〈남제서목록서(南齊書目錄序)〉·〈양서목록서(梁書目錄序)〉·〈진서목록서(陳書目錄序)〉 등이 있는데, 이는 송나라 인종(仁宗) 가우(嘉祐) 연간(1056~1063)에 황제의 명을 받아 여러 역사서를 교수(校讎)할 때 만든 것이다. 판목에 글자를 새길 때 이미 이 몇 편의 글을 각 책의 앞에 새겼다. 〈남제서 서(南齊書序)〉에 다음과 같은 말이 있다.

신(臣)들이 오류를 교정하고 그 편목을 적었습니다.

또한 〈양서 서(梁書序)〉에 다음과 같은 말이 있다.

89 고은(高隱)이라든가 : 진한장(陳漢章)은 《사통보석(史通補釋)》에서 "범엽의 《후한서》 〈일민전(逸民傳)〉에는 고은이라는 제목이 없다."라고 했으나, 정천범(程千帆)의 고증에 따르면 당 태종 이세민(李世民)의 휘를 피하기 위하여 〈고은전(高隱傳)〉이라고 했다고 한다. 《箋記》

90 울종은……달았다 : 《후한서》는 《사기》나 《한서》의 체례(體例)를 따르고 있으나, 표(表)가 없으며 본기(本紀)에 황후기(皇后紀)를 따로 수록하였다. 열전(列傳)에 당고(黨錮)·환자(宦者)·문원(文苑)·독행(獨行)·방술(方術)·일민(逸民)·열녀(列女)의 7개 항목을 새로 설정한 것도 특징이다.

91 증공(曾鞏) : 증공은 중국 북송대의 문인으로 자는 자고(子固), 호는 남풍(南豐)이다. 구양수(歐陽脩)의 영향을 받았으며 뛰어난 고문(古文)의 작자로 경술에 조예가 깊고, 문장도 잘하여 당송팔대가(唐宋八大家)의 한 사람으로 꼽힌다. 시문집에 《원풍유고(元豐類稿)》가 있다.

> 신들이 이미 그 문자를 교정하였고 또 편차를 모아 목록 한 편을 만들었습니다.

또한 〈진서 서(陳書序)〉에 다음과 같은 말이 나온다.

> 그 책은 예전에는 목록이 없었고, 열전의 이름과 성씨가 많이 빠지거나 잘못되었다. 그래서 따로 목록 한 편을 만들어 보는 사람들로 하여금 자세히 알 수 있도록 했다.

이를 통해, 양나라 때 소자현(蕭子顯)이 편찬한 《남제서》와 당나라 초 요사렴(姚思廉)이 편찬한 《양서》·《진서》에는 원래 다 목록이 없었는데 북송 때 이르러 비로소 교서하는 사람들의 보완을 통해 다른 역사서에까지 파급되었고, 이와 같은 사례가 적지 않음을 알 수 있다.

옛사람들의 작품에는 편마다 이미 편제(篇題)가 있는데도, 장편의 저서에 또 제목을 나누는 사례가 있었다. 장단(章段)의 제목을 드러내 표기하지는 않았지만 실제로는 이미 장과 단락을 구분하려는 의도가 있었다. 고염무(顧炎武)는 《일지록(日知錄)》 권20에서 다음과 같이 말하였다.

> 옛사람들이 저술할 때 편마다 제목을 두었으니, 앞부분에 편제를 나타내고 그 아래에 하위 제목〔分題〕을 열거했다. 예를 들면 《이아(爾雅)》 1편 〈석천(釋天)〉에, 사시(四時)·상(祥)·재(災)·세양(歲陽)·세명(歲名)·월양(月陽)·월명(月名)·풍우(風雨)·성명(星名)·제명(祭名)·강무(講武)·정기(旌旂)를 아래에 나열하였다. 《여씨춘추(呂氏春秋)》 〈맹춘기(孟春紀)〉 제1에, 정월기(正月紀)·본생(本生)·중기(重己)·귀공(貴公)·거사(去私)를 아래에 나열하였다.
>
> 주석가는 이를 '제상사(題上事)'라 했으니 '윗글 내용에 대한 제목이

다.'라는 말이다. 예를 들면 '주공천조(周公踐阼)'와 《시경》 장구는 모두 편의 끝에 제목을 붙였기 때문에 여기서도 마찬가지로 '제상사'라고 했다.[92] 지금 《예기(禮記)》 〈문왕세자(文王世子)〉를 살펴보면 '문왕지위세자야(文王之爲世子也)', '교세자(敎世子)', '주공천조'가 있으며, 〈악기(樂記)〉에 '자공문악(子貢問樂)'이 있는데, 이런 사례와 같다. 후대 사람들이 잘못 알고 본문에 이어 읽었다.

또 《한서》 〈예악지(禮樂志) 교사가(郊祀歌)〉에서 '연시일일(練時日一)', '제림이(帝臨二)' 같은 경우는 모두 19수인데 다 각각 본장의 끝에 제목을 붙였다. 〈안세방중가(安世房中歌)〉의 '계화(桂華)', '미방(美芳)' 두 제목은 전사(傳寫)를 잘못하여 뒤 시의 앞에 놓여 있다.[93]

고염무의 이 말은 고서 가운데 '제상사'에 관한 작은 사례를 언급한 것일 뿐이다. 사실 옛사람의 장편 작품에서 문장과 단락을 구분한 부분은 또한 '거하사(擧下事)'라는 다른 방법이 있는데, 우리들이 중시해야 할 가치가 있다. 이는 주(周)나라, 진(秦)나라 때 제자서(諸子書) 중에 비교적 많이 남아 있는 방법이다. 사상사를 연구하는 사람들은 반드시 주의해야 한다.

《순자(荀子)》를 예로 들자면 '거하사'란 말이 자주 발견된다. 〈불구(不苟)〉의 '욕오취사지권(欲惡取舍之權)'에 대해 양량(楊倞)[94]이 주석하기를 "아래 내용을 거론한 것이다."라고 하였다. 양량은 여기에서 평범한 것을 말

92 주공천조(周公踐阼)와……했다 : 《예기》 〈문왕세자〉를 다시 작은 편으로 나누고 그 작은 편 끝에 제목을 붙였는데, 주(注)에 '제상사(題上事)'라고 한 것을 가리킨다. 현재 문연각 사고전서본에서 확인할 수 있다.

93 안세방중가(安世房中歌)의……있다 : 사고전서본 《전한서》 권22에 '桂華馮馮翼翼承天之則', '美芳磑磑卽卽師象山則' 하는 식으로 이전 시의 제목이 다음 시의 앞에 붙어 있다.

94 양량(楊倞) : 당나라 때 사람으로, 818년에 《순자》를 주석하고 20권 32편으로 개편하여 서명을 《손경자(孫卿子)》라 했다.

했을 뿐이고, 다른 편들에 미루어 보면 이러한 예가 아직 많다. 예를 들면 다음과 같다.

수신편(修身篇) : 편선지도(扁善之度), 치기양심지술(治氣養心之術)
영욕편(榮辱篇) : 영욕지대분(榮辱之大分), 안위이해지상체(安危利害之常體)
비십이자편(非十二子篇) : 겸복천하지심(兼服天下之心), 사군자지소능불능위(士君子之所能不能爲)
중니편(仲尼篇) : 지총처위종신불염지술(持寵[95]處位終身不厭之術)
유효편(儒效篇) : 인론(人論)
왕제편(王制篇) : 청정지대분(聽政之大分), 왕자지인(王者之人), 왕자지제(王者之制), 왕자지론(王者之論), 왕자지등(王者之等), 서관(序官)
부국편(富國篇) : 지국지난이(持國之難易)
군도편(君道篇) : 재인(材人)
신도편(臣道篇) : 인신지론(人臣之論)
치사편(致士篇) : 형청현유중명퇴간진량지술(衡聽顯幽重明退姦進良之術)

일련의 어구처럼, 모두 각 단락의 앞부분에 놓아서 하위 제목임을 확실히 하는 하나의 형식이다. 그 기능은 '제상사'와 같다. 우리들이 평소에 역사서를 읽을 때 만약 '제상사'의 방법을 쓴다면, 어떤 문장을 읽은 후에 그 문장의 대지(大旨)를 한 구 혹은 두 구로 대략 기록하여 전면(前面)의 내용을

95 寵 : 원문에는 '身'으로 되어 있는데, 《순자》 원문에 근거하여 바로잡았다.

총괄할 수 있을 것이다. '거하사'의 방법을 쓴다면, 총괄하는 말을 각 장의 시작 부분에 기록하여 옛사람들이 '분제(分題)'하는 원칙을 본받아 편이 긴 작품의 주요 내용을 정리·분석할 수 있을 것이다. 이 방법들은 옛일에 익숙해지도록 하고 읽기 능력을 향상하는 데 도움이 된다.

고서의 편장(篇章)에서 '제상사'와 '거하사' 두 가지 사례 이외에, 일반적으로 줄을 바꾸어 새로 시작하는 형식으로 문단을 구별한다. 옛사람들은 '도출(跳出)'이라 일컬었다. 《춘추좌씨전》 양공(襄公) 25년 끝 부분의 "이의에서 모인 해〔會于夷儀之歲〕"라는 문장에서 줄을 바꾸고 새로 시작하여 기재하였다. 두예(杜預)[96]의 주석에서 "《좌씨전》에서, 다음 해인 양공 26년의 처음에 놓았는데, 마땅히 25년 끝에 붙여야 한다. 그런데 이처럼 따로 줄을 바꾼 것〔別起行〕은 전사하는 과정에서 생긴 실수이다."라고 했다. 공영달의 《오경정의(五經正義)》에서는 "《위진의주(魏晉儀注)》에, 장(章) 앞에 써서 따로 행을 시작하는 것을 도출(跳出)이라 일컬었다. 이 때문에 두예가 도(跳)라고 한 것이다."라고 했다.

여기서 '별기행(別起行)'이라고 한 것은 곧 오늘날 구어에서 말하는 '줄바꿈〔提行〕'이다. 옛사람은 글을 쓸 때 문단을 분명하게 구분하기 위해 이러한 점에 주의를 기울였다. 후세에 필사하거나 각서(刻書)하던 사람이 문단마다 문자를 붙여 베끼면서 원래의 형식을 고려하지 않았다. 오늘날 고서에 표점할 때 문단에 따라 행을 바꿀 수 있다면 이전에 문단을 이어 쓴 상태로 남아 있는 편목을 한번 정리할 수 있을 것이니 자연 의미 있는 작업이 될 것이다.

고인들이 필사할 때, 글을 보는 중에 허다한 관직, 서로 다른 성씨, 말뜻

96 두예(杜預) : 중국 진대(晉代)의 학자·정치가이다. 진주 자사(秦州刺史)·진남대장군(鎭南大將軍) 등을 역임하였다. 저서 《춘추좌씨경전집해》는 종래 별개의 책이었던 《춘추(春秋)》의 경문(經文)과 《좌씨전(左氏傳)》을 한 권의 책으로 정리하여 춘추학으로서의 좌씨학을 집대성하였고, 《좌씨전》을 춘추학의 정통적 위치로 올려놓았다.

이 유사한 단어를 만났을 경우, 가지런하고 명료하게 하기 위해 대칭되는 구절을 파악해서 윗단, 아랫단도 나란히 기록하는 방법을 썼다. 위에 한 단을 배치하여 쓴 후, 아랫단에 다시 한 문장을 배치한다. 독자들은 반드시 이를 읽는 법을 알았으므로, 먼저 위에 배치된 것을 읽은 뒤에 다시 아래에 배치된 것을 읽었고, 순리에 따라 조리 있게 이해할 수 있었다.

그런데 후세 사람들은 쉽게 실수하여 매번 위의 단 하나, 아래의 단 하나씩 읽기를 좋아하여 행별로 읽는다. 원래 상하 두 단으로 나란히 배치하던 옛 상태에서 한 걸음 나아가, 한 단으로 죽 늘어놓는 새로운 형식으로 고쳐 베꼈다. 이래서 매우 어지러운 혼란을 야기했고 역사 사실의 내용에 많은 영향을 주었으므로 주의를 기울여야 한다. 예를 들어 《후한서》 권52 〈주·경·왕·두·마·유·부·견·마열전(朱景王杜馬劉傅堅馬列傳)〉의 뒷부분에 중흥(中興)의 공로가 있는 28명의 장군 이름을 차례대로 배열하였는데, 이것은 이 문제를 설명하기에 충분하다.

범엽이 이 열전의 후론(後論) 말미에 이러한 몇 구절에 대해 "후한 영평(永平) 연간에 현종이 전대의 공신을 추모하여, 28명 장군의 초상을 그려 남궁(南宮) 운대(雲臺)에 두었다. 그 밖에 또 왕상(王常)·이통(李通)·두융(竇融)·탁무(卓茂)가 있었으니 합하여 32명이었다. 이 때문에 그 본래의 순서에 의거하여 편말에 붙여, 공신의 순서를 기록해 둔다."라고 하고 그 아래에 가지런히 32인의 작위와 이름을 배열하였다. 오늘날 통용되는 책자 예를 들어 건륭(乾隆) 4년(1739)에 교정하여 간행된 판본, 사고전서본 에는 다음과 같은 형식으로 나란히 배치되어 있다.

태부 고밀후 등우 太傅高密侯鄧禹
중산태수 전초후 마성 中山太守全椒侯馬成
대사마 광평후 오한 大司馬廣平侯吳漢
하남윤 부성후 왕량 河南尹阜成侯王梁

좌장군 교동후 가복 左將軍膠東侯賈復
낭야태수 축아후 진준 琅邪太守祝阿侯陳俊
건위대장군 호치후 경엄 建威大將軍好畤侯耿弇
표기대장군 참거후 두무 驃騎大將軍參蘧侯杜茂
집금오 옹노후 구순 執金吾雍奴侯寇恂
적노장군 곤양후 부준 積弩將軍昆陽侯傅俊
정남대장군 무양후 잠팽 征南大將軍舞陽侯岑彭
좌조 합비후 견심 左曹合肥侯堅鐔
정서대장군 양하후 풍이 征西大將軍陽夏侯馮異
상곡태수 양후 왕패 上谷太守陽侯王霸
건의대장군 격후 주우 建義大將軍鬲侯朱祐
신도태수 아릉후 임광 信都太守阿陵侯任光
정로장군 영양후 제준 征虜將軍潁陽侯祭遵
예장태수 중수후 이충 豫章太守中水侯李忠
표기대장군 역양후 경단 驃騎大將軍櫟陽侯景丹
우장군 괴리후 만수 右將軍槐里侯萬脩
호아대장군 안평후 개연 虎牙大將軍安平侯蓋延
태상 영수후 비동 太常靈壽侯邳彤
위위 안성후 요기 衛尉安成侯銚期
효기장군 창성후 유식 驍騎將軍昌成侯劉植
동군태수 동광후 경순 東郡太守東光侯耿純
횡야대장군 산상후 왕상 橫野大將軍山桑侯王常
성문교위 낭릉후 장궁 城門校尉朗陵侯臧宮
대사공 고시후 이통 大司空固始侯李通
포로장군 양허후 마무 捕虜將軍揚虛侯馬武
대사공 안풍후 두융 大司空安豐侯竇融

표기장군 신후 유륭 驃騎將軍愼侯劉隆

태부 선덕후 탁무 太傅宣德侯卓茂

이렇게 배열하여 쓰는 방법의 판본은 북송 시기에 이미 보편적으로 유행하였다. 그래서 《자치통감(資治通鑑)》 권44 〈한기(漢紀)〉 36 영평(永平) 3년 하면에 다음과 같이 말하였다.

황제가 중흥 공신들을 추모하여 남궁 운대에 장군 28명의 초상을 두었다. 등우(鄧禹)가 첫 번째였다. 다음이 마성(馬成)·오한(吳漢)·왕량(王梁)·가복(賈復)·진준(陳俊)·경엄(耿弇)·두무(杜茂)·구순(寇恂)·부준(傅俊)·잠팽(岑彭)·견심(堅鐔)·풍이(馮異)·왕패(王霸)·주우(朱祐)·임광(任光)·제준(祭遵)·이충(李忠)·경단(景丹)·만수(萬脩)·개연(蓋延)·비동(邳肜)·요기(銚期)·유식(劉植)·경순(耿純)·장궁(臧宮)·마무(馬武)·유륭(劉隆)이었다. 또 왕상(王常)·이통(李通)·두융(竇融)·탁무(卓茂)를 더해 합이 32명이었다.

사마광(司馬光)은 이 사료를 처리할 때, 특히 장군 28명의 전후 차례에 대해서는 틀림없이 후대 사람들이 고쳐 쓴 《후한서》 판본에 따라 옮겨 적었을 것이다. 그러므로 그 배열은 오늘날 통행하는 판본과 서로 합치한다.

후대 사람들이 고쳐 쓴 오본(誤本) 《후한서》에 근거하여 문제를 고찰하면 자연 하나의 불필요한 의심과 오해가 생겨난다. 남송 학자 원섭(袁燮)은 이 문제에 대해 분명히 생각하지 못하고 오히려 한나라 때 통치자들이 논공행상의 경중을 적절히 가리지 못했다고 비판했다. 《혈재집(絜齋集)》 권6 취진판(聚珍板) 총서본(叢書本) 〈책문(策問) 공신(功臣)〉에서 다음과 같이 말하였다.

문(問) : 한당(漢唐) 시대에 공렬이 있는 신하는 반드시 드러내어 높였다. 기린각(麒麟閣),[97] 운대(雲臺),[98] 능연각(凌烟閣)[99]에 그 인물을 그려 놓은 것이 그것이다.……운대 28명의 장군 가운데는 등우의 원공(元功)을 으뜸으로 삼았다. 등우 이하로는 공의 크고 작음에 따라 순서를 매겨야 했다. 경엄이 제(齊)를 평정한 일, 구순이 하내(河內)를 지킨 일, 잠팽이 연잠(延岑)을 이긴 일, 풍이가 적미(赤眉)를 깨트린 일은 모두 당시 탁월하여 칭송할 만한 일이었다. 그런데 왕량·두무·부준·견심 아래에 놓았으니, 이 몇 사람들이 무슨 공이 있다는 말인가. 이 얼마나 선후 차례가 타당성을 잃은 조치인가!

이는 분명 오본 《후한서》를 읽고서 제시한 의견이다. 이처럼 잘못된 판본에 근거하여, 범엽의 서차(敍次)가 순서를 잃었다고 오해하거나 더러 한나라 조정의 논공이 부당하다고 비판하였는데, 이 모두 옛사람들에게 책임을 돌릴 일은 아닌 것이다. 노문초(盧文弨)는 《포경당문집(抱經堂文集)》 권13 〈혈재집서후(絜齋集書後)〉에서 원섭의 잘못을 바로잡았다.

이는 속본(俗本) 《후한서》에 근거했기 때문이다. 후대 사람들이 다시 쓰면서 잘못한 것이지 본래의 잘못은 아니다. 이 기록은 〈마무전(馬武

97 기린각(麒麟閣) : 한(漢)나라 때 선제(宣帝)가 공신(功臣) 곽광(霍光)·장안세(張安世)·한증(韓增)·조충국(趙充國)·위상(魏相)·병길(丙吉)·두연년(杜延年)·유덕(劉德)·양구하(梁丘賀)·소망지(蕭望之)·소무(蘇武) 등 11명의 상(像)을 그려 걸어 놓았던 전각이다.

98 운대(雲臺) : 한(漢)나라 누대의 이름인데, 영평(永平) 연간에 명제(明帝) 이전의 공신을 추념하여 등우(鄧禹) 등 28명의 장수의 상을 이 누대에 그려 놓았다.

99 능연각(凌烟閣) : 당나라 태종이 공신들을 기리기 위하여 그들의 화상을 그려서 봉안한 높은 누각을 말하는데, 장손무기(長孫無忌)·두여회(杜如晦)·위징(魏徵) 등 24명의 화상을 그려 봉안하였다.

> 傳)〉 뒤에 실려 있는데, 본래 상하 두 단으로 되어 있었다. 앞의 순서는 윗단에서 끝나고 난 뒤 아랫단의 처음으로 오는 것이 옛 방식이다. 장수절(張守節)의 《사기정의(史記正義)》에 실린 《주서(周書)》〈시법해(諡法解)〉도 이와 마찬가지이다. 후대 사람들이 두 단을 한 단으로 만들면서 윗단 하나 아랫단 하나 차례로 배열하며 베끼다 보니 순서가 어긋났던 것이다. 원섭만 논의 내용을 보지 못했는가? 범엽은 말하기를 "그 밖에 또 왕상(王常)·이통(李通)·두융(竇融)·탁무(卓茂)가 있었으니 합하여 32명이다."라고 했다. 지금 이 네 사람도 28명의 장군 속에 섞였으니, 그 오류를 훤히 살펴볼 수 있지 않은가. 원섭의 학문으로도 오히려 살피지 못하는 실수를 저지르는데, 하물며 후대 사람이겠는가.

노문초의 이 말은 그가 맨 먼저 했던 말은 아니다. 실은 남송 때 이미 이 문제에 주의를 기울였던 사람이 있었다. 나점(羅點)은 《문견록(聞見錄)》에서 먼저 다음과 같이 말하였다.

> 후한(後漢) 28명의 장군은 이름 차례가 분명하지 않다. 지상주(知常州) 설백선(薛伯宣)이 말하기를 "구본(舊本) 《한서(漢書)》는 두 단으로 배열되어 있었다. 말하자면, 윗단에는 등우를 필두로, 다음에 오한, 다음에 가복, 다음에 경엄이었고, 아랫단에는 마성을 필두로, 다음에 왕량, 다음에 진준, 다음에 두무였다. 후대 사람들이 중간(重刊)하면서 결국 착오가 생겼다."라고 했다. 지극히 타당한 말이다. 범엽이 말하기를 "그 밖에 또 왕상·이통·두융·탁무가 있었으니 합이 32명이다."라고 했다. 현재 판본에는 왕상·장궁·이통·마무·두융·유륭·탁무 순서로 되어 있으니, 위아래를 잘못 합쳐 한 단으로 만든 것이 명백하다.

이 대목의 논리는 매우 명료하며, 극히 가치 있는 발견이다. 다음으로, 우리는 다시 왕응린(王應麟)이 편찬한 《소학감주(小學紺珠)》 권8 '이십팔장조(二十八將條)' 아래에 열거한 이름 순서는 바로 설계선(薛季宣)이 말한 바와 같다는 것을 알게 된다. 계선의 자는 사룡(士龍)이다. 나점이 백선(伯宣)이라고 잘못 썼다. 왕응린이 본 《후한서》는 아직 잘못 간행되지 않은 판본일 것이다. 호삼성(胡三省)이 《통감주(通鑑注)》를 저술할 때, 사마광이 〈한기(漢기)〉 권36에서 32명의 순서를 착오하여 기록한 것을 바로잡았다. 호삼성은 주에서 다음과 같이 말하였다.

> 운대 공신의 차례는, 등우·오한·가복·경엄·구순·잠팽·풍이·주우·제준·경단·개연·요기·경순·장궁·마무·유륭을 한 단으로 하고, 마성·왕량·진준·두무·부준·견심·왕패·임광·이충·만수·비동·유식·왕상·이통·두융·탁무를 한 단으로 한다. 이 순서는 《자치통감》 정문(正文)의 순서를 가리킨다.-인용자 그 차례가 이전 원래의 《후한서》와 일치하지 않는다.

호삼성의 이 말은 매우 정확하여 고서에서 필사와 번각(翻刻)으로 인해 일어나는 실수를 바로잡을 수 있다. 청대 말 왕선겸(王先謙)이 《후한서집해(後漢書集解)》를 저술할 때, 전대 사람들이 고증한 성과를 취하여, 그 32인의 명단을 두 열로 나누어 다시 다음과 같이 썼다.[100]

| | |
|---|---|
| 태부 고밀후 등우 | 중산태수 전초후 마성 |
| 대사마 광평후 오한 | 하남윤 부성후 왕량 |

100 청대……썼다 : 75쪽에 기재한 명단과 같으므로 여기에서는 한자를 병기하지 않는다. 번역문에는 편의상 가로로 좌우에 적었지만, 《후한서집해》 원문에는 상하 세로로 표기되어 있다.

좌장군 교동후 가복
건위대장군 호치후 경엄
집금오 옹노후 구순
정남대장군 무양후 잠팽
정서대장군 양하후 풍이
건의대장군 격후 주우
정로장군 영양후 제준
표기대장군 역양후 경단
호아대장군 안평후 개연
위위 안성후 요기
동군태수 동광후 경순
성문교위 낭릉후 장궁
포로장군 양허후 마무
표기장군 신후 유륭

낭야태수 축아후 진준
표기대장군 참거후 두무
적노장군 곤양후 부준
좌조 합비후 견심
상곡태수 양후 왕패
신도태수 아릉후 임광
예장태수 중수후 이충
우장군 괴리후 만수
태상 영수후 비동
효기장군 창성후 유식
횡야대장군 산상후 왕상
대사공 고시후 이통
대사공 안풍후 두융
태부 선덕후 탁무

이처럼 상하 두 단, 각 16명씩 나열하면 원본《후한서》본래의 모습을 회복할 수 있다. 이런 사례를 미루어 다른 역사서를 조사해 보면 상황이 이와 비슷할 것이다. 현재 통용되는《사기정의》판본에 실린〈시법해〉가 하나의 예이다. 노문초는《종산찰기(鍾山札記)》권4에서 다음과 같이 말하였다.

> 고서에서 두 단으로 배열하는 경우, 모두 먼저 위 한 단을 차례로 배열하고 난 뒤에 비로소 아랫단으로 내려온다. 후대 사람들이 윗단 하나 아랫단 하나 하는 식으로 읽음으로써 두 단을 한 단으로 만들어 버렸고, 또 요즘 사람들이 읽는 대로 따르다 보니 본래의 순서를 완전히 잃어버렸다.……《사기정의》에 실린〈시법해〉는 본래 두 단이었는데, 고쳐서 한 단으로 만들었기 때문에 문장이 많이 뒤섞였으므로 당연히 개정해야

한다. 그런데 그 가운데 자못 오류가 많아 《일주서(逸周書)》와도 다 일치하지는 않는다. 끝 부분의 30여 시(謚)는 선악이 섞여 있으니 후대 사람들이 어지럽힌 듯하다.

노문초의 고증은 다른 문집 중 앞서 인용한 〈혈재집서후〉에서 한 말과 서로 표리를 이룬다. 나중에 일본 학자 다카가와(瀧川資言)가 《사기회주고증(史記會注考證)》을 편집할 때, 위의 견해를 근거로 《사기정의》에 실린 〈시법해〉를 새로 써넣었다.

이를 통해 우리는, 편장을 분석할 때 최대의 성과는 고서를 베껴 전할 때의 오류를 정정하고 고서의 원래 형식을 복구하는 데 진력함으로써 읽는 과정에서 불필요한 오해를 줄이는 데 있다는 사실을 알 수 있다. 그렇지만 먼저 고대 필기의 일반적 통례를 장악하지 않으면 그런 작업 또한 쉽게 할 수 없는 것이다.

## 제4절 전주의 연구

옛날 역사 서적을 읽을 때 글자를 아는 것은 물론 구두(句讀), 편장(篇章)의 분석 등에 이르기까지 모두 전주(傳注)를 신뢰하지 않으면 불가능하다. 전(傳)과 주(注)는 옛 서적을 해석해 놓은 저술이다. 그것은 직접적으로 후세 사람들에게 번역과 같은 작용을 한다. 외국의 언어와 문자를 전혀 알지 못하는 사람이 외국 손님과 이야기를 나눌 때와 마찬가지로, 자연히 서로의 뜻을 전달하기 위해 번역자를 통할 필요가 있다. 이것은 다만 공간적인 거리 때문에 생겨난 간극이고, 어쩔 수 없이 중간에서 교량 역할을 하는 제3자에게 의지할 수밖에 없다. 시간적인 거리의 경우, 수천 년이나 차이가 나서 서로의 말과 글의 간극이 더욱 크다. 역대의 주석가들은 번역자와 마찬가지로 옛사람들의 언어를 후세의 언어로 바꾸는 방법을 찾기 위해 최선을 다했다. 전해지는 과정 속에서 누구라도 전혀 실수를 저지르지 않을 수는 없었을 것이다. 그렇지만 대부분 비교적 믿을 수 있다. 우리들은 이를 의지할 만한 번역자처럼 신뢰해야 한다. 청나라 말기의 학자 진례(陳澧)[101]가《동숙독서기(東塾讀書記)》권11에서 매우 잘 설명하였다.

> 땅에 동서남북이 있듯이 시대에는 옛날과 오늘이 있다. 서로 거리가 멀면 언어가 통하지 못한다. 지역이 멀면 번역이 있고, 시대가 멀면 훈고(訓詁)가 있다. 번역이 있으면 다른 나라도 동네 이웃과 같을 수 있고,

101 진례(陳澧) : 1810~1882. 중국 청나라 때의 유학자이다. 그 학풍은 정현(鄭玄)과 주희(朱熹)를 모두 중히 여겼으며, 한학(漢學)과 송학(宋學)이 서로 같다는 입장을 취하였다. 그의 저서《동숙독서기(東塾讀書記)》는 일종의 학술사(學術史)이다.

훈고가 있으면 옛날과 오늘도 아침과 저녁처럼 만들 수 있다.

이 말에 언급한 훈고(訓詁) 두 글자를 옛사람들은 때로 고훈(詁訓)이라 일컬었다. 한나라 시대에 전해진 《시경》은 네 종류의 주석〔四家〕이 있었는데 그중 하나가 《모시(毛詩)》이다. 이것의 전(傳)이 《고훈전(詁訓傳)》이다. 고(詁) 자는 종종 고(故)로 썼는데, 옛날에는 통용되었다. 공영달의 《오경정의》에서 해석하기를 "고(詁) 자는 '옛것〔古〕'이라는 뜻이다. 고금의 서로 다른 말을 통하게 하여 사람들이 알 수 있게 하는 것이다. 훈(訓) 자는 '말하다'라는 뜻이다. 사물의 모습을 설명하여 사람들에게 알려 주는 것이다."라고 하였다. 이 말은 고훈 두 글자의 함의를 아주 명백하게 설명하고 있을 뿐만 아니라 전주의 효용을 구체적으로 지적하고 있다.

전주를 더욱 효과적으로 활용하기 위해서 우리들은 먼저 전주의 체례와 흐름을 이해해야만 한다. 그래야 정확하고 유효하게 사용할 수 있다. 고대 주석가의 저술은 매우 많은데, 그중 가장 중요한 것은 대략 10종이다. 그 체계와 형식에서 볼 때 모두 다른 점이 있다. 아래에 나누어 설명하겠다.

## 1 전傳

'전(傳)'은 전술(傳述)한다는 뜻이다. 전을 살펴보면, 공자는 《주역》을 즐겨 읽으며 익혔고 일찍이 《주역》을 보완하는 10편의 글을 저술했는데 후세 사람들이 '십익(十翼)'이라고 일컬었다. 한나라 시대의 학자들은 《역경》〈계사전(繫辭傳)〉을 인용하여 《역대전(易大傳)》이라고 하였다. 전의 기원은 이것이 가장 오래되었다. 뒤로 계속 내려오면서 그 체례를 따라 저술한 것이 매우 많으나, 내용상으로도 다종다양하여 서로 같지 않다. 고사〔本事〕를 논술하고 경전의 뜻을 증명하고 밝힌 것으로 《춘추좌씨전》이 있고, 경전의 대의를 천명한 것으로 《춘추공양전(春秋公羊傳)》·《춘추곡량전(春秋穀梁傳)》이 있다. 경문에 의거해 한 글자 한 구절씩 해석한 것으로 《모시고훈전(毛詩詁訓傳)》이 있고, 경문에 의거하지 않고 따로 자신의 의견을 말한 것으로 《상서대전(尚書大傳)》이 있다. 이 외에 아직 한 종류가 더 있는데, 《한서》 〈예문지〉에서 말한 바 '잡설을 모으고, 본의를 비평'하는 저술을 '외전(外傳)'이라 부르는데, 《한시외전(韓詩外傳)》[102]과 같은 것이다.

## 2 설說

'설(說)'은 해석한다는 뜻이다. 《한서》 〈하간헌왕전(河間獻王傳)〉에서 "헌왕이 얻은 것은 경(經)·전(傳)·설(說)·기(記)로, 공자를 따르는 70명의 제자들이 논한 것이다."[103]라고 했는데, 이를 통해 '설'의 체례와 기원이 아주 오래되었고, 경·전과 서로 보완해 왔음을 알 수 있다. 이것의 내용은 대개 대의를 설명하는 것으로 귀착되나, 이는 명물(名物)과 제도(制度)만 상세히 서술한 것과는 다르다.

《한서》 〈예문지〉에 기재된 서적의 목록을 살펴보자. 《역경》에 관해서는 《오록충종약설(五鹿充宗略說)》 3편이 있다. 《서경》에 관해서는 《구양설의(歐陽說義)》 2편이 있다. 《시경》에 관해서는 《노설(魯說)》 28권, 《한설

102 한시외전(韓詩外傳) : 모두 10권으로 한나라 때 한영(韓嬰)이 편찬했다. 한영은 연(燕)나라 사람으로, 문제(文帝) 때 박사였고 경제(景帝) 때 상산태부(常山太傅)에 이르렀다. 《한고(韓故)》 36권 등의 저술이 있었으나 전하지 않는다. 《四庫全書 經部 詩類 提要》

103 헌왕이……것이다 : 《한서》 권53 〈하간헌왕전(河間獻王傳)〉(사고전서본)에는 "헌왕이 얻은 책은 모두 고문으로 된 선진 시대 옛 책이다.〔獻王所得書, 皆古文先秦舊書〕"라고 하면서, 본문의 내용과 같이 설명했다.

(韓說)》 41권이 있다. 《예기》에 관해서는 《중용설(中庸說)》 2편, 《명당음양설(明堂陰陽說)》 5편이 있다. 《논어》에 관해서는 《제설(齊說)》 29편, 《노하후설(魯夏侯說)》 21편, 《노안창후설(魯安昌侯說)》 21편, 《노왕준설(魯王駿說)》 20편, 《연전설(燕傳說)》 3권이 있다. 《효경》에 관해서는 《장손씨설(長孫氏說)》 2편, 《강씨설(江氏說)》 1편, 《익씨설(翼氏說)》 1편, 《후씨설(后氏說)》 1편, 《안창후설(安昌侯說)》 1편, 《제자직설(弟子職說)》 3편이 있다. 이러한 책들은 대체로 서한(西漢) 학자들의 손에서 나왔다. 후한부터 고문 경설(經說)이 성행한 이후 그 책들은 망실되어 후세에 전하지 않지만 그 체례의 대략은 여전히 살펴볼 수 있다.

## 3 고故

'고(故)'는 또한 '고(詁)'라고도 하는데, 지금의 말로 옛말을 풀이한다는 뜻이다. 《한서》 〈예문지〉에 기재된 삼가(三家)[104]가 《시》를 풀이한 것에 각각 '고' 수십 권이 있는데, 《노고(魯故)》 25권, 《제후씨고(齊后氏故)》 20권, 《제손씨고(齊孫氏故)》 27권, 《한고(韓故)》 36권으로 모두 후세에 전하지 않는다. 하지만 현재 《오경정의(五經正義)》 중 《모시고훈전(毛詩故訓傳)》에 보존되어 있는데 여전히 체례의 정통이다.

104 삼가(三家) : 한나라 때 《시경》을 전한 제(齊), 노(魯), 한(韓)의 3파를 말한다. "노(魯)의 신공(申公)이 《시》의 훈고(訓詁)를 지었고, 제(齊)의 원고(轅固), 연(燕)의 한생(韓生)이 전(傳)을 지었으며……삼가가 모두 학관(學官)에 있었다."라고 하였다. 《漢書 藝文志》 당시의 글씨체인 금문(今文), 곧 예서로 기록해서 전하였다. 후세에 그 텍스트들을 삼가시(三家詩)라고 일컬었는데 지금은 거의 전하지 않는다.

## 4 훈訓

'훈(訓)'은 해서(解書 책의 해석)의 통칭이다. 하안(何晏)의 〈논어집해서(論語集解序)〉에 이르기를 "《고론(古論)》은 오직 박사 공안국(孔安國)이 훈해(訓解)한 것인데 세상에 전하지 않는다. 후한 순제(後漢順帝) 때에 이르러 남군 태수(南郡太守) 마융(馬融)이 또한 훈설(訓說)하였다."라고 하였다. 여기에 제시된 '훈해', '훈설'은 모두 주석의 다른 이름이다. 한대 학자 고유(高誘)가 《회남자(淮南子)》를 주해할 때 매 편의 편제(篇題) 아래에 '훈' 자를 더했는데 〈요략(要略)〉에만 '훈' 자가 없다. 곧 주석의 의미이다.

지금까지 전·설·고·훈 네 종류의 서술 체례에 대해 그 대강을 소개하였다. 이 네 종류의 발전·변화의 상황과 그들 사이의 관계는 황이주(黃以周)가 《경계잡저(儆季雜著)》 〈사설략(史說略)〉 권2 〈독한서예문지(讀漢書藝文志)〉에서 다음과 같이 말하였다.

> 한대 유학자들이 경서를 주석할 때 각각 격식을 고수하였다. 고·훈·전·설의 체례는 같지 않다. 《한서》 〈예문지〉를 보면 이를 상고해 볼 수 있다. 고·훈은 그 문의(文義)를 소통시킨 것이고, 전·설은 그 사실을 인용한 것이다. 고·훈의 체례는 《이아》를 본받았고, 전·설의 체례는 《춘추》의 전을 본받았다.

황이주는 《문초(文鈔)》 3 〈진선여에게 다시 답하는 편지〔再答陳善餘書〕〉 가운데서 또한 다음과 같이 말하였다.

> 한나라 초기 저술은 각각 모범으로 삼은 본보기〔宗法〕가 있다. 그 책이 지금까지 보존된 것이 11권뿐이어서 논의하기가 매우 어렵다. 그러나

그 산일된 글을 모아 보면 그 의례(義例)를 그래도 증명할 수 있다. '고'라는 이름은 《이아》를 본받은 체례이고 '전'이라는 이름은 《춘추》의 전을 본받은 체례이다. 모공(毛公)이 '고'와 '훈'·'전'을 합하여 하나로 만들었는데, 그 책은 훈고를 주로 하였다.……동한(東漢)의 경사(經師)들은 고문을 숭상하였다. 그들이 저술한 책에 혹은 '주(注)'라 하고 혹은 '해고(解詁)'라 하였으니, 모두 모씨 《고훈전(故訓傳)》[105]의 체례를 따른 것이다. 제(齊)·노(魯)·한(韓)의 시전(詩傳)의 지나친 잘못을 고려하여 신중하게 자고(字詁)를 상고하여 오로지 《이아》의 훈(訓)을 본받았다. 간간이 경의 뜻을 논한 부분도 번잡스럽지 않고 간략하다. 훌륭한 경의 주석이 이에 이르러 번성하였다.

황이주가 두 군데에서 한 말은, 전·설·고·훈이 각각 체계와 용도가 다르고 동한 이후 주석가들이 실학(實學)을 숭상하고 공담(空談)을 천시하는 추세를 명확하게 지적한 것이다. 이로써 주석이 발전하는 과정 중 사람들이 어떤 책을 채택하거나 폐기하였던 이유를 한층 잘 이해할 수 있게 되었다.

## 5 기記

'기(記)'는 소기(疏記 조목조목 기록함)의 뜻이다. 경전 가운데 《예기》는 곧 후학인 70제자들이 예경(禮經)의 문자를 해설한 것이다. 《예기정의(禮記正義)》에 다음과 같은 내용이 나온다. "기(記)란 들은 것을 함께 편찬하여 기록한 것이다."라고 하였다. '기'의 쓰임은 '전'·'설'과 매우 비슷하다. 한대 유

105 고훈전(故訓傳) : 《한서》 〈예문지〉에는 《모시》 29권과 《모시고훈전》 30권이 수록되어 있는데, 그중 뒤의 것이 우리에게 전해진 가장 오래된 《시경》의 판본이며 해설서이다.

향(劉向), 허상(許商)이 오행(五行)의 이론을 밝히고 명칭을 '기'라고 이름한 것과 같다. 《한서》〈예문지(藝文志) 육예략(六藝略)〉에는 유향의 《오행전기(五行傳記)》 11권과 허상의 《오행전기》 1편이 있었는데, 비록 없어져서 그 내용을 상고해 볼 도리가 없지만, 주석가들의 유파로 본다면 한대에 분명 이 체례가 있었다.

## 6 주注

'주(注)'란 물을 댄다는 관주(灌注)에서 의미를 가져왔다. 문의(文義)가 어렵고 심오하면 반드시 해석한 뒤에야 명료해지니, 물길이 막히면 반드시 물길을 낸 뒤에 통하게 되는 것과 같다. 후한의 위대한 경학가인 정현(鄭玄)은 여러 경(經)에 대해 주해(注解)를 지어, 지금 보아도 완벽한 《주례주(周禮注)》·《의례주(儀禮注)》·《예기주(禮記注)》가 남아 있는데, 모두 이름을 '주'라고 붙였다. 따로 하나의 완전한 《모시전전(毛詩傳箋)》이 있는데, 뒤에 상론한다.

또한 '주(注)'를 '주(註)'라고 쓰는 사람도 있다. 하안(何晏)은 〈논어집해서(論語集解敍)〉에서 "한나라 말 대사농(大司農) 정현이 《노론(魯論)》 편장에 대해 《제론(齊論)》·《고론(古論)》을 참고하여 주(註)를 달았다."라고 했는데, 형병(邢昺)의 소(疏)에 "주(注)와 주(註)는 음과 뜻이 같다."라고 했다. 《광아(廣雅)》〈석고(釋詁)〉에도 "주(註)는 지(識)이다."라고 했으니, 한위(漢魏) 연간에 실제로 '주(註)' 자가 있었고, 후대 사람들이 억측하여 만든 것이 아님을 알 수 있다. 단옥재(段玉裁)는 《설문해자주(說文解字注)》에서 "한·당·송 연간 사람들이 경에 주(注)를 다는 경우에 주(註)자로 쓴 일은 없고, 명나라 사람들이 처음 주(注)를 주(註)라고 썼으며, 전혀 옛 의미가 아니다."라고 우겼지만, 그 견해는 오히려 너무 고집스럽다고 하겠다.

## 7 해解

'해(解)'는 분석한다는 의미이다. 한나라 사람들은 이 명칭을 계속 두 종류의 서로 다른 의미로 사용했다. '해의(解誼)'라고 한 경우도 있는데, 복건(服虔)의 《춘추좌씨전해의(春秋左氏傳解誼)》가 그것이다. 《경전석문》과 《수서(隋書)》 〈경적지(經籍志)〉를 보라. '해고(解詁)'라고 한 경우도 있는데, 예를 들면 정흥(鄭興)·위굉(衛宏)·정중(鄭衆)·가규(賈逵) 같은 학자들이 《주례》를 설명한 것, 정현의 〈주관서(周官序)〉를 보라. 노식(盧植)이 《예기》를 설명한 것, 사마표(司馬彪)의 《속한서(續漢書)》를 보라. 가규가 《좌씨전》과 《국어》를 설명한 것, 《후한서》 열전 및 《경전석문》을 보라. 호광(胡廣)이 《한관(漢官)》을 설명한 것 호광의 〈자서(自序)〉 및 《수서》 〈경적지〉를 보라. 에는 모두 '해고' 두 글자를 채택했다. 그런 부류의 저작은 현재도 남아 있는데, 하휴(何休)의 《춘추공양전해고(春秋公羊傳解詁)》가 있어 지금도 그 체례를 볼 수 있다.

## 8 전箋

'전(箋)'이란 표지(表識)라는 뜻이다. 정현(鄭玄)이 《시(詩)》를 설명할 때 모씨(毛氏)를 주된 기준으로 삼았다. 《모전(毛傳)》 모씨의 《시경》 주석 의 설명이 매우 명료하지 않고 때로는 너무 간략하기 때문에 정현은 보충 설명을 덧붙였다. 자신이 《모전》과 다른 견해가 있을 때는 자신의 의견을 기록하되, 《모전》과 섞이지 않게 했다. 이런 방식을 '전'이라고 하였다. 이는 《모시고훈전(毛詩故訓傳)》의 기초 위에 작성된 저술로, 따로 마음먹고 스스로 일가(一家)의 주석을 다는 전주(傳注)와는 차이가 있다. 요즘 사람들도 독서할 때 소견이 있으면 쪽지에 적어 책에 붙이는 경우가 많은데, 이 또한 전의 의미이다.

## 9 장구章句

옛사람들이 말하는 장구도 전주(傳注)를 지칭한다. 《한서》 〈예문지 육예략〉에, 《상서(尙書)》에 《구양장구(歐陽章句)》·《대소하후장구(大小夏侯章句)》가 있고, 《춘추(春秋)》에 《공양장구(公羊章句)》·《곡량장구(穀梁章句)》가 있다고 했다. 심흠한(沈欽韓)은 《한서소증(漢書疏證)》에서 "장구란 경에 밝은 선생이 해당 문장을 지목하여 그 뜻을 부연하면서 서로 가르치고 배우는 것이다."라고 했다. 이것이 후세에 말하는 강소(講疏), 강장(講章)과 마찬가지이다. 한나라 조기(趙岐)가 《맹자(孟子)》를 주석하면서 《맹자장구》라고 불렀는데, 매 장 끝에 운문을 써서 큰 요지를 종합했고, 이를 장지(章指)라고 불렀다. 뒤에 후세 사람들이 삭제했다. 이것은 전주(傳注) 중의 한 변례(變例)이다.

## 10 집해集解

집해는 여러 학설을 모으는 전주의 체례이다. 위(魏)나라 하안(何晏)의 《논어집해(論語集解)》, 진(晉)나라 범녕(范寧)의 《춘추곡량전집해(春秋穀梁傳集解)》에 모두 "여러 학자의 학설을 모아 그 성명을 기록하며, 동의하지 않는 데가 있으면 고쳤다."라고 했다. 이 말은 하안의 〈논어집해서(論語集解敘)〉에 나온다. 후대의 집해·집주(集注)·집석(集釋)·집설(集說)은 모두 여기서 발전한 방식이다.

진나라 때 두예(杜預)가 지은 《춘추경전집해(春秋經傳集解)》는 별도의 의미가 있으며, 여러 학설을 모은 체례와는 다르다. 두예는 〈춘추경전집해서〉에서 "경문(經文)을 나눈 연도와 전문(傳文)의 연도를 서로 일치시키고, 뜻이 비슷한 유형을 나열하였으며, 각각에 대해 풀이하여 '경전집해'라고 이름 지었다."라고 했다. 공영달(孔穎達)은 《정의(正義)》에서 말하기를 "두예가 말하는 집해는 경전을 모아 그에 대해 풀이했다는 의미이다. 하안의 《논어집해》는 여러 학자의 의리를 모아 《논어》를 풀이했다는 말이니, 두예와 표현은 같지만 의미는 다르다."라고 했으니, 두예의 집해 체례가 일반적으로 여러 학자의 해석을 종합하여 하나의 책을 편찬하는 것과 구별된다는 사실을 알 수 있다.

이상에서 열거한 10가지 체례는 전주(傳注)하는 데 중요한 저작 방법이다. 남북조 시대에 의소(義疏)의 학문이 크게 홍성했는데, 그 체례도 "여러 학설을 끌어모아 널리 알려 준다." 이 말은 황간(皇侃)의 〈논어의소자서(論語義疏自序)〉에 나온다. 라는 데 의미를 두었으니, 집해의 의미와 매우 가깝다. 이와 같은 저서는 5세기 초에서 6세기 말까지 우후죽순처럼 생겨나 번잡한 지경에 이르러 하나의 간략한 저서가 필요했는데, 당나라 초에 출현한 '정의(正義)'가 그것이다.

'정의'는 "앞사람의 소의(疏義 주석을 단 뜻)를 바르게 하며, 조칙을 받아 다시 정리하고 나서 '정(正)'이라고 이름을 정한 것이다." 황승길(黃承吉)이 편찬한 유문기(劉文淇)의 〈좌전구소고증서(左傳舊疏考證序)〉에 나온다. 당나라 초 《오경정의(五經正義)》의 찬수는 최고 통치자의 영도 아래 이루어진 사업이었다. 당시 핵심 취지는 의미의 확정〔義定〕 하나에 있었다. 이때 근거로 삼은 주석본으로는, 《주역》은 왕필(王弼)의 주를 썼고, 《서경》은 《위공전(僞孔傳)》을 썼으며, 《시경》은 《모전(毛傳)》·《정전(鄭箋)》을 썼고, 《예기》는 정현의 주를 썼으며, 《춘추좌전》은 두예의 집해를 썼다. 정의는 으레 다른 주(注)를 비판하지 않고 구주(舊注)의 기초 위에서 의미를 밝혔으며 기타 다른 견해는 없다. 그러다 보니 자연 교주고슬(膠柱鼓瑟) 격으로 협애해지는 단점을 피하기 어려웠다.

당나라 때 관찬 《오경의소(五經義疏)》를 '정의(正義)'라고 부르고, 개인이 저술한 것은 바로 '소(疏)'라고 불렀다. 소(疏)는 주(注)에 대비시킨 말로, 치수(治水)에서 의미를 가져왔다. 설명했는데도 명백하지 않으면 논에 물을 대듯 다시 소통시킨다는 뜻이다. 가공언(賈公彦)의 《주례소(周禮疏)》, 《의례소(儀禮疏)》가 당시의 대표적인 저술이다. 후대 사람들이 《오경정의》를 인용할 때 간단히 소(疏)라고 칭하는데, 이렇게 하여 주소(注疏)라는 명칭이 학술사에서 인정받게 되었다.

우리가 역사서를 읽을 때, 특히 중국 고대사 서적을 읽을 때 반드시 전주에 의존해야 한다는 것은 앞서 이미 분명히 설명하였다. 그러므로 독자들은 우선 전주에 중시해야 할 것이 있으면 그에 따라야 한다. 중시한다는 말은 맹목적으로 추숭한다는 말과 다르다. 우리 선배 학자들이 우리보다 앞서 소개한 고대 문화유산의 귀중한 성취와 그 지난한 노력을 가치 있게 여긴다는 뜻이다. 그들은 수십 년 세월 동안 고통스럽게 전력을 기울였으며, 심지어 한 사람이 하나의 책에 고심하고 연구하여 번역해 냈다. 그런 성과는 사람들이 중시해야 할 것이다.

그들은 고서를 편찬한 저자들의 시대와 비교적 지금 우리들보다 근접해 있었다. 따라서 그들의 견문은 비교적 우리들에게 좀 더 진실성이 있다. 한 어린아이에 비유하자면, 수십 년 전 또는 백 년 전의 옛이야기를 이해하기 위해 부모가 들려주는 말을 듣는 것보다는 할머니 할아버지가 설명해 주는 친절하고 재미있는 이야기를 듣는 것이 나은 것과 같다. 우리가 반드시 전주를 중시해야 하는 이유가 바로 여기에 있다.

게다가 고서를 주해하는 작업은 그다지 쉽지 않으며, 어떤 때는 심지어 직접 책을 저술하는 일보다 훨씬 어렵다. 청대 학자 항세준(杭世駿)은 《도고당문집(道古堂文集)》 권8 〈이태백집집주서(李太白集輯注序)〉에서 다음과 같이 말하였다.

저술가도 쉽지 않지만 주석가는 더욱 어렵다. 어째서인가? 저술가는 재주를 위주로 하고 배움으로써 보완한다. 흥이 나면 붓이 가는 대로 써서 다만 평소에 가지고 있던 생각을 꺼내어 종횡으로 서술하여 그 지극한 데까지 다하면 되는 것이지, 굳이 많은 전거(典據)를 늘어놓을 필요는 없다. 주석가는 반드시 말마다 그 취지나 의미를 갖추어야 뜻과 형상이 분명해지고, 반드시 글자마다 그 근거를 찾아보아야 증거가 명확해진다. 재주는 굳이 말할 필요도 없으며, 반드시 저술가의 서적보다 열 배의 책을 가지고 있어야 이 일에 종사할 수 있다.

항세준은 또 〈이의산시주서(李義山詩注序)〉에서 이를 지적하고 있다.

전석(詮釋)하는 학문은 옛 작자가 하는 일에 비해 더욱 어렵다. 언어는 반드시 근원을 밝혀야 하는 것이 첫 번째 이유이고, 사안은 반드시 전적을 찾아야 하는 것이 두 번째 이유이며, 학문은 반드시 삼재(三才 하늘·땅·사람)를 관통하고 칠략(七略)을 궁구해야 하는 것이 세 번째 이유이다.

황본기(黃本驥)는 《삼장물재문략(三長物齋文略)》 권1 〈이씨몽구상주서(李氏蒙求詳注序)〉에서 다음과 같이 말하였다.

책을 저술하는 것도 어렵지만 책을 주석하는 것은 더욱 어렵다. 세간의 책을 두루 읽지 않으면 책을 저술할 수 없지만, 설령 세간의 책을 두루 읽더라도 책을 주석할 수는 없다. 세간의 책은 끝이 없으나 지금까지 전해 오는 고서는 한도가 있다. 옛사람의 책을 주해할 때 한 글자라도 유래가 없어서는 안 된다. 하지만 옛사람이 읽은 책을 지금 다 보지 못하기 때문에, 반드시 깊은 연못의 물고기를 살피고 황하의 돼지〔河豕〕를 변별하고자 해야 한다.[106] 이를테면 어떤 사실은 어떤 책에 나오고 어떤 사실은 어떤 책에 나온다고 하면서, 조목조목 열거하여 연결 짓기를 마치 집안의 보물을 헤아리듯 하는 것이니, 참으로 어렵도다.

항세준과 황본기 두 사람이 한 말은, 주석은 고생을 달게 여기는 작업이라는 점을 깊이 알고 한 말이다. 확실히 그들이 말했듯이, 학식이 깊고 넓으며 많은 책을 두루 보지 않으면 고인들이 한마디 한마디 하는 말의 출처도 찾아 이해할 수 있게 증명하기가 매우 어려울 것이다. 게다가 자신이 책 한 권을 저술할 때는 어떤 제약도 받지 않지만, 다른 사람의 책을 주석할 때에는 구속력이 매우 크다. 만일 작자의 시대와 주석가의 거리가 너무 오래고 멀면 더욱 간극이 커서 반드시 많은 자료를 찾아내어 서로 증명해야 한다. 이런 작업은 진행 과정 중에 많은 노력이 들고 집필을 어렵게 할 것임에 틀림없다.

시대가 이른 주석일수록 더욱 질박하고 간략하다. 표면상으로 보면 무미건조한 듯하지만 실제로 깊이 연구해 보면 모두 그 미처 다 표현하지 않은 뜻이 있어 자세히 음미할 가치가 있다. 또한 그 주석들은 문구의 순서나 층위를 파악하면서 거듭 밑으로 내려가 해석하면 말할 필요 없이 실사구시(實事求是)가 된다. 이것이 바로 고대 주석의 일반적인 정신이므로 우리들이 중시할 만한 가치가 있다. 송대 학자 주희(朱熹)는 이 점에 대해 분명하게 분석하였다. 《주자어류(朱子語類)》 권135에 다음과 같은 내용이 나온다.

한나라 유학자가 주석한 책은 이해하기 어려운 곳에만 주석을 달고 본문에 다 주석하지 않아서 그 말이 매우 간략하다.

106 황하의……한다 : 하시(河豕)는 황하를 건넌 돼지인데, 기해(己亥)를 삼시(三豕)로 잘못 읽은 것을 자하(子夏)가 바로잡아 준 이야기가 전한다. 《여씨춘추(呂氏春秋)》 〈찰전(察傳)〉에 "자하가 진(晉)나라로 가다가 위(衛)나라를 지나는데 역사 기록을 읽는 자가 '진나라 군대가 삼시(三豕)에 강을 건넜다.' 하자, 자하가 '틀렸다. 그건 기해(己亥)이다.' 했다."라고 하였다.

《주자문집(朱子文集)》 권31 〈답장경부(答張敬夫)〉에도 다음과 같은 내용이 나온다.

> 한나라 유학자는 경서를 잘 해설했다고 할 수 있지만, 오직 훈고를 한 데 불과하다. 사람들로 하여금 이 훈고로 경문을 음미하게 한다. 훈고와 경문은 서로 다른 것이 아니니, 다만 의미가 더욱 깊을 뿐이다.

《주자문집》 권74 〈기해경(記解經)〉에도 다음과 같은 내용이 나온다.

> 글을 해석할 때 주석만으로 문장을 이룰 수 없다. 문장에서는 주석과 경문이 각각 하나의 일인데도 사람들은 오직 주석만 보고 경문은 잊어버린다. 그렇지 않으면 한번 이해하고 나면 공부했다고 생각한다. 생각건대 다만 한나라 유학자 모씨(毛氏)와 공씨(孔氏)처럼 해야 대략 훈고와 명물(名物) 및 더욱 이해하기 어려운 문의와 이치를 해석할 수 있을 것이다. 그리고 그중 쉽게 밝힐 수 있는 부분은 계속 설명하지 않아도 핵심을 이해할 수 있다. 대개 이와 같이 한다면 독자가 주석을 보고 그것이 경문에서 벗어난 문장이 아닌 줄 곧 알게 되며, 주석을 가지고 다시 경문을 이해하게 된다. 자연히 생각이 한곳으로 귀결되고 공력이 흩어지지 않고, 완미하는 맛이 더욱 깊어진다.

주희는 비록 유명한 성리학자이지만 그의 학문 분야가 매우 넓었기 때문에, 한대 유학자들이 고서를 번역하는 정밀한 부분까지도 인식하여 한대 주석의 특징이 바로 질박하고 간략한 데 있음을 밝힐 수 있었다. 이런 이해는 비교적 정확한 것이다.

청대 학자들도 일찍이 한나라 사람들의 옛 주석을 연구할 것을 적극적으로 주장하였고, 이 방면의 논의가 매우 많다. 황이주(黃以周)는 《경계잡저(儆

季雜著)》〈문초(文鈔) 4 시제생서(示諸生書)〉에서 다음과 같이 말하였다.

> 한대 유학자들은 책을 주석할 때 경문을 따라 훈고를 하고 뜻이 이해되어야 그만두었다. 버리고 취하며 다르고 같은 까닭에 대해서는 스스로 깊이 분석하지 않고 독자로 하여금 깨닫게 했는데, 이것이 당기기만 하고 쏘지 않는 방법이다.[107] 송대 유학자들은 반복하여 탐구하는 데 이르러서는 상세하게 설명하는 경향이 있어, 한대 주석과는 차이를 보였다. 지금 사람들의 저서는 반드시 구설(舊說)들을 열거하여 애써 반박하고 가슴속에 있는 뜻을 종이 위에 다 쓰니, 송대 사람들과는 매우 다른 점이 있다. 학문을 좋아하고 깊이 생각하는 학자가 송대 이후의 책을 읽고는 오직 눕기를 두려워할 뿐이지만, 밤낮으로 한대의 주석을 읽으면서 권태로움을 모르는 것은 어째서인가? 비유하자면 꽃이 만개하여 아름다움이 다하면 한 번 보고 난 뒤 여운이 없지만, 꽃받침이 반쯤 닫혀 있어 생기가 넉넉하면 음미할수록 맛이 있는 것과 같다.

청대의 학술계는 건륭·가경 연간 이래 '한학(漢學)'의 기치를 높이 치켜들고 학문 수행의 범위를 매우 좁게 한정함으로써 자연히 일시적인 편향과 폐단이 있었다. 다만 그들은 한나라 유학자의 주서(注書)의 영향을 강조하여, 학자들이 비교적 이른 시대의 전과 주에 의거하도록 격려하였는데 이는 비교적 정확한 견해이다.

중국 고대사를 연구하는 사람들이 몇몇 분야의 중요한 경전과 마주치는 것은 피할 수 없는 일이다. 특히 《상서》, 《시경》, 삼례(三禮), 《예기》·《주례》·《의례》 삼전(三傳) 《공양전》·《곡량전》·《좌씨전》은 모두 직접적으로 중요한 사

107 당기기만……방법이다 : 활시위를 당길 뿐 놓지 않는다는 뜻으로, 사람을 가르치되 그 방법만 가르치고 스스로 핵심을 터득하게 함을 이르는 말이다. 《孟子 盡心上》

료이다. 우리들이 한 사람, 한 사물을 고증하거나 경제나 종법(宗法) 등의 분야를 깊이 탐구할 때, 모두 전과 주에 의지하지 않고는 책의 내용을 이해하기가 쉽지 않다. 옛날의 해석을 참고하려면 먼저 반드시 한나라 시대의 주를 깊이 연구해야 한다. 주를 보고도 여전히 완벽히 이해되지 않거든 다시 당나라 학자의 소(疏)에서 찾으라. 주나 소가 모두 명료하지 않을 때에는 청나라 학자의 새로운 소를 철저히 연구하라. 《십삼경주소(十三經注疏)》·《청경해(淸經解)》·《청경해 속편(淸經解續編)》이 그런 것으로, 또한 우리들이 과거를 연구하는 데 중요한 자료가 된다.

당나라 학자 장수절(張守節)의 《사기정의(史記正義)》 권수(卷首) 〈논주례(論注例)〉에 "《사기》의 글이 《고문상서》와 같은 경우는 공안국(孔安國)의 주를 취했다. 복생(伏生)의 《상서》와 같은 경우는 정현과 왕숙(王肅),[108] 마융(馬融)의 석(釋)을 썼다. 삼전과 같은 경우는 두예(杜預), 복건(服虔), 하휴(何休), 가규(賈逵), 범녕(范寧) 등의 주를 취했다. 삼례, 《논어》, 《효경》과 같은 경우는 정현, 마융, 왕숙의 주를 취했다. 《한시(韓詩)》와 같은 경우는 《모전(毛傳)》, 《정전(鄭箋)》 등의 석을 취했다. 《주역》과 같은 경우는 왕숙의 주에 의거했다."라는 말이 있다. 이에 근거해 보면, 옛사람이 역사서에 주를 달 때 대체로 관련된 경전의 출처를 찾아 가능한 한 한나라와 위나라 경학 대가의 옛 주석을 채용하고 설명을 덧붙였다는 것을 알 수 있다. 이는 선배 학자들이 이미 우리들을 위해 명료하게 해석하였기 때문에, 우리들은 선배들이 얻은 성과를 받아들여 아득한 옛날의 역사적 사실을 이해하는 데 중요한 근거로 삼을 수 있다.

고대의 전과 주는 모두 경서의 글과 이어져 있지 않은 별도의 책이었다.

108 왕숙(王肅) : 중국 삼국 시대 위(魏)나라의 학자이자 정치가이다. 《주역(周易)》, 《모시(毛詩)》, 삼례(三禮), 춘추삼전(春秋三傳), 《국어(國語)》 등의 주석서를 지었고, 신비적인 색채를 실용적인 해석으로 대체하였으며 정현의 예학(禮學) 체계에 반대하여 《성증론(聖證論)》을 지었다.

후한 학자 마융이 《주례주(周禮注)》를 쓸 때, 학자들이 두 번 읽어야 하는 번거로움을 줄이기 위해 비로소 과거의 서술 형식을 바꾸었다. 경문을 먼저 잘 베껴 쓴 후 다시 경문을 따라 주를 내서, 경과 주를 이어 써서 한곳에서 볼 수 있게 했다. 이러한 예가 한번 생겨나자 이 주석에 대해 모든 독자가 매우 편리하다고 생각했다. 또한 당나라 초기에 편찬된 《오경정의》《주역》·《상서》·《모시》·《예기》·《좌전》와 가공언(賈公彦)의 《주례소(周禮疏)》·《의례소(儀禮疏)》, 서언(徐彦)의 《공양소(公羊疏)》, 양사훈(楊士勛)의 《곡량소(穀梁疏)》 이상 9종을 합쳐 당나라 학자의 구경소(九經疏)라고 부른다. 와 아울러 송나라 초기 형병(邢昺)이 편찬한 《논어소(論語疏)》·《효경소(孝經疏)》·《이아소(爾雅疏)》는 원래 모두 각각 별도의 책으로, 경이나 주와 섞여 있지 않았다. 남송 초년에서야 비로소 경문과 주·소를 한데 모아 새긴 판본이 나타나 자연히 공부하는 데 편리해졌다. 다만 서적이 오랫동안 간행되어 오면서 필연적으로 잘못되고 틀린 글자가 많이 증가하였고, 심지어 적지 않은 글자가 탈락하였다. 다행히도 근 수십 년간 오흥 유씨 가업당(吳興劉氏嘉業堂) 및 상해 함분루(涵芬樓)에서 계속 송나라 때 판각된 여러 경전에 대한 단소본(單疏本)을 여러 종 영인했으므로 교감하기에 충분하다. 학자가 의심나고 어려운 데를 만나면 반드시 이를 가지고 대조 교감해야 한다.

청대에는 역사가가 역사서에 주석을 달 때도 경학가들이 경전을 해석하는 정신을 계승하는 측면이 있어서, 주석하는 책에 임의로 수정하거나 보충하지 않고, 단지 문자대로 해석하여 글자의 뜻만 밝히는 데 치중하였다. 안사고(顔師古)는 《한서주(漢書注)》 〈서례(敍例)〉에서 다음과 같이 말했다.

> 오늘날 역사서에 주를 달 때 해박함을 다투어, 잡다한 설을 많이 인용하여 본문을 공격한다. 언사(言辭)를 헐뜯고 이해(利害)를 들추기까지 하면서, 앞서 편찬된 글의 편벽됨을 드러내고 자기가 잘났음을 최대한 내보인다. 결국 창과 방패 같은 대립만 본받고 자못 본문 내용을 밝게

드러내는 취지와 어긋나게 되었다. 지금의 주석은 옛 책을 돕는 일이며, 옆길로 새는 것을 막는 것이다.

위의 글은 정통파 주석가의 저술 정신을 대표하기에 충분하다. 안사고가 《한서》에 주를 달 때, 한편으로는 여러 설을 모으면서도 다른 한편으로는 자신의 의견을 나타냈다. 주석 중에 '응소(應劭)가 말하기를', '복건(服虔)이 말하기를'과 같은 종류의 말로 다른 사람의 견해를 채용한 것임을 분명하게 드러내고 '안사고가 말하기를'과 같은 표현으로 자신의 견해를 분명하게 드러냈다. 〈지리지〉, 〈예문지〉에서 이런 종류의 표시가 없는 작은 글자는 모두 반고가 《한서》를 쓸 때 반고 자신이 단 주석이다. 이렇게 스스로 단 주석은 모두 본문과 마찬가지로 중요하여, 안사고의 주석과 뒤섞이면 안 된다.

그런데 역사서의 주석 중에는 또 다른 저작, 즉 오로지 빠진 것을 보충하여 사료를 제공하는 것을 임무로 삼는 경우도 있다. 429년 남조 송 원가(元嘉) 6년 배송지(裴松之)가 지어 바친 《삼국지주(三國志注)》는 이런 방면을 대표하는 작품이다. 원래 《삼국지주》를 저술한 동기는, 송의 문제(文帝) 유의륭(劉義隆)이 진수(陳壽)의 《삼국지》가 너무 간략하고 역사적 사실이 많이 없어지고 빠졌다고 여겨, 배송지에게 다른 사료를 참고하여 한 차례 증보하도록 분부한 데서 유래한다. 배송지는 널리 여러 책을 모으고 진수가 빠뜨린 것을 보완했다. 그는 주석 중에 하나의 사료를 보충할 때마다 모두 책명을 표기했는데, 인용한 책이 140여 종에 이른다. 〈삼국지주 인용서목〉은 조익(趙翼)[109]의 《이십이사차기(二十二史箚記)》 권6, 전대흔(錢大昕)의 《이십이사고이(二十二史考異)》 권5에 보인다. 또한 이러한 책들은 대부분 이미 없어져 전하지 않으

109 조익(趙翼) : 중국 청나라의 시인 겸 학자이다. 언어·사물 등의 기원과 전거를 기록한 청나라 고증학을 대표하는 저작의 하나인 《해여총고(陔餘叢考)》와 정사(正史)의 고증인 《이십이사차기(二十二史箚記)》를 썼다.

므로, 배송지의 주가 갖는 효과는 글자의 뜻을 해설하는 데 있다기보다는 역사 사실을 수집한 데 있다. 학자는 이러한 책을 공부하여 주석의 글을 역사서의 본문과 같이 중요하게 여겨야 한다.

다음으로, 양(梁)나라 때 유효표(劉孝標)가 쓴 《세설신어주(世說新語注)》와 같은 책은 매우 넓고 풍부하게 인용하고 증명했으므로 역사 서적에서 빠진 부분을 보충하기에 충분하다. 주석 중 인용한 책은 경사별전(經史別傳) 300여 종, 제자백가 40여 종, 별집 20여 종, 시부잡문(詩賦雜文) 70여 종, 석도(釋道) 30여 종이다. 섭덕휘(葉德輝)의 〈세설신어주 인용서목〉은 사현서국(思賢書局)에서 간행한 《세설신어》의 뒤에 부록되어 있다. 이 안의 책은 대부분 존재하지 않는다. 단지 저 주석의 글로만 전해져 오는 내용은 곧 일서(佚書)를 모은 것이 되므로, 그 가치는 당연히 매우 높다.

이상은 역사서의 주석 중 잘 알려진 두 사례를 뽑아 이야기한 것에 불과하다. 그런 종류의 저작으로 우리들이 중시해야 할 가치가 있는 것은 매우 많다. 《수경주(水經注)》와 같은 종류이다. 고대 역사 서적을 읽고, 주(注)와 의(義)를 세심히 자세하게 연구하고, 그것들을 중시하고 의지하는 것이 우리가 책상 앞에 앉아 힘써 공부하면서 반드시 거쳐야 할 길이라는 점은 설명하지 않아도 알 것이다.

# 제2장 고대 서적의 일반 상황

## 제1절 고서의 계보

우리는 책을 읽고 문제를 토론할 때마다 반드시 사물의 발생, 발전 및 변화부터 분석하여 연구를 진행한다. 한 권의 책과 한 가지 학설의 출현에는 모두 그것들의 시대 배경과 전승 원류가 있다. 같은 성격의 책인데 왜 내용은 다를까? 가지각색의 학설들 가운데 또 어떤 분파들이 있을까? 모두 분명히 가려야 할 것이다. 과거의 학자들이 모두 강조한 "학술을 환히 분별하고, 원류를 살펴서 참고한다.〔辨章學術, 考鏡原流〕"라는 것은 오늘날에도 우리가 우선으로 노력해야 할 일임이 틀림없다.

학자들은 서적의 분류를 확실히 하고 학술의 원류를 이해하자고 말하면서 '목록학'을 연구할 필요가 있다고 하였다. 이는 청대 학자들이 적극적으로 제기하기 시작한 것이다. 역사학자 왕명성(王鳴盛)은 《십칠사상각(十七史商榷)》 권1에서 다음과 같이 말하였다.

> 목록학은 학문 가운데 가장 긴요한 것으로 여기에서부터 길을 물어야 비로소 학문의 문으로 들어갈 수 있다.

《십칠사상각》 권7에서도 다음과 같이 말하였다.

> 무릇 독서에서 가장 필요한 것은 목록학이다. 목록을 분명하게 알아야 비로소 책을 읽을 수 있게 된다. 분명하게 알지 못하면 결국에는 마구잡이로 읽게 된다.

《십칠사상각》 권22에서는 과거 급제자의 이름을 알리던 방(榜)을 다음과 같이 인용하였다.

《한서》 〈예문지(藝文志)〉를 통달하지 않으면 천하의 책을 읽을 수 없다. 〈예문지〉라는 것은 학문의 차례이며 저술의 출입문이다.

왕명성은 목록학을 중시하였다고 할 수 있다. 그는 평생 책을 읽어 얻은 깨달음을 《아술편(蛾術編)》에 집중적으로 서술하였다. 이 책은 총 95권으로 첫머리가 〈설록(說錄)〉 14권이며, 그다음으로 〈설자(說字)〉, 〈설지(說地)〉, 〈설인(說人)〉, 〈설물(說物)〉, 〈설제(說制)〉, 〈설집(說集)〉, 〈설통(說通)〉 등으로 이어진다. 그가 '목록'을 추구하는 것에서 학문을 시작하여 그 순서가 혼란스럽지 않고 질서 정연했음을 알 수 있다. 하지만 동시대의 장학성(章學誠)은 그와 다른 의견을 제기하였다. 《장씨유서외편(章氏遺書外篇)》 권1 〈신척(信摭)〉에서 다음과 같이 말하였다.

교수(校讎)[110]라는 학문은 유향(劉向)·유흠(劉歆) 부자부터 시작하며, 연원과 분파에 대해 옛사람의 큰 틀을 가장 잘 살펴볼 수 있도록 해 주는 것이다. 하지만 글자와 구절을 교정하는 것은 작은 일에 지나지 않을 뿐이다. 학문이 끊어져서 전해지지 않았는데 천년이 지난 후에 정초(鄭樵)에게서 조금이나마 다시 볼 수 있게 되었다. 그러나 특별히 지은 〈교수략(校讎略)〉《통지(通志)》의 한 편도 그 심오함을 다하지 못하였고, 사람들도 그것을 알 도리가 없었다. 세상에서 교수를 논하는 자들은 문장과 구절 그리고 글자만을 논쟁하고, 연원과 분파가 있었음은 모

110 교수(校讎) : 책을 교정하는 일을 말한다. 한 명이 교정하면 교(校)라고 하고, 두 명이 교정하면 수(讎)라고 했다. '원수를 만난 듯 대교한다.'라는 의미에서 교감을 '교수'라고 하기도 한다.

른다. 요새 사람들은 교수에 관한 학설들을 이해하지 못한다. 그런데 옛 책들 가운데 편(篇)과 권(卷)이 불일치하고 서술 용례에 차이가 있어서 검토하여 분별해야만 하는 것에 대해서도, 그저 옛사람들은 그들만의 목록학이 따로 있었다고만 말할 뿐이니, 정말로 사기꾼들이 아니겠는가!

장학성은 옛사람들에게는 오직 교수의 학문만 있었지 소위 목록학이라는 것은 따로 존재하지 않았다는 점을 강조하였는데, 이는 확실히 탁월한 견해이다. 왜냐하면 옛사람들은 책을 교감하기 위해서 목록을 작성했기 때문이다. 유향·유흠의 《별록(別錄)》과 《칠략(七略)》부터 시작하여 순욱(荀勖)의 《중경신부(中經新簿)》, 왕검(王儉)의 《칠지(七志)》, 완효서(阮孝緖)의 《칠록(七錄)》, 그리고 청나라 건륭 연간에 만들어진 《사고전서총목제요(四庫全書總目提要)》까지 모두 관부에서 소장한 책을 교수하기 위해 편집하여 정한 것이다. 이런 책은 당연히 도서 목록이지만, 그들의 임무만을 가지고 말하자면 교수라고밖에 할 수 없다. 이른바 목록(目錄), 판본(板本), 교감(校勘)은 모두 '교수학(校讎學)'의 몇몇 구성 성분에 지나지 않는다. 마치 훈고학(訓詁學)과 전주(傳注)의 관계와 같다. 훈고는 어떤 한 가지 일의 총칭이지만, 전(傳)·주(注)·전(箋)·해(解)·의소(義疏)는 훈고학의 구체적인 작법이다. 만약 교수학 이외에 목록학이 한 가지 학문으로 성립할 수 있다면, 훈고학 이외에도 이른바 전주학(傳注學)·전해학(箋解學)이 마땅히 있어야 한다. 옛사람들은 처음에 이러한 구별이 없었다. 내가 예전에 《광교수략(廣校讎略)》을 저술할 때 특별히 장학성의 견해에 찬성하면서 목록 자체가 학문이 되어서는 안 되며 교수라는 것으로 충분히 남김없이 포괄할 수 있다고 했었다. 목록의 쓰임새는 "학술을 환히 분별하고, 원류를 살펴서 참고한다."라는 것에 마땅히 중점을 두어야 한다. 그러나 이 목록학이라는 명칭은 왕명성 같은 청대 학자들에게서 제기되기 시작한 것이 아니다. 송대의 필기(筆記)인 《소위공담훈(蘇魏公譚訓)》 권4에 다음과 같은 구절이 있다.

> 할아버지께서 왕원숙(王原叔)을 뵙고 정사를 논하였다. 중지(仲至 왕원숙의 아들)가 왕원숙을 옆에서 모시고 있었는데, 왕원숙이 그로 하여금 경사(經史)의 전적들을 검토하게 하였다. 그리고 중지를 가리키면서 "이 아이는 목록학을 갖추고 있습니다."라고 하였다.

《소위공담훈》은 송대 소상선(蘇象先)이 그의 할아버지 위공(魏公), 즉 소송(蘇頌)의 유훈과 정식으로 기록되지 않은 일들을 기록한 저작이다. 이 구절에 따르면 북송 시대에 이미 목록학이라는 전문용어가 있었음을 알 수 있다. 당시 이미 경사의 전적을 훑고 검토할 수 있는 사람들을 가리켜 목록을 이해했다고 여겼다. 본래 목록에 익숙한 사람들은 비교적 쉽게 책을 정리할 수 있었으며, 학술의 원류에 대해서도 비교적 명확히 알고 있었으므로 책을 읽는 데 편리한 수단을 당연히 많이 가지고 있었을 것이다. 그러므로 우리는 오늘날 이러한 방면에 대해서 여전히 주의를 기울여 탐구할 필요가 있다. 하지만 모든 책의 편장 목록과 판본의 인쇄 형식만을 무턱대고 외우는 데에 국한되어서는 절대 안 되며, 반드시 학술 원류와 저술 체계에서부터 문제를 이해해야 한다. 만약에 기초를 잘 잡고 싶다면 반드시 미리 이 분야에 관한 기본 서적들을 읽어야 한다.

청대 유학자가 언급한, 과거 급제자의 이름을 알리던 방에서 《한서》〈예문지〉의 중요성을 강조한 것은 옳은 것이다. 거기서 말하는 '천하'란 당연히 중국 안을 가리킨다. 《한서》〈예문지〉에 통달하지 않으면 중국의 책을 잘 읽을 수 없다는 것 역시 나름대로 근거가 있다. 왜냐하면 반고(班固)가 지은 〈예문지〉는 유흠의 《칠략》을 저본으로 삼았는데, 육예(六藝)·제자(諸子)·시부(詩賦)·병서(兵書)·수술(數術)·방기(方技) 등 여섯 종류의 책의 원류와 갈래, 장단점 및 이로움과 폐단에 대해서 모두 비교적 명확하게 말하였으며, 먼 옛날부터 한대에 이르는 학술계의 사정을 개략적으로 정리하였기 때문이다. 따라서 우리가 그것을 읽으면 옛 책들을 잘 읽는 어떤 방법을 찾을 수 있을 것이다. 그러나 《한서》〈예문지〉의 지면은 한정되어 있어서 언급한 문제들이 비교적 간략하고, 또한 시대의 제약이 있기 때문에 한대까지만 이야기하고 말았다. 우리는 오늘날 그것의 기초 위에서 횡적인 연결, 즉 지면이 다루는 범위를 연결하면서 그것의 확대를 궁리하는 일과 종적인 연결, 즉 시간을 연결하면서 그것의 연장을 궁리하는 일을 해야 비로소 고금을 관통하고, 또한 모든 종류의 서적에 대해서 비교적 광범위하고 심도 있는 이해를 할 수 있게 된다.

《한서》〈예문지〉를 공부하면서 어떻게 그 지면이 다루는 범위를 확대할 수 있을까? 〈육예략(六藝略)〉과 〈제자략(諸子略)〉을 읽을 때 참고해야 하는 자료만을 예로 들어 이 문제를 설명하고자 한다. 한나라 사람들이 일컬었던 육예(六藝)란 《역(易)》, 《서(書)》, 《시(詩)》, 《예(禮)》, 《악(樂)》, 《춘추(春秋)》의 육경을 가리키는 말이다. 〈육예략〉은 곧 경학의 원류와 갈래와 중요한 경학 서적들을 서술한 전문적인 기록이다. 그것을 더욱 깊고 넓게 이해하려고 한다면 다음의 책들을 참고해야 한다.

1. 《사기(史記)》〈유림전(儒林傳)〉
2. 《한서(漢書)》〈유림전〉
3. 《후한서(後漢書)》〈유림전〉
4. 《경전석문(經典釋文)》〈서록(序錄)〉

〈제자략〉을 읽을 때에는 다음의 책을 참고해야 한다.

1. 《장자(莊子)》〈천하(天下)〉

2. 《순자(荀子)》 〈비십이자(非十二子)〉
3. 《여씨춘추(呂氏春秋)》 〈불이(不二)〉
4. 《회남자(淮南子)》 〈요략(要略)〉
5. 사마담(司馬談)의 〈논육가요지(論六家要旨)〉 《사기》 〈태사공자서(太史公自序)〉 가운데 있다.
6. 《사기》 〈공자세가(孔子世家)〉, 〈중니제자열전(仲尼弟子列傳)〉, 〈관안열전(管晏列傳)〉, 〈노장신한열전(老莊申韓列傳)〉, 〈맹순열전(孟荀列傳)〉

위에서 열거한 것은 《한서》 〈예문지〉의 〈육예략〉·〈제자략〉을 읽을 때 그 횡적인 연결과 관련된 것일 뿐이다. 그것의 종적인 연계까지는 한대 이후 각 왕조의 학술의 부침이나 저술의 갈래를 모두 관통해서 계통적인 이해를 해야 하며, 다음의 책 세 권이 가장 중요할 것이다.

1. 《수서(隋書)》 〈경적지(經籍志)〉
2. 《문헌통고(文獻通考)》 〈경적고(經籍考)〉
3. 《사고전서총목제요(四庫全書總目提要)》 약칭 사고제요

초학자들이 이 세 책을 한 번에 다 통달하지 못한다면 먼저 《사고제요》의 총서(總序)와 모든 소서(小序)를 읽어도 된다. 시대가 비교적 가까워서 문장이 쉽게 이해되기 때문에 초학자들은 이를 입문으로 삼을 만하다.

이러한 기본적인 서적을 읽은 후에야 고대 학술의 연원, 저술의 종류에 대해서 초보적 인식을 할 수 있으며, 더 나아가 구체적인 문제와 결합하여 심도 있는 분석과 연구를 할 수 있다. 예컨대 경학의 금문(今文) 고문(古文) 논쟁은 중국 학술사상 오랜 기간 쉽게 풀리지 않는 문제이다. 우리, 즉 역사를 연구하는 학자들이 설령 다시는 이러한 문제들에 쓸데없이 얽매일 필요는

없어도, 중국 고대사 분야와 한번 접촉하게 된다면 몇 부의 중요한 경전들과 밀접한 관계를 맺게 된다. 경전에는 이미 금문과 고문의 구별이 있기 때문에 기록된 예제(禮制)가 다르고 반영된 사상도 다르다. 어떤 책이 금문이고 어떤 책이 고문인지 확실하게 하지 않는다면, 자료를 인용하고 문제를 설명할 때 원래와는 다른 설명을 섞어 놓게 될 수도 있으며 정확한 결론을 얻을 수 없게 된다. 이는 의심할 나위 없이 고대사의 여러 문제점을 고찰하여 밝히는 데 큰 장애이다. 그러므로 고문과 금문을 분별하고 밝히는 것은 연구 과정에서 급히 해결해야 하는 구체적인 문제가 된다.

현존하는 경(經)과 전(傳)을 예로 들면, 《예기(禮記)》〈왕제(王制)〉에 기록된 내용은 《주례(周禮)》와 차이가 있다. 이는 〈왕제〉가 금문의 학설이고 《주례》가 고문의 학설이기 때문이다. 이 밖에도 《모시(毛詩)》, 《좌전(左傳)》, 《일주서(逸周書)》는 고문에 속하고, 《공양전(公羊傳)》, 《곡량전(穀梁傳)》, 《상서대전(尙書大傳)》, 《춘추번로(春秋繁露)》, 《한시외전(韓詩外傳)》은 금문에 속한다. 이것은 쉽게 구별되는 것이다. 한대 학자들이 마구잡이로 편찬한 서적들, 예컨대 《대대례기(大戴禮記)》 단행본 와 《소대례기(小戴禮記)》 일반적으로 통용되는 오경 중의 《예기》 의 어떤 편장들은 금문에 속하고 어떤 편장들은 고문에 속한다. 만약에 이러한 기록들과 논의가 어디에 입각하고 있는지 잘 파악하지 못한다면 쉽게 그것들을 하나로 묶어 버려서, 다른 것을 가지고 억지로 같은 것을 찾게 되니 모순이 발생하여 서로 맞지 않게 된다. 그리고 문제를 설명하는 데 곤란함만 더하게 될 것이다. 그러므로 우리는 오늘날 옛날의 예제를 토론하면서 반드시 미리 이러한 기본 문제에 대해 초보적으로 이해하고 있어야 비로소 진일보한 심도 있는 연구를 진행해 나갈 수 있게 된다.

경학의 고문과 금문에 관한 이설을 분별하는 것을 논하자면, 청나라 말의 학자 요평(廖平)이 지은 《고금학고(古今學考)》가 가장 나중에 나오고 가장 정묘한 것이다. 이 책은 1886년, 즉 광서(光緖) 12년에 지어졌다. 그 책은 두 권으로 나뉘는데, 상권은 금문과 고문의 사법(師法)·종지(宗旨)·예제(禮制)·유파(流派)·성쇠(盛衰)·존일(存佚) 등의 방면에서 표를 이용하는 방식으로 같은 점과 다른 점을 열거하여 일목요연하게 정리했다. 하권은 〈경화(經話)〉라고 하는데 모두 110개의 조항으로 되어 있고, 요평이 직접 문제들에 대한 견해를 기록한 것으로 상권의 설명서와 마찬가지이다. 하지만 초학자가 이 책을 읽으면 단지 그것의 당연한 바만 알 수 있을 뿐이지 그것의 논리를 알 수 없게 된다. 만약에 근본적으로 문제를 인식하기를 바란다면 몇 부의 전문 서적을 읽어야만 할 것이다. 먼저 진립(陳立)의 《백호통의소증(白虎通義疏證)》이 볼만한데, 이것은 금문 경학의 결정체로 고대 제도의 이름과 특징에 대하여 아주 상세하게 분석하였다. 다음으로 진수기(陳壽祺)의 《오경이의소증(五經異義疏證)》을 보면 고문과 금문의 중요한 분기점을 확실히 파악할 수 있게 된다. 그다음에 《예기》 〈왕제〉와 《주례주소(周禮注疏)》를 자세히 읽으면 비로소 고문과 금문의 원류, 상이점에 대해서 전면적으로 이해할 수 있게 된다.

그리고 춘추 전국 시대 제자(諸子)의 사상과 학설을 분석하는 것 역시 먼저 유파를 확실히 해야 한다. 사마담(司馬談)의 〈논육가요지(論六家要旨)〉와 《한서》 〈예문지〉의 〈제자략〉을 읽고 나면, 한대 학자들이 제자백가를 논술할 때 분명하게 무슨 가(家)라는 이름을 언급하는 것을 알게 된다. 후세 학자들의 분류는 더욱 세밀하다. 하지만 우리가 반드시 주의해야 할 것은 사마담이 제시한 음양가, 유가, 묵가, 명가, 법가, 도덕가, 그리고 〈예문지〉의 이른바 10가(家) 위에서 언급한 6가 외에도 종횡가, 잡가, 농가, 소설가가 있다. 는 춘추 전국 시대의 학자들이 꿈에서라도 볼 수 있었던 호칭들은 아닐 것이며, 나중 사람들이 추가한 것이 분명하다는 점이다.[111]

111 하지만……점이다 : 사마담의 6가 분류는 《사기》 〈태사공자서〉에 나오고, 〈예문지〉의 10가는 《한서》의 분류를 두고 한 말이다.

이렇게 가(家)를 나누는 방식이 있었기 때문에 자연스레 학설의 사상적 차이를 고증하고 헤아리는 작업을 하는 이들에게 많은 편리함을 가져다주었다. 하지만 다른 한편으로는 구별이 너무 자세하고 좁기 때문에 문제를 분석할 때 그것들의 차이점을 강조할 수밖에 없어서 그것들의 비슷한 점에는 주의를 기울일 수 없게 되었으며, 따라서 제자백가가 당시 역사적 조건 아래에서 상호작용하며 유기적으로 연결되었다는 점이 은폐되거나 혹은 축소되었다. 사마담은 다음과 같이 좋은 말을 했다.

> 《역대전(易大傳)》에 "천하에 이치는 하나라도 백 가지 생각이 있고, 같은 곳으로 돌아가도 다른 길들이 있다."라고 하였다. 보통 음양가, 유가, 묵가, 명가, 법가, 도덕가의 임무는 다스리는 것이다. 다만 따르는 학설이 서로 다르고, 잘 살피거나 살피지 못함이 있을 뿐이다.

《한서》〈예문지〉에서는 제자백가의 같고 다른 점을 매듭짓고, 다음을 강조하여 지적하였다.

> 그 말이 비록 다르지만, 불과 물이 서로 소멸시키고 또 서로 살리는 것과 같다. 인(仁)과 의(義), 경(敬)과 화(和)는 서로 반대이기는 하지만, 모두 서로를 완전하게 만드는 것이다.

이로부터 양한 시대의 학자들이 제자백가의 학설을 연구하면서, 그 원류를 논하고 열거할 때는 가(家)를 나누어 서술할 수밖에 없었고, 또한 그 효과를 밝혀낼 때는 그것들이 길은 다르지만 목적지는 같고, 상반되면서도 서로 완전하게 만드는 작용을 강조하였음을 알 수 있으니, 진실로 문제를 전체적으로 보는 방법이었다.

본래 춘추 전국 시대 제자의 저서들 가운데 어떤 것들에는 다양한 내용이 있어서 어느 가(家)의 항목에 쉽게 고정할 수 없다. 또한 후세에 편집한 도서 목록은 가끔 어떤 구체적인 문제에 대해서 잘 대처하지 못한다. 예컨대 《관자(管子)》는 《한서》 〈예문지〉에서는 도가(道家)에 수록했으나, 《수서》 〈경적지〉에서는 법가(法家)에 끼워 넣었다. 이에 제자백가의 책을 어떤 분류에 고정하는 일이 어렵다는 것을 알 수 있다. 우리가 만약 이러한 이치를 잘 음미할 수 있다면, 사마천이 노자·장자·신불해(申不害)·한비자를 하나의 열전으로 만든 것에 대해서 이상하게 여기지 않아도 될 것이다. 청말 장지동(張之洞)이 《서목답문(書目答問)》을 편찬하면서 자부(子部)를 13목(目)으로 나누었는데, 제일 처음이 '주진제자제일(周秦諸子第一)'이고 그다음에 유가, 병가, 법가, 농가 등의 분류를 가지고 순서대로 제목을 나누었으니 가장 식견이 있었다고 하겠다. 이것이 바로 "학술을 환히 분별하고, 원류를 살펴서 참고한다."라는 시각에서 어떤 문제를 설명하는 것이다.

## 제2절 고서의 종류

중국에서 옛 책을 보관하는 기구가 설립된 것은 아주 오래전이지만, 모든 도서들이 체계적인 분류를 갖추고 도서 목록으로 편집된 것은 한대(漢代)에 비로소 정식으로 출현한다. 기원전 26년 한 성제(漢成帝) 하평(河平) 3년, 일찍이 알자(謁者) 진농(陳農)을 보내 천하에 일실된 책들을 수색하도록 하자 서적들이 점점 정부에 모여들기 시작했다. 통치자들은 책의 편(篇)과 권(卷)이 불일치하고 글자에도 많은 착오가 있다는 사실을 깨닫고, 당시 광록대부(光祿大夫) 유향(劉向)을 지명하여 경전(經傳), 제자(諸子), 시부(詩賦) 세 종류의 책을 교감하게 하였다. 그리고 보병교위(步兵校尉) 임굉(任宏)은 병서를 교열하고, 태사령(太史令) 윤함(尹咸)은 수술(數術)을, 시의(侍醫) 이주국(李柱國)은 방기(方技)를 교감하였으며, 유향이 그 작업을 총괄하여 완성하였다. 그때는 분명히 천하의 책들이 여섯 갈래로 나뉘어 있었으니, 유향 스스로 세 부문을 정리하고 나머지 병서, 수술, 방기는 각각 전문가에게 맡겨서 분업하고 협력하였다.

모든 책의 교감이 끝날 때마다 유향은 〈서록(敍錄)〉을 한 편씩 지었는데, 그 책의 차례를 조목별로 나누어 열거하고 그 책의 대의를 간추려서 원본과 함께 위에 바쳤다. 그런데 이 작업이 다 끝나기도 전에 유향이 죽어 버렸다. 이에 애제(哀帝)는 유향의 아들인 유흠(劉歆)에게 그 일을 마치도록 하였고, 유흠은 여러 책의 〈서록〉을 종합하여 《칠략(七略)》이라고 하는 한 부의 전반적인 도서 목록을 작성했다. 이 책은 집략(輯略), 육예략, 제자략, 시부략, 병서략, 수술략, 방기략의 일곱 부문으로 나뉜다.

그중에서 〈집략〉은 학술의 원류를 총괄적으로 서술한 서론으로 《한서》 〈예문지〉에 있는 각 분류의 소서(小序)들과 비슷하다. 그러므로 실제로 등록된 책의 종류는 단지 여섯 략(略)에 불과하며, 한대 사람들은 그냥 육략(六略)이라고 일컬었다. 《논형(論衡)》〈대작(對作)〉에 '육략의 책이 1만 3000편'이라고 한 것은 이 책들을 가리켜 말한 것이다. 이것이 바로 중국 역사에서 도서 목록의 시발점이 되었다.

《칠략》이 산일된 지 오래되어 지금은 그 원본을 구해 볼 수 없다. 후인들의 수집본은 불완전하다. 하지만 반고가 《한서》〈예문지〉를 편찬하면서 분류와 조례들을 완전히 《칠략》의 잃어버린 규범에 의거하였다. 《한서》〈예문지〉에 근거하여 다음과 같이 그 상세한 항목을 열거하겠다.

육예략(六藝略) : 역(易), 서(書), 시(詩), 예(禮), 악(樂), 춘추(春秋), 논어(論語), 효경(孝經), 소학(小學)

제자략(諸子略) : 유가(儒家), 도가(道家), 음양가(陰陽家), 법가(法家), 명가(名家), 묵가(墨家), 종횡가(縱橫家), 잡가(雜家), 농가(農家), 소설가(小說家)

시부략(詩賦略) : 부(賦)1, 부2, 부3, 잡부(雜賦), 가시(歌詩)

병서략(兵書略) : 권모(權謀), 형세(形勢), 음양(陰陽), 기교(技巧)

수술략(數術略) : 천문(天文), 역보(曆譜), 오행(五行), 시귀(蓍龜), 잡점(雜占), 형법(形法)

방기략(方技略) : 의경(醫經), 경방(經方), 방중(房中), 신선(神仙)

위에 언급한 여섯 략 38종은 핵심을 파악하고 있으며 조리가 질서 정연하다. 이렇게 체계적인 도서 분류법은 1900년 전에 뜻밖에 탄생한 정말 위대한 창작물이다. 그리고 분류하는 과정에서 무작정 어지럽게 배치된 것이 아니라 학술의 원류, 서적의 성질에 따라 각각 적절하게 분류하였다. 분류의 세분화와 통합 또한 사물 발전의 실제적인 상황에 따라 처리된 것이다. 요컨대 그 정묘함이 다음의 몇 가지 측면에서 보인다.

첫째, 서적 발달의 실제 상황에 따라 문제를 처리하였다. 《칠략》은 편수와 권수가 비교적 적은 책들을 어떻게든 같은 분류에 넣으려고 궁리하였다. 또한 같은 성질의 책들 가운데 어느 하나의 내용이 너무나 풍부하다는 것이 발견되면 그것을 별도의 분류로 독립시켰고, 억지로 그것을 원래의 분류에 예속시키지는 않았다. 예컨대 《칠략》은 사부(史部)를 두지 않고 역사 분야의 책들을 육예략의 '춘추'에 수록하였다. 이는 당시의 역사책이 《세본(世本)》부터 《한대년기(漢大年紀)》에 이르기까지 단지 8가(家) 411편밖에 없어서 독자적인 하나의 략(略)을 만들 수 없었기 때문이다. 그래서 역사학이 나온 원류를 따지면 춘추가에 들어가게 되는 것이다.

또한 시와 부는 《시경》에서 시작하지만, 육예략의 시 분류에 수록된 것은 단지 6가(家) 116권에 불과하다. 하지만 한대에 이르러 시와 부가 특별히 발달하여 이미 5종(種), 160가(家), 1318편이 있었다. 육예략의 시 분류에만 모두 속한다면 너무 번잡할 것이기에, 분리하여 하나의 략(略)으로 독립시키지 않을 수 없었다. 그래서 육예략 이외에도 시부략이 있는 것이다. 이로써 《칠략》 분류법의 총원칙은 틀에 박히지 않고 변증법적이며, 정체된 것이 아니라 발전적임을 알 수 있다.

둘째, 서적이 지닌 기능들 사이의 연관성을 중시하여 마땅히 통합되어야 하는 것을 합쳤다. 한나라 사람들은 육경(六經)을 '육예(六藝)'라고 했는데, 이것은 《주례(周禮)》의 예(禮), 음악〔樂〕, 활쏘기〔射〕, 마차 몰기〔御〕, 쓰기〔書〕, 셈하기〔數〕를 육예라고 한 것과 이름은 같지만 실제로는 다르다. 이론적으로 따지면 육예략에 《역》, 《서》, 《시》, 《예》, 《악》, 《춘추》만 있으면 충분한데 왜 하필 《논어》, 《효경》, 《소학》을 추가하여 육예를 아홉 종류로 정했을까?

이는 《논어》, 《효경》, 《소학》이 한대의 어린 학생들이 공통으로 암송하고 익히는 책이며, 더 나아가 육경을 읽는 기초가 되는 것이기 때문이었다. 《논어》와 《효경》을 한나라 사람들은 전기(傳記)라고 불렀는데, 전기란 경

(經)을 해설한 것으로 경학 입문의 교과서이기도 하였다. 그러므로 비록 육예라고 했으나, 여섯 종류에만 국한하지 않고 아홉 종류의 책을 수집하였다. 이러한 분류법은 경(經)을 연구하는 비결을 보여 줄 뿐만 아니라 독자로 하여금 옛사람들이 학문하는 범위와 순서를 고찰할 수 있게 하였다.

셋째, 서적 간의 이질성을 고려하여 마땅히 나누어야 할 것은 분리하였다. 병서(兵書), 수술(數術), 방기(方技)는 마치 제자백가의 지류로서 제자략에 통합되어야 하는 것처럼 보인다. 하지만 책의 목록을 편집할 때 이러한 책들의 실질적인 내용을 심사하고 정하는 것은 확실히 다르다. 왜냐하면 선진(先秦) 시대 제자백가의 책들이 이야기하는 바 가운데 많은 것들이 윤리, 정치 분야의 주장으로 대부분 하나의 체계를 이룬 이론이기 때문이다. 하지만 병서, 수술, 방기는 전적으로 기술에 속하는 것이다. 선진 시대 제자백가와 비교하면 허와 실이 다르기 때문에 그것들을 분리하기로 한 것이다. 장학성(章學誠)의 《교수통의(校讎通義)》에서 "《칠략》이 병서, 방기, 수술을 세 부문으로 만들어 제자략의 밖에 두었다. 제자들의 책이 논리를 세워 도를 밝히는 것이라면, 병서, 방기, 수술은 법도를 지켜 기예를 전하는 것이다. 헛된 이론과 실제적인 일은 다른 종류이기 때문이다."라고 하였는데, 이 말은 정말로 정묘하고 정확하다.

넷째, 분류가 지극히 세밀해져서 부(部)에 하위 목록을 만들었다. 《칠략》은 대분류마다 세분된 하위 목록을 만들어서 그것의 계통성과 과학성을 보여준다. 예컨대 시부략은 번잡스럽기는 하지만, 《칠략》에서는 그것을 조리 있게 만들었다. 굴원(屈原)의 부(賦) 25편 이하 20가(家)를 한 갈래, 육가(陸賈)의 부 3편 이하 21가를 한 갈래, 손경(孫卿)의 부 10편 이하 25가를 한 갈래로 만들고, 잡부(雜賦), 가시(歌詩) 두 종류를 끄트머리에 두었다. 보는 사람으로 하여금 일목요연하게 그것들이 차이점을 가지는 이유를 알 수 있도록 하였다.

위에서 언급한 네 가지를 보면 《칠략》에서 많은 책을 두루 기록한 것은 정말 "학술을 환히 분별하고, 원류를 살펴서 참고한다."라는 깊은 뜻이 있음을 알 수 있다. 이것이 《칠략》의 가장 탁월한 부분으로 나중의 도서 목록들이 쉽사리 모방하지 못하는 특별한 점이다.

중국 도서 분류법의 또 다른 계통은 오늘날에도 여전히 통용되는 사부(四部) 분류법으로 위진(魏晉) 시대를 기원으로 한다. 위 원제(魏元帝, 260~264) 때 비서랑(祕書郎) 정묵(鄭默)이 《중경(中經)》이라는 도서 목록을 펴냈다. 진 무제(晉武帝) 함녕(咸寧) 연간(275~279)에 비서감(祕書監) 순욱(荀勖)이 《중경》을 근거로 《신부(新簿)》를 따로 편찬했는데, 갑·을·병·정의 네 부로 나누어 많은 책을 개괄하였다. 갑부(甲部)에는 육예와 소학 등을 기록하였고, 을부(乙部)에는 옛 제자백가 및 가까운 시대의 학자들, 병서, 병가, 수술이 있고, 병부(丙部)에는 사기(史記)와 옛일들, 황람부(皇覽簿), 잡사 등이 있으며, 정부(丁部)에는 시부(詩賦), 도찬(圖讚), 급총서(汲冢書)가 있다.

그러므로 순욱이 정한 갑·을·병·정이라는 사부의 순서가 바로 경(經)·자(子)·사(史)·집(集)이다. 나중에 자부(子部)를 뒤로 옮기고 사부(史部)를 앞으로 옮겨서 갑·을·병·정을 경·사·자·집의 순서로 편집한 이가 바로 동진(東晉)의 이충(李充)이다. 당나라 초기에 지어진 《수서》 〈경적지(經籍志)〉도 경·사·자·집이라는 이름을 사용하여서 갑·을·병·정이라는 명칭을 대체하였다. 당나라 이후부터 사지(史志), 정사의 〈예문지(藝文志)〉나 〈경적지(經籍志)〉 관부(官簿), 《숭문총목(崇文總目)》이나 《사고전서총목(四庫全書總目)》 개인 장서 목록 《군재독서지(郡齋讀書志)》나 《직재서록해제(直齋書錄解題)》의 가장 큰 도서 목록 세 가지 모두 이 범위를 넘어설 수 없게 된 지 1000여 년이 되었다.

사부 분류법이 유행하던 오랫동안 학자들은 네 부의 분류가 좁고 한계가 있어서 많은 책을 총괄하기에 부족하다고 느꼈으며, 억지로 분류에 끼워 맞추면서 "발을 잘라 신발에 맞춘다."라고 한탄하였다. 그래서 계속 《칠략》의 체계에 의거하여 도서 목록을 편집하고 배치해 왔다. 위진 남북조 시기 송나라의 비서승(祕書丞) 왕검(王儉)이 갑을병정의 차례대로 많은 책을 배열한 《원휘서목(元徽書目)》을 지었지만, 결국 어떤 저작들의 분류는 견강부회가 되어 오히려 《칠략》 체계의 편리함에 못 미친다고 인식하였으며, 이에 따로 《칠지(七志)》 40권을 편찬하여 사부의 도서 목록과 병행하게 하였다. 《수서》 〈경적지〉를 보라. 당 현종(唐玄宗) 때 여정전(麗正殿)으로 하여금 사고(四庫)의 책을 베끼도록 하면서 해당 부(部)마다 각각 목록을 만들게 하였다. "그중에서 사고의 도서 목록 분류에 맞지 않는 것은 유흠의 《칠략》에 따라 배열하여 《칠지》를 만들었다." 《당회요(唐會要)》를 보라.

이러한 사실들은 사부 분류법이 사람들을 모두 만족시키지 못했음을 보여준다. 당대 이후 이숙(李淑)의 《한단도서지(邯鄲圖書志)》처럼 경·사·자·집의 네 지(志) 이외에 예술지(藝術志), 도서지(道書志), 서지(書志), 화지(畫志)를 추가하여 여덟 지를 만든 것도 있었다. 《군재독서지》 권9를 보라. 정인(鄭寅)의 《정씨서목(鄭氏書目)》은 경·사·자·집의 4록(錄) 이외에 예록(藝錄), 방기록(方技錄), 유록(類錄)를 추가하여 일곱 록을 만들었다. 《직재서록해제》 권8을 보라.

이렇게 새로 추가된 부의 종류들은 모두 자부(子部)의 안에서 갈라져 나온 것이다. 심지어 정초(鄭樵)가 지은 《통지(通志)》의 〈예문략〉은 기존의 모든 방법을 버리고 스스로 새로운 본보기를 만들어서 대담하게도 모든 도서를 12류(類)로 나누었다. 경류(經類) 이외에 따로 예(禮), 악(樂), 소학(小學)의 세 가지 류(類)를, 제자류(諸子類) 이외에 따로 천문(天文), 오행(五行), 예술(藝術), 의방(醫方), 유서(類書)의 다섯 류(類)를 세우고, 그것들을 사류(史類)와 문류(文類)에 합쳐서 12류를 만들었지만, 여전히 자부(子部)에서 갈라져 나온 것이 많았다. 아래로는 청대 학자 손성연(孫星衍)이 《사당서목(祠堂書目)》을 편찬하면서 많은 책을 경학(經學), 소학(小學), 제자(諸子), 천문(天文), 지리(地理), 의률(醫律), 사학(史學), 금석(金石), 유서(類書), 사부(詞賦), 서화(書畫), 소설(小說) 등의 12류로 나누고 다시는 사부의 이름을 쓰지 않은 것으로 보아, 사물이 한계에 다다르면 변한다는 것을 알 수 있다. 경·사·자·집의 사부는 결코 고정불변의 분류법이 아니었다.

이에 칠략 분류법과 사부 분류법이 어떻게 변하였는지를 표로 만들었다.

칠략 분류법을 채용한 역대 대표 저작의 대조표

| 서명 | 劉歆《七略》 | 王儉《七志》 | 阮孝緖《七錄》 | 李淑《邯鄲圖書志》 | 鄭樵《通志》〈藝文略〉 | 鄭寅《鄭氏書目》 | 孫星衍《祠堂書目》 |
|---|---|---|---|---|---|---|---|
| 서론 | 輯略 1 : 학술 원류에 대한 총론 | 條例 9편이 제1권에 수록됨 | | | | | |
| 분류 | 六藝略 2 : 역사책은 춘추류에 들어감 | 經典志 1 : 六藝 小學 史記雜傳 | 經典錄 1 : 六藝 | 經志 1 | 經類 1 禮類 2 樂類 3 小學類 4 | 經錄 1 | 經學 1 小學 2 |
| | | | 記傳錄 2 : 史傳 | 史志 2 | 史類 5 | 史錄 2 | 地理 5 史學 7 金石 8 |
| | 諸子略 3 | 諸子志 2 : 古今諸子 | 子兵錄 3 : 子書 兵書 | 子志 3 | 諸子類 6 | 子錄 3 | 諸子 3 小說 12 |
| | 兵書略 5 | 軍書志 4 : 兵書 | | | | | |
| | 詩賦略 4 | 文翰志 3 : 詩賦 | 文集錄 4 : 詩賦 | 集志 4 | 文類 12 | 文錄 6 | 詞賦 10 |
| | 數術略 6 | 陰陽志 5 : 陰陽圖緯 | 術技錄 5 : 數術 方技 | | 天文類 7 五行類 8 | 藝錄 4 | 天文 4 |
| | 方技略 7 | 術藝志 6 : 方技 | | 藝術志 5 | 藝術類 9 醫方類 10 | 方技錄 5 | 醫律 6 |
| | | 圖譜志 7 : 地域 圖書 | | | | | |
| | | 道佛 : 부록에 보임 | 佛錄 6 | | | | |
| | | | 道錄 7 | 道書志 6 | | | |
| | | | | 書志 7 | | | 書畫 11 |
| | | | | 畫志 8 | | | |
| | | | | | 類書類 11 | 類錄 7 | 書類 9 |

붙임 : 《수서》〈경적지〉에서 "반고(班固), 부의(傅毅)는 궁궐 깊숙한 곳에 보관된 책들을 관리하였고, 아울러 《칠략》에 의거하여 책들의 부(部)를 정했다."라고 한 것을 보면, 동한(東漢) 시대의 도서 목록 편찬은 완전히 《칠략》의 체례에 따랐으며 아무것도 고치지

않았음을 알 수 있다. 《칠략》은 비록 사라졌지만 《한서》 〈예문지〉는 전적으로 그 방법을 채택하였다. 다른 점은 〈집략(輯略)〉을 해체하여 각 분류의 뒤에 나누어 붙이고, 〈술수략(術數略)〉을 〈수술략(數術略)〉으로 고친 것이다. 하지만 체제상 그리 큰 차이는 없다. (내용상으로는 다른 곳도 있지만 그것은 이와는 별개의 일이다.) 왕검(王儉)의 《칠지(七志)》도 비록 사라졌지만, 그 분류 사례가 모두 《수서》 〈경적지〉의 〈총서(總敍)〉에 기록되어 있다. 완효서(阮孝緖)의 《칠록(七錄)》도 비록 사라졌지만 〈서록(敍錄)〉이 《광홍명집(廣弘明集)》 권3에 아직 보존되어 있다. 이숙(李淑), 정인(鄭寅)의 책은 송대의 조씨(鼂氏)와 진씨(陳氏) 두 집안의 도서 목록에서 그 분류의 사례가 언급된다. 그러므로 오늘날에도 계속 그것들이 분리되고 통합된 상황과 차이점을 참고할 수 있다.

### 사부 분류법을 채용한 역대 대표 저작의 대조표

| 서명 | 荀勖《中經新簿》 | 李充 晉元帝 때〈書目〉 | 《隋書》〈經籍志〉 | 《唐書》〈藝文志〉 | 《文獻通考》〈經籍考〉 | 《四庫全書總目》 |
|---|---|---|---|---|---|---|
| 서론 | | | 앞에 總敍가 있고, 類 뒤에 小敍가 있다. | | 앞에 총서가 있고, 각 분류의 앞머리에 小序가 있다. | 部마다 총서가 있고, 類마다 小敍가 있다. |
| 분류 | 甲部 1 : 六藝 小學 | 甲部 1 : 五經 | 經 1 | 甲部經錄 1 | 經 1 | 經部 1 |
| | 乙部 2 : 古諸子家 近世子家 兵書兵家 術數 | 丙部 3 : 諸子 | 子 3 | 丙部子錄 3 | 子 3 | 子部 3 |
| | 丙部 3 : 史記舊事 皇覽簿 雜事 | 乙部 2 : 史記 | 史 2 | 乙部史錄 2 | 史 2 | 史部 2 |
| | 丁部 4 : 詩賦 圖讚 汲冢書 | 丁部 4 : 詩賦 | 集 4 | 丁部集錄 4 | 集 4 | 集部 4 |
| | | | 道經 佛經 : 四部의 마지막에 붙어 있다. | | | |

붙임 : 순욱(荀勖), 이충(李充)의 책은 비록 사라졌으나 분류 사례는 완효서(阮孝緖)의 《칠록》 〈서(序)〉와 《수서》 〈경적지〉 〈총서〉에 모두 기재되어 있으니 그 대체를 알 수 있다.

위의 두 표에서 옛날의 역사책들을 볼 수 있는데, 그 수가 많지 않아서 유흠이 첫 번째 도서 목록인 《칠략》을 편찬할 때는 스스로 하나의 분류를 이룰 수 없었고, 그저 육예략의 춘추가에 부록으로 붙어 있었을 뿐이다. 순욱이 《중경신부》를 편찬할 때 역사책들을 세 번째 위치, 즉 경(經)과 자(子)의 아래에 있는 병부(丙部)에 놓았다. 이는 당시의 실제 상황을 정확히 반영하고 있다. 《칠략》에 수록된 역사책은 《세본(世本)》부터 《한대년기(漢大年紀)》에 이르기까지 411편에 불과하다. 하지만 당나라 초기 《수서》〈경적지〉를 편수할 때 사부(史部)는 1만 6585권이 수록되었다. 수백 년간 40배로 늘어난 것이다. 이는 위진남북조 시기에 역사책의 서술이 엄청나게 발달하였다는 것을 설명한다. 그러므로 남조 양(梁)나라의 완효서가 《칠록》을 편찬할 때 〈기전록(記傳錄)〉 안에 12부를 나누어서 각 종류의 숫자, 권수를 확실하게 기록하였다. 그 세부 목록은 다음과 같다.

1. 국사부(國史部) : 216종, 4596권
2. 주력부(注曆部) : 59종, 1221권
3. 구사부(舊事部) : 87종, 1038권
4. 직관부(職官部) : 81종, 801권
5. 의전부(儀典部) : 80종, 2256권
6. 법제부(法制部) : 47종, 886권
7. 위사부(僞史部) : 26종, 161권
8. 잡전부(雜傳部) : 241종, 1446권
9. 귀신부(鬼神部) : 29종, 205권
10. 토지부(土地部) : 73종, 869권
11. 보장부(譜狀部) : 42종, 1064권
12. 부록부(簿錄部) : 36종, 338권

위에서 열거한 것을 다 합치면 12부, 1020종, 1만 4888권이다. 구체적인 사항은 완효서의 《칠록》에 기재되어 있다. 이로써 역사서의 발전이 남조 양나라 시기에 이미 당나라 초 《수서》 〈경적지〉에 기록된 숫자와 차이가 별로 없다는 것을 알 수 있다. 그래서 완효서는 도서 목록을 편찬할 때 부(部)의 종류를 세분화할 수밖에 없었던 것이다. 완효서의 《칠록》에서 세부 목록이 출현한 후부터 《수서》 〈경적지〉 이하 대부분의 도서 목록들은 이것의 기초 위에서 약간의 추가와 삭제, 편집을 하였다. 다음은 자주 언급되는 사지(史志), 관부(官簿), 개인 장서 목록에서 분류한 사부(史部)의 세부 목록이다.

《수서》 〈경적지〉 : 정사(正史), 고사(古史), 잡사(雜史), 패사(覇史), 기거주(起居注), 구사(舊事), 직관(職官), 의주(儀注), 형법(刑法), 잡전(雜傳), 지리(地理), 보계(譜系), 부록(簿錄)(13개 항목)

《구당서》 〈경적지〉

《신당서》 〈경적지〉 : 정사, 편년(編年), 위사(僞史), 잡사, 기거주, 고사(故事), 직관, 잡전, 의주, 형법, 목록(目錄), 보첩(譜牒), 지리(13개 항목)

《송사》 〈예문지〉 : 정사, 편년, 별사(別史), 사초(史鈔), 고사(故事), 직관, 전기(傳記), 의주, 형법, 목록, 보첩, 지리, 패사(13개 항목)

《숭문총목(崇文總目)》 : 정사, 편년, 실록(實錄), 잡사, 위사, 직관, 의주, 형법, 지리, 씨족(氏族), 세시(歲時), 전기, 목록(13개 항목)

《군재독서지(郡齋讀書志)》 : 정사, 편년, 실록, 잡사, 위사, 사평(史

評), 직관, 의주, 형법, 지리, 전기, 보첩, 목록(12개 항목)

《통지(通志)》〈예문략〉: 정사, 편년, 패사, 잡사(雜史), 기거주, 고사(故事), 직관, 형법, 전기, 지리, 보계(譜系), 식화(食貨), 목록(13개 항목)

《직재서록해제(直齋書錄解題)》: 정사, 별사, 편년, 기거주, 조령(詔令), 위사, 잡사(雜事), 전고(典故), 직관, 예주(禮注), 시령(時令), 전기, 법령, 보첩, 목록, 지리(16개 항목)

《명사(明史)》〈예문지〉: 정사, 편년은 안에 있다. 잡사, 사초, 고사, 직관, 의주, 형법, 전기, 지리, 보첩(10개 항목)

《사고전서총목(四庫全書總目)》: 정사, 편년, 기사본말(紀事本末), 별사, 잡사, 조령주의(詔令奏議), 전기, 사초, 재기(載記), 시령, 지리, 직관, 정서(政書), 목록, 사평(15개 항목)

《서목답문(書目答問)》: 정사, 편년, 기사본말, 고사(古史), 별사, 잡사(雜史), 재기, 전기, 조령주의, 지리, 정서, 부록, 금석(金石), 사평(14개 항목)

위에서 언급한 사부(史部)의 세부 목록은 모두 옛것이며 시대에 뒤처진 분류법이다. 우리가 오늘날 편찬하는 역사책의 항목은 결코 여기에 국한될 수도 없고, 이러한 옛 이름들이 계속 사용될 수도 없다. 그럼에도 불구하고 산더미처럼 쌓인 옛 역사 자료의 성격과 기능을 확실히 해서 체계적으로 순서대로 그것들을 읽고 정리하기 위해서는 옛 역사책의 갈래를 이해하지 않을 수 없다. 반드시 이러한 기본적인 문제에 대해서 어느 정도 이해해야 비로소 공부하는 방법을 찾을 수 있게 된다.

## 제3절 고서의 전파

옛날에 책의 전파는 매우 어려웠다. 제일 처음에는 죽간을 이용했기 때문에 책을 한 권 만들기도 너무나 고생스러웠다. 나중에 비단과 종이로 책을 만들면서 죽간은 단지 두루마리의 축으로만 활용되었지만 여전히 가볍고 편리하지는 않았다. 특히 기록을 한번 검토할 때마다 한 권 전체를 펼쳐야 했기 때문에 더 귀찮았다. 이것들은 모두 필사본이었는데, 인쇄술이 발명된 이후에야 비로소 책의 형식도 두루마리에서 페이지 식으로 변해서 검토하기가 편리해졌을 뿐 아니라 점점 널리 보급되기 시작하였다.

우리 조상들에게 조판 인쇄술이 없었던 시대에 독서는 정말로 어렵고 힘든 일이었다. 책을 열심히 필사하는 모습에 관한 일화가 역사책과 문집, 필기 등에 여기에서 모두 거론할 수 없을 정도로 아주 많이 기록되어 있다. 그중에서 가장 두드러진 사례가 바로 5세기 말 남제(南齊)의 심인사(沈麟士)라는 사람에 관한 일이다.

어느 날 그의 집에 불이 나서 손으로 쓴 몇천 권의 책들이 불타 버렸다. 그의 나이가 이미 80세였지만 귀와 눈이 아직 어두워지지 않아서 분발하여 밤낮을 쉬지 않고 다시 책을 베끼기 시작하였다. 결국 다시 이삼천 권을 베껴서 몇십 상자를 꽉 채웠다. 《남제서(南齊書)》 〈심인사전(沈麟士傳)〉에 이 일이 기록되어 있다. 이게 얼마나 어렵고도 힘든 일이었겠는가.

동시에 가난한 사람들은 경제 조건이 좋지 못해 종이를 살 돈이 없어서 폐지를 이용하여 책을 계속 베껴 쓰기도 하였다. 동완(東莞) 사람 장봉세(臧逢世)는 20세 때 반고의 《한서(漢書)》를 읽고 싶었지만 그럴 수 없었다. 또 남의 책을 빌려 보는 것도 힘들어서 오래 할 수 없었다. 그는 매형인 유완(劉緩)의 집에서 많은 폐지를 얻어 100편의 《한서》를 베껴 책 한 부를 만들었다. 《안씨가훈(顔氏家訓)》 〈면학편(勉學篇)〉에 이 일이 기록되어 있다. 이 역시 책이 아직 널리 보급되지 않았으므로 우리의 선배들이 어려움을 극복하고 열심히 공부하려고 했던 전형적인 사례이다.

《신당서(新唐書)》 권163 〈유중영전(柳仲郢傳)〉에 "중영은 손수 육경을 베낀 적이 있다. 사마천, 반고, 범엽(范曄)이 지은 역사책은 모두 한 번씩 베끼고, 위진남북조 시대의 역사책은 두 번씩 베꼈다."라고 하였다. 즉 유중영은 《사기(史記)》, 《한서》, 《후한서(後漢書)》를 전부 한 번 베꼈고, 위진남북조 시대의 역사책은 두 번을 베꼈던 것이다. 왕명성(王鳴盛)은 이 일에 대해서 "삼사(三史), 즉 《사기》, 《한서》, 《후한서》는 어려서부터 암송했으니 한 번 베끼는 것으로 충분했던 것이며, 삼사를 경시하고 위진 시대 이하의 여러 역사책을 중히 여긴 것이 아니다."라고 해석하였다. 《십칠사상각(十七史商榷)》 권99를 보라.

확실히 왕명성이 말한 대로 옛사람들은 《사기》, 《한서》, 《후한서》와 같은 몇 부의 가장 기본적인 역사책을 모두 숙독하여 암기하였다. 익숙하게 외웠지만 쉽게 잊어버릴까 두려워 반드시 손으로 한 번 베꼈으며, 그렇게까지 익숙하게 읽지 않은 것은 반드시 두 번 베꼈다. 당대뿐만 아니라 송나라 때, 즉 이미 보편적으로 경(經)과 사(史)의 많은 책이 판각으로 인쇄될 때에도 소식(蘇軾)은 여전히 "나는 나이 많은 유학자를 뵙게 되자, 어렸을 때 《사기》, 《한서》를 구하고 싶었지만 그럴 수 없었으며, 운 좋게 얻은 뒤에는 직접 손으로 책을 베끼고, 밤낮을 가리지 않고 외우고 읽었는데 다 못 할까 봐 염려했다고 말씀드린 적이 있다."라고 하였다. 《이씨산방장서기(李氏山房藏書記)》를 보라.

명나라 말에 살았던 고염무(顧炎武)는 "고조부께서 급사중(給事中)이실 때가 정덕(正德) 연간 말이었는데, 그때 천하에는 왕부(王府)와 관사(官司), 건녕서방(建寧書坊)에만 각판이 있었다. 민간에 퍼진 것들은 고작해야 사서(四書), 오경(五經), 《통감(通鑑)》, 그리고 성리학을 다루는 책들

뿐이었다. 다른 책들 가운데 판각이 있는 것은 골동품을 좋아하는 집이 아니면 모으지 않았다."라고 하였다. 〈초서자서(鈔書自序)〉를 보라. 이로 보아 명나라 말년까지도 사회에서 아직 쉽게 책을 찾을 수 없는 것이 보편적이었음을 알 수 있다. 반면에 우리가 사는 오늘날에는 서적이 보급되는 수단이 날로 잘 완비되어서 옛사람들에 비하면 더욱 편해졌다.

중국 역사를 공부하려면 반드시 읽어야 하는 책이 너무나도 많다. 한번 옛 사료만 가지고 말해 보자. 만약에 구통(九通),[112] 이십이사(二十二史),[113] 아홉 종의 기사본말(紀事本末)[114]에만 사료를 한정한다면 당연히 충분하지 못하다. 왜냐하면 제자백가서, 역대 문집, 필기와 같은 종류의 저작들도 너무 많아 소가 책 수레를 끌 때 땀을 흘리고, 쌓으면 지붕에 닿을 정도인 데다가 역사적 자료들이 하나로 모이는 곳이기 때문이다. 따라서 이것들을 방치하고 보지 않을 수는 없다. 그리고 이는 곧바로 어떻게 책을 찾느냐의 문제와 관련된다.

이른바 '정사'나 《통감》과 같은 종류의 책들은 통용되는 각본이 아주 많아

112 구통(九通) : 중국 전통의 제도를 백과사전 식으로 기록한 아홉 종의 역사서이다. 당나라 두우(杜佑)의 《통전(通典)》을 비롯하여 《통지(通志)》, 《문헌통고(文獻通考)》, 《속통전(續通典)》, 《청통전(清通典)》, 《속통지(續通志)》, 《청통지(清通志)》, 《속문헌통고(續文獻通考)》, 《청문헌통고(清文獻通考)》 등이다.

113 이십이사(二十二史) : 중국 전통의 22부의 정사(正史)를 가리킨다. 《사기(史記)》, 《한서(漢書)》, 《후한서(後漢書)》, 《삼국지(三國志)》, 《진서(晉書)》, 《송서(宋書)》, 《남제서(南齊書)》, 《양서(梁書)》, 《진서(陳書)》, 《위서(魏書)》, 《북제서(北齊書)》, 《주서(周書)》, 《수서(隋書)》, 《남사(南史)》, 《북사(北史)》, 《신당서(新唐書)》, 《신오대사(新五代史)》, 《송사(宋史)》, 《요사(遼史)》, 《금사(金史)》, 《원사(元史)》, 《명사(明史)》이다.

114 아홉 종의 기사본말(紀事本末) : 기존의 기전체와 편년체의 역사서는 사건들 사이의 인과관계가 뚜렷하게 서술되지 않았었다. 이 단점을 보완하기 위해 기사본말체라는 형식이 창안되었다. 아홉 종의 기사본말 가운데 여덟 종이 《좌전(左傳)》, 《통감(通鑑)》, 《송사》, 《요사》, 《금사》, 《원사》, 《명사》, 《청사(清史)》에 대한 기사본말이며, 이 밖에 《서하기사본말(西夏紀事本末)》이 있다.

서 쓰기에 편리할 수 있다. 그러나 사람들이 비교적 잘 보지 않는 문집이나 당송 이래의 설부(說部 소설이나 잡사를 기록하던 장르)는 복잡하고 너무나도 다양하다. 그중에서 많은 저작은 단행본이 아니지만 사라지지 않고 지금까지 전해 내려왔는데 그 까닭은 총서(叢書)로 편집하여 인쇄했던 덕분이라고 하지 않을 수 없다. 다시 말해서, 총서는 책의 보급에 아주 큰 역할을 하였다.

책이 너무나도 많기 때문에 전문적으로 학문을 연구하는 사람들도 쉽사리 자료를 찾을 수 없었다. 이에 학술계는 같은 성질의 책들을 종합하여 한 묶음으로 만들 필요가 절실했고, 이것이 바로 총서의 기원이 되었다. 청대 학자인 이조원(李調元)은 《동산문집(童山文集)》 권3, 〈함해후서(函海後序)〉에서 다음과 같이 말하였다.

> 옛날에는 몇몇 사람의 책을 하나로 모아 한 편으로 만들어 별도로 하나의 전체 이름을 붙인 경우가 없었다. 오직 《수서》〈경적지〉에 '지리서(地理書) 149권, 목록(目錄) 1권'이라고 기록하고, 주석에 "육징(陸澄)이 《산해경(山海經)》부터 161가(家)의 것을 합쳐 이 책을 만들었다. 육징의 책 이외에 다른 옛 책들은 많이 흩어지고 사라졌는데, 별도의 부(部)로 남아서 전해지는 것은 오직 42가밖에 안 된다."라고 하였다. 또 '지기(地記) 252권'이라고 기록하고, 주석에 "양임방(梁任昉)이 육징의 책에 덧붙여 '지기'를 만들었다. 그가 추가한 옛 책들도 많이 흩어지고 사라졌다. 별도의 부(部)로 남아서 전해지는 것은 오직 12가밖에 안 된다."라고 하였다. 이것이 곧 총서의 기원이다. 또한 학자 한 사람의 작품이긴 하지만 좌규(左圭)의 《백천학해(百川學海)》가 세상에 나오면서 처음으로 쇠미해진 여러 가(家)의 잡기(雜記)를 모았고, 명나라 때에 이르러 책의 규모가 더욱 커지고 복잡해졌다.

이조원이 말한 '학자 한 사람의 작품'이란 《수서》〈경적지〉에 기재된 지리서, 지기와 같은 종류의 책을 가리키며, 지리학자들의 전문 자료에 불과했다. 본래 옛날에 조판 인쇄술이 나오기 이전에는 책을 모두 손으로 썼으므로 많은 분야의 책들을 모아 총서로 편찬하기란 불가능하였다. 그리고 총서의 시작도 단지 학문을 하려는 방편으로 같은 성질의 책을 모아 베낀 것에 불과하였다. 오늘날 우리가 '전문적 총서'라고 일컫는 것이야말로 사실 중국의 모든 총서의 시조이다. 《수서》〈경적지〉에 기재된 지리서, 지기와 같은 책들은 곧 가장 전형적이면서 원시적인 총서였다. 그러나 당시에는 오로지 손으로 썼기 때문에 자연히 많이 발전하거나 보급될 수 없었다. 조판 인쇄술이 성행한 이후에야 이러한 종류의 총서가 비로소 점점 발달하기 시작했다.

전문적 총서는 학술 연구에 엄청나게 큰 도움을 준다. 예컨대 명나라의 낭규금(郎奎金)이 편집하여 간행한 《오아전서(五雅全書)》는 훈고학 전문 저서 다섯 종만을 수록하였고, 청나라 사람들이 그 체계를 계속 사용하여 《소학휘함(小學彙函)》, 《허학총서(許學叢書)》의 여러 종을 만들었다. 다음으로 경학에 관해서는 《경원(經苑)》, 《고경해휘함(古經解彙函)》, 《황청경해(皇淸經解)》의 여러 종이 있었다. 역사와 지리에 관해서는 《사학총서(史學叢書)》, 《여지총서(輿地叢書)》의 여러 종이 있었다. 이러한 종류의 각본들은 전문 연구자들을 엄청나게 편리하게 해 주었다.

'종합적 총서'는 자료를 수합하고 모으는 데 있어서 분야에 구속받지 않았다. 이조원이 좌규의 《백천학해》를 종합적 총서의 시조로 여겼지만, 사실 이 책은 송 도종(宋度宗) 함순(咸淳) 9년(1273) 에 인쇄된 것이다. 그 이전에 유정손(兪鼎孫)이 편집한 《유학경오(儒學敬悟)》 7종 41권이 그보다 72년 일찍 송 영종(宋寧宗) 가태(嘉泰) 원년(1201)에 인쇄되었으므로 '종합적 총서'의 비조라고 할 수 있을 것이다. 그 이전에는 당나라 육구몽(陸龜蒙)의 《입택총서(笠澤叢書)》가 있었지만 개인의 필기에 불과했다. 그가 자서(自序)에서 '자질구레하고 하찮은 것들의 책〔叢脞細碎之書〕'이라고 말하면서 '총서'라는 단어를 사용했지만, 실제로는 총서의 체계를 따르지 않았다.

반면에 《유학경오》와 《백천학해》는 실제로는 총서이지만 총서의 이름을 분명하게 내걸지 않았다. 사실 명나라 정영(程榮)의 《한위총서(漢魏叢書)》부터 이름과 실질이 겸비되기 시작했다고 할 수 있으며 《격치총서(格致叢書)》, 《당송총서(唐宋叢書)》 등이 그 뒤를 이었다.

청대에 이르러 총서의 판각은 더욱 많아지고 정교해졌으며 그 효용도 각각 달랐다. 예컨대 황비열(黃丕烈)의 사례거(士禮居), 손성연(孫星衍)의 대남각(岱南閣)에서는 송나라와 원나라의 옛 판본을 중심으로 복사본을 만들었고, 노문초(盧文弨)의 포경당(抱經堂), 호정(胡珽)의 임랑비실(琳瑯祕室)에서는 옛 책들을 정밀하게 교감하였다. 포정박(鮑廷博)의 지부족재(知不足齋)에서는 30집(集) 220종(種), 오숭요(伍崇曜)의 월아당(粵雅堂)에서는 20집 121종, 장해붕(張海鵬)의 학진토원(學津討原)에서는 20집 173종, 오성란(吳省蘭)의 예해주진(藝海珠塵)에서는 8집 164종의 책을 갖추었다. 책의 범위가 확대되고, 풍부하게 망라하여 갖춰지지 않은 것이 없게 되었다.

총서를 판각하면서 지역 역시 특정한 범위가 되기도 하였는데, 어떤 성(省), 어떤 읍(邑)의 역대 저술들은 특별히 수집되어 하나의 책이 되었다. 청대 학자 이조락(李兆洛)의 《양일재문집(養一齋文集)》 권4, 〈누동잡저서(婁東雜著序)〉에서는 다음을 강조하였다.

> 오늘날 다양한 종류의 책을 모아 판각하는데 이를 가리켜 총서라고 한다. 희귀본이나 분량이 적은 것을 모아 보급하는 것은 훌륭한 일이다. 하지만 시대도 따지지 않고 훌륭한 글과 저급한 것도 구별하지 않고, 고생스럽게 이 책 저 책 가져다 채우고 있으니 식자들이 병폐로 여긴다. 총서의 판각이라고 조심스럽게 일컬을 수 있으려면 사람들이 사는 도읍을 따르고 그 고장의 선현들이 지은 저술들을 모아 편집해야 한다. 지방과 백성들의 풍속의 변천에 관한 것이나 현명하고 재능 있는 사람들이

나온 곳을 찾는 것, 정절과 의로움을 지킨 선비와 여성에 관한 사실을 가려내는 것도 가능하다. 눈과 귀가 확실하다면 오류나 혼동이 없을 것이며, 보고 들은 것을 진술하면 법도와 본보기로 쓰기에 충분할 것이다. 지위가 높은 관리와 귀한 가문의 선비에 대한 것, 나라의 중대사를 조리 있게 기록한 것에 관해서는 많은 정보가 있지만, 한미한 출신으로 고금을 꿰뚫는 학자, 마음을 다해 이치를 따지는 자는 밤에 피는 꽃처럼 알려지기 힘들다. 문헌을 총체적으로 이해하고 곳곳의 기록을 수집하러 다닌 것[115]이 번잡한 병폐가 없으면서도 확실하고 가까운 것을 수집한 효과이다.

사실 이러한 체례는 명나라 말기에 이미 있었다. 천계(天啓) 3년(1623) 해염현(海鹽縣)의 지현(知縣)이었던 번유성(樊維城)이 《염읍지림(鹽邑志林)》, 곧 해염현의 역대 저술들을 종합한 책을 간행하였는데, 여기에는 삼국 시대 3종, 진(晉) 2종, 진(陳) 1종, 당(唐) 1종, 오대(五代) 1종, 송(宋) 3종, 원(元) 1종, 명(明) 29종, 합계 41종 65권이 수록되었다. 이것이 중국에서 처음으로 판각된 지방을 다룬 총서이다. 청대에 간행된 《경천총서(涇川叢書)》, 《금화총서(金華叢書)》와 같은 것들이 이것의 체례를 따라 편찬된 것이다. 그리고 읍에서 시작하여 성(省)으로 확대된 것으로 《영남총서(嶺南叢書)》, 《기보총서(畿輔叢書)》, 《호북총서(湖北叢書)》, 《예장총서(豫章叢書)》 등이 계속 출현하였다.

학자들은 총서의 판각이 책을 열람하는 데 아주 편리하고, 낱낱이 흩어진 많은 책을 보존하며, 아울러 널리 전파하고 보급할 수 있다는 것을 알게 되

115 곳곳의……것 : 원문의 '유헌(輶軒)'은 지역에 전해 오는 이야기를 수집하는 담당자를 말한다. 한나라 응소(應劭)의 《풍속통의(風俗通義)》 서문에 "주(周)나라와 진(秦)나라는 1년에 몇 달 동안 유헌지사(輶軒之使)를 보내 대대로 전해 오는 방언들을 수집한다."라고 하였다.

었다. 이에 더 나아가 경·사·자·집의 사부에 해당하는 책을 모아서 판각하도록 건의하였다. 청대 학자 왕창(王昶)은 《춘융당집(春融堂集)》 권48 〈서안대흥사중수전륜장경전기(西安大興寺重修轉輪藏經殿記)〉에서 다음과 같이 말하였다.

> 《주례(周禮)》의 외사(外史)는 사방의 지(志)와 삼황오제(三皇五帝)의 서(書)를 관장하였다. 그리고 공자는 120개 나라의 귀한 책들로 《춘추(春秋)》를 만들었다. 책을 모으고 보관하는 것은 상고 시대에도 마찬가지였다. 육경(六經) 이후로 흩어져 제자백가가 되었지만 유향(劉向) 부자의 교정을 거친 것을 〈예문지(藝文志)〉에 1만 3260여 권 수록하였다. 《수서》 〈경적지〉에 수록된 것은 그것의 몇 배나 되었으며, 당송 대에는 저술이 더욱 번성하였다. 하지만 오늘날 통계를 내 보니 남은 것은 백분의 일도 안 된다. 어찌 나머지 것들이 모두 보존하기에 부족해서였겠는가. 아니면 책을 짓기도 어렵고 전승하기도 쉽지 않아서였을까? 한나라 이후부터 책을 헌납하는 길이 열리고, 책을 베끼는 관직이 설치되었으며, 책을 보관하는 누각이 건립되었고, 또한 책을 찾는 관리를 파견하였으며, 책을 교감하는 직책을 따로 두었다는 사실을 생각해 보자. 그렇게 마련된 것이 지방에는 태사(太史)와 박사(博士)였으며, 서울에는 연각(延閣), 비실(祕室), 난대(蘭臺), 동관(東觀), 인수각(仁壽閣), 문덕전(文德殿), 화림원(華林園), 관문전(觀文殿) 등 여러 곳이었다. 책을 찾는 데 힘이 부친 적이 없었으며, 모인 책들이 꽉 차지 않은 적이 없었다. 사대부 가운데 책을 모은 자들에 대해서 말하자면, 장화(張華), 두겸(杜兼), 위술(韋述)부터 확실히 고려해 볼 수 있는 이들이 대략 오륙십 가(家)가 될 것이다. 하지만 옛 책은 전승되면서 왕왕 시대에 따라 사라지기도 하였다. 그 이유를 곰곰이 생각해 보면, 예전에는 책을 널리 찾아서 모으지도, 경사자집 사부를 책 하나

에 통합하지도, 다시 판각한 판본들을 세상에 유통하지도 않았기 때문에 이처럼 쉽게 유실되었던 것이다.

이러한 의견은 명나라 말기 조학전(曹學佺)이 지은 《유장설(儒藏說)》의 견해를 근거로 전개된 것이다. 왕창과 동시대 학자인 주영년(周永年)도 불교와 도교에서 모아 판각한 경전이 수만 권이나 된다고 하면서 '장경(藏經)'이라고 이름 붙였는데, 유가만 홀로 부족한 점이 있으니 정말로 안타까운 일이라고 여겼다. 그리고 교감으로 유명한 고광기(顧廣圻)도 송나라, 원나라의 책들을 두루 판각하는 것을 늦출 수 없다고 강조하였다. 그는 《사적재집(思適齋集)》 권12 〈예운서사송원본서목서(藝芸書舍宋元本書目序)〉에서 다음과 같이 말하였다.

송나라[116]와 원나라 두 왕조는 비각(祕閣), 홍문서(興文署), 가숙(家塾), 방장(坊場), 서원(書院)에 이르기까지 판각으로 인쇄하여 사부(四部)를 모두 갖추었으니 참고해 볼 만하다. 그렇다고 기록도, 지명도, 이름도 없는 것이 모두 송나라와 원나라의 판본은 아니다. 지금으로부터 멀리는 800여 년, 가까이는 채 500년도 안 되지만, 세상에 남은 것은 만분의 일도 안 된다. 상숙(常熟)의 전씨(錢氏)·모씨(毛氏), 태흥(泰興)의 이씨(李氏), 곤산(崑山)의 서씨(徐氏)가 기록으로 유명했지만 열에 두셋은 보존하지 못했다.

어느 것이나 사라지지 않는 것이 없고 어느 시대나 변하는 법이니, 뒷날 언젠가 지금 우리가 살고 있는 시대가 다하고 나면 송나라와 원나라의 판본들이 하(夏)·은(殷)·주(周) 삼대(三代)의 죽간(竹簡), 위

116 송나라 : 원문은 '천수(天水)'인데, 천수는 송 태조(宋太祖) 조광윤(趙匡胤)이 지역 주민들의 열렬한 지지를 받은 곳으로 송나라 창업지로 불린다.

> 진남북조 시대의 매끄러운 비단처럼 이름은 전해지지만 모습은 볼 수 없게 되는 것이 어찌 필연적인 운명이 아니겠는가. 그렇다면 송원의 판본을 보존하기 위해 어떻게 해야 하는가? 절대로 사라져서는 안 되는 책들을 다시 기록해서 그 진실을 잃지 않도록 하는 것이 오늘날을 응축하여 송나라와 원나라로 만드는 것이며, 천년을 늘여 오늘날로 만드는 일이다. 다행스럽게도 뜻을 같이하는 이들이 다시 생겨나기 시작했는데, 송원 판본이라고 일컫는 것들을 찾아보면 끝이 없을지도 모르니 이보다 나은 방법은 없을 것이다.

이 주장은 당시에 비록 실현되지는 않았지만 학술계의 큰 주의를 끌었다. 왕창과 고광기 두 학자의 의견이 결합되자 나중 사람들이 큰 계시를 얻었다. 나중에 상무인서관(商務印書館)이 송나라와 원나라의 옛 판본들을 영인하여 《사부총간(四部叢刊)》을 만들었으니, 이러한 생각에 따라 인도되고 진행된 것일지도 모른다.

1922년 《사부총간》이 영인된 것은 당시 중국 문화계의 큰 사건이었다. 이 책은 경사자집 사부의 책 323부 《이십사사(二十四史)》는 포함되지 않았다. 8548권 권수가 없는 책이 네 종이다. 을 2100책으로 제본하여 만들었다. 이 영인본은 다양하고 풍부한 내용을 망라한 거대한 규모의 총서이다. 함분루(涵芬樓)에 보관된 것 이외에도 해외의 장서가들이 소유하고 있던 송·원·명의 옛 판본들을 두루 찾아 축소 인쇄하여 체례가 가지런한 판본을 만들었다. 아울러 책의 첫머리마다 원래 책의 규격을 기재하여 옛 판본의 면모를 보존하였다.

송나라 판본 39종, 금나라 판본 2종, 원나라 판본 18종, 송대 사본의 영사본(影寫本)[117] 16종, 원대 사본의 영사본 5종, 교정본 18종, 명대의 활자

117 영사본(影寫本) : 명청 시기 장서가들이 송원 시기의 희귀 판본을 보존하기 위해서 원본에 양질의 종이를 대고 비친 모양에 따라 베꼈는데, 격식과 글자체가 원본과 거의 차이가 없었다.

본 8종, 고려의 옛 각본 4종, 불교와 도교의 장경(藏經)은 2종이 포함되어 있었고, 나머지는 대부분 명청 시대의 정교한 각본이었다. 1934년 계속 송과 원의 정교한 판본들을 수집하여 《사부총간속편(四部叢刊續編)》 500책을 영인하여 완성하였다. 나중에 이어서 《사부총간삼편(四部叢刊三編)》을 출판하여, 중국 고대 문화유산의 보존과 정리에 확실히 공헌하였다.

옛 판본의 책들이 귀한 까닭은 종이와 먹으로 옛 사실을 진술해서가 아니라 그것이 '세상에 드문 보배'라는 골동품으로 여겨졌기 때문이다. 비교적 이른 시기에 판각 인쇄된 판본들은 오자와 탈자가 비교적 적기 때문에 그것을 근거로 오늘날 판본의 시비를 교정할 수 있다. 그러나 세월이 오래되면 종이 책은 쉽게 손상되기 때문에 남아 있는 송나라와 원나라의 판본이 많지는 않았다.

다행히 세상에 약간이지만 아직 몇 부가 남아 있었는데, 중국 안팎의 장서가들만이 보유하고 있었던, 과거 봉건사회의 장서가들이 한사코 보여 주기를 거절해서 쉽게 보기 힘든 것들이었다. 청 건륭(乾隆)·가경(嘉慶) 연간의 학자들, 전대흔(錢大昕), 노문초(盧文弨), 황비열(黃丕烈), 고광기(顧廣圻)와 같은 사람들은 우연히 친구의 집에서 송나라 판본의 책을 보면 책 끝머리에 엄숙하게 "모년 모월 모일, 모모가 삼가 보았다."라는 한 구절을 반드시 적으면서 이것은 일생일대의 가장 큰 눈요기라고 생각했다.

과거에는 책이 널리 보급되지 않아서 학자들의 견문에 큰 한계가 있을 수밖에 없었다. 그러나 오늘날 인쇄술이 날로 새로워지고, 촬영이라는 방법을 사용하여 원서를 축소하여 석판 인쇄하기 때문에 정부와 민간이 수장하고 있던 훌륭한 판본들이 하나로 모이게 되었다. 옛날에 많은 스승들이 쉽게 볼 수 없었던 송나라와 원나라의 판본들을 지금은 누구라도 모두 볼 수 있게 되었다. 구매할 여력이 없는 개인은 도서관에서 빌려 볼 수 있다. 사부(四部)에서 자주 출현하는 책들이 모두 《사부총간》에 수록되었으며, 이는 옛 책들을 교감하는 데 쓰이는 비교적 신뢰할 수 있는 표준 판본이다.

상무인서관이 《사부총간초편(四部叢刊初編)》을 영인한 뒤 오래지 않아 중화서국이 《사부비요(四部備要)》를 모아 인쇄하였는데 이 역시 옛 책의 전파에 적극적인 작용을 하였다. 이것은 송대의 활자를 모방하여 세로로 인쇄하였고, 실용적인 분야의 책들을 주로 수집하였다. 예컨대 경부(經部)에는 《십삼경고주(十三經古注)》, 《십삼경주소(十三經注疏)》, 청대의 《십삼경신소(十三經新疏)》, 사부(史部)에는 《이십사사(二十四史)》, 《자치통감(資治通鑑)》, 《속자치통감(續資治通鑑)》, 자부(子部)에는 제자백가, 집부(集部)에는 역대 유명 작가들의 별집(別集)이 있다. 그리고 기타 여러 종들도 모두 학자들의 필독서이다.

한 종류의 글자체를 사용하여 정교하고 단일하게 세로로 인쇄된 것들을 2000여 책으로 나누어 제본하였는데, 실용적인 각도에서만 그 기능을 평가한다면 《사부총간》보다 더 낫다. 하지만 책이 세로로 인쇄되었기 때문에 오탈자를 면할 수 없었고, 읽을 때 종종 의문점과 어려움이 있어서 반드시 옛 판본을 가지고 대조해야 한다.

근래에 편집되어 인쇄된 총서들 가운데 《사부총간》과 《사부비요》의 규모가 가장 크고 다루는 것도 가장 광범위하다. 하지만 수집된 대상이 사부에 자주 보이는 책에 편중되어 있었고, 당나라와 송나라 이래의 필기(筆記), 총초(叢鈔), 잡설(雜說)과 같은 종류의 글을 전부 수록하지는 못하였다. 따라서 비교적 큰 규모의 총서를 통해 부족한 점을 메워서 책을 읽는 학자들이 지식을 추구하는 욕망을 만족시킬 필요가 절실했다.

상무인서관이 1935년에 편집을 시작한 《총서집성(叢書集成)》은 이러한 객관적 수요에 응하여 편찬되기 시작하였다. 총서들을 선별하는 과정에서 '실용'과 '희귀함'을 표준으로 삼았다. 종합적인 총서에서 송대의 것이 2부, 명대의 것이 21부, 청대의 것이 57부였다. 전문적인 총서의 경학(經學), 소학(小學), 역사 지리〔史地〕, 목록(目錄), 의학, 예술, 군사 등이 모두 12부이다. 지방적인 총서의 성구(省區)와 군읍(郡邑)이 각각 4부이다. 합계

100부의 총서를 선정하여 편집하였다. 원래 대략 6000종이 있었지만 중복되는 것을 제외하고 실제로 4100여 종을 보존하고, 2만 7000여 권에서 대략 2만 권을 보존했다.

또한 포켓북으로 축소 인쇄하고 4000책으로 나누어 제본하였다. 쉽게 찾을 수 없는 단행본의 필기, 총초, 잡설 및 사람들이 잘 보지 않는 문집과 낱낱이 흩어진 글까지 대부분 이 속에 보존되었다. 상무인서관은 1935년 따로 《총서집성초편목록(叢書集成初編目錄)》이라는 책 하나를 내어, 거기에 포함된 4000여 종의 책들을 분류하고 저자와 권수를 기재하여, 학자들이 이것을 검색하면서 목록에 따라 책을 찾을 수 있도록 하였다.

## 제4절 고서의 판본

옛 책의 판본에 대해서 말하고자 한다면 마땅히 '석경(石經)'으로 거슬러 올라가야 한다. 석경은 중국이 목판 인쇄술을 발명하기 이전에 널리 통용되던 책들을 석판에 새긴 것이다. 가장 표준이 되는 판본이 되었고 학자들은 자기가 베낀 필사본을 가지고 여기에 대조하였으며, 책이 없던 사람들도 여기에 와서 베낄 수 있었다. 후한(後漢) 희평(熹平) 3년인 서기 174년, 황제는 채옹(蔡邕)을 불러 몇 부의 중요한 유가 경전들을 잘 써서 석판 위에 새기고, 낙양(洛陽)의 홍도문(鴻都門), 즉 당시 국립대학인 태학(太學)이 있던 자리에 세우도록 하였다. 석판은 두껍고 큰 비석이었다. 높이는 1장(丈), 너비는 4자(尺)로 모두 73개의 비석이 있었다. 당시 학자들이 멀리에서 와서 베끼고 대조하며 읽었으므로 매일 아주 붐볐다. 오래지 않아 탁본의 기술이 채택되어 석판의 글자들이 모두 종이 위에 인쇄되어 비교적 세상에 널리 퍼질 수 있었다. 그것이 당시 일으켰던 영향은 가장 원시적인 인쇄술로 볼 수 있을 정도이다.

석판 위에 새겼기 때문에 정자(正字)로 쓰였으면서 글자가 움푹하게 들어간 음각(陰刻)으로 되어 있었다. 탁본 뜰 때, 한 장의 큰 종이를 물로 적신 뒤에 석판 위에 덮고 평평하게 만들고, 물이 마르면 면화를 채운 무명 주머니에 다시 먹을 묻히고 종이에 가볍게 한 번 두드린 다음 이것을 떼어 내면 검은 종이에 하얀 글자가 새겨진 한 장의 탁본이 완성된다.

이 방법을 한번 뒤집어 보자. 판면에 새겨져 있는 튀어나온 양각(陽刻)으로 된 글자에 먹으로 문지른 뒤 종이를 위에 덮고, 다시 솔로 아래로 한 번 문지르고 떼어 내면 하얀 종이에 검은 글자로 된 읽을 자료가 만들어진다. 석판 탁본이 목판 인쇄의 선구자임은 의심할 여지가 없다.

후한의 희평 석경 이후 역대 통치자들은 이것을 더 많이 흉내 냈다. 3세기 초 위 명제(魏明帝) 정시(正始) 연간, 낙양의 태학에 다시 석경을 세웠는데 몇 부의 중요한 경전을 고문(古文), 전문(篆文), 예서(隸書) 세 종류의 글자체로 써서 '삼체 석경(三體石經)'이라고 불렀다. 9세기 중엽 당 문종(唐文宗) 개성(開成) 연간, 장안(長安)의 태학에 또 해서(楷書)로 12부(部) 경전 오늘날 통용되는 십삼경(十三經) 가운데 《맹자》가 없다. 을 새기고 '당석경(唐石經)'이라고 불렀다. 오대(五代) 시기 후촉(後蜀)의 맹창(孟昶)은 《역》, 《서》, 《시》, 《춘추》, 《예기》, 《주례》, 그리고 전(傳)과 주(注)도 같이 새겼는데 이것이 '후촉석경(後蜀石經)'이다.

이들 가운데 당석경만이 모든 탁본을 보존하고 있고, 한·위·후촉의 것은 일부분만 보존하고 있거나 손상된 글자와 잘린 글자의 잔해만 있을 뿐이다. 그럼에도 불구하고 경전의 문장을 교감하는 데 있어서 큰 역할을 하며, 보통의 교수가(校讎家)들도 모두 중요한 근거로 여긴다. 송나라 황백사(黃伯思)의 《동관여론(東觀餘論)》 상권의 〈기석경여금문부동(記石經與今文不同)〉이라는 한 편의 글에 한나라 석경의 손상된 글자, 송대에 통용되던 판본의 경문과 다른 부분들이 일일이 기록되어 있다. 이것이 곧 석경을 근거로 경전을 교정한 시초이다. 이후로 학자들은 석경을 많은 경문 가운데 가장 이른 판본으로 여기게 되었다.

그러나 목판 인쇄술이 성행하게 된 이후부터 책의 보급 방식이 날이 갈수록 간편해졌다. 석경을 별도로 새길 필요가 사실상 없어졌다. 송나라 통치자들이 지난 왕조의 방법을 배워서 석경을 새기고, 청 고종(淸高宗) 때에도 과거의 방법을 모방하여 북경의 국자감(國子監)에 13경을 석판 위에 새겼지만, 사람들의 시선을 끌지 못했다. 왜냐하면 송대에는 목판 인쇄된 책들이 아주 많았고 정교하고 아름다웠으며 후대까지 보존된 것도 상당히 많았기 때문이다. 학자들은 경전을 교감하고 읽을 때 그것만을 이용해도 되었으므로 다시는 송대 이후 석경의 탁본을 참고하지 않았다.

중국은 6세기 말 수나라 때 이미 조판 인쇄술의 맹아가 있었으며, 당대에 이르러서 정교하고 아름다우며 숙련된 단계까지 발전하였다. 그러나 처음에 조각은 불상과 불경을 만드는 데만 쓰였다. 당대에도 비록 간단하게 글자를 새겨 인쇄한 책들이 있었지만 여전히 널리 퍼지지 못하였다. 10세기 오대 시기에 이르러서야 경전이 조판 인쇄되었다.

역대의 정사(正史)도 송대에 이르러서 잇따라 출판되었다. 송 태종(宋太宗) 순화(淳化) 5년인 994년《사기(史記)》, 《전한서(前漢書)》, 《후한서(後漢書)》가 판각되었다. 송 진종(宋眞宗) 함평(咸平) 3년인 1000년《삼국지(三國志)》, 《진서(晉書)》, 《당서(唐書)》가 교정 간행되었다. 송 인종(宋仁宗) 천성(天聖) 2년인 1024년《남사(南史)》, 《북사(北史)》, 《수서(隋書)》가 교정 간행되었다. 송 인종 가우(嘉祐) 6년인 1061년《양서(梁書)》, 《진서(陳書)》가 교정 간행되었으니 모든 역사서가 대략 구비되었다. 이것들은 모두 당시의 황제가 장인들에게 명하여 만들게 한 것으로 바로 후세 사람들이 '관본(官本)'이라고 일컫는 판본이다.

송대에 간행된 책은 관본을 제외한다면 방각본(坊刻本)이 가장 많았다. 섭몽득(葉夢得)은 《석림연어(石林燕語)》에서 "세상에 인쇄된 책은 항주(杭州)의 것이 으뜸이요, 촉본(觸本)이 그다음이며, 복건(福建)의 것이 가장 질이 좋지 않다. 경사(京師)의 것은 매년 인쇄하기 때문에 항주보다 못하지는 않지만 종이가 좋지 않다. 촉과 복건의 것은 대부분 부드러운 나무로 새기기 때문에 쉽게 만들고 빨리 팔 수 있지만 정교할 수가 없다. 복건본이 천하를 거의 덮을 수 있었던 것은 아마도 쉽게 만들어지기 때문이었을 것이다."라고 하였다. 섭몽득의 말은 다음과 같이 정리할 수 있다.

1. 절본(浙本) : 절강(浙江) 지방의 항주는 송대 조판 인쇄술의 중심이었다. 국자감의 교감을 거친 책들 가운데 많은 수가 이곳에서 조판 인쇄되어 '절본'이라고 불렸다. 절본은 글자체가 반듯한 사각형이고, 새긴

기법이 원숙하고 매끄러우니 송나라 판본 가운데 가장 훌륭한 것이다.

2. 촉본(蜀本) : 송대에 사천(四川) 지방에서 판각 인쇄된 책이다. 글자체가 약간 크기 때문에 '촉대자본(蜀大字本)'이라고 불렸다. 소흥(紹興) 연간 미산(眉山)에서 판각한 《송서(宋書)》, 《제서(齊書)》, 《양서(梁書)》, 《위서(魏書)》, 《북제서(北齊書)》, 《주서(周書)》 등의 칠사(七史)가 세상에서 가장 오래된 촉대자본이다. 지금은 모두 《백납본이십사사(百衲本二十四史)》 안에 영인되어 있다.

3. 민본(閩本) : 송대 복건 지방에서 판각한 책 가운데 건양(建陽)과 마사(麻沙)의 것이 가장 많았다. 마사 부근에서는 말랑말랑한 질감의 용수(榕樹)가 많이 자랐다. 고을 사람들이 이것을 가지고 조판 인쇄를 했는데 빠르고 다량으로 해서 오류가 상당하여 송대 판본 가운데 가장 질이 떨어진다. 주희(朱熹)가 〈가화현학장서기(嘉禾縣學藏書記)〉에서 "건양과 마사의 판본은 사방으로 돌아다녀 아무리 멀어도 이르지 않는 곳이 없었다."라고 하였으니 당시 얼마나 널리 보급되었는지 알 수 있다.

송대의 판본은 위에서 열거한 것 이외에도 무주본(婺州本), 임안(臨安)의 서붕본(書棚本 일종의 대형 서점에서 판매했던 판본), 주(州)와 군(郡)의 관부에서 판각한 판본, 개인 공부방의 판본 등이 있었다. 그 숫자가 너무 많기 때문에 여기에서는 모두 열거하지 않겠다. 청말 섭덕휘(葉德輝)가 《서림청화(書林淸話)》 권7에서 "송나라 판본 다음에는 원나라 판본이다. 그런데 원나라 판본은 송나라에서 나왔다. 송나라 때 판각한 좋은 책들은 이미 사라져 버렸지만, 다행히 원나라 판본 가운데 아직 남아 있는 것이 송나라 때 판각한 것보다는 많다."라고 하였다. 확실히 전래된 각본 가운데 송대의 것이 가장 이르다. 하지만 시간이 오래 지나서 오늘날까지 보존된 것은 이미 많지 않다. 부득이하게 그다음의 것을 찾게 되니 자연스레 원대에 간행한 판본이 가장 귀하게 되었다. 그러므로 장서가들이 중시하는 판본은 자주 '송원'이라는 이름으로 불렸다. 예컨대 막우지(莫友芝)의 《송원구본서경안록(宋元舊本書經眼錄)》, 강표(江標)의 《송원본행격표(宋元本行格表)》 등의 종류가 있다.

오대 시기부터 풍도(馮道)가 영판국자감사(令判國子監事)인 전민(田敏)에게 구경(九經)을 교정하여 판각 인쇄하도록 부탁했으며, 당시 통치자들도 그의 건의를 받아들였다. 이때부터 송대 이래로 각 왕조 관부의 판본들 가운데 많은 수가 국자감을 거쳐 일을 처리했으며, 인쇄된 책은 '감본(監本)'이라고 불렸다. 명대에 이르러는 남경과 북경의 국자감에서 모두 경(經)과 사(史)를 판각했으므로 다시 '남감본'과 '북감본으로 구분하였다.

명나라 때 관부에서 판각 인쇄된 책들 가운데 감본 이외에도 '경창본(經廠本)'이라고 불리는 것이 있었다. 경창은 당시 사례감(司禮監)에 속해서 내정(內廷)[118]에서 책을 판각 인쇄하는 일을 전적으로 주관하였으며, 인쇄된 책은 경창본이라고 불렸다. 비록 인쇄된 것 가운데 많은 수가 큰 책에 큰 글자로 되어 있었지만 교감이 정교하지 못해서 대대로 중요하게 여겨지지 않았다.

오히려 개인적으로 인쇄한 책, 예컨대 명말의 급고각본(汲古閣本)이 약간 더 나았다. 급고각은 상숙(常熟) 지방의 장서가 모진(毛晉)의 서재 이름이다. 모진은 만력(萬曆) 연간 말년부터 청나라 순치(順治) 초년에 이르기까지 40여 년 동안 수백 종의 책을 교정하고 판각하였다. 그중 대부분이 《십삼경주소(十三經注疏)》, 《십칠사(十七史)》와 같이 가장 널리 보급된 책들이다.

청나라 시기 관부에서 판각한 판본 가운데 '전본(殿本)'이라고 불리는 것이 있는데, 예전 왕조에서는 없었던 것이다. 강희(康熙) 연간에 무영전(武英殿)에 서적 보관소를 설치하고 판각하기 시작하였는데 아주 정교했다. 건

118 내정(內廷) : 내조(內朝)라고도 한다. 명대(明代)에는 문관들로 구성된 외조(外朝)에 대응되는, 환관들로 구성된 내조라는 조직이 있었다.

륭(乾隆) 4년(1739)에는 조서를 내려《십삼경주소》와《이십일사(二十一史)》를 판각하게 하였다. 무영전에 설치된 서적 보관소에는 대신을 파견하여 그 일을 맡아보게 하였다. 그 뒤에 삼통(三通),[119]《이십사사(二十四史)》,《대청일통지(大淸一統志)》 등의 여러 책을 간행하였는데, 인쇄 상태가 균일하고 훌륭했다.

건륭 38년,《사고전서(四庫全書)》 가운데 훌륭한 판본들을 선택하여 활자로 인쇄하였다. 청 고종(淸高宗)이 '활자'라는 이름이 우아하지 못하다고 해서 '취진판(聚珍版)'으로 고쳐 불렀다. 무영전에서 세로로 인쇄한 책 가운데 여러 종이 훗날《무영전취진본총서(武英殿聚珍本叢書)》라고 불리는 것이다.

청나라 때 관부에서 판각한 책 가운데 '국본(局本)'이라고 불리는 것이 있다. 동치(同治) 연간(1862~1874) 강녕(江寧)에 금릉관서국(金陵官書局)이 설립되기 시작하였다. 오래지 않아 강서(江西), 절강(浙江), 복건(福建), 양광(兩廣 현재의 광동·광서성 일대), 양호(兩湖 현재의 호북·호남성 일대) 등에 연달아 설립되었고, 여기에서 인쇄된 책이 많아졌으며, 아울러 국본이라고 불리게 되었다.

지금 통용되는《이십사사》의 이른바 오국합각본(五局合刻本)은 강녕, 소주(蘇州), 양주(揚州), 항주(杭州), 무창(武昌)의 다섯 서국에서 함께 판각하여 만든 것이다. 그중에서 강녕국은 급고각본을 가지고《사기》,《한서》,《후한서》,《삼국지》,《진서(晉書)》,《남사》,《북사》,《송서》,《제서》,《양서》,《진서(陳書)》,《위서》,《북제서》,《주서》를, 양주국은 급고각본을 가지고《수서》를, 항주국은 강도구영재본(江都懼盈齋本)을 가지고《구당서》를, 급고각본을 가지고《신당서》를, 전본(殿本)을 가지고《송사》를, 소주국은 도광보인전본(道光補印殿本)을 가지고《요사》,《금사》,《원

119 삼통(三通):《통전(通典)》,《통지(通志)》,《문헌통고(文獻通考)》를 가리킨다.

사》를, 무창국은 급고각본을 가지고 《신오대사(新五代史)》를, 전본을 가지고 《구오대사》, 《명사》를 판각하였다.

청대 학자들이 옛 책을 정리한 공적은 매우 크다. 개인이 정교하게 교감하고 주석을 단 후 다시 조판할 책들을 넘겼으므로 과거의 어떤 시기의 것과 비교해도 훌륭하다. 장지동(張之洞)은 《유헌어(輶軒語)》에서 "책을 읽을 때는 좋은 판본을 찾아야 한다."라고 하면서 "처음 공부하는 사람은 책을 구매할 때 서문(序文)과 발문(跋文)이 조정에서 검열하고 판각한 것으로 책 끝에 교감기(校勘記)가 붙어 있는지 살피지만, 줄 간격이 촘촘하고 글자들이 세밀하고 정교하게 새겨진 것이 훌륭한 책이다."라고 언급했는데 이는 결코 과장이 아니다. 청나라 학자들은 세심하게 독서하였고, 많은 옛 책들을 그들이 선택한 옛 판본을 가지고 교감하거나 이미 교감된 기초 위에서 다시 주석을 달면서 공정을 감독하였다. 이러한 각본은 자연히 가장 훌륭한 판본이 되어서 우리가 중시하고 있다.

책을 읽을 때는 좋은 판본을 찾아야 한다. 모든 페이지에 몇 줄이 있고, 모든 줄에 몇 글자가 있는지 모두 확실히 해야 한다. 이러한 작업은 교수(校讎)를 하면서 서로 다른 점이나 거짓과 오류를 바로잡는 일에 큰 도움이 된다. 우리 조상들은 아직 죽간을 사용하여 글을 베끼던 시절에 이미 이 문제에 대해서 주의하고 있었다. 청나라 초기 주이존(朱彝尊)은 《폭서정집(曝書亭集)》 권35, 〈강촌쇄하록서(江村鎖夏錄序)〉에서 다음과 같이 말하였다.

> 옛날에 책을 잘 읽는 자는 그저 그 글의 뜻과 음의 해석에 밝은 것에 그치지 않았으며, 간책(簡策)의 치수도 반드시 신중히 살폈다. 정현(鄭玄)은 "《역》, 《서》, 《시》, 《예》, 《악》, 《춘추》는 모두 2자(尺) 4치(寸)이고, 《효경》은 작아져서 그것의 반이 되었다. 《논어》는 8치로 된 책(策)으로 3분의 1이 되어 또 작아졌다."라고 하였다. 복건(服虔)은 《춘추》를 주석하면서 "고문(古文)인 전서(篆書)라고 불리는 것

은 한 간(簡)에 8자가 있었으며, 《서》라고 하는 것은 한 줄마다 13자(字)가 있었다."라고 하였다. 괄창(括蒼)의 포씨(鮑氏)[120]는 이를 통하여 〈무성(武成)〉을, 제기(諸曁)의 호씨(胡氏)[121]는 〈홍범(洪範)〉을 교정하여 바로잡았다.

확실히 주이존이 말한 대로 옛사람들은 간책을 유통할 때 모든 간(簡)의 글자 수를 확실히 기록하였다. 이는 옛 책을 교정하고 읽는 데 큰 도움이 되었다. 《한서》〈예문지〉의 〈육예략(六藝略)〉에서 《상서(尙書)》를 언급하면서 다음과 같이 말하였다.

유향(劉向)이 중고(中古) 시기의 글로 구양(歐陽), 대하후(大夏侯), 소하후(小夏侯) 세 가(家)의 경전 문구를 교정했는데, 〈주고(酒誥)〉에서는 간(簡) 하나가 없었고, 〈소고(召誥)〉에서는 간 두 개가 빠져 있었다. 간 하나에 25개의 글자가 있다고 치면 25개의 글자가 빠진 것이고, 22개의 글자가 있다고 한다면 22개의 글자가 빠진 것이다. 글자가 다른 것들이 700여 개, 빠진 것들이 수십 개였다.

이를 통해 서한 말년에 유향이 책을 교정할 때 모든 간(簡)의 글자 수를 근거로 탈락되거나 사라진 글자를 고증하였음을 알 수 있다. 간책도 이미 이런데 권질(卷帙)로 된 책들이야 어찌 안 그랬겠는가. 조판 인쇄술이 유행한 이후부터 오늘날까지 1000여 년이 지났다. 보통 판본을 따지는 학자들은 송나라와 원나라 판본의 줄과 규격을 매우 확실하게 기록하였는데 이유가 없는 것이 아니었다.

120 괄창(括蒼)의 포씨(鮑氏) : 송(宋)나라 때 사람 포표(鮑彪)를 가리킨다.
121 제기(諸曁)의 호씨(胡氏) : 미상이다.

책을 베끼고 조판하는 과정에서 약간의 글자들이 잘못 쓰이거나 새겨지는 것은 피할 수 없다. 만약에 오류가 발생한 책을 맞닥뜨린다면 오류가 오류를 낳기 때문에 좋지 않은 결과를 가져오게 될 것이다. 6세기의 학자인 안지추(顔之推)는《안씨가훈(顔氏家訓)》〈면학(勉學)〉에 다음의 두 가지 이야기를 실었다.

강남(江南)에 한 권력자가 있었다. 〈촉도부(蜀都賦)〉의 잘못된 판본에서 "준치(蹲鴟)란 우(芋 토란)이다."라는 주해(註解)의 '우'를 '양(羊)'이라고 한 것을 본 적이 있었다. 어떤 사람이 그 권력자에게 양고기를 보냈는데 그에게서 "준치를 보내 주셔서 감사합니다."라고 하는 답장을 받았다. 보낸 이는 너무나도 황당하고 두렵기까지 했지만 그 문장의 뜻을 이해하지 못했다. 나중에 알아보니 이와 같은 일이 있었음을 알았다.

북위(北魏)[122]가 낙양으로 도읍을 옮겼을 때, 학문에 재능이 있는 대신이 한 명 있었는데 새로《사기음(史記音)》을 얻었다. 하지만 그 내용에 상당한 잘못이 있었다. 예컨대 '전욱(顓頊)'의 음을 반절(反切)로 표시하면 '욱'은 마땅히 '허록반(許綠反)'[123]이 되어야 하는데 '허연반(許緣反)'으로 잘못 기재되었다. 이에 그는 조정의 관원에게 예전에는 '전욱'이라고 발음했는데 마땅히 '전현'이라고 발음해야 한다고 말했다. 이 사람이 예전부터 명성이 높아서 이 말은 아무 이의 없이 믿어졌다.

122 북위(北魏) : 북위 효문제가 낙양으로 도읍으로 옮기고 성을 탁발씨(拓跋氏)에서 원씨(元氏)로 바꾸었다. 이 때문에 종종 원위(元魏)라고도 불린다.

123 허록반(許綠反) : 한국어 발음으로 '욱(頊)'의 '허록반'을 읽으면 허의 ㅎ과 록의 옥을 결합해서 '혹'이라고 발음하지만, 현대 중국어 발음으로는 허를 Xu로, 록을 Lu로 발음하기 때문에 Xu의 X와 Lu의 U를 결합시켜 Xu라고 발음하며, 이는 현대 중국어에서 욱을 Xu라고 발음하는 것과 동일하다.

1년 후 더 훌륭한 유학자와 힘들게 서로 토의하고 연구해서 여기에 있는 잘못을 알아냈다.

《안씨가훈》의 이 기록은 남북조 시기의 사본들에 있었던 오류가 지극히 심각했다는 것을 반영한다. 저 두 사람은 잘못된 판본을 읽고서 준치를 양고기라고 하고 전욱을 전현이라고 읽었으니, 당시의 큰 웃음거리가 되었다. 이를 통해 우리는 책을 읽을 때 훌륭한 판본을 찾는 일이 정말로 필요한 것이라고 생각하게 된다. 훌륭한 판본의 표준은 어떤 것인가? 오류가 적은 것임에는 의심할 여지가 없다. 베끼고 판각하는 횟수를 줄여서 원서의 모습을 비교적 잘 보존할 수 있게 하면 오류가 줄어든다. 송나라와 원나라의 옛 판본이 비싼 이유도 여기에 있다.

하지만 송나라와 원나라의 옛 판본, 특히 송나라의 판본 가운데 지금까지 보존된 것은 그다지 많지 않다. 과거 장서가들은 세상에서 보기 드문 송나라 판본의 옛 책을 보존하고 유통하기 위해 촬영해서 베끼는 방법을 사용하여 원래 책의 모습을 보존하였다. 가장 유명한 것이 명나라 말 모씨(毛氏)의 급고각(汲古閣) 영송초본(影宋鈔本)이다. 청대의 《천록임랑서목(天祿琳瑯書目)》은 특별히 영송초본을 독립시켜 별도로 송나라 판본 뒤 원나라 판본 앞에 두었으니 그것의 가치를 미루어 짐작할 수 있다.

근대 인쇄 기술의 진보는 옛 판본의 훌륭한 판각 가운데 유통하고 전파할 가치가 있는 것들을 모두 영인이라는 방법으로 그 본래 모습을 보존할 수 있도록 만들었다. 그 방법은 다음과 같다. 먼저 원서를 한 쪽씩 촬영하고, 찍힌 것의 유리판을 사용해서 황교지(黃膠紙) 위에 인화한다. 다시 황교지 위에 맺힌 상을 석판에 놓고 보통의 석판 인쇄법으로 인쇄한다. 이러한 방법으로 인쇄된 책을 영인본이라고 한다. 왕년에 상무인서관에서 인쇄되어 나온 《사부총간》과 《백납본이십사사》가 모두 영인본이다. 우리는 오늘날 이러한 영인본을 통해 적지 않은 송나라와 원나라의 책을 볼 수 있게 되었는데 원래 책과도 다르지 않다. 마땅히 인쇄술이 나날이 새로워져서 우리에게 우수한 물질적 조건을 제공해 준 것에 공을 돌려야 할 것이다.

《사부총간》에 수록된 책이 너무 많아서 여기에 그것의 모든 목록을 열거할 수 없다. 지금은 다만 《백납본이십사사》의 판본과 책의 수를 다음과 같이 나누어 적어 둔다.

《사기(史記)》 송경원황선부간본(宋慶元黃善夫刊本) 30책

《한서(漢書)》 송경우간본(宋景祐刊本) 32책

《후한서(後漢書)》 송소흥간본(宋紹興刊本) 원본은 다섯 권 반이 사라져서, 원복송본(元覆宋本)으로 보충하였다. 40책

《삼국지(三國志)》 송소희간본(宋紹熙刊本) 원본은 〈위지(魏志)〉 3권이 사라져서 송소흥간본으로 보충하였다. 20책

《진서(晉書)》 송본(宋本) 원본은 〈재기(載記)〉 30권이 사라져서 다른 송나라 판본으로 보충하였다. 24책

《송서(宋書)》 송촉대자본(宋蜀大字本) 사라진 부분은 원명체수본(元明遞修本)으로 보충하였다. 36책

《남제서(南齊書)》 송촉대자본 14책

《양서(梁書)》 송촉대자본 사라진 부분은 원명체수본으로 보충하였다. 14책

《진서(陳書)》 송촉대자본 8책

《위서(魏書)》 송촉대자본 50책

《북제서(北齊書)》 송촉대자본 사라진 부분은 원명체수본으로 보충하였다. 10책

《주서(周書)》 송촉대자본 사라진 부분은 원명체수본으로 보충하였다. 12책

《수서(隋書)》 원대덕간본(元大德刊本) 20책

《남사(南史)》 원대덕간본 20책

《북사(北史)》 원대덕간본 32책

《구당서(舊唐書)》 송소흥간본 사라진 부분은 명문인전복송본(明聞人銓覆宋

本)으로 보충하였다. 36책

《신당서(新唐書)》 송가우간본(宋嘉祐刊本) 사라진 부분은 다른 송나라 판본으로 보충하였다. 40책

《구오대사(舊五代史)》《영락대전(永樂大典)》에 있는 주본(注本)을 편집함 24책

《오대사기(五代史記)》 송경원간본(宋慶元刊本) 14책

《송사(宋史)》 원지정간본(元至正刊本) 사라진 부분은 명성화간본(明成化刊本)으로 보충하였다. 136책

《요사(遼史)》 원지정간본 16책

《금사(金史)》 원지정간본 사라진 부분은 원복본(元覆本)으로 보충하였다. 32책

《원사(元史)》 명홍무간본(明洪武刊本) 60책

《명사(明史)》 청건륭무영전원간본(淸乾隆武英殿原刊本) 100책

전체 862책이다. '백납본(百衲本)'이란 선택된 각종 판본들의 내용이 끊기고 온전하지 못해서 '백납의(百衲衣)'라고 불리는 승복처럼 여러 가지 것들로 보충하고 꿰어서 만든 판본을 일컫는다. 청나라 송락(宋犖)에게 있었던 《백납본사기(百衲本史記)》는 송나라 판본 두 종류, 원나라 판본 세 종류를 편집하여 만든 책이다. 요새 사람 부증상(傅增湘)이 여러 송나라 판본의 《자치통감(資治通鑑)》을 영인하여 세상에 내놓았는데 이 역시 백납본이라고 한다.

상무인서관이 영인한 옛 판본의 《이십사사(二十四史)》도 사실 그 예를 따랐다. 역대의 '정사(正史)'들을 모아 판각한 판본 가운데 오늘까지 보존된 것은 명나라 급고각(汲古閣)의 《십칠사(十七史)》와 남북감(南北監)의 《이십일사(二十一史)》, 청나라 무영전의 《이십사사》이다. 청말 신회(新會) 지방의 진씨(陳氏)에게 무영전본(武英殿本)이 있었고, 오국합각본(五

局合刻本)도 있었다. 활자판으로는 도서집성국본(圖書集成局本)이, 석인본(石印本)으로는 동문서국본(同文書局本)과 죽간재본(竹簡齋本), 그리고 오주동문국본(五洲同文局本)이 있었다. 훗날 상해(上海) 함분루본(涵芬樓本)이 이와 같다.

하지만 당시 모두 빠진 부분이나 오자가 있었다. 가장 심각한 오탈자는 역사적 사실의 진상과 직접 관련 있는 것이다. 상무인서관이 영인한 《이십사사》는 역사학계에 가장 큰 공헌을 하였다. 그 사업은 지속적으로 기획되고 관리되었는데, 또한 해감(海監) 장원제(張元濟)의 노력이 무척 컸다. 장원제는 혼자서 교감을 맡았고, 한 왕조의 역사가 인쇄될 때마다 그 끝에 발문(跋文)을 달았다. 나중에 최근의 판본과 옛 판본이 뚜렷이 다른 부분 164개를 기록해서 《교사수필(校史隨筆)》 2책을 완성하였으니 학자들이 참고해 볼 만하다.

나는 《백납본이십사사》와 전본(殿本) 《이십사사》를 자세하고 끈기 있게 한번 비교·대조해 본 적이 있는데, 전본의 오류, 군더더기 및 결함이 있거나 사라진 부분 가운데 가장 심각한 것들을 발견하였다. 아래에 열 가지 사례를 들어 보겠다.

1. 중복된 페이지

《신당서》 〈방진표(方鎭表) 8〉의 6쪽이 원래보다 더 많고, 3, 4쪽과 중복되었다.

《송사》 〈효종기(孝宗紀) 3〉의 8쪽 중간과 〈효종기 1〉 10~12쪽의 400자가 중복되었다.

《원사》 〈문종기(文宗紀) 5〉의 9쪽 중간과 〈순제기(順帝紀) 3〉 67쪽의 400자가 중복되었다.

2. 페이지 탈락

《송서》〈소제기(少帝紀)〉의 마지막 한 쪽이 탈락되었다.

《남제서》〈주군지 하(州郡志下)〉의 한 쪽이 탈락되었다. 〈계양시흥이왕전(桂陽始興二王傳)〉의 한 쪽이 탈락되었다.

《송사》〈효종기(孝宗紀) 3〉에서 한 쪽이 탈락되었다. 〈종실세계표(宗室世系表) 27〉에서 한 쪽이 탈락되었다. 〈장식전(張栻傳)〉에서 한 쪽이 탈락되었다.

《금사》〈백관지(百官志) 2〉의 마지막 한 쪽이 탈락되었다.

3. 불완전한 줄

《주서》〈하란상전(賀蘭祥傳)〉의 세 줄 반이 불완전하다.

《남사》〈강천전(江蒨傳)〉의 한 줄이 불완전하다.

《북사》〈유헌지전(劉獻之傳)〉, 〈화사개전(和士開傳)〉, 〈한봉전(韓鳳傳)〉 각각 한 줄이 불완전하다.

《구당서》〈음악지(音樂志) 2〉, 〈이백전(李白傳)〉의 한 줄이 불완전하다.

《신당서》〈재상표 상(宰相表上)〉, 〈재상표 하(宰相表下)〉의 한 줄이 불완전하다.

《송사》〈전황전(田況傳)〉의 18줄이 불완전하다.

《요사》〈백관지(百官志) 2〉의 한 줄이 불완전하다.

《원사》〈제사지(祭祀志) 4〉의 두 줄이 불완전하다. 〈달식첩목이전(達識帖睦爾傳)〉의 한 줄이 불완전하다.

4. 글자의 앞뒤가 잘못 뒤섞인 경우

《송사》〈종실세계표(宗室世系表) 8〉의 39, 40쪽

《원사》〈역지(曆志) 2〉의 14, 15, 16, 17쪽

5. 편장(篇章)의 앞과 뒤가 잘못 뒤섞인 경우

《북제서》 〈원휘업전(元暉業傳)〉의 많은 부분이 〈원필전(元弼傳)〉의 뒤로 잘못 이동하였다.

《신당서》 〈축흠명전(祝欽明傳)〉의 끝에 〈산운부전(山惲附傳)〉이 있는데 찬(贊)의 뒤에 잘못 붙어 있다.

6. 주석이 본문으로 잘못된 경우

《후한서》 〈곽태전(郭太傳)〉의 주석이 본문으로 되어 있다.

《송서》 〈천문지(天文志) 3〉의 주석이 본문으로 되어 있다.

7. 주석이 불완전하거나 탈락한 경우

《사기》 〈집해(集解)〉에서 35조(條)가 탈락되었고, 〈색은(索隱)〉에서 25조가 탈락되었고, 〈정의(正義)〉에서 52조가 탈락되었다.

《구오대사》에서 583조의 주석이 탈락되었다.

8. 교감을 본 사람의 말이 탈락된 경우

《남제서》 교감을 본 사람의 말에서 8조가 탈락되었다.

《진서(陳書)》 교감을 본 사람의 말에서 7조가 탈락되었다.

9. 임의로 원문을 고친 것

《구오대사》 거란(契丹)의 융이(戎夷), 번호(蕃胡), 구적(寇賊), 노적(虜敵), 위참(僞僭), 추수(酋首), 흉추(兇醜), 견양(犬羊), 이류(異類), 전막(氈幕), 편발(編髮), 좌임(左衽), 도거(盜據), 활하(猾夏), 난화(亂華) 등의 글자와 관련 있는 것이 모두 고쳐졌다.

《원사》 〈태정제기(泰定帝紀) 1〉의 즉위 조서(卽位詔書)는 원래 구어체의 번역문으로 되어 있는데 문어체로 고쳐졌다.

10. 임의로 원래 책을 고치고 보충한 것

《송서》〈소제기(少帝紀)〉의 3쪽 다음의 한 쪽이 원래는 비어 있었으나 《남사》로 보충되어 문장의 뜻이 일관되지 않게 되었다.

《송사》〈효종기(孝宗紀) 3〉에서 한 쪽이 중복해서 출현하였다. 이에 다시 숫자를 줄이고 고쳐서 서로 연결되도록 하였다.

위에서 언급한 것은 전본(殿本) 《이십사사》에서 유달리 두드러지는 사례들을 뽑아내어 말한 것일 뿐이다. 부차적이거나 보통의 오류, 군더더기, 결함이 있거나 없어진 현상들까지 일일이 열거할 수 없다. 어쨌든 덕분에 《백납본이십사사》가 오늘날 귀한 까닭을 알 수 있었다. 모든 역사서 가운데 가장 표준적인 판본이라고 일컬어지는 이유가 바로 여기에 있으며, 책을 읽으면서 특히 고대 역사서를 깊이 연구할 때 반드시 판본을 따져야만 하는 이유를 잘 보여 주고 있다.

# 제2편

# 분론 상 : 서적 교감에 대하여

# 제1장 서적 교감의 필요성

## 제1절 교감의 정의와 자료 선택의 범위

옛 책이 세상에 전해진 지 오래되면 자연 많은 오류가 발생하는 것을 피할 수 없다. 특히 조판 인쇄술이 유행하기 이전의 책은 필사본이었기에 더욱 쉽게 오류가 오류를 낳았다. 글자체의 손상과 오류, 어구의 탈락, 불필요한 구절에 이르기까지 없는 것이 없었다. 만약 비교적 좋은 판본과 비교적 이른 판본을 찾아서 대조할 수 없다면 옛 책의 원래 모습을 고증하는 것은 힘들며, 더욱이 그 안의 내용으로 들어가 탐구하지 못할 것이다. 그러므로 책을 교감하는 작업은 독서 과정에서 제일 중요한 일이다.

책을 교감하는 일을 옛날에는 교수(校讎)라고 했지만 오늘날에는 교감(校勘) 혹은 교대(校對)라고 한다. 이 작업은 아주 이른 시기부터 시작되었는데, 한대에 이르러서 학술사의 전문적인 사업이 되었다. 전한 말년 유향(劉向)과 유흠(劉歆) 부자 같은 이들은 이 분야에서 뚜렷한 성과를 낸 전문가들이다. 《태평어람(太平御覽)》 권608에 〈유향별전(劉向別傳)〉을 인용한 다음과 같은 내용이 있다.

> 교수(校讎)라고 하는 것은 한 명이 판본을 들고 확인하고 다른 한 명은 읽어 주는 것이다. 마치 원수가 서로를 상대하는 것처럼 보이므로 수(讎)라고 한다.

이 구절에 따르면 당시 책을 교감할 때 두 사람이 함께 작업했음을 알 수 있다. 한 명은 책을 읽고 한 명은 책을 들고 자세히 대조해서 보았는데, 이는 바로 오늘날 출판사에서 원고를 교정하는 것과 같다. 두 사람이 서로 교정하면서 오자나 잘못된 구절을 만나면 긴장을 늦추지 않고 자세히 교정을 보았으므로 '교수' 혹은 '수교'라는 이름이 붙었다. 이 작업은 전한 말기에 최고 통치자에 의해 팀이 조직되고 부서별로 나뉘어 대규모로 진행되었다. 당시 두 사람이 협동하여 서로 책을 비교 대조하는 것은 쉬운 일이었지만 엄연히 작업 방식의 하나였다. 그리고 개인이 교감할 때는 자신의 두 손과 두 눈에만 의존해서 책 한 권을 저본으로 삼고 다시 다른 책들을 참고해서 일을 진행하였다.

교감 작업의 선결 문제는 많은 부본(副本)을 수집하는 일이다. 특히 비교적 훌륭하고 이른 시기의 판본을 널리 찾고 많이 모아서 교감의 기준으로 삼아야 한다. 기원전 26년 한 성제(漢成帝) 하평(河平) 3년 유향이 조서를 받아 책을 교감할 때 사용한 판본은 모두 가장 널리 보급된 것들이었다. 현재 존재하는 몇 편의 서록, 즉 〈전국책서록(戰國策敍錄)〉, 〈안자서록(晏子敍錄)〉, 〈손경자서록(孫卿子敍錄)〉, 〈관자서록(管子敍錄)〉, 〈한비자서록(韓非子敍錄)〉, 〈열자서록(列子敍錄)〉, 〈등석자서록(鄧析子敍錄)〉 등은 모두 유향의 《별록(別錄)》 안에 있던 글이다. 모든 편마다 책의 교감 과정과 정부와 개인이 소장했던 각종 판본들을 기록하고 있다. 이른바 중서(中書), 외서(外書), 태상서(太常書), 태사서(太史書), 신향서(臣向書), 신모서(臣某書)라고 한 것을 보면 당시 책마다 많은 부본이 있었음을 알 수 있다. 유향이 중서·태상서·태사서라고 한 것은 왕실 소장본이고, 외서·신향서·신모서라고 한 것은 개인 소장본이다. 당시에 왕실과 개인이 소장하고 있던 비교적 좋은 판본들은 대부분 모두 한꺼번에 교감하는 데 쓰이도록 제공되었다.

책을 교감할 때 부본이 많이 수집되었더라도 이른 시대의 것일수록 더욱 믿을 만하였다. 책을 필사하던 시절에는 적게 베낄수록 오류가 당연히 적어지고, 조판 인쇄술의 시대에도 적게 판각할수록 많은 오류를 당연히 피할 수 있다. 책을 교감하는 작업에서 옛 판본을 귀하게 여긴 이유가 바로 여기에 있었다. 유향이 책을 교감할 때도 옛 판본에 근거하여 당시 유행하던 판본들의 탈자와 오류를 교정하였다. 《한서》〈예문지〉에 다음과 같이 말하였다.

> 유향이 중고문(中古文)으로 된 《역경(易經)》으로 시씨(施氏), 맹씨(孟氏), 양구씨(梁丘氏)의 경문을 교감하였는데, 《역경》의 무구(無咎), 회망(悔亡)과 같은 부분이 탈락되었고, 비씨(費氏)의 것만이 고문과 같다고 의심하였다.

안사고(顔師古)의 주석에 따르자면 "중(中)이란 것은 천자(天子)의 책으로 '중'이라고 말한 것은 외부의 것과 구별하기 위함이다."라고 하였으니, 《한서》〈예문지〉에서 말한 '중고문'이란 한나라 최고 통치자의 서고에 소장되어 있던 옛 판본의 서적인 것이다. 그리고 그 위에 먼 옛날의 고문자로 씌어서 당시 사용되던 예서(隸書)의 글자체와 달랐기 때문에 '중고문'이라고 한 것이다. 이 판본으로 당시 유행하던 판본들의 탈자와 오류를 교정하였으니 옛 판본의 영향이 얼마나 큰지 확실히 알 수 있다.

옛날에 학자들이 책을 교감하는 작업에 대해서 말하자면, 대부분 비교적 이른 시기의 좋은 판본들을 교감에 사용하였다. 특히 각본(刻本)이 등장한 이후부터 교감의 대가들은 송나라와 원나라의 옛 판본을 저본으로 삼았는데, 청대 교감가들은 여기에 많은 노력을 기울여 적지 않은 성과를 거두었다. 하지만 오늘날에도 이 정도 수준에만 머물러 있어서는 안 되며, 근거로 삼는 저본도 송나라와 원나라의 옛 판본에만 한정해서는 안 된다. 갑골문(甲骨文)이나 금석문(金石文)에 새겨진 글귀나 위진남북조, 수당 시대의 사본들도 모두 옛 책을 교정하는 데 사용되어야 한다. 그러므로 자료 선택의 범위가 당연히 과거보다 넓어질 수밖에 없다.

예컨대 청말 학자인 손이양(孫詒讓)은 제일 먼저 갑골문을 연구하면서 자주 '역일(易日)'이라는 두 글자를 발견했는데 '역'이라는 글자는 , , ,  등으로 적혀 있었다.[1] 손이양은 '역일은 경일(更日)을 말하는 것'으로, 즉 날짜를 바꾼다는 뜻이라고 생각했으며 "융일(肜日)이라는 옛 해석은 문장과 모순되고 통하기 어려웠다."라고 하였다. 이 고증을 근거로 《상서(尙書)》〈고종융일(高宗肜日)〉의 '융일'이 '역일'의 오류임을 미루어 짐작할 수 있었으며, 이렇게 몇천 년 동안 전해 내려온 판본의 잘못된 글자 하나를 수정했다. 《계문거례(契文擧例)》 상권에 자세한 설명이 있다.

나중에 나진옥(羅振玉)이 다시 《사기(史記)》〈은본기(殷本紀)〉와 복사(卜辭)[2]들을 대조하여 유물과 서적에 기록된 대다수 왕의 호칭들이 서로 같다는 것을 증명하였다. 그리고 유물과 종이책의 기록이 다른 경우 유물의 기록에 근거하여 종이책에 있는 오류를 수정하였다. 옛 책의 기록에서는 탕(湯)의 이름을 '천을(天乙)'이라고 하였지만, 이는 《세본(世本)》《상서》〈탕서(湯誓)〉를 주해한 《경전석문(經典釋文)》에서 인용하였다. 과 《순자(荀子)》〈성상(成相)〉에서 최초로 나타났을 뿐이며, 이는 사마천이 《사기》를 지을 때에도 여전히 수정되지 않았다.

그런데 복사에서는 오직 '대을(大乙)'만 있었지 '천을'은 없었다. 나진옥이 이것을 최초로 고증하면서 "은나라 초기의 여러 왕인 대정(大丁), 대갑(大甲), 대경(大庚), 대무(大戊)의 예를 들 수 있으므로 《은상정복문자고(殷商貞卜文字考)》를 보라. 천을은 대을의 오류임을 의심하지 않아도 된다."라고 하였고, 나중에 또 "'천(天)'과 '대(大)'의 형태가 비슷하여 쉽게 오류가 발생한다. 그래서 '대무'도 복사에서 '천무'라고 되어 있으며, 대정, 대갑의 여러 이

1 역이라는……있었다 : 본문의 갑골문은 상해교육출판사에서 2004년 발간한 《고문자고림(古文字詁林)》 권8 436~438쪽에서 원문과 같은 자형을 복사하여 인용하였다.

2 복사(卜辭) : 갑골문에 적혀 있는 점괘를 가리킨다.

름으로도 예를 들 수 있으니 '대'라고 하는 것이 옳음을 알 수 있다."라고 하였다. 《은허서계고석(殷墟書契考釋)》 상권을 보라. 이 역시 갑골문으로 옛 책을 고증한 한 가지 사례이다.

금석문에 근거하여 옛 책의 오류를 교정하는 것은 아주 이른 시기부터 시작하였다. 위진남북조 시기의 안지추(顔之推)는 장안에서 출토된 진(秦)나라 때의 철제 저울추를 근거로 《사기》 〈진시황본기(秦始皇本紀)〉의 '승상외림(丞相隗林)'이라는 구절이 마땅히 '외상(隗狀)'이 되어야 한다고 하였다. 《안씨가훈(顔氏家訓)》 〈서증(書證)〉을 보라. 그가 고증한 바가 정밀하고 상세하니 쉽사리 다른 것으로 대체될 수 없었다. 송대에 이르면 금석문을 전문적으로 연구하는 학문이 탄생할 정도로 발전한다. 조명성(趙明誠)은 〈금석록서(金石錄序)〉에서 다음과 같이 말하였다.

> 《시(詩)》와 《서(書)》 이후에 임금과 신하의 행적은 모두 역사책에 기록되었다.……세월, 지리, 관작, 왕실의 계보〔世次〕를 금석문으로 고증하는 데 모순된 경우가 보통 열에 서넛은 된다. 대개 역사책과 족보는 후세 사람의 손에서 나온 것이기 때문에 내용이 사라지지 않을 수 없지만, 당시에 세운 비석에 새겨진 글귀는 의심하지 않고 믿어도 된다.

금석문의 역할은 이렇게 강조되었다. 조명성 이전에도 구양수(歐陽脩)가 쓴 《집고록(集古錄)》에서는 금석문에 새겨진 글귀로 역사책을 교정하여 학술계에 새로운 연구 방법을 제시하였다. 또한 청나라 학자들이 이 분야에 들인 노력은 더할 나위 없이 적절하고 훌륭하였다. 요새 사람 오대징(吳大澄)의 〈각재집고록서(愙齋集古錄序)〉에 다음과 같은 내용이 있다.

> 금석문이라고 하는 것은 옛 서적의 시작이다. 옛날에 큰 사건은 정(鼎)과 이(彝)라는 기물(器物)에 새겼다. 그러므로 이기(彝器), 즉 제기

(祭器)의 글들은 삼고(三古)[3]의 책이다. 당나라 이전에는 조판(雕板)이 없었지만 주(周), 진(秦), 전한·후한 시대에는 금석각(金石刻)이 있었다. 그러므로 주, 진, 전한·후한 시대의 금석각은 조판 이전의 서적이다. 서적이 오래될수록 세상에 전해지는 것도 더욱 적어진다. 예전에 친구와 한 말이 있다. 옛 전적은 사씨(史氏)가 관리하고 있어 민간에서는 유통되지 않았다. 공자가 수레를 타고 여러 나라를 돌아다니고 120개 나라의 진귀한 책들을 본 뒤에 《춘추(春秋)》를 지었다. 우리들은 하·은·주 삼대 여러 나라의 옛 이기들을 집을 나와야 볼 수 있는 삼고시대 여러 나라의 진귀한 책일 뿐이라고 여기지 않는다. 3000년 후에 태어났지만 정신은 3000년 이전으로 놀러가서 《시》와 《서》에서 유실된 것을 보충하고, 허신(許愼)과 정현(鄭玄), 그리고 여러 유학자의 잘못을 고칠 수 있으니, 어찌 정말로 즐거운 일이 아니겠는가.

한 걸음 더 나아가 금석에 새겨진 글귀가 곧 먼 옛날의 책이자 교감가들의 가장 훌륭한 근거라고 확신하였으며, 과거 학자들이 금석문을 중요시한 근본 원인을 거의 다 정리하였다. 송나라와 청나라의 학자들이 이 분야에서 취득한 성과에 대해서는 각각 전문 서적이 있어서 충분히 검토해 볼 수 있고, 관련된 정묘한 뜻과 훌륭한 말들은 이루 다 열거할 수 없을 정도로 많다. 여기에서는 잘못된 글이나 글자를 교정하고, 옛 책을 이해하는 데 보편적 지침이 될 사례들을 골라서 이야기하겠다.

우리는 글에서 '호천부조(昊天不弔)'라는 말을 종종 볼 때가 있는데 그 뜻

3 삼고(三古) : 《한서》 〈예문지〉에 안사고(顔師古)가 주석을 달면서 맹강(孟康)을 인용하여 "복희(伏羲)가 상고(上古) 시대, 주 문왕(周文王)이 중고(中古) 시대, 공자가 하고(下古) 시대에 해당한다."라고 하였다. 《예기》 〈예운(禮運)〉의 공영달(孔穎達)이 덧붙인 소(疏)에서는 "복희가 상고 시대, 신농(神農)이 중고 시대, 오제(五帝)가 하고 시대에 해당한다."라고 하였다.

은 시운(時運)이 좋지 않다는 것을 가리킨다. 이 성어는 《상서》와 《시경》에 최초로 나온다. 《상서》 〈대고(大誥)〉·〈군석(君奭)〉의 '부조천(弗弔天)', 〈다사(多士)〉의 '부조호천(弗弔昊天)', 《시》 〈소아(小雅)〉의 '부조호천(不弔昊天)'이 모두 이것이다. 주석가들은 '부조(不弔)'를 '불선(不善)'이라고 해석하는데 도대체 왜 '조(弔)'가 '좋다'라는 뜻을 가지고 있을까? 청나라 말기 오대징의 금문(金文) 연구에 이르러서야 비로소 '부조'가 '불숙(不淑)'임이 고증되었다.[4] 고문에서 '숙(淑)'은 이라고 하며 '수(水)'가 부수로 붙지 않는다. 그런데 '조(弔)'는 로 쓰니 형태가 비슷해서 오류가 생겼던 것이다. 따라서 금문에 의해서 비로소 이 구절의 뜻이 정확히 이해될 수 있었다. 자세한 설명은 오대징이 지은 《자설(字說)》을 보라.

또한 '문(文)'의 고문자는 혹은 이라고 쓰는데 '녕(寧)'이라는 글자의 형태와 너무나도 비슷하다. 따라서 옛 책 가운데 원문은 '문'이지만 모두 '녕'이라고 잘못 쓴 경우가 많다. 《상서》 〈대고〉의 전영인(前寧人), 영고(寧考), 영왕(寧王), 영무(寧武)는 모두 문인, 문고, 문왕, 문무의 오기이며, 이 역시 오대징이 금문을 근거로 수정하였다. 이에 대해서 오대징의 《자설(字說)》에 전문적인 해설이 있는데, 나중에 손이양이 《명원(名原)》을 지을 때 서언(序言)에서 그의 해석을 더욱더 발전시켜서 하나의 정설로 만들었다.

위에서 언급한 가장 쉽고 확실한 사례를 가져다 본다면, 갑골문과 금석문이 정말로 옛 책을 교정하는 중요한 근거임을 알 수 있다. 앞에서 열거한 것은 관련된 글자 필획의 일부 사례일 뿐이며, 고대의 인명, 관명, 지명, 그리고 기타 역사적 사실에 이르기까지 이것을 가지고 교정할 수 있는 책의 오류들은 셀 수 없을 정도이니 여기에서 자세히 설명할 수는 없다.

조판 인쇄 이전의 필사본 고서들은 교감 작업에 더욱 유용하게 쓰인다. 예

4 청나라……고증되었다 : 오대징에 따르면 숙(淑)에는 선(善)의 뜻이 있다고 하였다.

컨대《한서》〈식화지(食貨志)〉는 한나라 이전과 한대의 사회 경제 상황을 총정리한 글이다. 하지만 일본에서 영인한 〈식화지〉의 당나라 필사본은 오늘날 통용되는 판본과 문자 면에서 어느 정도 차이가 있다.

청나라 말기 여서창(黎庶昌)은 그것을 구해《고일총서(古逸叢書)》에 판각해 넣었고, 왕선겸(王先謙)은 이를 근거로 현재의《한서》판본을 교정하고 그 내용을《한서보주(漢書補注)》안에 실어서 학자들에게 큰 도움을 주었다. 그리고 왕년에 돈황(敦煌)의 석실에서 발견된 위진남북조와 수당 시대의 필사본에는 많은 경전과 귀중한 사료들이 포함되어 옛 책을 교감하는 소중한 자료로 쓰인다.

요즘 사람인 나진옥은 이 분야에서 수집과 교감, 전파에 힘을 다하고 있는데, 약간의 구하기 어려운 필사본을 촬영하여 영인하고,《명사석실고일서(鳴沙石室古佚書)》,《명사석실일서속편(鳴沙石室佚書續編)》,《명사석실고적총잔(鳴沙石室古籍叢殘)》에 편집해 넣어서 학자들로 하여금 그것을 이용해 고서를 교감하고 읽을 수 있도록 만들었다. 나진옥의《설당교간군서서록(雪堂校刊群書敍錄)》하권을 참고하면 돈황의 옛 필사본 내용 약간을 볼 수 있다.

요컨대 갑골문과 금석문, 위진남북조·수당 시대의 필사본은 모두 옛 책을 교감하기에 충분하다. 그러나 그 자료들은 낱낱이 흩어진 파편에 불과하므로 박식하고 식견이 뛰어난 학자들이 아니라면 그 속에서 문제를 발견하고 비교·대조해서 문제가 생겨난 까닭을 밝히기란 어려울 것이다. 또한 이러한 종류의 자료들은 자주 발견되거나 많은 사람이 가지고 있는 것도 아니거니와 학식이 천박하고 얕은 사람들이 쉽게 다룰 수 있는 것도 아니다.

그러므로 이러한 종류의 자료를 이용해 책을 교감하는 작업은 소수의 전문가만이 하는 일이며 보통의 처음 공부하는 사람들이 할 수 있는 것이 아니다. 처음 공부하는 사람들이 책을 교정하는 일을 하고자 한다면, 일단 송나라와 원나라의 옛 판본을 근거로 삼고, 오랫동안 감각을 통해 인식하고 반복하여 단련해서 이 분야의 지식과 기술을 끊임없이 축적하고 향상해야 비교적 깊은 경지에 다다를 수 있을 것이다.

다행히도 옛사람들이 쉽게 구할 수 없었던 옛날의 좋은 각본들을 오늘날에는 누구나 볼 수 있다. 일부분은 이미 영인되어 세상에 나왔고, 아직 영인되지 않은 것들은 큰 도서관에 보관되어 있다. 옛사람들과 비교한다면 조금만 노력해도 큰 성과를 거두는 것은 당연하다.

## 제2절 본문의 탈자·연자

옛 책은 오랫동안 베끼고 새기는 과정 속에서 무의식중에 글자 하나가 빠지기도 하고 더해지기도 하는데, 글자 하나가 달라지면 내용의 실상에 직접 영향을 끼친다. 이는 역사를 연구하는 사람에게는 큰 문제이다. 먼저 역사책 가운데 한나라 초기 《고문상서(古文尚書)》가 가옥의 벽에서 처음 발견되었다는 한 구절의 기록을 가지고 옛 책에서 잘못하여 빠트린 글자 하나의 영향이 어다어마하게 크다는 것을 설명하겠다. 《한서》 〈예문지 육예략(六藝略)〉에 다음과 같이 말하였다.

> 《고문상서》는 공자가 살던 집의 벽 안에서 나왔다. 한 무제 말기, 노 공왕(魯共王)이 공자의 저택을 허물어 그의 궁궐을 넓히려고 하였다. 그곳에서 《고문상서》, 《예기》, 《논어》, 《효경》 수십 편을 얻었는데, 모두 고문(古文)이었다. 노 공왕이 그 저택에 들어가자 북, 거문고, 비파, 종, 경(磬) 소리가 들렸다. 공왕은 무서워서 끝내 허물지 못했다. 공자의 후예인 공안국(孔安國)이 그 책들을 모두 가져다가 29편을 고찰하고 16편을 더 얻었다.[5] 하지만 무고(巫蠱)의 사건이 일어나는 바람에 그것들은 학관(學官)에 들어가지 못했다.

반고는 이 내용을 아마도 유흠(劉歆)이 지은 《칠략(七略)》 〈집략(輯略)〉의 원문에서 인용하였을 것이다. 《칠략》은 이미 오래전에 사라졌지만 우

5 공안국(孔安國)이……얻었다 : 29편이란 전한 초 복생(伏生)이 전했다는 《금문상서(今文尙書)》 29편을 일컫는다.

리는 다른 자료를 통해 이 문제를 충분히 증명할 수 있다. 《한서》 권36 〈유흠전(劉歆傳)〉〈초원왕전(楚元王傳)〉에 붙어 있다. 에는 유흠이 태상박사(太常博士)들을 책망하는 한 통의 편지가 실려 있는데, 이 편지에서 《고문상서》가 최초로 발견되었을 때의 정황을 이야기하고 있다.

> 노 공왕이 공자의 저택을 허물어서 궁궐을 세우려고 하였는데 허물어진 벽에서 고문이 나왔다. 《일례(逸禮)》가 39편, 《서(書)》가 16편 있었다. 한 무제 천한(天漢) 연간 후에 공안국이 그것을 바쳤으나 무고(巫蠱)의 아주 급박한 사건들이 벌어져서 미처 널리 알려지지 못하였다.

유흠의 이 편지는 나중에 양(梁)나라 소통(蕭統)에 의해 《문선(文選)》에 수록되었는데, 〈이서양태상박사(移書讓太常博士)〉라는 제목이 붙은 매우 사료적 가치가 있는 학술 논문이다. 여기에서는 단지 몇 구절만 인용했지만 그 내용은 《한서》〈예문지〉와 일치한다. 오늘날 《고문상서》가 처음으로 가옥의 벽에서 나왔던 상황을 연구하는 데 있어서 이 두 문단은 비교적 시원이 되는 기록이다.

그러나 글을 자세히 검토해 보면 여기에 상당히 의심스러운 부분이 있음을 어렵지 않게 발견할 수 있다. 공안국은 공자의 후예이기 때문에 그에 관한 기록이 《사기》〈공자세가(孔子世家)〉의 끝에 덧붙어 있다.

> 공안국은 지금 황제의 박사로 임회 태수(臨淮太守)로 부임하였지만 일찍 죽었다.

이것은 당연히 사마천의 기록이기 때문에 한 무제를 '지금의 황제'라고 일컬었다. 그런데 사마천이 《사기》를 저술할 때 공안국은 이미 죽었다고 하였는데 또 무슨 이유로 무고의 난을 겪었다고 했을까? 이것은 연구할 가치가 있는 논란거리이다. 청나라 초기 학자인 염약거(閻若璩)가 저술한 《상서고문소증(尙書古文疏證)》 권2에서는 우선 다음과 같이 말하고 있다.

> 나는 일찍이 공안국이 책을 바쳤을 때 무고의 난을 겪었다고 한 것을 의심한 적이 있다. 계산해 보면 그의 나이가 많음이 틀림없는데, 이는 사마천이 그가 일찍 죽었다고 한 것과는 맞지 않는다. 《사기》에서 일찍 죽었다고 한 것을 믿는다면 《한서》에서 책을 바쳤다고 한 사람은 공안국이 아님이 틀림없을 것이다. 만약에 《한서》에서 책을 바쳤다고 한 것을 믿는다면 《사기》에서의 공안국은 일찍 죽지 않았어야 한다. 그러나 사마천은 직접 공안국과 어울렸던 사람이기 때문에 그의 생몰을 기록하면서 잘못을 저지르지 않았을 것이 틀림없다. 한번 추측해 보자면, 공안국은 죽은 지 이미 오래되었으므로 아마도 그가 직접 바친 것이 아니라 그 가문의 자손이 바쳤던 것 같은데, 명확한 증거는 없다. 몇 년이 지난 후에 순열(荀悅)이 《한기(漢紀)》 〈성제기(成帝紀)〉에서 "노 공왕이 공자의 저택을 허물 때 《고문상서》를 얻었는데 16편이 더 많았다. 무제 때 공안국의 가문에서 그것을 바쳤는데 무고 사건을 만나서 학관에 들어가지 못했다."라고 말한 것을 읽었다. 공안국의 이름 아래에 '가(家)'라는 한 글자를 추가하면 《한서》에서 누락된 바를 보충하기 충분할 것이다.

그리고 주이존(朱彝尊)의 《폭서정집(曝書亭集)》 권58 〈상서고문변(尙書古文辨)〉에서도 다음과 같이 말하였다.

> 《사기》 〈공자세가〉에서 "공안국은 지금 황제의 박사로 임회 태수로 부임하였지만 일찍 죽었다."라고 하였다. 〈태사공자서(太史公自序)〉에서 "나는 황제(黃帝)부터 태초(太初) 연간까지의 일을 기술하였다."라고 하였고, 또 "요 임금 때부터 한 무제가 옹(雍) 땅에서 기린을 잡은

일까지 모두 서술하였다."라고 하였다. 공안국의 죽음은 본디 태초 연간 이전의 일이다. 그런데 무고 사건이 일어났다면 정화(征和) 2년이므로 공안국의 죽음은 이미 오래전 일이다. 《한기》에서는 "효성제(孝成帝) 3년, 유향은 경전을 교감하고 모은 자료들의 차이점을 고증하였다."라고 하면서 《고문상서》에 대해 "무제 때 공안국 가문이 그것을 바쳤다."라고 하였으니, 공안국이 죽은 뒤 그의 가문에서 바쳤음을 알 수 있다. 《한서》와 《문선》의 경우 각본이 전해 내려오면서 우연히 '가(家)'라는 글자가 빠졌을 뿐이다.

주이존과 염약거는 같은 시대에 태어났으며, 이에 대한 견해도 같았다. 모두 순열의 《한기》를 근거로 현재 《한서》 판본에서 '가(家)'라는 글자 하나가 오래전에 탈락되었기 때문에 이를 보충한 뒤에야 뜻이 통한다고 하였다. 이는 그야말로 천금 같은 글자이다. 나중에 왕명성(王鳴盛)의 《상서후안(尙書後案)》, 심흠한(沈欽韓)의 《한서소증(漢書疏證)》에서 모두 이에 대해 더 자세히 설명하였다. 이는 옛날의 역사책을 전사(傳寫)하는 과정에서 단지 글자 하나가 우연히 탈락된 것일 뿐이라고 하더라도, 그것 때문에 생긴 부작용이 심각하다는 것을 충분히 보여 준다. 그래서 자세히 교감해야 비로소 그것의 본래 모습을 회복시킬 수 있는 것이다.

다른 한편으로, 어떤 책들은 전사하는 과정에서 우연히 한 글자를 잘못 더하기도 하는데 이를 가리켜 '연문(衍文)'이라고 한다. 연문이 발생하면 뜻이 완전히 달라질 뿐만 아니라 어떤 것들은 내용의 진상(眞相)에 직접 영향을 끼친다. 이제 또 역사책에서 후한 시대의 위대한 경학자인 정현의 생애에 관한 약간의 기록을 가지고 옛 책에서 잘못 추가된 글자 하나가 너무나 큰 문제가 될 수도 있다는 것을 보여 주도록 하겠다. 《후한서》 권65 〈정현전(鄭玄傳)〉에 〈계자서(戒子書)〉라는 그의 글이 있다. 그 글에서 다음과 같이 말하였다.

우리 집은 원래 가난했고 부모 형제들도 나를 거두어 주지 않았다. 머슴살이를 그만둔 뒤 주(周)나라와 진(秦)나라의 도성에서 노닐면서 배우고 유주(幽州 하북성 북쪽과 발해만 유역), 병주(幷州 산서성 일대), 연주(兗州 산동성 서부와 하남성 동부), 예주(豫州 하남성 동부와 안휘성 북부) 지역을 왕래하였다. 관직에 있는 학문에 통달한 사람과 은거한 대유(大儒)를 옆에서 모실 수 있었다. 뜻을 가진 자라면 모두 좇아다니면서 경의를 표하고 가르침을 받았다.

이는 정현이 늘그막에 병이 매우 심할 때 아들 정익은(鄭益恩)에게 쓴 편지의 첫 구절이다. 그는 어렸을 적에 가난했지만 머슴살이를 그만두고 서북, 하북, 중원(中原) 일대를 떠돌아다니며 공부하였다. 그리고 당시 학식 있는 사람들과 두루 교제하면서 여러 가지 도움을 받아 많은 것을 얻었다.

정현은 학문이 정밀하고 심오할 뿐만 아니라 그의 덕행도 당시 사람들에게 높은 평가를 받았다. 원굉(袁宏)은 《후한기(後漢紀)》 권29에서 "정현은 너무나 다급하고 매우 난처한 지경에서도 예의가 아니면 움직이지 않았다."라고 하였으니 그는 봉건시대의 예절을 많이 따지던 사람이었다.

원굉이 비록 진(晉)나라 사람이지만 그가 기록한 말은 분명히 근거도 있고 과장되지도 않았으니 비교적 믿을 만하다. 그래서 오늘날의 《후한서》 판본에 기록된 정현의 〈계자서〉 중 "부모 형제들이 거두어 주지 않았다."라는 말이 문제가 되는 것이다. 한 사람이 무탈하게 집에 있다가 직계 친속들이 거두어 주지 않아서 머나먼 타향으로 쫓겨 갔다는 것이 당시 얼마나 부끄러운 일이었겠는가. 역사책에 전하는 칭송받는 정현과는 서로 맞지 않는 것처럼 보인다. 이것은 분명히 어딘가 오류가 있음이 틀림없으며 학자들의 의심을 야기했다.

그러나 그들은 〈정현전〉의 오류를 수정할 방증(旁證)을 찾지 못해서 고생했다. 그러다가 1795년 청 건륭(乾隆) 60년 완원(阮元)이 산동학정(山東學

政)으로 재임할 때 직접 정현의 고향으로 가서 그의 사당에 배알하고 사우(祠宇)를 중건하였는데 쌓인 모래 더미에서 당나라 만세통천(萬歲通天) 연간에 사승절(史承節)이 쓴 비문(碑文)을 금나라 승안(承安) 5년에 다시 새긴 것을 발견하였다. 완원은 이 비문을 가지고 《후한서》 〈정현전〉을 교감했는데 글자에 차이가 있음을 발견하였다. 즉 "부모 형제들이 거두어 주지 않았다."라는 구절에 대해서 비문에는 '않았다〔不〕'라는 글자가 없었기에 충분히 문제를 설명하고 해결할 수 있게 되었다. 완원은 《소창랑필담(小滄浪筆談)》 권4에서 이 중대한 발견의 경과를 다음과 같이 서술하였다.

> 한나라 고밀(高密) 사람 정현의 사묘(祠墓)는 유수(濰水) 유역의 여부산(礪阜山) 아래에 있었다. 제사를 점점 지내지 않아 나무하러 온 이들이 들어오는 것을 막을 수 없게 되었다. 유수의 강물도 바람을 타고 안으로 들어와 담장까지 잠기니 사우가 퇴락하여 무너졌다. 이에 내가 관리와 사졸들을 이끌고 그것을 수리하였다. 사묘의 남문 밖에 모래가 엄청나게 쌓였기에 문을 동향으로 바꾸었다. 소나무, 버드나무, 살구나무,[6] 밤나무를 서남쪽에 심어서 바람을 막았다.……이 일은 모래를 파는 공사로 반은 토목 작업이다. 한나라 사람 조상(趙商)의 비문은 목록에는 있으나 오늘날 구해 볼 수 없다. 그런데 당나라 만세통천 연간에 사승절이 지은 비문을 금나라 승안 연간에 다시 새긴 것을 얻어서 탁본을 뜬 후 읽어 보았다. 사승절의 글은 여러 역사서를 계승하고 모은 것으로 범엽(范曄)의 《후한서》만 있는 것이 아니었다. 이를 통해 범엽의 책을 보충하고 수정하여 옛 현인의 마음과 행적을 밝힐 수 있었으니 결코 하찮은 것이 아니었다.……〈정현전〉에는 "부모 형제가 거두어 주지 않았다."라고 했지만 비석에는 '않았다'라는 글자가 없다.……부모와 동

6 살구나무 : 원문은 '行'인데, '杏'의 오자로 보고 고쳐 번역하였다.

생들이 거두어 주었다는 말은, 학문을 하는 것이 아전으로서 살림에 보탬이 될 수 없었음에도 부모와 동생들이 이해해 주었다는 것을 의미한다. 그래서 처음부터 머슴살이를 그만두고 주나라와 진나라의 여러 곳을 여행하며 공부할 수 있었던 것이다. 그러므로 〈정현전〉에 "어렸을 적에 향리의 색부(嗇夫)였는데 휴가를 얻어 집에 돌아가면 늘 학관(學官)에 들렀다. 하지만 아전이 되는 것은 내키지 않았기에 아버지가 수차례 화를 냈다."라고 하였다. 그런데 아버지는 단지 화를 냈을 뿐이다. 그리고 '거두어 주었다'는 것이야말로 정현이 한 말이다. 하지만 범엽은 정현의 아버지가 화를 냈다는 이유로 제멋대로 '않았다'라는 글자를 추가했으니 이는 정현의 본뜻과 상반된다.

이 글은 또한 《연경실이집(揅經室二集)》 권7에 〈금승안중각당만세통천사승절찬후한대사농정공비발(金承安重刻唐萬歲通天史承節撰後漢大司農鄭公碑跋)〉이라는 제목으로 실려 있다. 아마도 《연경실이집》을 편집할 때 《소창랑필담》에서 가져왔을 것이다. 《산좌금석지(山左金石志)》를 보라. 완원은 증거를 하나만 찾아서 《후한서》 〈정현전〉을 수정했지만 그 해석은 명확했다. 나중에 그의 제자인 진전(陳鱣)이 황비열(黃丕烈)이 살던 곳에서 원나라 때 간행된 《후한서》를 얻으면서 이 문제에 대한 완원의 학설을 충분히 보강할 수 있는 또 하나의 증거를 찾아냈다. 진전은 《간장철문(簡莊綴文)》 권3, 원나라 판본 〈후한서발(後漢書跋)〉에서 다음과 같이 말하였다.

올해 정월 나는 무림(武林)이라는 곳에서 원나라 판본 《한서》를 얻은 뒤 그것을 가지고 중오(中吳)에 있는 별장으로 왔다. 내 친구인 황군(黃君)이 밭에서 잡초를 캐고 있었는데 지나가다 만났다. 그는 "우리 집에 원나라 판본 《후한서》가 있는데 선물해야겠네."라고 했다. 며칠 후 비를 맞으면서 책을 가져왔다. 신나서 읽어 보니 종이와 먹이 훌륭하고 완벽하여 《전한서》보다 실제로도 훨씬 좋았다.……오늘날 판본의 〈정현전〉에는 "우리 집은 원래 가난했고 부모 형제들도 나를 거두어 주지 않았다."라고 했는데, 이 판본에는 '않았다'라는 글자가 없으니 당나라 사승절이 지은 정현의 비문과 완전히 일치한다.

내 스승이신 완원은 《산좌금석고(山左金石考)》에서 다음과 같이 말하였다. "부모와 동생들이 거두어 주었다고 한다면 가족을 위해 자신의 성취를 덮어 버리는 것과 같다. 그는 이처럼 가족의 잘못을 드러내지 않으려고 했다. 그런데 나중에 책을 교감한 자들은 정현이 기꺼이 아전이 되려고 하지 않아서 아버지가 그에게 수차례 화를 냈다는 것이 이 책에서 부모와 동생들이 거두어 주었다는 기록과 서로 맞지 않는다고 의심했기 때문에 제멋대로 '않았다'라는 글자를 추가했으며, 오류가 지금까지 계속되었다. 그렇기 때문에 비문이 현재 전해지는 《후한서》보다 훨씬 낫다."

내가 이제 원나라 판본 《후한서》를 보게 되었는데 '않았다'라는 글자가 없었으니 정말 귀중한 것이라고 할 수 있겠다.

이는 옛 판본이 귀중한 까닭을 더욱 잘 설명하고 있다. 나중에 전태길(錢泰吉)은 《폭서잡기(曝書雜記)》 상권에서 진전이 쓴 이 발문을 가지고 다음과 같이 말하였다.

정현의 마음과 행동은 비천한 사람들에게 모함받은 지 오래되었으나 이제 결백이 입증되었다. 원나라 때 판본이 증거가 될 수 있으니, 또한 범엽의 역사서가 함부로 더할 수 있는 것도 아니다. 책을 교감하는 일이 선유인 정현을 위해 공을 세웠도다!

위에서 거론한 두 가지 사례를 가지고 보면 누가 옛 책에서 글자 하나가 있고 없는 것이 중요하지 않다고 하겠는가. 책을 교감하는 일을 하는 우리들이 이와 비슷한 문제와 맞닥뜨린다면 반드시 널리 다른 판본들을 모아서 꼼꼼히 교감해야지 가벼이 넘겨서는 안 될 것이다.

## 제3절 자획의 증감

옛 책에서 글자가 하나 많아지고 적어지는 것은 아주 큰 문제이다. 확실한 증거를 가지고 꼼꼼히 교정해야 비로소 옛 모습을 회복할 수 있다는 것은 앞에서 이미 설명하였다. 그런데 책에 있는 각 글자의 필획도 옮겨 쓰는 과정에서 실수로 획 하나가 늘어나거나 줄어들며, 이것이 야기하는 문제도 아주 심각하다. 심지어 고대 제도에 대한 인식과 설명에 영향을 주어 가끔 그 진상마저도 잃어버리게 만든다. 역사를 연구하는 사람에게 이것은 정말로 주의할 가치가 있는 문제이다. 이제 옛 책에 기재된 피휘(避諱)와 학제(學制)에 관한 두 사례를 가지고 이야기해 보자.

중국의 봉건사회에서는 이른바 '피휘'라는 것이 있었다. 바로 최고 통치자와 한 집안의 부모와 조상들, 그리고 평소에 가장 존경하는 현인 군자의 이름을 말하거나 쓸 일이 있을 때마다 피하고 말하지 않는 것으로, 이는 감히 그 이름을 직접 부르지 못한다는 것을 의미한다. "존귀한 이를 위하여 피하고, 가족을 위하여 피하고, 현명한 이를 위하여 피한다."라는 것은 중국 봉건사회에서 2000년 동안 아주 열심히 시행되었다. 옛사람은 많이들 한 글자로 이름을 지어서 공구(孔丘), 맹가(孟軻) 같은 사례 피휘하기가 비교적 쉬웠다. 그렇다면 만약에 두 글자로 이름을 짓는다면 도대체 어떤 글자를 피해야 할까? 두 글자 모두 피해야 할까? 이는 연구할 만한 주제이다. 옛사람들은 이미 이 문제에 대하여 일종의 공식과 같은 수칙을 정해 두었다. 《예기(禮記)》 〈곡례 상(曲禮上)〉에 다음과 같은 구절이 있다.

> 두 글자로 된 이름에서 하나만 피하지는 않는다.〔二名不偏諱〕
>
> 정현(鄭玄)은 "'편(偏)'이란 두 글자로 된 이름을 일일이 피하지 않

는 것을 말한다. 공자 어머니의 이름은 징재(徵在)였다. '재'를 말할 때는 '징'을 말하지 않고 '징'을 말할 때는 '재'를 말하지 않았다."라고 주석을 달았다. 공영달(孔穎達)의 《예기정의(禮記正義)》에서는 "'편(偏)하지 않게 피한다.〔不偏諱〕'라는 말은 두 글자로 된 이름을 일일이 피하지 않는 것을 말한다. 공자가 '징'이라고 말할 때는 '재'를 말하지 않았고 '재'를 말하면 '징'을 말하지 않았다. 《논어(論語)》에서 '내가 그것을 증명하기〔徵〕 충분하다.'라고 하였으니 '징'을 말하기도 하였고, 또 '누가 그곳에 있었다〔在〕.'라고 하였으니 '재'를 말하기도 하였다."라고 하였다.

한나라 정현과 당나라 공영달의 주석인 주(注)와 소(疏)를 가지고 보면 현재 전해진 판본《예기》〈곡례(曲禮)〉의 "두 글자로 된 이름을 하나만 피하지는 않는다.〔二名不偏諱〕"라는 말과는 약간 차이점이 있는 듯하다. 분명히 여기에 글자 하나가 잘못 씌었을 것이라고 추측된다. 송나라 때 모거정(毛居正)의 《육경정오(六經正誤)》에서부터 '편(偏)' 자가 '편(徧)' 자의 오류임에 틀림없다고 의심하기 시작하였다. 이 의견은 확실히 훌륭한 식견이다. 그러나 《당석경(唐石經)》을 보면 '편휘(偏諱)'라고 되어 있지 '편휘(徧諱)'라고는 되어 있지 않다. 따라서 만약에 오늘날 전해진 판본《예기》의 글자 하나에 오류가 있다고 한다면, 이 오류는 이주 오래전부터 존재해 왔던 것이 된다.

청나라 학자들, 예컨대 노문초(盧文弨)의《종산찰기(鍾山札記)》, 고광기(顧廣圻)의 《예기고이(禮記考異)》에서는 모거정의 의견을 반박하면서 '편(偏)' 자가 뜻이 통하고 '편(徧)' 자가 통하지 않는다고 하면서, 오늘날 주로 유통되고 있는 판본이 원래의 모습을 보존하고 있다고 여전히 주장하였다. 그러나 단옥재(段玉裁)는 모거정의 의견에 찬성하며 이에 관한 전문적인 논문을 써서 보충 설명을 하였는데《경운루집(經韻樓集)》 권12 〈이명불편휘설(二名不偏諱說)〉에서 다음과 같이 말하였다.

여러 판본이 편(徧)을 편(偏)이라고 했는데, 지금 살펴보니 편(徧)이 맞다.……하나하나 모두 검토하는 것을 편(徧)이라고 한다. 오늘날 책을 한 글자 한 글자 외워서 빠뜨리지 않는 것을 일편(一徧)이라고 하는데 바로 그 뜻이다. 그러므로 두 글자를 순서대로 나열하는 것을 편(徧)이라고 한다. 그렇다면 어째서 '이명불개휘(二名不皆諱)'라고 하지 않고 반드시 '불편휘(不徧諱)'라고 해야 하는가? 개(皆)라는 것은 두 글자를 한꺼번에 고려하는 것을 가리키지만, 편(徧)은 두 글자를 따로 각각 고려하는 것을 의미한다. 즉 '개(皆)'라고 하면 뜻이 명확하지 않기 때문에 '편(徧)'이라고 해야 한다.[7]……이 경전에서는 '불편휘(不徧諱)'라고 했는데 당나라 석경(石經)에서부터 '편휘(偏諱)'라고 되어 있으니 글자의 오류가 심각하다고 할 수 있다. 편휘(偏諱)라는 것은 두 이름 가운데 하나만 피하는 것을 가리키므로 불편휘(不偏諱)는 두 이름을 모두 피하는 것을 의미하기 때문에 경전과 맞지 않게 된다. 오늘날 사람들이 다행히 "'징(徵)'을 말하면 '재(在)'를 말하지 않고 '재'를 말하면 '징'을 말하지 않는다."라는 구절을 확보했다. 이것이 없었더라면 피휘의 예절은 사라져서 전해지지 않았을 것이다. 송나라 모거정의 《육경정오》가 모두 옳은 것은 아니지만 이에 대한 내용은 옳다.

단옥재의 고증이 상세하고 명쾌하기 때문에 여기서 모두 인용하지 않아도 될 것 같다. 《예기》 원본에서는 본디 '불편휘(不徧諱)'라고 되어 있었는데, 책을 베끼는 사람이 부주의하게 편(徧) 자의 획 하나를 생략해서 편(偏)으

7 개(皆)라고……한다 : '이명불개휘(二名不皆諱)'와 '이명불편휘(二名不徧諱)'는 둘 다 "두 글자로 된 이름은 모두 피하지 않는다."라고 해석된다. 그런데 전자는 이름 두 글자를 '한꺼번에' 피하지 않아도 된다는 의미를 내포한다. 이를 따르면 공자는 '징'과 '재'라는 두 글자를 한 구절에 동시에 사용할 수 있게 된다. 반면 후자는 '둘 다' 피하지 않아도 된다는 뜻이 되어, 하나만 피하면 된다는 결론이 된다.

로 만들어 뜻이 완전히 달라져 버렸다.

다른 한편으로는 옛사람들이 책을 베낄 때 가끔 부주의하게 글자의 필획을 잘못 추가하여 원래의 뜻을 크게 왜곡하기도 한다. 예컨대《예기》〈왕제(王制)〉에 다음과 같은 기록이 있다.

> 우씨(虞氏)는 나라의 국로(國老)를 상상(上庠)에서 보살피고, 서로(庶老)를 하상(下庠)에서 보살폈다. 하후씨(夏后氏)는 국로를 동서(東序)에서 보살피고, 서로를 서서(西序)에서 보살폈다. 은나라 사람은 국로를 우학(右學)에서 보살피고, 서로를 좌학(左學)에서 보살폈다. 주나라 사람은 국로를 동교(東膠)에서 보살피고, 서로를 우상(虞庠)에서 보살폈다. 우상은 국(國)의 서교(西郊)에 있다.

이것은 옛날에 우, 하, 은, 주 네 왕조의 양로(養老) 제도에 관한 기록이다. 국로란 귀족인 노인을, 서로란 정치에 참여하는 이들 가운데 일반 노인을 가리킨다. 상상, 하상, 동서, 서서, 우학, 좌학, 동교, 우상은 모두 먼 옛날 학교의 이름이다. 주나라 이전의 많은 것이 전설과 관련되어 있어 증명하여 믿을 만한 것이 없으니 여기서는 잠시 논하지 않겠다. 그리고 주나라의 학제도 확실히 하는 것이 쉽지는 않다.《북사(北史)》권42〈유방전(劉芳傳)〉에 유방이 올린 표문이 기재되어 있는데 그 가운데 이 문제를 언급한 것이 있다.

> 주나라 이전에는 학교가 두 개뿐이었습니다. 동쪽을 우대하거나 서쪽을 우대했고, 국(國)을 중요시하거나 교(郊)를 중요시했습니다. 주나라에 이르러서 학교는 여섯 개가 되었습니다. 사씨(師氏)는 궐내에 머물렀고 태학은 서울〔國〕에 있었으며, 작은 규모의 네 곳은 지방〔郊〕에 있었습니다.《예기》에는 "주나라 사람은 서로를 우상(虞庠)에서 보살폈

다. 우상은 국(國)의 사교(四郊)에 있다."라고 하였고, 또 "천자가 사학(四學)을 세우고 입학은 태자와 같은 연령대에 하도록 했다."라고 했는데, 주석에서 "사학은 주나라 사교에 있는 우상이다."라고 하였습니다.

이로써 6세기 초 유방이 보았던 《예기》의 판본은 오늘날의 것과 같지 않다는 것을 알 수 있다. 즉 "우상은 국의 서교에 있다."라는 말을 당나라 이전의 옛 판본에서는 '사교(四郊)'로 하였지 '서교(西郊)'로 하지 않았음이 분명하니 후인들이 깊이 연구할 만했다. 그러나 청나라 학자인 손지조(孫志祖) 때에 이르러서야 비로소 유방이 본 옛 판본을 근거로 오늘날 전해진 《예기》의 오자를 수정할 수 있었다. 손지조는 《독서좌록속편(讀書脞錄續編)》 권1 〈왕제의 서교는 사교라고 써야 한다〔王制西郊當作四郊〕〉에서 다음과 같이 말하였다.

> 《예기》〈왕제〉에 "주나라 사람은 국로를 동교(東膠)에서 보살피고, 서로를 우상(虞庠)에서 보살폈다. 우상은 국(國)의 서교(西郊)에 있다."라고 하였다. 《북사》〈유방전〉에서 사교(四郊)라고 인용하였기에 서(西) 자는 오류인 듯하다. 또한 사교의 소학(小學)은 곧 동서남북의 소학인데 어찌 서교에만 치우쳐서 설치되어야 하는가? 《예기》〈제의(祭義)〉에도 "천자가 사학(四學)을 세우고 입학은 태자와 같은 연령대에 하도록 했다."라고 했는데, 주석에 "사학은 주나라 사교에 있는 우상이다."라고 했다. 《예기정의》에서도 황간(皇侃)을 인용하여 "사교우상(四郊虞庠)이란 사교에 모두 우상이 있다는 것이다."라고 했으니, 서교가 사교의 오류임을 의심하지 않아도 될 것이다.

손지조의 이 고증은 정말로 가치 있는 발견이다. 그러므로 완원은 〈예기주소교감기(禮記注疏校勘記)〉에서 누차 손지조의 말이 확실하다고 하였다.

하지만 교감으로 유명한 고광기(顧廣圻)는 손지조의 학설이 타당하지 못하고, 제멋대로 헛소리를 하고 있다고 배척하였다. 고광기의 《예기고이(禮記考異)》와 〈여단무당제이찰(與段茂堂第二札)〉을 보라. 이에 대해 단옥재가 〈사교소학소증(四郊小學疏證)〉이라는 한 편의 글을 써서 손지조의 학설을 설명하였고, 고광기는 〈학제비망지기(學制備忘之記)〉를 지어 서로 반박하였다. 이때부터 되풀이하여 논박하였는데 서로를 원수처럼 공격하였다. 두 학자가 주고받은 서찰은 단옥재의 《경운루집(經韻樓集)》 권12에 모두 기록되어 있지만 고광기의 《사적재집(思適齋集)》에는 없다.

사심 없이 공정하게 논하자면, 단옥재는 경학에 근원을 두고 자신의 주장을 상세하고 확실하게 증명한 반면, 고광기는 감정에 치우쳐서 토론을 전개한 감이 없지 않다. 또한 주천(朱珔)의 《소만권재문고(小萬卷齋文稿)》 권4에 있는 〈사교소학변(四郊小學辨)〉이라는 한 편의 글에서 단옥재의 학설을 더욱 정밀하게 발전시켰다. 나중에 황이주(黃以周)는 《예서통고(禮書通故)》 제32 〈학례통고(學禮通故)〉에서도 다음과 같이 말하였다.

> 〈왕제〉에서 "우상은 국(國)의 서교(西郊)에 있다."라고 했는데 '서(西)'는 본디 '사(四)'이다. 황간은 "사교우상이란 사교에 모두 우상이 있다는 것이다."라고 하였는데, 그의 말이 옳다. 요새 단옥재와 고광기가 '사'와 '서' 두 글자의 이동(異同)을 가지고 쉼 없이 논쟁하였다. 그들이 제시한 근거에 서로 장단점이 있는데, 대체로 단옥재의 설명이 정확하다.

청나라 달기의 학자들이 이 문제를 언급하였는데 황이주 혼자 단옥재의 설명이 정확하다고 여기지는 않았다. 손이양(孫詒讓)도 《주례정의(周禮正義)》에서 단옥재의 설명에 동의했다. 〈대사악소(大司樂疏)〉를 보라. 반면에 이자명(李慈銘)만 이 문제에 대하여 홀로 고광기의 말을 되풀이하고 단옥재의 말을 반박하였다. 그의 견해는 《도화성해암일기(桃花聖解庵日記)》 임집(任集) 제2집 《월만당일기(越縵堂日記)》 제30책 에서 볼 수 있다. 본디 옛날의 역사적 사실을 고증하고 논하는 데 있어서 특히 예제(禮制) 분야의 어떤 문제들은 의견이 분분하여 통일된 결론을 내는 것이 쉽지 않다. 각자 자신들의 의견이 있을 수도 있으니 우리가 여기서 더 깊게 파고들 필요는 없다.

여기에서 다만 우리는 옛 책을 전사하는 오랜 과정에서 글자에 한 획의 자그마한 오차가 발생하였을 때 여러 분야 또는 중요한 분야의 구체적인 문제에 영향을 줄 수 있다는 것을 설명하였다. 그리고 이를 통해 교감이라는 작업이 중국의 옛 역사책을 공부하는 데 중요한 일이라는 것을 알 수 있었다.

## 제4절 전사·번각 과정에서 글자의 탈락

옛 책에서 글자가 한 획 늘고 줄어드는 것, 한 구절의 글자가 하나 많아지고 적어지는 것 모두 큰 문제라는 것을 이미 앞에서 자세히 설명하였다. 어떤 책들은 규모가 너무 커서 전사(傳寫)하고 번각(飜刻)하는 데 큰 어려움이 있으며, 더욱 쉽게 글자의 탈락이 발생한다. 가끔은 탈자가 열 몇 개씩 생기며, 어떤 때는 문장이 몇 개씩 탈락하기도 한다. 이로 인해 발생하는 후유증은 매우 심각하다. 요새 사람인 장옥(章鈺)이 여러 종의 송나라 판본을 가지고 《자치통감(資治通鑑)》의 본문을 교정한 적이 있었는데, 그 스스로 "탈자, 오자, 연자(衍字), 도자(倒字 글자의 순서가 뒤집힘)가 1만 글자 이상 있었다. 탈락된 문장도 5200여 자나 되어 역사적 사실에 더욱 큰 영향을 미쳤다."라고 하였다.

확실히 《자치통감》과 같이 294권이나 되는 큰 규모의 책에는 심각한 탈락 현상이 존재하기에 만약 자세히 교감하지 않는다면 원래 책의 모습을 볼 수 없을 것이며, 역사적 사실의 유무에도 직접적인 영향을 끼칠 것이다. 《자치통감》 원문이 한 글자에서 열 글자 정도 탈락된 것은 너무 많아서 이루 다 열거할 수 없다. 여기에서 나는 《자치통감》의 원문과 장옥의 《호각통감정문교송기(胡刻通鑑正文校宋記)》에 기록된 것을 참고하여 《자치통감》에서 열 글자 이상 탈락된 심각한 실제 사례를 순서대로 나누어 다음과 같이 열거하겠다.

열 글자가 탈락된 경우

권98 〈진기(晉紀) 20〉: "경조의 단릉을 좌장군, 영좌사마로 삼았다.〔京兆段陵爲左將軍, 領左司馬.〕"의 마(馬) 자 밑에 "왕타를 우장군,

영우사마로 삼았다.〔王墮爲右將軍, 領右司馬〕"라는 열 글자가 탈락되었다.

권150 〈양기(梁紀) 6〉 : "진롱에서 반역이 일어나고 오랑캐들이 법도를 어지럽힌 것이 이미 몇 해나 되었고, 세 곳에 있던 군대에서 패배는 많았고 승리는 적었다.〔自秦隴逆節, 蠻左亂常, 已歷數載, 三方之師, 敗多勝少.〕"에서 "몇 해나 되었고〔數載〕" 아래에 "오랑캐의 노예 수십만이 방어하니〔凡在戎役數十萬人扞禦〕"라는 열 글자가 탈락되었다.

권286 〈후한기(後漢紀) 1〉 : "올욕의 조카사위 반율연을 횡해절도사로 삼았다.〔兀欲姊壻潘聿撚爲橫海節度使〕"의 올(兀) 자 위에 "부족 사람인 낭오를 진녕절도사로 삼았다.〔族人郞五爲鎭寧節度使〕"의 열 글자가 탈락되었다.

열한 글자가 탈락된 경우

권212 〈당기(唐紀) 28〉 : (개원(開元) 7년) "11월 임신〔十一月, 壬申〕"의 신(申) 자 아래에 "거란왕 이파고와 공주가 입조했다.〔契丹王李婆固與公主入朝〕"의 열한 글자가 탈락되었다.

열두 글자가 탈락된 경우

권4 〈주기(周紀) 4〉 : "열녀는 두 지아비를 섬기지 않는다.〔烈女不更二夫〕"의 부(夫) 자 아래에 "제나라 왕이 내 간언을 듣지 않아서, 물러나와 들에서 밭을 갈았다.〔齊王不用吾諫, 故退而耕於野〕"라는 열두 글자가 탈락되었다.

권107 〈진기(晉紀) 29〉 : "왜 빨리 나를 죽이지 않는가?〔何不速殺我〕"의 아(我) 자 아래에 "선제께서 요장을 땅속에서 거두어 부리는 것을 일찍이 보았거늘!〔早見先帝取姚萇於地下治之〕"의 열두 글자가 탈락되었다.

권253 〈당기(唐紀) 69〉 : "청성의 요망한 놈이 그 명성과 위세에 힘입어 무리를 거느리면서 진복야라고 거짓으로 칭했다.〔有靑城妖人乘其聲勢, 帥其黨, 詐稱陳僕射.〕"의 야(射) 자 아래에 "여관에 멈추어 순우후를 불러 백마를 급히 찾았다.〔止逆旅呼巡虞侯索白馬甚急〕"의 열두 글자가 탈락되었다.

열세 글자가 탈락된 경우

권170 〈진기(陳紀) 4〉 : (태건(太建) 3년) "겨울 10월, 경기부를 폐지하고 영군에 편입시켰다.〔冬十月, 罷京畿府入領軍〕"의 군(軍) 자 아래에 "임오, 주기공인 통이 죽었다. 갑인, 황제가 태묘에 제사를 지냈다.〔壬午, 周冀公通卒. 甲寅, 上享太廟〕"라는 열세 글자가 탈락되었다.

권176 〈진기(陳紀) 10〉 : "고경은 수적법이 여러 주에 두루 미치도록 청하였다.〔高熲請爲輸籍法徧下諸州〕"의 경(熲) 자 아래에 "또한 민간에서 세금을 걷을 때 일정한 장부가 없다면 헤아리고 조사하는 것이 어렵다고 말했다.〔又言民間課輸無定簿, 難以推校〕"라는 열세 글자가 탈락되었다.

권262 〈당기(唐紀) 78〉 : "그의 탁지염철전운사를 해직시켰을 뿐이다.〔但解其度支鹽鐵轉運使而已.〕"의 이(已) 자 아래에 "최윤이 은밀히 주전충(朱全忠)에게 편지를 보내어 군사를 일으켜 반정을 도모하도록 시켰다.〔崔胤密致書全忠, 使興兵圖返正〕"라는 열세 글자가 탈락되었다.

권292 〈후주기(後周紀) 3〉 : "장미(張美)는 빠르고 철저하게 재물을 관리했는데 당시 그의 능력에 미치는 자가 거의 없었다. 그래서 황제는 작위와 권한을 그에게 수여하였다.〔美治財精敏, 當時鮮及, 故帝以利權授之〕"의 지(之) 자 아래에 "황제가 사방을 정벌하는 데 비용이 부족하지 않은 것은 장미의 힘이다.〔帝征伐四方, 用度不乏, 美之力也〕"라는 열세 글자가 탈락되었다.

열네 글자가 탈락된 경우

권220 〈당기(唐紀) 36〉: "그래서 이필(李泌)이 그것을 언급하였다.〔故泌言及之.〕"의 지(之) 자 아래에 "이필이 다시 기어이 산으로 돌아가려고 하였다. 이에 황제가 '머지않아 그것을 의논할 것이다.'라고 말했다.〔泌復固請歸山. 上曰: 俟將發此議之〕"의 열네 글자가 탈락되었다.

권267 〈후량기(後梁紀) 2〉: "또 어떻게 여기에서 구출할 것인가?〔又何救焉〕"의 언(焉) 자 아래에 "조나라의 사자가 끊임없이 길을 오갔지만, 유수광(劉守光)은 끝내 출병하지 않았다.〔趙使者交錯於路, 守光竟不爲出兵〕"라는 열네 글자가 탈락되었다.

열다섯 글자가 탈락된 경우

권30 〈한기(漢紀) 22〉: "이에 황제에게 봉사를 올려 신도왕의 삼촌인 낭야 태수 풍야왕은 충성스럽고 믿을 만하며, 질박하고 정직하며, 지모도 남보다 뛰어나다고 천거하였다.〔於是章奏封事, 薦信都王舅琅邪太守馮野王忠信質直, 智謀有餘.〕"의 여(餘) 자 아래에 "신도왕의 삼촌이기에 조정 밖으로 나갔지만 현인으로 다시 들어왔으니 황제께서 현명한 사람을 들이시는 것을 좋아하는 것이 확실합니다.〔以王舅出, 以賢復入, 明聖主樂進賢也〕"라는 열다섯 글자가 탈락되었다.

권222 〈당기(唐紀) 38〉: "여러 장수들이 도지병마사 대주자사인 신운경을 절도사로 임명하기를 청했다.〔諸將請以都知兵馬使代州刺史辛雲京爲節度使.〕"의 사(使) 자 아래에 "기미, 신운경을 북도유수 하동절도사로 삼았다.〔己未, 以雲京爲北都留守河東節度使〕"라는 열다섯 글자가 탈락되었다.

열여섯 글자가 탈락된 경우

권107 〈진기(晉紀) 29〉: (태원(太元) 14년 겨울 10월) "양정이 좌승

상·도독중외제군사, 진과 양 두 주의 목이 되었다.〔楊定爲左丞相, 都督中外諸軍事, 秦、梁二州牧〕"의 목(牧) 자 아래에 "양벽은 도독농서우제군사, 남진과 익 두 주의 목이 되었다.〔楊壁爲都督隴右諸軍事, 南秦、益二州牧〕"의 열여섯 글자가 탈락되었다.

권294 〈후주기(後周紀) 5〉 : "후당(後唐)의 군주가 다시 이부상서·지추밀원인 은숭의를 보내어 천청절을 축하하였다.〔唐主復遣吏部尙書知樞密院殷崇義來賀天淸節〕"의 당(唐) 자 위에 "기미, 먼저 종모(鍾謨)를 돌려보내면서 조서를 내려 자리를 넘기는 것을 아직 허락할 수 없다는 뜻을 알렸다.〔己未, 先遣謨還, 賜書諭以未可傳位之意〕"라는 열여섯 글자가 탈락되었다.

열일곱 글자가 탈락된 경우

권124 〈송기(宋紀) 6〉 : "황제가 녹혼곡에 다다른 지가 엿새나 되었는데 여러 장수들이 아직 도착하지 않았다.〔帝至鹿渾谷六日, 諸將不至〕"의 곡(谷) 자 아래에 "유연을 공격하고 싶었지만, 유혈(劉絜)이 간하여 공격을 멈추고 여러 장수들을 기다리게 하였다. 황제는 녹혼곡에 머물렀다.〔欲擊柔然, 絜諫止之, 使待諸將, 帝留鹿渾谷〕"라는 열일곱 글자가 탈락되었다.

권177 〈수기(隋紀) 1〉 : "경술, 황제가 광양문에 행차했다.〔庚戌, 帝御廣陽門〕"의 경(庚) 자 위에 "노광달은 진(陳)나라의 멸망을 추념하고 애도하다가 병에 걸렸지만 치료하지 않고 분개하다 죽었다.〔魯廣達追傷本朝淪覆, 得疾不療, 憤慨而卒〕"라는 열일곱 글자가 탈락되었다.

열여덟 글자가 탈락된 경우

권47 〈한기(漢紀) 39〉 : "또 삼공에게 조서를 내려 다음과 같이 말하였다. '본분을 지키는 검소한 관리는 지극히 성실하지 사치스럽지 않다.'〔又詔三公曰: 安靜之吏, 悃愊無華.〕"의 왈(曰) 자 아래에 "세속의 관리는 겉으로는 정갈하게 단장하지만 사이비에 불과하니 짐이 정말로 싫어하며, 매우 괴롭게 여긴다.〔夫俗吏矯飾外貌, 似是而非, 朕甚饜之, 甚苦之〕"라는 열여덟 글자가 탈락되었다.
권227 〈당기(唐紀) 43〉: "탁주 자사 유평은 주도(朱滔)가 전열을 구하려 한다는 말을 듣자 글을 써서 간언하였다.〔涿州刺史劉怦, 聞滔欲救田悅, 以書諫之.〕"의 평(怦) 자 아래에 "주도와 같은 현 출신이다. 그의 어머니는 주도의 고모였다. 주도가 지유주로 하여금 뒤에 남게 하였다.〔與滔同縣人. 其母, 滔之姑也. 滔使知幽州, 留後〕"라는 열여덟 글자가 탈락되었다.

열아홉 글자가 탈락된 경우
권20 〈한기(漢紀) 12〉: "삭방에 도착하였고, 북하에 접근하였다.〔至朔方, 臨北河.〕"의 하(河) 자 아래에 "18만의 기병을 동원하고, 그 군사들은 깃발을 들고 1000여 리나 달렸기에, 군의 기상이 흉노를 압도하였다.〔勒兵十八萬騎, 旌旗徑千餘里, 以見武節威匈奴〕"라는 열아홉 글자가 탈락되었다.

스무 글자가 탈락된 경우
권52 〈한기(漢紀) 44〉: "재상의 자리에 있었지만 권력을 휘둘러 탐욕을 채우고 방종함이 끝을 몰랐다.〔居阿衡之任, 而專肆貪叨, 縱恣無極.〕"의 극(極) 자 아래에 "아첨꾼들을 많이 심어 충신과 어진 이들을 해쳤다. 정말로 하늘도 용서할 수 없을 정도라 사형은 마땅한 바였다.〔多樹諂諛, 以害忠良. 誠天威所不赦, 大辟所宜加也〕"라는 스무 글자가 탈락되었다.
권77 〈위기(魏紀) 9〉: "백관을 거느리고 황제가 타는 마차인 승여와

법가를 끌고 낭야왕을 영창정에서 마중하였고, 손은이 천자의 도장을 바쳤다.〔率百僚以乘輿法駕迎琅邪王於永昌亭, 孫恩奉上璽符.〕"의 정(亭) 자 아래에 "궁을 짓고 무장을 설치하여 편전을 만들고 어좌를 설치하였다. 기묘, 왕이 편전에 도착하여 동상에서 멈추었다.〔築宮以武帳爲便殿, 設御坐. 己卯, 王至便殿, 止東廂〕"라는 스무 글자가 탈락되었다.

권221 〈당기(唐紀) 37〉 : "그들의 사령관인 황건요 등을 베었다.〔斬其帥黃乾曜等.〕"의 등(等) 자 아래에 "을축, 봉상절도사 최광원이 경수에 있는 강족(羌族)과 토욕혼(土谷渾)의 10만여 무리를 격파하자고 주청을 올렸다.〔乙丑, 鳳翔節度使崔光遠, 奏破涇、隴羌、渾十餘萬衆〕"라는 스무 글자가 탈락되었다.

권235 〈당기(唐紀) 51〉 : "계사, 산남서도절도사 엄진이 죽었다.〔癸巳, 山南西道節度使嚴震薨.〕"의 계(癸) 자 위에 "여름 4월, 계미, 안주 자사 이신을 안주와 황주 등의 절도사로 삼았다.〔夏四月, 癸未, 以安州刺史伊愼爲安黃等州節度使〕"라는 스무 글자가 탈락되었다.

스물한 글자가 탈락된 경우

권96 〈진기(晉紀) 18〉 : "정서장군은 전쟁에서 아마도 승리하지 못할 것입니다.〔征西之戰, 殆不能勝也.〕"의 야(也) 자 아래에 "금용은 험준하고 견고하여 유요의 10만 무리도 함락할 수 없었습니다만, 정서장군이 지키는 곳에서는 승리를 장담할 수 없을 것입니다.〔金墉險固, 劉曜十萬衆不能拔, 征西之守, 殆不能勝也〕"라는 스물한 글자가 탈락되었다.

스물두 글자가 탈락된 경우

권5 〈주기(周紀) 5〉 : '51년'의 앞에 "51년, 진의 무안군이 한을 정벌하여 아홉 성을 함락하고 5만 명의 목을 베었다. 전단은 조의 상국이 되었다.〔五十一年, 秦武安君伐韓, 拔九城, 斬首五萬, 田單爲趙相〕"라는 스물두 글자가 탈락되었다. 오늘날 전래된 판본의 '51년'은 송나라 판본에 '52년'으로 되어 있다. 이로써 오늘날 전해진 판본은 실제로 1년 동안의 역사적 사실이 탈락된 것임을 알 수 있다.

권105 〈진기(晉紀) 27〉 : "진왕 부견(苻堅)은 모용충이 장안을 떠나 점차 가까이 오고 있다는 소식을 들은 뒤 군대를 인솔하여 돌아갔다.〔秦王堅聞慕容沖去長安浸近, 乃引兵歸〕"의 진(秦) 자 위에 "익주 자사 왕광이 장군 왕규를 보내 촉한의 무리 3만을 통솔하여 북으로 장안을 구원하도록 하였다.〔益州刺史王廣, 遣將軍王虬帥蜀漢之衆三萬, 北救長安〕"라는 스물두 글자가 탈락되었다.

권106 〈진기(晉紀) 28〉 : "부비(苻丕)는 애당초 장안을 지키지 못할 것임을 알았다.〔丕始知長安不守.〕"의 비(丕) 자 위에 "왕영은 평주 자사 부충을 남겨 호관을 지키게 하고, 자신은 1만 기병을 거느리고 진양에서 부비를 만났다.〔王永留平州刺史苻沖守壺關, 自帥騎一萬, 會丕于晉陽〕"라는 스물두 글자가 탈락되었다.

스물여섯 글자가 탈락된 경우

권264 〈당기(唐紀) 80〉 : "병자, 공부시랑 동평장사 소검과 이부시랑 노광계는 자진하라는 명을 받았다.〔丙子, 工部侍郎同平章事蘇檢、吏部侍郎盧光啓, 並賜自盡〕"의 진(盡) 자 아래에 "정축, 중서시랑 동평장사 왕부가 태자빈객분사가 되었는데, 최윤이 싫어하였다.〔丁丑, 以中書侍郎同平章事王溥爲太子賓客分司, 皆崔胤所惡也〕"라는 스물여섯 글자가 탈락되었다.

스물아홉 글자가 탈락된 경우

권180 〈수기(隋紀) 4〉 : "촉왕 양수(楊秀)가 죄를 지었다.〔蜀王秀之

得罪也.〕"의 촉(蜀) 자 위에 "계축에 조서가 내렸는데 '이수와 낙수 유역에 동경을 건설할 것이다.'라는 내용이었다. 그리고 '궁실의 제도는 본디 생활하는 데 편리하도록 해야 하나 이번의 설계는 검약에 힘써야 할 것이다.'라는 내용이 이어졌다.〔癸丑, 下詔: 於伊洛, 營建東京. 仍曰: 宮室之制, 本以便生; 今所營構, 務從儉約〕"라는 스물아홉 글자가 탈락되었다.

쉰다섯 글자가 탈락된 경우
권6 〈진기(秦紀) 1〉: "제나라 사람들은 전투 기술을 중시했다.〔齊人隆技擊〕"의 제(齊) 자 위에 "사(士)를 좋아하는 자는 강하고, 사를 좋아하지 않는 자는 약하다. 백성을 사랑하는 자는 강하고, 백성을 사랑하지 않는 자는 약하다. 정령에 신뢰가 있는 자는 강하고, 정령에 신뢰가 없는 자는 약하다. 군사를 중히 사용하는 자는 강하고, 군사를 가볍게 사용하는 자는 약하다. 권력이 하나에서 나오는 자는 강하고, 권력이 두 군데에서 나오는 자는 약하다. 이것이 강함과 약함의 원리이다.〔好士者彊, 不好士者弱; 愛民者彊, 不愛民者弱; 政令信者彊, 政令不信者弱; 重用兵者彊; 輕用兵者弱; 權出一者彊, 權出二者弱; 是彊弱之常也〕"라는 쉰다섯 글자가 탈락되었다.

위에서 열거한 사실을 가지고 보면, 오늘날 통용되는 청나라 때 호극가(胡克家)가 판각한 《자치통감》의 원나라 판본에서 글자가 탈락된 실태가 너무나 심하다는 것을 알 수 있다. 열 글자 미만에서 한두 글자에 이르는 실례는 너무 많아서 모두 다룰 수 없다. 여기에서는 열 글자 이상의 탈자를 예로 들었는데, 한 군데에서 쉰다섯 글자나 되는 탈자가 있는 것은 놀라운 일이며 이상하게 여기지 않을 수 없는 일이다. 특히 권5에서 탈락된 스물두 글자는 완벽하게 1년의 역사를 빠뜨렸으니 문제가 심각하지 않다고 할 수 있겠는가.

그러므로 우리가 고대의 역사 서적을 읽을 때 이른 시기에 판각된 판본을 근거로 자세하게 교감하지 않는다면 탈락된 판본을 옛사람들의 원문으로 다루기 쉽다. 이는 곧 역사적 사실을 해치는 일이다. 게다가 옛 책이 전사와 번각을 거치면서 진실을 잃어버리는 경우는 너무나도 많다. 글자의 탈락은 그러한 경우들 가운데 하나에 불과할 뿐이다. 잘못된 글자체, 연문, 글자의 순서가 뒤집힌 단어〔倒字〕도 물론 발견된다. 우연히 필획에 약간의 잘못이 있어도 뜻이 완전히 달라진다. 만약에 원서나 옛 판본을 찾아서 서로 교감하지 못한다면 수상쩍거나 막힌 부분을 해석해서 정확한 답을 얻기란 어려울 것이다. 예컨대 오늘날 전해지는 《자치통감》 권279 〈후당기(後唐紀) 8〉의 "촉(蜀)의 원주도압아(源州都押牙) 문경침(文景琛)이 성을 근거지로 하여 반란을 일으켰다."라는 기사에 호삼성(胡三省)은 다음과 같이 주석을 달았다.

> 《신당서》와 《구당서》의 '지(志)'와 《구역도지(九域圖志)》, 《환우기(寰宇記)》 모두 원주(源州)가 세워진 까닭과 그 땅에 대해서 기재하지 않았다. 구양수(歐陽脩)가 편찬한 《신오대사(新五代史)》의 〈직방고(職方考)〉에서 "주(州)와 현(縣)은 당의 옛 제도로 오대에 이르러 폐지되었다. 하지만 오대 시대에 설치된 것이 지금까지 남아 있는 경우와 분할된 현이 지금도 유지된 경우에는 모두 수록하여 직방고를 완벽하게 하였다. 그 밖에 설치되었다가 다시 폐지되고, 분할하였지만 다시 옛 제도를 회복한 것들까지 모두 서술할 필요는 없다."라고 한 것을 보면 원주는 촉에 설치되었지만 일찍이 폐지된 곳이며, 이것이 그 지역의 이름이 전해지지 않았던 까닭임을 알 수 있다.(하략)

호삼성은 당시에 통용되던 판본에서 '원주'라고 쓰인 것을 근거로 여러 책을 뒤져보고 검토해서 그곳의 위치와 폐지된 연혁을 찾으려고 하였다. 그러나 그는 찾지 못했고, 오히려 자신의 주관대로 고증을 했기 때문에 착오가 있을 수밖에 없었다. 사실 이 '원(源)'이라는 글자는 송나라 판본에는 '거(渠)'라고 되어 있다. 즉 전사와 번각이 이루어질 때 필획이 비슷해서 오류가 발생한 것이다. 거주(渠州)는 촉 땅이다. 구양수의 《신오대사》〈직방고〉에서도 이는 분명히 의심의 여지가 없다.

호삼성이 주석을 달 때 잘못된 판본만 보고 다른 옛 판본들로 교정을 하지 않았기 때문에 잘못을 전하게 된 것이며, 그 본인에게도 당연히 심히 유감스러운 일이다. 이를 통해 옛 판본의 책이 귀하게 여겨지는 까닭과 교감 작업이 매우 중요한 이유가 설명되었다.

# 제2장 서적 교감의 근거

## 제1절 내적 연관성을 통한 문제 발견과 오류 수정

서적을 교감할 때 해당 책의 바깥에서 증거를 찾는 것을 외증(外證) 또는 방증(旁證)이라고 한다. 그리고 해당 책 안에서 증거를 찾는 것을 내증(內證) 또는 본증(本證)이라고 한다. 해당 책 바깥에 있는 모든 실물 자료와 기록이 직접·간접으로 그 책의 오류를 수정하고 그 책이 잃어버렸던 자료를 보충한다면 모두 '외증'이 된다. '내증'이 되려면, 해당 책의 글자, 훈고, 문법, 그리고 앞뒤의 문맥, 전체의 요지와 체재의 모든 분야에서 실마리를 찾아서 어떤 곳에 오탈자가 있는지 증명해야 한다. 설사 다른 책에 방증이 될 만한 것이 없다고 하더라도 그렇게 된 까닭을 설명하는 충분한 이유를 가지고 있어 논증하고 결론을 내릴 수 있다면 내증으로 성립할 수 있다. 책을 읽으면서 여러 가지 것들을 절절히 체험해 보고, 다방면의 도리와 이치를 체계적으로 깨닫는, 즉 융회관통(融會貫通)하는 작업을 한번 해 봐야 비로소 어떤 규칙을 찾아내어 더욱 훌륭하게 해당 서적 안에 있는 글과 내용에 관한 문제들을 처리할 수 있다.

청대의 학자들 가운데 왕염손(王念孫)은 여러 경전과 제자백가서를 교감하고, 전대흔(錢大昕)은 역사책들을 교감해서 큰 성과를 거두었는데, 이는 학술계에서 일찍이 인정된 바이다. 그들은 한편으로 비교적 숙련된 솜씨로 외증법을 사용하여 정확한 결론을 상당히 많이 도출하였고, 다른 한편으로는 내증법을 활용하여 큰 성취를 이룩하였다. 예컨대 왕염손이 《노자(老子)》에 보이는 "훌륭한 병기는 상서롭지 못한 도구이다.〔夫佳兵者不祥之器〕"의

'가병(佳兵)'이 '유병(唯兵)'의 오류라고 한 것은 예전 사람들이 말한 적이 없는 가치 있는 중요한 발견이다. 왕염손은《독서잡지여편(讀書雜志餘編)》에서 다음과 같이 말한 적이 있다.

《노자》 31장에 "훌륭한 병기라는 것은 상서롭지 못한 도구이며, 귀신도 싫어할지 모른다. 그러므로 도가 있는 자는 다루지 않는다.〔夫佳兵者不祥之器, 物或惡之. 故有道者不處.〕"라고 했는데,《경전석문(經典釋文)》에 "가(佳)란 좋다〔善〕는 것이다."라고 했고,《노자》 하상공(河上公) 주(注)에 "가(佳)란 꾸밈〔飾〕이다."라고 했다. 나는 '좋다'와 '꾸밈'이라는 두 풀이가 모두 뜻에 맞지 않다고 생각한다. 옛날에 병기라고 하는 것은 다섯 종류의 병기〔五兵〕를 가리키는 말이다. 그러므로 "병기란 것은 상서롭지 못한 도구이다."라고 했다. 만일 병기를 사용하는 사람의 입장에서 말한다면 단지 '상서롭지 않다'고 말할 수 있지만 '상서롭지 못한 도구'라고 말할 수는 없다. 지금 살펴보니 '가(佳)'는 '추(隹)'의 오류임이 틀림없다. '추(隹)'는 옛날의 '유(唯)'라는 글자이다. "대개 병기란 상서롭지 못한 도구이기 때문에 도가 있는 자는 다루지 않는다.〔唯兵爲不祥之器, 故有道者不處.〕" 위에서 '부유(夫唯)'라고 말하고 아래에서 '때문에〔故〕'라고 말하면 문맥이 딱 들어맞는다.[8] 《노자》 8장의 "대개 싸우지 않기 때문에 걱정이 없다.〔夫唯不爭, 故無尤.〕"라는 구절과 15장의 "대개 알지 못하기 때문에 억지로 그를 형용하게 된다.〔夫唯不可識, 故强爲之容.〕"와 "대개 꽉 채우지 않기 때문에 옛것을 보존할 수 있어서 새로운 것이 이루어지지 않는다.〔夫唯不

8 위에서……들어맞는다 : 유(唯)에는 이(以)와 같은 뜻이 있는데, 이때 '왜냐하면~때문에'로 해석되고, 다음 구절에 주로 '고(故)', 즉 순접을 의미하는 단어가 나오는 경우가 많다. 현대 중국어의 '因爲~, 所以~' 구문과 같다.

盈, 故能蔽不新成.〕", 22장의 "대개 싸우지 않기 때문에 천하에 그와 싸울 수 있는 자가 없다.〔夫唯不爭, 故天下莫能與之爭.〕"라는 구절이 모두 증거가 된다. 옛 종(鐘)과 정(鼎)에는 유(唯) 자가 추(隹) 자로 새겨져 있으며 석고문(石鼓文)도 마찬가지이다. 그리고 하송(夏竦)은 《고문사성운(古文四聲韻)》에서 이 《도덕경》을 수록하면서 유(唯) 자를 隹로 썼다. 이에 근거하면 오늘날 전해지는 판본에서 '유(唯)'로 되어 있는 것은 모두 나중 사람들에 의해 그렇게 수정된 것이다. 이 '추(隹)' 자도 만약에 '가(佳)' 자로 잘못 쓰이지 않았다면 나중 사람들이 '유(唯)' 자로 고쳤을 것임이 틀림없다.

이 고증은 글자의 형태와 전체 문장의 일반적인 현상을 근거로 하여 종합적으로 비교한 뒤 얻은 결론이다. 비록 이 고증을 대조할 다른 옛 판본이 없지만 이 추론은 성립할 수 있다. 이것은 확실히 살아 있는 교서법(校書法)이며 과학적인 방법을 잃지도 않았다.

다음으로는 봉건사회의 저작들에서 피휘(避諱)가 특별히 중시된 사실에 대해 이야기하겠다. 전대흔은 많은 역사책을 교정하면서 이 분야에서부터 실마리를 찾아 문제를 발견하고 설명하는 일에 주의를 기울였다. 그는 《통전(通典)》을 읽으면서 나중 사람들이 함부로 고친 흔적을 발견했는데, 역대의 피휘 사례를 근거로 고증을 진행하였다. 《잠연당문집(潛研堂文集)》 권28 〈발통전(跋通典)〉에서 다음과 같이 말하였다.

두우(杜佑)가 이 책을 정원(貞元) 연간에 편찬했으므로 덕종(德宗)을 금상(今上)이라고 일컬었다. 그런데 주군편(州郡篇)에서 항주(恒州)를 진주(鎭州)라고 쓰면서 "원화(元和) 15년 진주로 고쳤다."라고 하였다. 이것은 나중 사람이 덧붙인 것으로 원문에서는 '항(恒)' 자를 처음부터 피하지 않았다. 형제편(刑制篇)에서 "십악(十惡)의 여섯 번째는 대불공(大不恭)이라고 한다."라고 하고, 주석에서는 "묘(廟)의 휘(諱)를 범했기 때문에 공(恭)이라고 고쳤다."라고 되어 있는데, 당나라의 여러 황제 가운데 경(敬) 자로 이름을 지은 이는 없으며, 바로 앞의 권에 '대불경(大不敬)'이라는 글자가 있다. 이 구절을 읽으면 송나라 사람이 전사하면서 추가한 것이지 본래 문장이 아님을 알 수 있다.

주군편에서는 예주(豫州)를 형하주(荊河州)라고 고치거나 채주(蔡州)라고 일컬었고, 예장군(豫章郡)을 장군(章郡)으로 고치고 괄창현(括蒼縣)을 창현(蒼縣)이라고 하였는데, 모두 당시의 휘(諱)를 피한 것이다. 하지만 오늘날 전해지는 판본에는 형하(荊河) 아래에 예(豫)를 추가하거나 곧바로 예주(豫州), 예장(豫章)이라고 적었는데, 모두 책을 교정보는 사람들이 함부로 고친 것이다. 책에서는 '호뢰(虎牢)'를 피휘하여 '무뢰(武牢)'라고 하였는데, 주군편의 범수현(氾水縣) 아래에 '호뢰'라고 쓰여 있거나 '획호(獲虎)'라는 글자가 있기도 하다.

또한 한금호(韓擒虎)의 이름이 '금무(擒武)'라고 되어 있거나 '금호'라고 되어 있다. 자세한 것은 주군편(州郡篇)을 보라. 그리고 "관리가 승진을 멈추지 않으니 황제가 쓰는 주전자인 호자(虎子)를 집을 기세이다."라는 구절에서 '수자(獸子)'라고 하기도 하고 권54 '호자'라고도 했으니, 권21 나중 사람들이 멋대로 고친 것이 끝이 없었다.

이는 당나라와 송나라 때 피휘의 통례를 가지고 《통전》 가운데 나중 사람들이 멋대로 고친 필적을 검토하여 확인한 것이다. 방법은 아주 간단했다. 《통전》은 당나라 덕종 시대에 이미 완성되었으므로 덕종 이전의 당나라 황제들의 이름은 덕종의 이름과 함께 모두 피휘해야만 했다.

당 고조(唐高祖) 이연(李淵)의 할아버지 이름이 호(虎)이므로 《통전》에서 '호(虎)'를 '수(獸)'로 바꾸거나 '무(武)'로 바꾸었다. 당나라 대종(代宗)의 이름이 예(豫)이므로 예주를 채주(蔡州)로 바꾸었다. 덕종의 이름이 괄

(适)이므로 괄창(括蒼)을 창현(蒼縣)으로 바꾸었다. 그러므로 지금의 《통전》에 있는 호(虎) 자와 예(豫) 자는 나중 사람들이 다시 고친 흔적임이 당연하다.

당나라 목종(穆宗)의 이름은 항(恒)이고, 송 태조(宋太祖) 조광윤(趙匡胤)의 할아버지 이름은 경(敬)으로, 모두 두우가 《통전》을 지을 때 미리 알 수 없었던 것들이다. 그런데 오늘날 전해지는 《통전》에는 '항(恒)' 자와 '경(敬)' 자를 모두 피휘하였으니 이는 후세 사람들이 전사할 때 글을 고친 명확한 증거이다.

다음으로, 봉건사회의 학자들은 가문의 피휘 역시 매우 중시하였다는 것을 이야기하겠다. 사마천(司馬遷)의 아버지 이름이 담(談)이기 때문에 《사기》 〈조세가(趙世家)〉에서 장맹담(張孟談)을 장맹동(張孟同)으로 고쳤고, 〈영행전(佞幸傳)〉에서는 조담(趙談)을 조동(趙同)으로 고쳤다. 즉 '동(同)' 자로 '담(談)' 자를 대체한 것이다. 회남왕(淮南王) 유안(劉安)의 아버지 이름은 장(長)이기 때문에 《회남자(淮南子)》 〈제속훈(齊俗訓)〉에서 《노자(老子)》의 "길고 짧음은 서로 비교한 후에야 드러나고, 높고 낮음은 서로 대조한 후에야 드러난다.〔長短相較, 高下相傾.〕"라는 구절을 인용하면서 "높고 낮음은 서로 대조한 후에야 드러나고, 짧고 긴 것은 서로 비교한 후에야 드러난다.〔高下相傾, 短脩相形.〕"라고 고쳤다. 책 전체에서 다른 '장(長)' 자들도 모두 '수(脩)' 자로 고쳤다. 이렇게 수(脩) 자를 사용하여 장(長) 자를 대체하였다.[9] 그리고 이런 식으로 한나라 시기의 저작들에서도 모두 힘써 가문의 피휘를 하였다는 사실이 드러난다.

한나라 이후의 역대 학자들도 이 점을 특히 주의하였다. 《후한서》의 저자

9 이렇게……대체하였다 : 수(脩) 자에는 '길다', '높다'라는 뜻이 있다. 예컨대 《시경》 〈대아(大雅) 한혁(韓奕)〉에 "네 필의 말이 건장하고, 아주 크고 튼튼하구나!〔四牡奕奕, 孔脩且張!〕"라는 구절에 대해, 《모전(毛傳)》은 "수(脩)란 장(長)이다."라고 주석을 달았다. 또한 수단(脩短)은 장단(長短)과 동의어로 많이 쓰인다.

범엽(范曄)의 아버지 이름은 태(泰)이다. 그래서 《후한서》 열전의 제목에서 곽태(郭泰)를 곽태(郭太)로 고치고, 정태(鄭泰)를 정태(鄭太)로 고쳤다. 제목 이외에도 열전 가운데 사실을 서술하는 부분에서도 일률적으로 두 사람의 자(字)를 써서 임종(林宗), 공업(公業)이라고 일컬었지 곽태의 자는 임종이고, 정태의 자는 공업이다. 직접 그 이름을 쓰지 않은 것도 다 이유가 있었던 것이다. 하지만 《후한서》 〈곽태전(郭太傳)〉의 말미에 별안간 다음과 같은 문장이 보인다.

> 처음에 곽태가 남주(南州)에 도착해서 원봉고(袁奉高)의 집을 지나갈 때 머무르지 않고 떠났다. 그런데 숙도(叔度)를 따르면서는 며칠이나 떠나지 않았다. 어떤 이가 이에 대해 곽태에게 물어보자, 곽태가 "원봉고의 그릇은 작은 샘에 비유할 수 있어서 맑아지면 물을 뜰 수 있다. 숙도의 그릇은 끝없는 천 경(頃)의 호수 같아서 맑게 하려 해도 맑아지지 않고 휘저어도 흐려지지 않으니 측정할 수 없다."라고 하였다. 얼마 지나지 않아 과연 그와 같음이 밝혀지니 곽태는 이로 인해 천하에 이름을 알리게 되었다.

이 일흔네 글자는 확실히 《후한서》 전체의 문체에 부합하지 않는다. 특히 해당 전기 앞에 어떤 일을 서술하면서 보통 '임종(林宗)'이라고 일컬었는데, 여기에서만 연속으로 '태(太)'라고 하였다. 이는 의심해 볼 만한 일이다. 전대흔은 《이십이사고이(二十二史考異)》 권3에서 다음과 같이 말한 적이 있다.

> 내가 처음 〈곽태전〉을 읽을 때 여기 몇 줄의 글이 기존의 것과 비슷하지 않은 점에 대해서 의심하였다. 범엽은 아버지의 이름을 피휘해서 그 편의 앞뒤로 모두 '임종'이라고 일컬었고, 다른 열전에서도 이는 마찬가지였다. 그런데 여기에서만 이름을 썼다. 이것이 첫 번째 의문점이다.

또한 이 일은 〈황헌전(黃憲傳)〉에도 이미 기록되어 있으니 거듭 서술하지 말았어야 한다. 이것이 두 번째 의문점이다. 황헌의 이름에 대해서는 자(字)인 숙도(叔度)라고만 쓰고 그의 성은 기록하지 않았다. 이것이 세 번째 의문점이다. 앞에서는 "명성이 경사(京師)를 진동했다."라고 하고 뒤에서는 "이름이 천하에 알려지게 되었다."라고 하였으니 문장이 중복되었다. 이것이 네 번째 의문점이다.

나중에 복건(福建) 지방에서 옛 판본을 얻은 뒤에야 〈곽태전〉의 마지막에 있는 이 일흔네 글자가 본디 장회태자(章懷太子)가 사승(謝承)이 쓴 글을 인용하여 단 주석이라는 것을 알게 되었고, 황헌의 성이 기록되지 않은 것은 그 위에 있는 "(곽태가) 여남으로 가서 황숙도와 사귀었다."라는 부분이 가려진 채 언급되었기 때문이라는 것을 알 수 있었다. 오늘날 전해지는 판본에는 (장회태자가 인용한 사승의 글이) 원문에 잘못 들어갔으며 오직 복건의 판본만이 그 옛 모습을 잃지 않았다.[10] 복건의 판본은 명나라 가정제(嘉靖帝) 기유년(己酉年)에 안찰사(按察使) 주채(周采) 등이 교감하여 간행한 것으로 송나라 각본을 저본으로 하여 다른 판본들보다 더 좋다.

전대흔은 문제의 저 글에 대해서 네 가지의 의문점을 가지고 있었다. 첫 번째 의문점은 범엽의 책에서 가문의 이름을 피휘했다는 사실에서 나왔다. 두 번째 의문점은 다른 편과 중복된 흔적이 발견되었다는 것에서 나왔다. 세 번째, 네 번째 의문점은 해당 편에 있는 문장의 규칙과 전후 문맥을 가지고 제기되었다. 이것들은 모두 해당 책의 내부에서 발견된 문제로, 즉각 인정될

10 오늘날……않았다 : 현재 통용되는 중화서국본 《후한서》의 〈곽태전〉에는 문제의 구절이 이미 삭제되었다. 〈곽태전〉 뒤에 수록된 교감기에 전대흔의 설명이 다시 요약 정리되어 있다.

수는 없었지만 전대흔이 옛 판본을 참고한 이후에 비로소 그가 의심했던 바가 충분히 합리적이었다는 것이 실증되었다. 이 74자는 분명히 당나라 장회태자 이현(李賢)이 지은 《후한서》 주석 안에 있었던 말로, 나중에 책을 베끼던 사람이 그것을 본문에 베껴 넣은 것이며, 전대흔이 결국 그것을 바로잡았다. 나중에 전대흔은 《십가재양신록(十駕齋養新錄)》 권6 〈후한서 주석이 본문에 잘못 삽입됨〔後漢書注攙入正文〕〉에서 다음과 같이 요약하여 말하였다.

> 〈곽태전〉의 '처음에 곽태가 남주에 도착해서〔初, 太始至南州〕' 이하에 있는 74자는 본디 장회태자가 사승의 《후한서》의 글을 인용한 것이다. 하지만 오늘날 그 부분을 큰 글자로 잘못 써서 본문에 함부로 삽입하였다. 내가 남송대 판본과 명나라 가정제 기유년 복건본을 봤을 때는 오류가 없었다. 범엽의 책에서는 가문의 이름을 피휘했기 때문에 이 〈곽태전〉의 앞뒤에서 모두 '임종'이라고 일컫고 섣부르게 이름을 일컫지는 않았어야 한다. 또한 그 일이 〈황헌전〉에 이미 실려 있었으니 거듭 나올 필요도 없었다.

전대흔이 책을 교감한 이러한 방법은 우리가 배울 만한 가치가 있다. 우리가 《이십이사고이》를 자세히 들여다보면 글자를 고증하는 데에서 언급한 "어떤 것은 어떤 것이라고 해야 한다.〔某當作某〕"라는 부분이 있는데, 이는 당시 전대흔이 참고하고 대조할 옛 판본이 없어서 실증하지 못한 것이다. 오늘날 영인본의 편리함 덕분에 우리가 볼 수 있는 송나라와 원나라의 각본이 전대흔이 보았던 것보다 많으니 하나 가져다가 대조해 보면 전대흔의 가설이 십중팔구 틀리지 않았음을 발견할 수 있을 것이다. 그의 깊은 생각과 탁월한 식견은 정말로 찬양받아 마땅하다.

요컨대, 널리 외증을 찾아서 책을 교감하는 것은 비교적 쉬운 일이다. 왜냐하면 그것은 일종의 틀에 박힌 작업이기 때문에 차분하고 인내심이 강한 사람이라면 해 볼 수 있는 것이다. 하지만 해당 책의 내부에서 문제를 발견하고, 어떤 방법으로 그 가설을 실증하는 것은 쉽지 않은 일이다. 많이 배우고, 깊게 사고할 줄 알며, 높은 식견이 있는 사람이라야 비로소 여기에서 잘못을 많이 범하지 않으면서 성취를 이룰 수 있을 것이다.

왕염손이 여러 경전과 제자백가를 교감하고, 전대흔이 여러 역사책을 교감하면서 비교적 많은 성과를 거둔 것은 우연이 아니다. 우리가 자신의 학식을 충실히 하는 데 노력하는 것이야말로 책을 교감하는 데 가장 근본적이고 가장 믿을 만한 근거이다.

## 제2절 유서와 고주의 문제점

외증법을 사용하면 비교적 이른 시기에 만들어진 사본이나 각본뿐만 아니라 옛날의 유서(類書)와 주석〔古注〕을 근거로 오늘날 통용되는 판본의 오류와 탈락을 발견하기도 한다. 왜냐하면 옛사람들이 유서를 편찬하고 주석과 해설을 찬술할 때 보았던 사본과 각본은 비교적 이른 시기에 편찬되어 옛 책의 원래 모습과 비교적 가까우므로, 그것들이 인용한 문장을 근거로 교감 작업을 해도 큰 문제가 없기 때문이다.

유서 가운데 당나라 우세남(虞世南)이 지은 《북당서초(北堂書鈔)》, 구양순(歐陽詢)의 《예문유취(藝文類聚)》, 서견(徐堅)의 《초학기(初學記)》, 송나라 이방(李昉) 등이 펴낸 《태평어람(太平御覽)》, 왕흠약(王欽若) 등이 펴낸 《책부원귀(冊府元龜)》는 모두 옛 판본의 책들이 보존된 창고로, 후세 사람들이 책을 교감할 때 제공해 줄 수 있는 자료들이 산더미처럼 쌓여 있다. 청대 학자들은 그 자료들을 근거로 삼아 많은 노력을 들여 큰 성과를 거두었다.

당나라 이전 역사책의 주석들, 예컨대 배송지(裴松之)의 《삼국지주(三國志注)》, 배인(裴駰)의 《사기집해(史記集解)》, 유효표(劉孝標)의 《세설신어주(世說新語注)》, 역도원(酈道元)의 《수경주(水經注)》와 같은 것은 참으로 옛 책들이 모이는 연수(淵藪)이거니와, 당나라 장수절(張守節)의 《사기정의(史記正義)》, 사마정(司馬貞)의 《사기색은(史記索隱)》, 안사고(顏師古)의 《한서주(漢書注)》, 이현(李賢)의 《후한서주(後漢書注)》에 보이는 옛 책들도 오늘날 전해지는 판본과는 다르므로, 우리들은 그들이 주석서에서 인용한 글을 근거로 다른 책을 교감할 수 있다.

더욱 중요한 것은 모든 책의 주석을 근거로 원본이 전사될 때 발생한 오류를 정정할 수 있다는 점이다. 청대의 교감가인 고광기(顧廣圻)는 "옛 책 가운데 당나라 이전 사람이 주석을 달지 않은 것은 탈락과 오류가 많기 십상이다."라고 하였다. 《중각안자춘추(重刻晏子春秋)》 〈후서(後序)〉 이 한마디에서 그가 정말로 무엇이 좋고 나쁜지에 대해서 깊이 이해하고 있었음을 알 수 있다. 옛 주석이 귀한 까닭도 바로 여기에 있다.

하지만 반드시 지적해야 할 것은 옛사람이 반드시 원문을 한 글자도 틀리지 않고 그대로 인용하는 것이 아니라는 점이다. 특히 인용하는 도중에 말을 생략하고 의미만 인용하는 경우가 있다. 이에 대해서는 고염무(顧炎武)가 《일지록(日知錄)》 권20에서 확실하게 설명하였다. 다급하게 어떤 것을 인용할 때는 원문을 잘못 인용하거나 내용을 뒤집는 일도 허다하다. 송나라와 명나라의 학자들도 오래전에 이 문제에 대해서 많은 실례를 들었다. 송나라 손혁(孫奕)은 《시아편(示兒編)》 권13에서 다음과 같이 말하였다.

> 《주역》 〈무망(无妄) 육이(六二)〉에는 "농사짓지 않고도 수확하고 밭을 일구지 않아도 새 밭이 된다면, 이익이 떠나게 된다.〔不耕穫, 不菑畬, 則利有攸往〕"라고 했는데, 《예기》 〈방기(坊記)〉에는 "농사짓지 않고도 수확하고 밭을 일구지 않아도 새 밭이 된다면, 흉하다.〔不畊穫, 不菑畬, 凶〕"라고 하였다.[11] 《상서》 〈목서(牧誓)〉에는 "융거 300대, 호분 3000명〔戎車三百兩, 虎賁三千人〕"이라고 했는데, 《맹자》에는 "혁거 300대, 호분 3000명〔革車三百兩, 虎賁三千人〕"이라고 하였다. 《시경》에는 "그 문덕을 널리 시행하니 이 네 나라에 스며들었구나.〔矢其文德, 洽此四國〕"라고 한 이가 선왕(宣王)이라고 하였는데, 《예기》

11 주역……하였다 : 《주역》 〈무망괘(无妄卦)〉의 이 부분에 대해서 주희는 "농사짓지 않으면 수확할 수 없고, 밭을 갈지 않으면 새 밭이 이루어질 수 없다."라고 해석하였는데, 이는 《예기》 〈방기〉의 풀이와 상반된다. 그러므로 주희와 거의 동시대 사람인 손혁이 《예기》 〈방기〉가 《주역》을 잘못 인용한 사례로 든 것도 무리는 아니다.

〈한거(閒居)〉에는 태왕(太王)이라고 하였다.

《예기》에는 "융적을 정벌하고, 형서를 징계하리라.〔戎狄是膺, 荊舒是懲〕"라고 한 이가 희공(僖公)이라고 하였는데, 《맹자》 〈등문공 상(滕文公上)〉에는 주공(周公)이라고 하였다. "너무 멀리 나아가면 가로막힐까 봐 두렵다.〔致遠恐泥〕"라는 것은 자하(子夏)의 말인데,[12] 반고(班固)는 공자에게서 나온 말이라고 여겼다. "빨리 나아가는 자는 후퇴도 빠르다.〔其進銳者, 其退速〕"라는 것은 《맹자》의 말인데, 이고(李固)는 《노자》에서 나왔다고 여겼다. 맹자는 "살아 계실 때는 예로 모시고 돌아가시면 예로 장례를 치르며, 예로 제사를 지낸다.〔生事之以禮, 死葬之以禮, 祭之以禮〕"라는 공자의 말을 증자(曾子)의 말로 여겼으며, 《구당서》와 《신당서》는 증자가 "능력이 있지만 능력 없는 이에게 질문하고, 많은 것을 알지만 아는 것이 적은 이에게 물어본다.〔以能問於不能, 以多問於寡〕"라고 한 말을 공자가 했다고 여겼다. 유호(有扈)와 감야(甘野)에서 싸운 것은 하나라의 계(啓)이지만 유향(劉向)은 하나라의 우(禹)라고 여겼다. 《설원(說苑)》 진유(溱洧)에서 사람을 구한 것은 자산(子產)이지만 유향은 경차(景差)라고 여겼다. 《설원》

《상서》 〈미자(微子)〉의 '아구운각자(我舊云刻子)'라는 구절을 《논형(論衡)》 〈본성(本性)〉에서는 '아구운해자(我舊云孩子)'라고 인용하였다. 《상서》 〈입정(立政)〉의 '이예아수민(以乂我受民)'이라는 구절을 《논형》 〈명우(明雩)〉에서는 "이우아애민(以友我愛民)'이라고 인용하였다.[13] 《순자(荀子)》 〈요문(堯問)〉에 "제후들 가운데 자신을 위

12 자하(子夏)의 말인데 : 원문에서 장순휘는 자공(子貢)의 말이라고 했지만, 《논어》 〈자장(子張)〉에는 자하의 말로 나와 있어 바로잡았다.

13 상서 미자(微子)의……인용하였다 : 선진 양한 시기 학자들은 《상서》를 인용할 때 종종 원문 그대로 인용하기보다는 쉬운 단어로 글자를 바꾸어서 자신이 이해한 대로 인용하였다. 이러한 현상의 대표적인 예가 사마천의 《사기》 〈오제본기〉·〈하본기〉·〈은본

해 스승을 얻은 자는 왕이 되고, 친구를 얻은 자는 백이 되며, 의심 거리를 해결해 주는 이를 얻으면 보전할 수 있다. 그런데 자신을 위해 의심 거리를 해결해 주는 이를 얻었는데 그 사람이 자신보다 못하다면 망한다.〔諸侯自爲得師者王, 得友者伯, 得疑者存. 自爲疑而莫己若者亡〕"라고 한 것은 현존하는 《상서》〈중훼지고(仲虺之誥)〉의 "스스로 스승을 얻을 수 있는 자는 왕이 되지만, 남이 자신보다 못하다고 하는 자는 망한다.〔能自得師者王, 謂人莫己若者亡〕"라는 구절과 뜻이 조금 다르다.[14]

《염철론(鹽鐵論)》에 등장하는 문학(文學)들이 《맹자》를 인용하여 "오늘날 조정에 있으면서 그 풍속을 바꾸지 못하고는, 천승 제후의 세력을 이루더라도 하루아침도 거처할 수 없다.〔居今之朝, 不易其俗, 而成千乘之勢, 不能一朝居〕"라고 했는데, 이는 오늘날 《맹자》의 "오늘날의 도로 풍습을 변화시키지 못한다면, 비록 천하를 준다고 하더라도 하루아침도 유지할 수 없다.〔由今之道, 無變今之俗, 雖與之天下, 不能一朝居〕"라는 구절과 뜻이 크게 다르다.

명나라 양신(楊愼)도 《단연잡록(丹鉛雜錄)》 권9에서 다음과 같이 말하였다.

전(傳)에서 고전을 인용할 때는 반드시 "《서》에 '……'라고 했다.〔書

기〉·〈주본기〉이다. 마찬가지로 《논형》에서 글자를 고쳐서 인용한 것은 왕충(王充)이 어떻게 해당 구절을 이해했는지를 보여 준다. 《상서》의 해석과 이해가 너무 다양한 관계로 위에서는 번역을 하지 않고, 원문을 제시하여 《상서》 원문과 왕충의 인용이 어떻게 다른지만 나타내었다.

14 현존하는……다르다 : 《순자》 〈요문〉의 이 구절은 《상서》 〈중훼지고〉를 인용한 것이지만, 현존하는 〈중훼지고〉의 구절과는 뜻이 다르다.

云]", "《시》에 '……'라고 했다.〔詩云〕"라고 하는 것이 옳은데, 《좌전(左傳)》에서 가장 많이 보이는 사례이다. 그러나 변형하여 인용한 예도 있다. 예컨대 자산(子產)이 자피(子皮)에게 "그대는 정(鄭)나라의 기둥입니다. 기둥이 부러지고 서까래가 무너지면 거기에 사는 사람은 깔릴 것입니다.〔子於鄭國, 棟也. 棟折榱崩, 僑將壓焉.〕"라고 했는데, 이는 《주역》의 "기둥이 꺾이면 흉하다.〔棟橈, 凶〕"라는 뜻을 인용한 것이지만 《주역》에서 인용한 것임을 확실하게 말하지는 않았다.

노(魯)나라 목숙(穆叔)이 정백(鄭伯)의 불경함을 논하면서 "물가와 연못의 흙과 개울의 풀을 대종(大宗)의 묘(廟)에 두고 계란으로 하여금 관리를 하게 하는 것이 공경이다.〔濟澤之阿, 行潦之蘋藻, 寘諸宗室, 季蘭尸之, 敬也.〕"라고 했는데, 이는 《시》의 '유제계녀(有齊季女)'라는 시 전체에 담긴 뜻을 인용한 것이지만 《시》에서 인용한 것임을 확실하게 말하지는 않았다. 대체로 이것이 하나의 방법인 듯하다.

또한 《상서》 〈태서(太誓)〉에 "상(商)나라는 백성이 많지만 민심이 떠나고, 주(周)나라는 열 사람만 있지만 같은 마음이기 때문에 사람이 많은 것과 같다.〔商兆民離, 周十人同者衆也.〕"라고 했다고 인용했는데, 이는 〈태서〉의 원문인 "상나라의 왕인 주(紂)에게는 많은 백성들이 있지만 마음과 덕이 떠났다. 나에게는 훌륭한 신하 열 명만 있지만 마음과 덕을 하나로 하였다.〔受有億兆夷人, 離心離德, 予有亂臣十人, 同心同德.〕"의 스무 글자를 여덟 글자로 줄인 것으로 문체가 더욱 건실해졌다.[15] 이렇게 글자를 생략하는 것도 한 가지 방법이다.

진(晉)나라의 극지(郤至)가 초(楚)나라를 방문했을 때, 초나라의 접대를 사양하며 이렇게 말했다. "많은 관리가 일을 처리할 때 아침에만

15 여덟……건실해졌다 : 위의 "商兆民離周十人同者衆也"에서 '商兆民離周十人同'까지가 원문을 줄여서 인용한 여덟 글자이고, '者衆也'는 《좌전》의 편저자가 덧붙인 말이다.

하고 저녁에는 하지 않는데, 이것은 공후가 그들의 백성을 보호하는 방법입니다. 그러므로 《시》에서 '용맹한 무사가 공후의 성을 지키네.'라고 하였습니다. 난리가 일어났을 때에는 제후들이 이익을 탐하고, 침탈하려는 욕망을 그칠 줄 모릅니다. 싸움이 계속되어 백성들을 죽게 하고, 무사들을 빼앗아 자신의 심복으로 삼습니다. 그래서 《시》에서 '용맹한 무사가 공후의 심복이 되었네.'라고 하였습니다.〔百官承事, 朝而不夕, 此公侯所以干城其民也. 故《詩》曰: 赳赳武夫, 公侯干城. 及其亂也, 諸侯貪冒, 侵欲不已. 爭尋常以盡其民, 略其武夫, 以爲己腹心, 故《詩》曰: 赳赳武夫, 公侯腹心.〕" 이는 먼저 《시》의 뜻을 말하고 나중에 《시》의 문장을 인용한 것으로 또 하나의 방법이다.

송나라의 진문간(陳文簡)은 "고문에서 《시》의 내용을 가져다 쓰면 《시》라고 언급하고, 《상서》의 내용을 가져다 쓰면 《상서》라고 언급하는 것이 일반적인 체례이다. 하지만 가끔 《상서》〈강고(康誥)〉를 선왕의 명령〔先王之令〕이라고 하거나《국어(國語)》에 보인다. 《상서》〈주서(周書)〉 부분을 사방의 말〔四方之言〕이라고 하거나《국어》에 보인다. 〈함유일덕(咸有一德)〉을 윤길(尹吉)이라고 하거나《예기(禮記)》에 보인다. 〈대우모(大禹謨)〉를 《도경(道經)》이라고 한다.《장자(莊子)》에 보인다. 그리고 〈중훼지고(中虺之誥)〉라고 하지 않고 〈중훼지지(中虺之志)〉라고 하거나《좌전(左傳)》에 보인다. 〈오자지가(五子之歌)〉라고 하지 않고 〈하훈(夏訓)〉이라고 한다.《좌전》에 보인다."라고 했다. 진씨의 말이 내 의견에 부합하는 점이 있기에 여기에 수록한다.

손혁과 양신 두 사람이 추출해 낸 사례를 가지고 보면, 옛사람이 책을 인용하는 방식이 다양하고 발생하는 오류도 역시 아주 심각함을 알 수 있다. 유서(類書)와 고주(古注)가 비록 비교적 면밀하고 신중하게 옛 문헌을 인용하지만 여전히 단점도 적지는 않다. 만약에 유서만을 근거로 책 원문을 고친다면 무의식중에 원본을 훼손하게 된다.

청나라 학자들도 교감 작업에 종사하면서 이러한 점에서 잘못을 범하지 않을 수 없었는데, 예컨대 왕염손(王念孫)·왕인지(王引之) 부자가 행한 많은 경전에 대한 교감과 정리 작업도 이 잘못을 피할 수 없었다. 청나라 말기 주일신(朱一新)은 《무사당답문(無邪堂答問)》 권2에서 교수(校讎) 작업에 대해 말하면서 또한 다음과 같이 말하였다.

> 고우(高郵) 지방의 왕염손·왕인지 부자는 경전에 관해서는 정확하고 빈틈이 없어서 그들에게 필적할 자가 없었다. 하지만 왕왕 유서에 근거하여 원문을 고쳤으니 정통한 사람의 병폐가 되었다. 《북당서초》, 《태평어람》과 같은 것들은 세상에 좋은 판본이 없고, 처음부터 경전의 풀이를 위해 지어진 것도 아니다. 또한 여러 사람의 손에서 작업이 진행되었기 때문에 그것의 내력을 믿을 수 없다. 그런데 그것으로 수천 년 동안 유학자들이 성심을 다해 고증하여 정한 판본을 고쳤으니 이는 거꾸로 된 것이 아니겠는가. 그러나 왕씨 부자는 몇 개의 증거를 확보한 후에야 비로소 고치기 시작했으니 신중함을 잃지는 않은 듯하다. 만약에 그저 선배들과 다른 것을 추구하고 하나의 글과 하나의 증거로 천착하는 데 힘쓴다면 경학에 해가 될 것이다.

요즘 사람인 유문전(劉文典)도 《삼여찰기(三餘札記)》 권1에서 다음과 같이 말하였다.

> 청대의 여러 선생은 옛 책을 교감하면서 유서에서 증거를 취한 경우가 많았는데, 고우 지방의 왕씨가 더욱 심했다. 그러나 유서에서 인용한 글들을 실제로 다 믿을 수는 없다. 왕왕 몇몇 책에서 인용한 구절들이 서로 같다고는 하지만 그것을 근거로 교정할 수는 없다. 가장 이른 시기

의 책에 오류가 있으면 나중의 여러 책에도 따라서 오류가 생기기 때문이다. 송나라의 《태평어람》은 사실 이전 왕조의 《수문어람(修文御覽)》, 《예문유취》, 《문사박요(文思博要)》 등 여러 책의 체계를 잘 살핀 후 편집해 만든 것이다.

그런데 책의 이름을 인용하면서 이전 왕조의 유서에 있었던 것들을 따랐지 송나라 초기에 아직 있었던 책들을 대체로 따르지 않았다. 이에 대해서는 진진손(陳振孫)이 자세히 말했다. 《사민월령(四民月令)》 같은 책은 당나라 사람들이 당 태종 이세민(李世民)을 피휘하면서 '민(民)'을 '인(人)'으로 고쳤는데, 《태평어람》에서도 도로 바꾸지 않았다. 책 이름도 이럴진대 문장의 인용이 어떤지는 알 만하다. 그러므로 설사 수·당·송의 여러 유서에서 인용한 문장들이 서로 같다고 하더라도 다 믿을 수는 없는 것이다. 교감에 대해서 말하는 사람은 잘 살피지 않으면 안 된다.

이러한 의견들은 모두 비교적 적절한 것이다. 책을 교감하는 과정에서 원칙 없이 유서를 믿거나 먼저 유서를 주된 근거로 하여 예전의 글들을 고쳐 버리는 것은 모두 지극히 성실하지 못한 방법이다. 요즘 사람 유이징(柳詒徵)이 《중국문화사(中國文化史)》 제3편 제10장에서 고증학파에 대해 말할 때 다음과 같이 말한 적이 있다.

고우의 왕씨가 여러 책을 교정하는 데 가장 정통하고 훌륭하다고 이름났다. 하지만 그들의 방법은 대개 먼저 송나라 사람들이 모은 유서들, 예컨대 《태평어람》, 《책부원귀(冊府元龜)》, 《옥해(玉海)》 등의 책을 선택해 그것들의 같고 다른 점을 비교한 뒤 자기 의견으로 만드는 것이었다. 또한 먼저 하나의 학설부터 세우고 유서를 인용하여 증명하기도 하였다.

이렇게 왕염손·왕인지 부자를 질책하는 것은 비록 말을 너무 심하게 했다는 잘못을 면할 수 없지만, 왕씨 부자가 평소 책을 교감하는 데 확실히 그들만의 편벽된 폐단이 있기에 우리들도 변호할 필요는 없다. 그리고 요영개(姚永概)는《신의헌문집(愼宜軒文集)》권1〈서경의술문(書經義述聞)〉,〈독서잡지후(讀書雜志後)〉에서 이 문제에 대해 다음과 같이 말하였다.

> 옛 책의 오류와 탈락이 심해 읽을 수 없을 정도가 되면, 옛것을 좋아하는 자는 다른 판본이나 유서의 주석에 인용되어 언급된 것들을 수집한 뒤 그 책을 교감하고 수정함으로써 확실하게 공을 세운다. 하지만 만약에 그 책이 본디 자체적으로 이해될 수 있는데도 다른 책에서 인용한 것과 차이점이 있다고 해 보자. 그렇다면 다른 책에 오류가 없다고 어떻게 알며, 어떤 책이 옳은지 그른지 확실히 할 수 있을까? 왕씨가 본서(本書)를《태평어람》,《초학기》,《백첩(白帖)》,《공첩(孔帖)》,《북당서초》보다 더 깊이 신뢰하지 않는 것이야말로 바로 다른 것을 좋아하는 폐단이다.
>
> 옛사람이 글을 지을 때 뜻은 대구를 생각하면서도 글은 그렇지 않은 경우가 있으며, 종종 한 글자에 두세 글자를 대구로 삼는 경우도 있다. 왕씨는 문장 구조가 통일되지 않을 때마다 의심하여 유서를 가지고 옛 판본을 고쳤다. 그런데 유서는 당나라 이후 사람들이 지은 것인데, 그 때가 틀에 딱 맞는 대구를 숭상하던 시기임을 몰랐다. 그러므로 인용하는 김에 고쳐서 비슷하고 조화가 되도록 만들었던 것이다. 게다가 옛사람들은 글을 인용할 때 대의만 취했기 때문에 구절의 많고 적음, 글자체의 같고 다름을 결코 염두에 두지 않았다. 왕씨의 말을 따르는 것은 도리어 지금의 것으로 옛것을 재단하는 것이니 그 잘못이 너무나 크다.

이로써 책을 교감할 때 유서를 따르지 않는 것도 확실히 옳지 못하지만,

완전히 맹종하는 것 역시 옳지 못함을 알 수 있다. 우리는 고우의 왕씨가 책을 교감하는 과정에서 범한 잘못을 피하려고 노력해야 한다. 그러나 다른 한편으로 고우 왕씨가 책을 교감하는 과정에서 이룬 탁월한 성취에 대해서는 인정해야 하며 전부 부정해서는 안 될 것이다.

책을 교감할 때 옛날의 주석을 근거로 삼는 것 역시 잘 감별하고, 신중하게 문제를 처리할 필요가 있다. 노문초(盧文弨)는 《포경당문집(抱經堂文集)》 권20 〈정소아에게 보내는, 방언에 관한 책을 교정하는 것을 논하는 편지〔與丁小雅論校正方言書〕〉에서 이미 다음과 같이 지적하였다.

> 대개 옛사람들이 옛 책을 인용할 때 모두 원문처럼 완벽하게 하지는 않았다. 그러므로 여러 책들을 교정할 때 당연히 본서에서 전한 옛 판본의 내용에 따라 확정해야 한다. 게다가 조판 인쇄 이전의 것들은 책 한 권에서 전달하는 내용에도 서로 차이가 나니 어느 하나만 부분적으로 제시해서는 안 될 것이다. 오늘날 단지 주석가들이 인용한 글에 의거하여 그것이 타당하다고 여기기도 하는데 이는 옳지 못한 듯하다.

주일신은 《무사당답문》 권3에서 다음과 같이 말하였다.

> 이번 왕조(청나라)의 사람들이 교감학에는 제일 정통하지만 왕왕 다른 책을 가지고 본서의 문장을 고치기를 좋아한다. 하지만 옛사람은 똑같이 사건을 서술하고 책을 인용하면서 글자와 구절이 많이 차이 나더라도 오늘날의 교감가들과는 달리 한 글자도 감히 고치지 않았다. 오늘날에는 이것을 가지고 저것을 비교한 뒤 멋대로 수정하여 옛 책이 진면목을 잃어버리게 되었다. 이렇게 심각한 폐습을 따라서는 안 된다. 대개 본의가 통하고 다른 책에도 명백한 증거가 있으면 가벼이 고치지 말아야 한다. 옛 책에 있는 말의 뜻은 간략하면서도 오묘하니 오늘날의 문법

으로 탐구해서는 안 된다.

이러한 의견은 책을 교감하는 작업에서 아주 가치 있는 건의이다. 우리는 반드시 이러한 의견을 중시하여 아주 객관적이고 실사구시의 자세로 작업을 진행해야 한다.

## 제3절 송원 구본의 중요성과 한계

각본(刻本)이 나온 지 지금까지 1000여 년이 되었다. 전래된 각본 가운데 송나라 판본이 가장 이른 시기의 것이고, 가장 진귀한 것이다. 그다음이 원나라의 각본으로 역시 많이 보존되어 있지는 않다. 그러므로 책을 교감하는 작업을 하는 이들은 그것들을 세상에 드문 보배로 여긴다. 청나라 학자들, 예컨대 노문초(盧文弨), 고광기(顧廣圻), 황비열(黃丕烈), 엄가균(嚴可均)은 모두 교감으로 유명한 인물들로 송원 각본의 이로움과 폐단을 잘 알고 있었다. 노문초는 《포경당문집(抱經堂文集)》 권12 〈오규리가 소장하고 있던 송나라 판본 《백호통》의 독후감〔書吳葵里所藏宋本白虎通後〕〉에서 다음과 같이 말하였다.

> 옛 판본이 귀한 까닭은 그것에 오류가 거의 하나도 없기 때문이 아니다. 요새 판본들 중에서 교감을 거친 것들이 있는데 옛 판본보다 나은 것도 있지만 멋대로 고친 것도 아직 상당히 많다. 구경(九經)의 소자본(小字本)을 예로 들면, 남송 때의 판본이 북송 때의 판본만 못하고, 명나라 때의 석산 진씨(錫山秦氏)의 판본이 남송 때의 판본만도 못하며, 오늘날의 진씨의 판본을 훑어보면 더욱 미치지 못한다. 이로써 옛 판본이 귀한 것임을 알 수 있다.

여기에서는 인쇄가 비교적 이른 시기에 된 책들이 적으며, 설령 약간의 오류를 피할 수 없을지라도 그나마 쉽게 발견할 수 있다는 것을 지적하고 있다. 그래서 고광기는 《사적재집(思適齋集)》 권9 〈한비자식오서(韓非子識誤序)〉에서 다음과 같이 말한 적이 있다.

송나라 판본의 오류는 아직 수정된 적이 없기 때문에 오류의 흔적을 왕왕 찾을 수 있다.

황비열은 《사례거장서제발기속(士禮居藏書題跋記續)》 권상 〈무림구사육권발(武林舊事六卷跋)〉에서 다음과 같이 말하였다.

여러 서적들을 교감할 때 그 책이 하루라도 오래된 것이라면 좋은 점이 있으리라는 것을 알게 된다. 비천하고 제멋대로인 사람에게 삭제당하고 윤색당하지 않아서 뜻이 명백한 편이기 때문이다. 그래서 옛 각본을 훌륭하다고 여기는 것이다.

엄가균도 《철교만고(鐵橋漫稿)》 권8 〈송나라 판본 《후주서》의 독후감〔書宋本後周書後〕〉에서 다음과 같이 말하였다.

송나라와 원나라의 판본을 귀하게 여기는 까닭은 비단 오래된 색깔과 향기를 지니고 있을 뿐만 아니라 그것을 읽고 나면 마음이 시원해지고 안목이 넓어지기 때문이다. 설령 낡고 망가져서 온전치 못하고, 노(魯) 자와 어(魚) 자를 혼동한 것이 눈에 가득 들어온다고 하더라도, 여전히 훌륭한 부분이 있어서 대충 읽기만 해도 그것을 알 수 있다.

이러한 의견들은 교감의 고충과 희열을 너무나 잘 아는 말이다. 몇십 년 동안의 감성적인 인식 과정이 없었다면 저렇게 되는 까닭을 결코 스스로 털어놓을 수 없는 일이다. 요즘 사람인 진내건(陳乃乾)은 〈호박안에게 보내는 편지〔與胡樸安書〕〉《국학휘편(國學彙編)》 제1집에 수록되어 있다. 에서 다음과 같이 지적하였다.

> 옛 책이 한 번 더 판각될 때마다 오류가 하나 더 생긴다는 말이 있습니다. 생각 없는 사람에게서 나온 것들, 노(魯)를 어(魚)로 바꾸고, 해(亥)를 시(豕)로 바꾸는 오류들은 그래도 찾아낼 수 있습니다. 하지만 만약 정통한 사람들이 마음대로 고친다면 원본은 모두 사라질 것입니다. 송나라, 원나라 그리고 명나라 초기의 여러 판각들에 오자가 없을 수 없습니다. 하지만 장서가들이 다투어 구매하는 까닭은 골동품을 좋아해서가 아니라 그 판본들의 오자는 생각 없는 사람들에게서 나온 것이므로 찾아서 분별할 수 있을지도 모르기 때문이며, 또한 나중에 판각된 것의 가장 이른 판본이기 때문입니다. 옛 책을 교감하는 것은 먼저 사실 여부를 검토해야지 오로지 뜻이 잘 통하는 것만을 중요하게 여겨서는 안 될 것입니다. 옛사람의 진본을 우리가 직접 볼 수는 없습니다. 그러나 진본과 가까운 것을 찾는다면, 옛 각본이 최선입니다.

이것은 과거의 학자들이 송나라와 원나라의 옛 판본들을 보물처럼 귀중하게 여겼던 까닭을 잘 정리한 말이다. 따라서 우리가 서적 교감 작업에 착수할 때 비교적 이른 시기에 조판되고 비교적 훌륭한 판본을 신뢰할 수 있는 근거로 삼지 않을 이유가 없는 것이다.

서적 교감 작업은 반드시 송나라와 원나라의 옛 판본에 따라야 한다는 것은 의심의 여지가 없지만, 완전히 그것을 맹목적으로 따르고 믿는다는 것은 아니다. 왜냐하면 송나라 시기의 각본도 오탈자가 없을 수 없으며, 또한 당시 책을 판각한 사람이 임의로 더하거나 뺀 부분도 있기 때문이다. 만약 옛 판본의 책에 잘못이 하나도 없다고 여긴다면 심각한 잘못을 범하게 되는 것은 당연하다. 항세준(杭世駿)이 《도고당집(道古堂集)》 권18 〈흔탁재장서기(欣託齋藏書記)〉에서 다음과 같이 말했듯이 먼저 우리는 송나라 판본이 아주 복잡하다는 것을 잘 이해할 필요가 있다.

오늘날 개인적으로 소장하고 있던 책을 파는 자들은 걸핏하면 송나라 각본이라고 하지만, 송나라 판본에도 좋은 것과 나쁜 것이 있는 줄은 모른다. 태학본(太學本), 조사본(漕司本), 임안진해원서붕본(臨安陳解元書棚本), 건안마사본(建安麻沙本), 그리고 방본(坊本) 등 이루 다 셀 수 없을 정도로 많다.

여기에서 열거한 판본들은 송나라 판본의 일부분에 지나지 않는다. 그중에서도 건안마사본이 가장 질이 떨어지지만 가장 널리 퍼진 것이기도 하다. 너무 많이 판각되어 오탈자가 보이지 않는 곳이 없다. 그래서 당시 학자들에게 아주 무시당했다. 육유(陸游)는 《노학암필기(老學庵筆記)》 권7에서 다음과 같이 말하였다.

삼사법(三舍法)[16]이 시행될 때 한 교관이 《역(易)》에서 문제를 내었다. "건(乾)은 금(金)이 되고, 곤(坤) 역시 금(金)이 되는데, 어째서인가?" 이에 학생들이 감본(監本) 《역》을 품고 발 앞에 가서 여쭈었다. "선생께서 아마도 마사본(麻沙本)을 보신 듯합니다. 감본에는 '곤은 부(釜)가 된다.'라고 되어 있습니다."

주휘(周煇)도 《청파잡지(淸波雜志)》 권8에서 다음과 같이 말하였다.

글자를 인쇄하면서 오류가 생기는 것은 일상적인 일이다. 대개 책을 교감하는 것이란 먼지를 쓰는 일과 같으니, 쓸면 또 생긴다.……마사본의 오류와 같은 것이 후학을 오도하는 경우가 많다.

16 삼사법(三舍法) : 왕안석의 변법 가운데 하나로 학교 교육제도를 활용하여 과거 시험을 대체한 법이다.

이것들은 모두 송대 학자들의 신뢰할 만한 실제 기록이다. 육유는 다시 〈발역대능명(跋歷代陵名)〉에서 다음과 같이 통렬하게 질책하였다.

> 요새 사대부들은 각본을 좋아하지만 거의 교감 작업을 하지 않는다. 차라리 판각하지 않는 것이 오류가 있는 판본을 천하에 널리 퍼뜨려 학자들을 더욱 오도하는 것보다 낫다.

이 얼마나 혐오하는 감정이 실린 말인가. 송나라 판본에 많은 착오가 존재하는 까닭을 귀납해 보면 두 가지 원인을 벗어나지 않는다. 하나는 판각할 때 발생하는 오류와 관련이 있으며, 다른 하나는 책이 교감될 때 손상을 입는 것들과 관련이 있다. 청대의 교감가들이 이에 대해서도 하나하나 지적하였다. 고광기는 《사적재집》 권10 〈중각고금설해서(重刻古今說海序)〉에서 다음과 같이 말하였다.

> 남송 때 건양(建陽) 지방의 각 공방에서 판각된 책이 가장 많았다. 책 하나를 판각할 때마다 누군지도 모르는 사람을 고용해서 임의대로 수정하고 신기한 내용을 높이 치켜들어 잘 팔리기를 기대했으니 옛 책들이 그 진짜 내용을 많이 잃어버렸다.

이러한 후유증은 당연히 판각한 자가 책임져야 한다. 그다음으로는 노문초가 《포경당문집》 권2 〈중조경전석문연기(重雕經典釋文緣起)〉에서 다음과 같이 말한 바 있다.

> 오늘날 송나라 판본을 귀하게 여기는 이는 경전이 누차 베껴져서 이전 시대의 것만 못하다고 말한다. 그러나 책의 원래 내용이 사라진 것 역시 모두 송나라 사람에게서 비롯되었다. 송나라 사람들은 주관적인 견해를

과시하고 옛글을 고치기를 좋아하였다. 예컨대 육씨(陸氏)가 오(吳)의 토착 가문이지만, 그가 모은 옛사람들의 발음들 전부가 오(吳)의 것은 아니다. 그런데 남송의 모거정(毛居正)이 지은《육경정오(六經正誤)》에서는 육씨가 그 고장의 발음에만 치우쳤고, 이에 다른 글자로 고쳐서 발음을 바꾸었다고 나무랐다. 나중 사람들은 이 설명을 믿어서 원문을 고쳐 버렸다.

이 결과는 당연히 책을 교정한 사람이 책임져야 한다. 이로써 송나라 때 책을 판각하고 교정한 사람들이 책에 가져온 손해가 적지 않다는 것을 알 수 있다. 송나라 판본이 이럴진대 원나라 각본이 어떨지는 충분히 짐작할 수 있다. 오늘날 우리들이 서적 교감 작업에 착수하면서 송나라와 원나라의 옛 판본들을 오류가 하나도 없는 유일한 근거라고 볼 이유는 없다.

## 제4절 명대 각본의 단점

옛 판본의 책이 오늘날까지 전해지는 것이 날로 희귀해지고 있다. 송나라, 원나라의 판본뿐만 아니라 명나라의 각본(刻本)도 그다지 많지 않다. 어떤 이들은 서적 교감자들이 대개 송·원의 옛 판본을 소중히 여겨서 명나라 판본에 대해서는 크게 중시하지 않았다고 의심한다.

그렇다면 설마 사람들이 쉽사리 '먼 것을 귀하게 여기고 가까운 것을 하찮게 여기는' 고치기 힘든 습관 때문에 명나라가 송나라와 원나라보다 오래되지 않았다고 여겨 그때의 각본들을 무시했다는 말인가? 나는 이 원인이 명대 각본에 원래 내재하는 조건 때문이지, 어떤 사람이 마음대로 주관적인 판단을 근거로 경중과 고하를 판단했기 때문은 아니라고 생각한다.

송나라 때부터 각본은 다음의 세 종류, 즉 관본(官本), 가숙본(家塾本), 방간각본(坊間刻本)을 벗어나지 않았다. 관본은 조정에서 감독하여 만든 것이다. 가숙본은 보통의 관료나 지주들의 집에서 조판·판각한 것이다. 방간각본은 시장에서 책을 다루는 상인들이 인쇄하여 배포한 것이다. 특히 방간각본은 이익을 탐하는 속성을 가지고 있었으므로 인쇄된 책이 아주 난잡하였고 교감을 거칠 겨를도 없었다. 그래서 책에 끼친 해로움도 특히 심했다. 이는 송나라, 원나라 때에도 피할 수 없는 것이었지만, 명대에 이르러서는 더욱 심해졌다. 그리고 책을 판각할 때 의식적으로 옛 책을 함부로 고쳐서 아주 고약한 결과를 초래했다. 고염무(顧炎武)는 《일지록(日知錄)》 권18 〈개서(改書)〉에서 다음과 같이 지적한 적이 있다.

> 만력(萬曆) 연간의 사람들은 대부분 옛 책을 함부로 고치는 것을 좋아했다. 사람의 마음이 사특해지고 사회 분위기가 변하는 것이 이때부터

시작되었다.……그 사람이 누구인지도 모르고 그 시대가 어땠는지도 논하지 않으면서 그 글을 고친다. 황당무계한 말들이 유포되고 전해지는 것이 오늘날까지 그치지 않는다.

고염무는 명나라 말기에 태어났는데, 어렸을 때부터 책을 읽으면서 당시 방간각본의 영향을 직접 받았다. 따라서 이 문제를 언급하면서 자신도 모르게 울컥하여 통렬하게 비난하였다. 멀리는 고염무 이전의 명나라 학자도 이러한 병폐를 알고 있었다. 양신(楊愼)은《단연속록(丹鉛續錄)》권3〈세설오자(世說誤字)〉에서 다음과 같이 말한 적이 있다.

옛 책이 여기저기에서 판각되면서 오류가 돌아다니게 되었는데 대개 천한 자들이 함부로 고치면서 문제가 시작되었다. 예컨대 요새 오중(吳中)에서 판각한《세설(世說)》에 "우군이 청진하다.〔右君淸眞〕"라고 된 부분이 있는데, '청진(淸眞)'은 청아하고 솔직담백함을 의미한다. 이태백(李太白)도 이 말을 가지고 "우군은 본디 청진하네.〔右君本淸眞〕"라고 시를 지었으니, 이것이 바로 그 증거이다. 그런데 근래에 함부로 '청귀(淸貴)'라고 고쳐 버렸다. "아울러 여러 사람의 차이점을 가지고 있다.〔兼有諸人之差〕"라고 하는 부분은 각자 여러 사람의 서로 다른 점을 가지고 있다는 것을 일컫는데, 요새 함부로 '차(差)'를 '미(美)'로 고쳐 버렸다. 그리고 "소리가 더욱 급하다.〔聲鳴轉急〕"에서 '명(鳴)'을 '기(氣)'로 고쳤으며 '의학(義學)'을 '학의(學義)'로 고쳤다. 모두 옛사람들이 한 말의 뜻을 크게 잃어버린 것이다. 여기서는 한두 사례를 열거했을 뿐이며, 다른 사례들을 모두 소개하지는 않았다.

여기에서 언급한 것은 개별적으로 글자를 고친 실례일 뿐이다. 하지만 명대 각본의 가장 큰 잘못은 아예 옛 책의 전체 모습을 고쳐 버린 점에 있다.

예컨대 청나라 유학자 항세준(杭世駿)은 《도고당집(道古堂集)》 권18 〈흔탁재장서기(欣託齋藏書記)〉에서 다음과 같이 지적하였다.

> 옛날에는 문집을 모두 직접 편집하였다. 어떤 사람에게 하나의 문집만 있는 것이 아니고, 어떤 문집에 하나의 이름만 있는 것이 아니다. 그런데 《동파칠집(東坡七集)》, 《난성사집(欒城四集)》, 《산곡내외집(山谷內外集)》을 명나라 사람들은 함부로 고쳐서 제목을 《동파집》, 《난성집》, 《산곡집》으로 불렀다. 《주자집(朱子集)》은 300여 권이나 되는데 명나라 사람들이 40권으로 편집해 버렸다.
>
> 이강(李綱)의 《양계집(梁谿集)》은 130여 권이나 되고, 〈건염진퇴지(建炎進退志)〉와 〈시정기(時政記)〉가 붙어 있었다. 그런데 복건 지방에서 고쳐 판각하여 《이충정집(李忠定集)》으로 제목을 붙이고 40여 권으로 만들면서 앞과 뒤가 서로 바뀌어 옛사람의 면모를 잃어버렸다. 송나라 때 판각한 《한서》와 《후한서》는 책의 크기와 줄 간격을 줄이고 글자체도 생동감이 있으며 주석에 누락된 부분이 있으면 보충해 넣었으니, 이것이야말로 진정한 송나라 판본이다. 명나라의 왕문성(汪文盛)이 그 유지를 이어받은 듯하다.
>
> 반면에 원나라의 대덕판(大德版)은 책의 크기와 줄 간격을 넓히고, 종인걸(鍾人傑)과 진명경(陳明卿)과 같은 무리들이 그것을 약간 축소하였는데, 오늘날 사람들이 송나라 판본이라고 잘못 부르고 있다. 그 판본에는 생동감이 없고, 종이와 글씨의 신비로움도 열다. 심지어 《설문해자(說文解字)》에 《오음운보(五音韻譜)》를, 당나라 두우가 편찬한 《통전(通典)》에 송나라 사람들의 의론을 덧붙였으며, 송나라 때 편찬된 《이견지(夷堅志)》에는 당나라 사람의 일화가 삽입되었으니, 원본과 서로 맞춰 볼 수도 없었다. 명나라 사람들이 이 정도로 제멋대로였다.

항세준(杭世駿)의 말에 따르면, 옛 책의 권수가 너무 많아 명나라 사람들이 임의로 축소하였고, 원래의 제목은 다른 것인데 명나라 사람들이 마음대로 헷갈리게 하고, 또한 다른 자료를 가져다 원본에 삽입하였으니, 원본을 고쳐서 편집한 것과 다름이 없다고 하였다. 따라서 책 안의 글자와 구절들이 바뀐 정도의 것은 이상하게 여길 필요도 없다는 말이다. 청나라 유학자 황정감(黃廷鑑)은 《제육현계문초(第六絃溪文鈔)》 권1 〈교서설(校書說)〉 2에서 다음과 같이 말하였다.

> 멋대로 고치는 병폐는 당송 이전에 스승의 견해, 즉 사법(師法)을 삼가 준수할 때에는 들어 보지도 못한 것이다. 그 발단은 명나라 사람에게서 시작되어 천계(天啓), 숭정(崇禎) 연간에 극에 달했다. 《한위총서(漢魏叢書)》, 《패해(稗海)》, 《설해(說海)》, 《비급(祕笈)》 등의 여러 책에서 옛 책들이 모두 쪼개지고 분리되고 다시 합쳐졌으며, 구절은 삭제되고 글자는 바뀌어서 하나도 온전한 것이 없게 되었다. 옛 책의 모습이 모두 사라졌으니 이는 서적의 큰 재앙이었다.

명대에 판각된 총서(叢書)의 결점이 여기에서 다시 드러난다. 총서에 수록된 옛 책들은 모두 당시 무지하고 망녕된 사람들의 임의적인 추가와 삭제 그리고 분할을 거쳐서, 가끔은 심지어 내용은 그대로인데 머리와 얼굴을 뜯어고치는 식으로 책 이름과 저자를 아무 거리낌 없이 변경하였다. 이에 대해 섭덕휘(葉德輝)는 《서림청화(書林淸話)》 권7에서 다음과 같이 말하였다.

> 명나라 사람들이 책을 판각하는 데 하나 나쁜 습관이 있었다. 책 하나를 판각하면서 종종 머리와 얼굴을 뜯어고치고, 글의 일부를 삭제하고 이름을 바꾸었다. 예컨대 당나라 유숙(劉肅)의 《대당신어(大唐新語)》를 풍몽정(馮夢禎)이 판각하면서 《당세설신어(唐世說新語)》로 고쳤다.

> 상유준(商維濬)이 《패해(稗海)》를 판각하면서 섭몽득(葉夢得)의 《암하방언(巖下放言)》을 정경망(鄭景望)의 《몽재필담(蒙齋筆談)》이라고 하였으며, 낭규금(郎奎金)이 《석명(釋名)》을 판각하면서 《일아(逸雅)》를 고쳐 짓고 《오아(五雅)》의 목록에 합쳤다. 이 모두 마음대로 만든 것인데 왜 그렇게 했는지 의도를 알지 못하겠다.

이로써 명대 각본에 존재하고 있는 결점이 매우 엄중하다는 것을 알 수 있다. 이전 사람들이 지적했던 폐해를 우리가 반드시 알아야 그런 잘못을 범하지 않게 된다. 만약에 그저 명대가 오늘날과 시간상으로 멀리 떨어져 이미 수백 년이 지났다는 사실만 염두에 두고, 우연히 그때 인쇄된 서적을 보게 되어 놀라서 진귀한 것으로 여기고 심지어는 이를 토대로 현재 전해지는 판본을 고친다면, 잘못을 저지르는 것이다.

## 제5절 청대 학자의 정교본과 정간본의 중요성

청대 학자들은 명나라 사람들이 멋대로 옛 책을 고치는 폐해에 일침을 가하면서, 특히 교감을 중시하고 대중적으로 통용되는 판본의 오류들을 수정하였다. 또한 전력을 다해 송나라와 원나라의 옛 판본을 찾아서 여러 경전과 역사책, 제자백가서를 모두 정교하게 교감하고 간행하였다. 그들은 여기에 많은 노력을 기울여 크나큰 성과를 거두었으며, 우리를 대신하여 옛 책을 꼼꼼히 읽는 데 유리한 조건을 마련해 주었다. 우리는 예전 사람들의 연구 성과를 반드시 존중해야 하며, 적절히 그것을 의지하고 이용해야 할 것이다. 1875년 청나라 광서제(光緖帝) 원년 장지동(張之洞)은 《서목답문(書目答問)》을 편찬할 때, 부록인 〈국조저술제가성명략(國朝著述諸家姓名略)〉에서 다음과 같이 말한 적이 있다.

> 대개 사실을 증명하는 학문은 지금이 옛날보다 낫다. 이전 왕조의 경사자집(經史子集)에서 정말로 예부터 전해 오고 확실히 실용적인 책의 경우, 지금 왕조에서 반드시 표창하고 주석을 달았으며 정교하게 교감하고 간행하였다. 하지만 이전의 여러 현인이 언급하지 않은 것들이나 지난 100년 동안 교감되어 정본(精本)으로 간행되지 않은 것들도 의논해 볼 만한 것이 있다.

장지동은 또한 자신이 지은 《유헌어(輶軒語)》 〈어학편(語學篇)〉의 〈독서에는 마땅히 좋은 판본을 구해야 한다〔讀書宜求善本〕〉라는 데서 다음과 같이 지적하였다.

좋은 판본이란 단지 하얀 종이에 새로 찍은 판본만 일컫는 것이 아니라 학문에 정통한 선배들이 옛날에 판각된 몇 가지 판본을 가지고 정교하고 자세하게 교감한 뒤 출판한 것으로 오류와 누락이 없는 판본을 일컫는다. 여기 하나 간단한 방법이 있다. 처음 공부하는 이들이 책을 구매할 때, 서문과 발문이 지금 왕조에서 교감하고 간행한 것인지, 책 끝에 교감기가 붙어 있는지, 글자가 작고 줄 간격이 촘촘하며 정교하게 인쇄된 것인지만 본다면 충분하다.

이러한 말은 모두 사실에 비교적 부합하는 편이다. 청대 학자들은 확실히 우리를 위해 풍부한 정교본(精校本)과 정간본(精刊本)을 남겨 주었으므로 중요하게 여길 만하다. 그중에서 건륭제와 가경제 시기의 학자들이 작업한 것이 가장 전문적이고 정교하였다. 당시 고광기(顧廣圻), 손성연(孫星衍), 장돈인(張敦仁), 황비열(黃丕烈), 호극가(胡克家), 진은복(秦恩復), 오재(吳鼒) 등 여러 사람은 모두 책의 교감과 간행을 좋아하던 유명한 학자였으며, 특히 고광기가 가장 유명세를 탔다. 당시 학자들이 옛 책을 교감하고 간행하면서 모두 고광기를 다투어 맞이하여 도움을 받으려고 하였다.

손성연이 판각한 송나라 판본 《설문해자(說文解字)》·《고문원(古文苑)》·《당률소의(唐律疏義)》, 장돈인이 판각한 무주본(撫州本) 《예기(禮記)》, 엄주단소본(嚴州單疏本) 《의례(儀禮)》·《염철론(鹽鐵論)》, 황비열이 판각한 《국어(國語)》·《전국책(戰國策)》, 호극가가 판각한 송나라 판본 《문선(文選)》·원나라 판본 《자치통감(資治通鑑)》, 진은복이 판각한 양웅(揚雄)의 《법언(法言)》·《낙빈왕집(駱賓王集)》·《여형주집(呂衡州集)》, 오재가 판각한 《안자(晏子)》·《한비자(韓非子)》 등은 모두 고광기가 교감에 참여하였고, 그들이 설계한 조판을 교체하였다. 책의 판각이 끝날 때마다 그는 다시 책에서 교정에 관한 말들을 종합하여 고이(考異)나 교감기(校勘記)를 작성하고 뒤에 붙여서 독자들에게 큰 편리함을 주었다. 이 공적은 결코 묻혀서는 안 된다.

당시 어떤 학자들은 일생을 책을 교감하는 데 바쳤고, 아울러 그들 인생에 있어서 가장 마음에 드는 교감본을 모아서 같이 판각하여 후세 사람들이 참고하도록 제공하였다. 이들이 학술계에 공헌한 바 역시 지대하다. 예컨대 노문초(盧文弨)가 판각한 《포경당총서(抱經堂叢書)》는 그 자신의 문집, 필기 이외에는 대부분 그가 평생 교정한 옛 책들로 구성되어 있다. 《경전석문(經典釋文)》, 《맹자음의(孟子音義)》, 《의례주소상교(儀禮注疏詳校)》, 가의(賈誼)의 《신서(新書)》, 《춘추번로(春秋繁露)》, 《순자(荀子)》, 《백호통(白虎通)》, 《일주서(逸周書)》, 《방언(方言)》, 《독단(獨斷)》, 《서경잡기(西京雜記)》, 《안씨가훈(顏氏家訓)》 등이 모두 그의 정교한 교감을 거쳐서 완벽하게 간행되었던 것이다.

고광기, 노문초와 같은 사람들은 어떤 책이든 보는 즉시 교감하여, 경사자집(經史子集)의 사부(四部)를 두루 다루었다. 이렇게 넓게 다루는 일파(一派) 외에도 전문적으로 일생의 모든 노력을 한 분야에만 쏟는, 다른 분야에는 많이 관련되지 않거나 아주 조금만 관련된 일파가 있다. 예컨대 왕염손·왕인지 부자의 여러 경전에 대한 교감 작업, 전대흔·전대소(錢大昭) 형제의 여러 역사책에 대한 교감 작업은 모두 심혈을 기울여 큰 성과를 거둔 것이다. 주일신(朱一新)은 《무사당답문(無邪堂答問)》 권2에서 다음과 같이 말하였다.

> 교수(校讎)라는 학문이 귀한 까닭은 글자의 차이를 검토하여 확정하는 것만을 교수라고 하기 때문이 아니다. 이번 왕조의 여러 유학자들은 여기에서 남보다 뛰어난 점이 있었고, 그 추세가 건륭·가경제 이후 왕성하였다. 그중에서 가장 정통한 자들, 예컨대 왕염손·왕인지 부자의 경전에 대한 것, 전대흔·전대소 형제의 역사에 대한 것은 옛사람을 뛰어넘었다.

이 말은 결코 과장이 아니다. 왕염손·왕인지 부자가 경전을 교감한 성과는 《경의술문(經義述聞)》에 모여 있다. 전대흔·전대소 형제가 역사책을 교감한 성과는 주로 전대흔을 지칭한다. 《이십이사고이(二十二史考異)》에 모여 있다. 하지만 왕씨 부자는 《경의술문》 외에도 《독서잡지(讀書雜志)》에 《일주서》, 《전국책》, 《사기》, 《한서》, 《관자(管子)》, 《안자(晏子)》, 《묵자(墨子)》, 《순자》, 《회남자(淮南子)》 등을 포함하여, 자주 읽히는 제자백가와 역사책 몇 부에 대해서도 정밀한 교감 작업을 하였다. 전대흔 형제는 《이십이사고이》 외에도 《잠연당답문(潛研堂答問)》에서 《역》, 《서》, 《시》, 삼전(三傳),[17] 삼례(三禮),[18] 《논어》, 《맹자》, 《이아(爾雅)》, 《광아(廣雅)》, 《설문해자》 등의 책에 있는 적지 않은 문제를 이야기하고, 옛 책을 교정한 것들도 많이 담았다.

그렇다면 그들이 평생 서적을 교감한 것이 어찌 일부분에만 국한된다고 할 수 있겠는가. 하지만 공부하는 데 정력과 시간의 한계가 있어서 사실상 한 부분에 편중되지 않을 수 없었기 때문에 비슷한 부류의 책에 정력을 집중하여 교감하였다. 왕씨 부자의 경학 훈고에 대한 심도 있는 연구, 전씨 형제의 여러 역사책의 내용 차이에 관한 고증이 청대 학술사에서 탁월한 지위를 차지한다는 것은 부정할 수 없다.

청대의 교감가들은 과거의 어느 시기보다 많다. 그 모두를 다 열거할 수 없으므로 우리는 몇 명만 추려 내서 이야기할 수밖에 없다. 하지만 당시 서적 교감 작업을 하는 이들 가운데 명나라 사람들이 옛 책을 평가하는 습관에 따라 노력한 또 다른 종류의 사람도 있었다. 예컨대 청나라 초기 하작(何焯) 의문(義門) 선생이라고 부르기도 하였다. 은, 그가 본 책이 많지 않았다고 할 수도 없고, 그가 교감한 책에 정성이 담기지 않았다고 할 수도 없다. 심동(沈彤)

17 삼전(三傳) : 《춘추좌씨전(春秋左氏傳)》, 《춘추공양전(春秋公羊傳)》, 《춘추곡량전(春秋穀梁傳)》을 가리킨다.

18 삼례(三禮) : 《예기(禮記)》, 《주례(周禮)》, 《의례(儀禮)》를 가리킨다.

은 《과당집(果堂集)》 권10 〈의문하선생행장(義門何先生行狀)〉에서 그가 옛 책을 교감한 모습을 다음과 같이 기록하였다.

> 선생은 책을 수만 권 모으고, 경(經)과 전(傳), 제자백가서와 역사책, 시문집, 잡설, 소학(小學)을 많이 비교 대조하고 증명하여 주된 논지들을 이해하였다. 그것의 진위와 시비, 자세함과 소략함, 은밀함과 명확함, 좋은 점과 나쁜 점, 그리고 원류에 이르기까지 모두 각각 흑백을 구분하듯이 메모하였다. 간행본의 오류와 탈자, 차이들, 글자체의 정자(正字)와 속자(俗字)도 분별하여 보충하고 수정하였다. 그가 교정한 《한서》, 《후한서》, 《삼국지》는 아주 유명하다.
>
> 건륭 5년 예부 시랑(禮部侍郎) 방포(方苞)의 요청에 따라 그 판본을 베껴 국자감에 두고 새로 간행한 판본을 표준으로 삼도록 하였다. 그리고 인물을 논한 메모는 그들의 내력을 추적하고 안팎의 사정을 밝혔다. 사건을 논한 메모는 일의 본말과 추이를 일관되게 다 서술하였다. 오랫동안 이어진 장기적인 계획에 대해 논한 것은 반드시 나라의 형편과 백성의 풍속을 근본으로 하여 그것의 이익과 병폐를 남김없이 다 밝혔다. 이에 수백 년 동안의 평론가들을 뛰어넘었다.

심동은 하작의 문하로 그가 책을 교감하면서 했던 작업을 직접 보았는데, 하작이 간행본들의 차이, 글자의 정자와 속자의 차이뿐만 아니라 인물 평론, 사건 평론, 장기 계획 평가까지 책에 메모하였다고 정리하였다. 그렇다면 이는 건가 학파(乾嘉學派)가 책을 교감하는 방향과는 전혀 다른 것이다. 하지만 하작은 성실하게 작업에 임했으므로, 해서(楷書)로 반듯하게 글씨를 썼으며, 상당한 분량의 책을 평가하고 교감하였다. 또한 나중에까지 전해진 것들은 계속 사람들에게 중시되었다. 하지만 하작이 들인 노력은 결국 문사(文士)의 방법이지 학문을 하는 이의 노력이 아니었으며, 고증이 정밀하다고는 더욱 말할 수 없다. 전대흔은《잠연당문집》권30 〈발의문독서기(跋義門讀書記)〉에서 다음과 같이 말하였다.

> 요새 오중(吳中)에서 실학(實學)을 말하면 반드시 하작 선생을 언급하게 된다. 하작 선생은 정말로 독서를 좋아하였으며, 자신이 보았던 송나라, 원나라 판본들의 차이점을 일일이 모두 기록하였다. 그리고 정교하게 해서로 글씨를 썼으며, 파리의 머리만큼이나 작게 쓴 붉은 글씨가 깔끔하게 페이지를 가득 채웠다. 그 일을 좋아하는 사람은 하작의 손을 거친 교정본을 얻으려고 많은 돈을 아끼지 않고 샀다. 그런데 역사책과 전기를 인용하고 옛사람을 비판할 때에는 정말 웃기는 것도 있었다.

전대흔의 이 글은 하작의 고증이 상당히 변변치 못하고 많은 역사적 사실을 잘못 다루었던 것에 대해서 비판하였다. 이에 이러한 종류의 교서가를 따로 분리해서 다루지 않으면 안 된다는 것을 알 수 있다. 왕응규(王應奎)는《유남속필(柳南續筆)》권3에서 다음과 같이 말한 적이 있다.

> 하작 선생이 책을 보는 눈은 정말로 식견이 있다. 그런데 지나치게 세밀하여 시문(時文) 비평에 가깝다.

초순(焦循)도 《조고집(雕菰集)》 권12 〈국사유림문원전의(國史儒林文苑傳議)〉에서 다음과 같이 말한 적이 있다.

> 동일한 교수(校讎)라고 하지만 하작은 문원(文苑)에 속해야 하고 원주 : 갑과 을을 비평하는 일은 유수계(劉須溪), 손월봉(孫月峯), 종백경(鍾伯敬), 모록문(茅鹿門) 일파를 따르는 것이다. 노문초는 유림(儒林)에 속해야 한다. 원주 : 그를 육덕명(陸德明), 손석(孫奭)과 비교하였다.

하작이 책을 교감한 성과에 대해서는 청나라 학자들이 이미 평가를 내렸지만, 그것의 장단점을 더 확실하게 알아야 한다. 우리가 청나라 유학자들의 서적 교감 성과를 의지하고 이용하고는 있지만, 따로 취사선택을 할 것이 반드시 있음을 알 수 있다. 이 사례 하나로 그 밖의 것들도 자연스레 유추할 수 있다.

## 제6절 최근 학자들의 교감 성과 활용

고증학이라는 분야의 작업은 뒤로 갈수록 비교적 더 정밀해진다. 학자들은 '옛것을 존중하고 오늘날 것을 가볍게 여기는' 낡은 견해를 품어서는 안 되고, 마음대로 요즘 사람들의 글을 경멸해서도 안 되며, 거꾸로 그것들을 매우 유념하여 귀하게 여겨야 한다. 서적 교감에서도 이 점을 반드시 주의해야 한다. 시대가 늦을수록 볼 수 있는 자료가 더욱 많아서 서적 교감의 근거를 찾는 데 더욱 유리하고, 얻는 성과도 이전의 것을 넘어서게 되기 때문이다.

이러한 사실은 시대가 서로 다른 학자에게서 늘 나타날 뿐만 아니라, 동시대인일지라도 각자 보고 들은 정보의 양이 서로 다르고, 망라한 부본(副本)이 많거나 적기도 하기 때문에, 서적 교감의 깊이에 차이가 발생한다. 청대 학자들의 서적 교감에 대한 일화를 가지고 말해 보자면, 예컨대 왕염손(王念孫)은 《회남자(淮南子)》를 교감하면서 심혈을 기울여 900여 조항을 수정하였으니 업적을 이루었다고 할 수 있다. 하지만 그가 근거로 삼은 것은 도장본(道藏本)이며, 송나라 판본은 참고하지 않았다.

《독서잡지(讀書雜志)》가 간행될 무렵 고광기(顧廣圻)가 이것을 보았는데, 마침 왕낭원(汪閬源)에게서 송나라 판본 《회남자》를 빌려서 다시 한번 교감하여 많은 오류를 수정하였다. 왕인지(王引之)는 고광기의 세심함과 깊은 학식을 매우 칭찬하면서 고광기의 〈교기(校記)〉를 《회남자잡지(淮南子雜志)》 뒤에 붙였다. 이 일의 전말에 대해서는 왕인지의 〈고광기가 교감한 《회남자》의 보충 간행본의 서문〔補刊顧校淮南子序〕〉과 〈송나라 판본 《회남자》 주해에 대한 발문〔宋本淮南鴻烈解跋〕〉을 보라. 이 사실은 동시대 사람들이 하나의 같은 책을 교감해도 근거로 삼은 판본이 다르기 때문에 나중 것이 더 우월하게 되는 상황을 충분히 설명하고 있다. 더구나 시대가 멀다면, 우리는 가장 나중에 나온 교감본을 귀중하게 여겨야 할 것이다.

《한서》는 송나라의 유창(劉敞), 유창의 동생 유반(劉攽), 유창의 아들 유봉세(劉奉世)가 《한서간오(漢書刊誤)》를 지은 이래로 청나라 학자들이 계속 교감하였다. 그중에서 전대흔(錢大昕)의 《한서고이(漢書考異)》, 전대소(錢大昭)의 《한서변의(漢書辨疑)》, 왕염손의 《한서잡지(漢書雜志)》, 심흠한(沈欽韓)의 《한서소증(漢書疏證)》, 주수창(周壽昌)의 《한서주교보(漢書注校補)》 등이 가장 전문적이다.

청나라 말 왕선겸(王先謙)은 여러 주장과 다른 필기, 전문 서적 가운데 《한서》의 옛 뜻을 명백하게 밝힌 견해들을 모으고, 다시 스스로 수십 년의 깊은 연구와 교정에서 심득(心得)한 것을 가지고 《한서보주(漢書補注)》 100권을 쓰고 훌륭하게 인쇄하여 세상에 내놓았다. 이치대로라면 오늘날 《한서》를 읽을 때 자연히 왕선겸의 《한서보주》를 가장 완비된 책으로 여길 것이다.

그러나 요즘 사람인 양수달(楊樹達)이 평생 《한서》를 읽어 가장 정통하게 되었고, 왕선겸의 《한서보주》를 기초로 다시 교정을 하였다. 이른 나이에 《한서찰기(漢書札記)》를 쓰고, 1924년 다시 상무인서관(商務印書館)에서 《한서보주보정(漢書補注補正)》을 출판하였다. 근래에 다시 추가할 것이 생겨서 《한서규관(漢書窺管)》을 간행하였다. 어떤 부분은 과거 학자들보다 더욱 자세하게 주의를 기울이고 세밀하게 교감하였다.

그다음으로는 《자치통감(資治通鑑)》이 있는데, 294권의 엄청난 규모를 자랑하는 거작이다. 그래서 교감하려면 많은 정력을 소비하게 된다. 청나라 양성(陽城) 지방의 장돈인(張敦仁) 같은 이는 일찍이 《통감기사본말(通鑑紀事本末)》의 대자본(大字本)을 입수해서 명나라 만력(萬曆) 연간에 항주(杭州)에서 판각한 《자치통감》 무주본(無注本)과 교감하여 《자치통감간본지오(資治通鑑刊本識誤)》 3권을 썼다.

상숙(常熟) 지방의 장영(張瑛)은 원나라 흥문서(興文署)의 원본을 가지고 호극가(胡克家)가 판각한 판본을 수정하였으며, 다시 송나라 때의 소흥본(紹興本)을 가지고 대조 교감하여 《자치통감교감기(資治通鑑校勘記)》를 썼는데, 송나라 판본에 대한 것이 5권, 원나라 판본에 대한 것이 2권이었다. 풍성(豐城)의 웅나숙(熊羅宿)도 《호각통감교자기(胡刻通鑑校字記)》 4권을 지었다. 하지만 모두 정밀하고 완벽하다고 하기에는 충분치 못하다.

요즘 사람 장옥(章鈺)은 강안(江安)의 부씨(傅氏)가 소장한 송나라 때 판각된 《통감》 백납본(百衲本) 이 책은 이미 부씨에 의해 영인되어 세상에 나왔다. 과 함분루(涵芬樓)에서 영인한 송나라 판본, 경사도서관(京師圖書館)에 소장된 북송 시기의 잔본(殘本)을 근거로 삼고, 다시 명나라 공천윤(孔天胤)이 간행한 무주본(無注本)을 참고하여 글자 하나씩 정성들여 비교하고 교감하였다. 이에 처음부터 끝까지 294권 가운데 탈락된 것, 오류인 것, 불필요한 것, 뒤집어진 글자를 1만 곳 이상 발견하였다. 그중에서 탈자가 5200여 자로 역사적 사실과의 관계도 크다. 장옥은 손으로 〈교기(校記)〉의 칠천 몇백 곳의 조항을 썼으며, 《호각통감정문교자기(胡刻通鑑正文校字記)》 30권으로 편집하고 1931년 간행하여 《통감》을 꼼꼼히 읽는 사람들에게 아주 큰 편리함을 가져다주었다.

중국의 고대 사상사를 연구하는 사람들은 반드시 제자백가를 읽어야 하는데 몇 부의 청나라 학자들의 정교본과 정간본에만 국한될 필요는 없다. 예컨대 《묵자》를 읽는다면, 100년 전에는 필원(畢沅)이 교감한 판본을 훌륭하다고 여겼지만 50년 전에 손이양(孫詒讓)의 《묵자한고(墨子閒詁)》가 그것을 대체하였다. 요새 사람의 저작 가운데 장순일(張純一)의 《묵자집해(墨子集解)》 같은 것은 옛날의 교주본(校注本)보다 낫다.

또한 《순자》를 읽는다면, 100년 전에는 사용(謝墉)이 교감한 판본을 훌륭하다고 여겼지만 50년 전에 왕선겸의 《순자집해(荀子集解)》가 그것을 대체하였으며, 요새 사람의 저작 가운데 양계웅(梁啓雄)의 《순자간석(荀子柬釋)》과 같은 것이 옛날의 교주본보다 낫다.

또한 《관자》와 같은 책은 예전에는 읽기 어렵다고 소문이 났었다. 그 속에 있는 구절들이 잘못 배열되고, 글자에 탈자와 오류가 있는 것이 다른 옛 책들보다 더 심각하였다. 지난 200년 동안 손성연(孫星衍), 홍이훤(洪頤煊), 왕염손, 왕인지, 진환(陳奐), 장문호(張文虎), 정사함(丁士涵), 유월(兪越), 대망(戴望), 손이양, 장패륜(張佩綸), 도홍경(陶鴻慶), 유사배(劉師培), 장병린(章炳麟) 등이 교정과 주석 작업을 하였다. 그러나 당시의 물질적인 조건에는 한계가 있었고, 참고 자료가 부족하고 볼 수 있는 다른 판본들이 많지 않았기 때문에 사람들을 만족시킬 수 없는 것은 당연한 일이었다.

요새 사람 허유휼(許維遹), 문일다(聞一多)가 계속 교정하고 주석을 달았지만 모두 다 끝내지 못하고 세상을 떠났다. 곽말약(郭沫若)은 다시 팀을 꾸려서 두 학자가 교감한 것을 기초로 하고, 널리 각종 판본을 모아서 수정하고 보충하는 작업을 하여 1956년에 《관자집교(管子集校)》라는 책을 출판하였다. 그 책에 수집한 자료는 풍부하고 고증도 상당히 정밀하여 오늘날 《관자》를 읽는 데 이 판본이 가장 훌륭한 것이 되었다.

사물은 언제나 끊임없이 발전하고 전진하는 것이다. 서적 교감 작업도 예외는 아니다. 나중에 나온 교감본은 옛날에 나온 교감본을 대체하기에 충분하다. 우리가 만약 이러한 새로운 연구 성과들을 잘 이용한다면 우리의 정력과 시간을 줄일 수 있으며, 적은 노력으로 많은 성과를 거둘 수 있다. 위에서 열거한 바는 그저 몇 부의 자주 접할 수 있는 책을 예로 든 것이니 학자들은 그밖의 것들도 자연스레 유추할 수 있을 것이다.

# 제3장 교감 과정에서 주의해야 할 문제

## 제1절 집단 역량과 분업의 중시

개인의 지혜는 한계가 있고 너무 작다. 이것에 뛰어나면 저것에 약하니 각 방면의 지식을 모두 갖출 수 없다. 우리 앞에 있는 한우충동(汗牛充棟)의 역사책은 내용이 풍부하고 또 번잡하기도 하다. 한 사람이 필생의 정력을 다 쏟아서 천하의 여러 책을 교감할 수 있다는 것은 상상할 수 없는 일이다. 중국 역사에서 몇 차례 있었던 비교적 광범위한 서적 교감 작업은 대규모로 인력을 조직하고, 각자의 특기를 살려 분업·협력하고, 협동한다는 조건 아래에서 비로소 성공할 수 있었다.

한나라 성제(成帝) 하평(河平) 연간에 중국 역사에서 처음으로 집단적인 서적 교감이 행해졌을 때, 각각 전문적인 재능을 가진 이들에게 맡긴다는 원칙이 채택되었다. 제1편 제2장 제2절에 이미 자세하게 서술하였다. 그중에서 유향만이 널리 많은 것에 통달한 학자였기 때문에 경(經)과 전(傳), 제자백가서, 시부(詩賦)의 책들을 총괄하여 교감할 수 있었다. 그러나 그의 아들인 유흠(劉歆)과 두참(杜參), 반유(班斿) 등이 그를 도와준 것을 보면 저 세 종류의 책들은 유향 혼자 힘으로 교정한 것이 아니라는 것을 알 수 있다. 그리고 병서(兵書), 술수(術數), 방기(方技) 등에 속하는 책들은 이러한 전공에 정통한 지식인들에게 맡겨 교정함으로써 그들의 장점을 살리도록 하였다. 이런 식으로 인력 배치에서 집단의 힘을 중요시하는 정신을 구현하였다.

그다음으로는 북송의 전성기 시절 숭문원(崇文院)이 세워져서 많은 책들이 교감되었다. 정구(程俱)의 《인대고사(麟臺故事)》에, 송나라 초기에 이전 왕조의 제도를 따라 소문관(昭文館)·사관(史館)·집현원(集賢院)을 삼관(三館)으로 삼고 숭문원이라고 통칭했다고 한다. 당시에 유명한 학자들이 모두 망라되어 작업에 참여하였다. 특히 심괄(沈括), 소송(蘇頌)과 같은 사람들의 학문은 광범위하였는데, 천문, 지리, 음률, 산법(算法), 의방(醫方), 본초(本草)에 대해서도 비교적 정밀한 연구를 하였다. 그리고 책 하나를 교감할 때마다 유향이 책을 교감할 때처럼 모두 서록(敍錄)을 만들었다. 정구는 《인대고사》 권3에서 다음과 같이 말하였다.

> 가우(嘉祐) 2년, 의서(醫書)를 교정하는 교정의서국(校正醫書局)을 편수원(編修院)에 두고, 소송(蘇頌), 진검(陳檢) 등을 교정의서관으로 삼았다.

이것은 당시에도 전문가들에게 전문 서적을 교정하도록 맡긴 것을 설명해 준다. 그러나 송대의 통치자는 여전히 통상의 격식에 얽매여 경사자집 사부(四部)의 책에 대해서만 한 번 교정을 하고 정치나 예교의 테두리 밖에 있는 책, 즉 방외(方外)의 서적을 정리하는 데에는 주의를 기울이지 않았다. 한표(韓淲)의 《간천일기(澗泉日記)》 상권에는 다음과 같은 기록이 있다.

> 비서감(祕書監)인 왕흠신(王欽臣), 주차(奏差)이자 진정대사(眞靖大師)인 진경원(陳景元)은 황선부(黃善夫)가 판각한 도교의 책들을 교감하였다. 그런데 범조우(范祖禹)가 조칙을 돌려보내면서 다음과 같이 말하였다. "제자백가, 신선, 도가, 불교의 것으로 책을 갖추고 기이한 이야기를 채워서 장서가 풍부함을 과시하는 것은 나라를 다스리는 도에 유익하지 않습니다. 세속과 예교에서 벗어난 선비들에게 서적 교감을 하도록 하여 기이한 학문을 장려할 필요가 없습니다. 지금 관각(館閣)에 있는 책은 아래로는 패관소설(稗官小說)에 이르기까지 없는 것이

> 없습니다. 진경원으로 하여금 도교의 책을 교감하도록 한다면, 다른 날에는 승려는 불교의 책을, 의관은 의서를, 음양가 및 점치고 관상 보는 사람은 기술(技述)에 관한 책을 교감하고, 그 나머지들은 각각 자신의 전공과 업종을 따라서 이 사례를 채택하게 될 것입니다. 그런데 이것이 과연 조종(祖宗)이 저 관청을 설치한 뜻이겠습니까." 이에 진경원으로 하여금 그만두게 하였다.

따라서 당시 방외의 서적 정리에 주의를 기울이지 않은 까닭이 보통의 무지한 사대부들이 방해한 결과임을 알 수 있다. 사실 "의관은 의서를, 음양가 및 점치고 관상 보는 사람은 기술에 관한 책을 교감하는 것"은 바로 한나라 때의 서적 교감 방법인데 왜 채택하면 안 되는 것일까? 만약에 불교가 한나라 이전에 성행했다고 한다면, 한나라 하평 연간에 책을 교감할 때, 고승을 초빙하여 불경을 교정하는 것을 꺼리지 않았을 것임이 틀림없다. 북송의 통치 계급이 이 문제를 잘 처리하지 못한 것은 정말로 당시 서적 교감 작업의 큰 손실이다.

청대 건륭 연간에 사고전서관(四庫全書館)을 열어서 많은 책을 교감하고 정리하여 한나라와 송나라 시기 대규모 서적 교감의 훌륭한 전통을 계승하였으며, 인력을 조직하는 데도 각자의 장점을 살려 분업과 협업을 하였다. 교감과 정리가 끝나고 전문가들을 나누어 《사고전서총목제요(四庫全書總目提要)》를 완성하였다. 이것은 한대에 서적을 교감하고 편찬한 《별록(別錄)》, 송대에 서적을 교감하고 편찬한 《숭문총목(崇文總目)》과 같은 가치와 기능을 가지고 있었다. 그러나 《사고전서총목제요》는 여러 사람의 손에서 탄생하였고, 총책임자인 기윤(紀昀)은 단지 전체적인 진행을 주재하여 반듯하게 다듬고 정리하는 일만 했을 뿐이다. 예컨대 이자명(李慈銘)은 《맹학재일기(孟學齋日記)》 병집 상(丙集上)에서 다음과 같이 말하였다.

> 《사고전서총목제요》는 비록 기윤과 육이산(陸耳山)이 그 완성을 지휘했다고는 하지만, 경부(經部)는 대진(戴震)의 몫이었고, 사부(史部)는 소진함(邵晉函)의 몫이었으며, 자부(子部)는 주영년(周永年)의 몫이었으니 결국 각자 뛰어난 바를 모은 것이다.

이는 집단 역량의 위대함을 다시금 설명하고 있다. 대진은 경부 이외에 《산경(算經)》, 《수경주(水經注)》와 같은 종류의 책도 교감하였고, 소진함이 만든 제요(提要) 가운데 몇 부의 정사(正史)에 속하는 것 이외에도 경(經)에 속하는 것 4종, 자(子)에 속하는 것 1종, 집(集)에 속하는 것 4종이 있었다. 소진함의 《제요분찬고(提要分纂稿)》를 보라.

주영년은 자부의 책들을 정리하는 일 이외에도 《영락대전(永樂大典)》에서 유씨(劉氏) 형제의 《공시공비집(公是公非集)》 이하 십여 학자의 것을 편집해 냈다. 이는 그들의 작업이 당시에 이른바 경부, 사부, 자부 등에 국한되지 않았음을 충분히 보여 준다. 그러나 당시에 했던 그들의 분업은 결국 각자 뛰어난 능력을 활용한 것이고, 전문적으로 소속된 영역이 있었다. 설사 우연히 자신의 임무 범위를 초월했다고 하더라도 여전히 그들은 어떤 전공이나 책들에 대한 특기를 발휘하여 적극적으로 작업을 진행하였다.

이로써 과거 학자들이 서적 교감 작업에서 여러 사람의 지혜와 분업·협업의 원칙을 중시했다는 점은 우리가 배울 가치가 있다. 우리가 만약에 이러한 정신을 잘 이어받는다면 개인의 서적 교감 작업에서도 또한 긍정적인 의의가 있을 것이다. 왜냐하면 고대 역사 서적들은 아주 다양하고 풍부한 내용들을 망라하고 있는데, 어떤 내용들은 비교적 전문적인 과학 지식이므로 이해가 잘 안 될 때는 과거 혹은 현존하는 전문가들의 저작을 참고하지 않으면 안 되기 때문이다. 그들은 어떤 전공 서적이나 문헌에 대해서 이미 교정 작업을 수행한 경험이 있기 때문에, 우리는 반드시 이들의 연구 성과를 활용하여 자신을 계발하고 도와야 한다.

예컨대 우리가 《한서》를 읽으면서 〈식화지(食貨志)〉에 대한 내용이 쉽게 들어오지 않는다면 관련된 중국 경제사 분야의 전문 서적들을 찾아서 참고하면 된다. 〈천문지(天文志)〉를 읽는 데 더욱 이해하기 어렵다면 천문학자에게 허심탄회하게 도움을 청하면 된다. 〈지리지(地理志)〉를 읽는 데 지루함에서 벗어날 수 없다면 지리 연혁과 관련된 전문 서적을 참고하면 된다. 〈예문지(藝文志)〉를 읽어도 너무나 모호하다면 목록학자들에게 의문점과 어려운 점을 질문하면 된다. 특히 〈지리지〉와 〈예문지〉는 지금까지 단행본 형식으로 별도 간행되었고, 과거의 학자들이 이 두 편에 대해 심도 있게 연구한 전문 서적도 아주 많으며, 그들이 아주 세밀하게 수행한 교정 작업은 우리에게 유리한 조건을 제공한다. 우리가 만약에 그것을 잘 이용한다면 정력과 시간을 아낄 수 있고, 길을 돌아가거나 잘못된 길로 들어가는 일을 막을 수 있다.

그러므로 개인이 평소에 책상에 엎드려서 책을 교감할 때도 여러 사람의 지혜와 각자 뛰어난 바를 활용한다는 원칙을 중시해야 할 것이다. 남의 장점을 취해서 자신의 단점을 보충하며, 아울러 널리 자료를 찾고, 많은 학자들의 것을 참고해야 비로소 아주 훌륭하게 작업을 진행할 수 있을 것이다.

## 제2절 연문·탈문·오자·도치에 대한 이해

서적 교감은 본디 글자를 교정하는 작업이다. 고대 한자의 구조, 독음 및 문법의 발생과 발전, 변화의 규율을 이해하지 못한다면, 글자 하나에 대해서도 충분한 분석과 연구가 어려워지며, 어느 것이 바른 글자인지 어느 것이 잘못된 글자인지 쉽게 판단할 수 없게 된다. 그러므로 양한(兩漢) 시기 책을 교감하는 데 능숙했던 학자들, 예컨대 유향(劉向), 양웅(揚雄), 반고(班固), 정현(鄭玄)과 같은 이들은 모두 소학(小學), 즉 문자학의 명가였으며, 당나라의 육덕명(陸德明), 안사고(顔師古) 등도 모두 글자를 해석하는 데 일가견이 있었다.

그들이 옛 책을 교정하면서 어느 정도 성과를 거둘 수 있었던 것은 우연이 아니다. 청나라 학자들이 연구한 고문자와 고성운(古聲韻)의 분야는 이전과 비교한다면 아주 큰 진보가 있었으며, 또한 서적 교감 작업이 진일보하는 데 큰 원동력이 되었다. 만약에 청나라 학자들이 고문자와 고성운의 분야에서 깊은 소양을 가지고 있지 않았다면 서적 교감 작업에서 그들만의 독특함을 발휘하기 어려웠을 것임은 의심할 필요도 없다. 청말 손이양(孫詒讓)은《주경술림(籀廎述林)》권5〈찰이서(札迻序)〉에서 다음과 같이 말한 적이 있다.

> 요새 큰 유학자들은 학문을 닦는 데 옛것을 좋아한다. 그리고 옛 책을 교감하고 간행하면서 보통 기록을 남긴다. 관찰(觀察)을 지낸 왕염손(王念孫), 상서(尙書)를 지낸 왕인지(王引之), 학사(學士) 노문초(盧文弨), 관찰 손성연(孫星衍), 문학(文學) 고광기(顧廣圻), 주쉬(州倅)였던 홍이훤(洪頤煊), 문학 엄가균(嚴可均), 명경(明經) 고관광(顧觀光), 아버지뻘인 편수(編修) 유월(兪樾) 등이 지은 논저는 상

당히 많다. 그런 분위기가 크게 홍성하여 이역에까지 미쳤다. 일본의 야스이 히토시(安井衡), 호사카 마루(蒲坂圓)가 주석을 달고 교감한 것은 비록 소략하지만 고증에 도움이 된다.

전체적으로 그 훌륭함에 대해서 논한다면, 대체로 옛 판본을 정교하게 교감한 것을 근거로 삼았으며, 숨어 있는 뜻을 연구하여 큰 법칙에 통달하였다. 정밀하게 사고하고 널리 검증하였으며, 기존의 견해에 영합하지 않았다. 글자에 오류가 있는 것을 시정할 때는 원문에서 찾거나 다른 책에서 방증을 찾기도 하고 유서(類書)를 인용하기도 하였다. 또한 소리의 유사성과 음운의 통전(通轉) 현상을 문제 해결의 열쇠로 삼았다. 그리고 본래의 발음〔正音〕만을 가지고 뜻을 해석하는 데 의문을 품었던 것이 뜻하지 않게 원래의 뜻에 딱 맞아떨어졌다.

손이양의 이 말은 개략적으로 청대 교감가들의 성취를 정리한 것이다. 또한 그들이 서적 교감 작업에서 '소리의 유사성과 음운의 통전 현상'의 원리를 가지고 의문점을 분석했다는 점을 주목하였다. 이는 청나라 학자들이 일찍이 고성운학(古聲韻學)의 연구 성과를 가지고 서적 교감 작업에 힘을 쏟았다는 것을 설명한다.

학문적으로 성숙한 개인이 옛사람이 글자를 만들고 활용했던 분야에서 일반적인 규칙을 파악하며, 아울러 많은 책을 널리 보고 많은 방면의 것을 연계하여 문제를 분석하는 일을 습관으로 삼는다면, 옛 책에 있는 잘못을 아주 쉽게 발견할 수 있을 것이다. 설사 다른 판본을 근거로 댈 수 없어도 옛 책을 수정할 수 있으며, 또한 얻은 결론도 대부분 비교적 정확한 축에 속한다. 그러나 어느 정도 기본적인 조건을 갖추어야만 이 경지에 도달할 수 있다. 청대의 유학자들은 고대 한자의 구조, 음독 및 문법의 지식에 대해서 전문적이고 정밀한 연구를 수행했다. 또한 서적 교감을 정확하고 세밀하게 하여 많은 새로운 발견과 해석을 내놓았을 뿐만 아니라 옛 책에 있는 오류의 출처에 관한 문제에서 규칙을 찾아내서 후인들에게 더욱 큰 영감을 주었다. 예컨대 고우 왕씨(高郵王氏)는 《경의술문(經義述聞)》 권32에서 여러 경전에서 나타나는 연문(衍文), 글자 형태의 오류, 아래와 위가 서로 원인이 되어 생기는 오류, 후세 사람이 주석과 해석을 고치는 것 등의 문제점을 종합적으로 정리하였다. 예컨대 '연문'에서는 다음과 같은 몇 가지 사례를 추출하였다.

1. 한나라 유학자들이 주(注)를 달 때 이미 연문이 있었던 경우
2. 당나라 초기 소(疏)를 달 때 이미 연문이 있었던 경우
3. 당나라 개성 석경(開成石經)에 이르러 처음으로 연문이 발생한 경우
4. 행간에 쓴 메모가 원문으로 잘못 들어간 경우

그리고 '글자 형태의 오류'에서는 서로 다른 유형의 오류들을 밝혀내었다. 우리는 왕씨의 주장을 다음과 같이 정리할 수 있다.

1. 전서(篆書)와 고문자의 형태가 비슷해서 생긴 오류
2. 예서(隸書)의 형태가 서로 비슷해서 생긴 오류
3. 초서(草書)의 형태가 서로 비슷해서 생긴 오류
4. 혹체(或體), 즉 이체자와 서로 비슷해서 생긴 오류
5. 반체(半體), 즉 반으로 잘린 글자와 서로 비슷해서 생긴 오류[19]
6. 두 글자가 연속으로 오류인 경우

'아래와 위가 서로 원인이 되어 생기는 오류'에서 왕인지(王引之)는 '아래 글자와 위 글자의 부수를 혼동해서 쓴 경우'의 약간의 실례에 주목하였다. 일

19 반체(半體)……오류 : 예컨대 민(民) 자의 하반부가 비(比) 자와 비슷하기 때문에 '민(民)'을 '비(比)'라고 잘못 인식하기도 하였다. 또한 반(叛) 자와 지(知) 자의 좌측이 비슷하기 때문에 '반(叛)'을 '지(知)'라고 잘못 인식하기도 하였다.

부는 '본래 부수가 있는데 잘못 바꿔 쓴 경우'이고, 일부는 '본래 부수가 없는데 잘못 추가한 경우'이다.

그리고 '후세 사람이 주석과 해석을 고치는 것'이라는 부분에서는 '주석과 해석이 애당초 잘못된 경우'와 '주석과 해석에 잘못은 없지만 후세 사람들이 잘못된 원문을 가지고 그것을 고친 경우'를 지적하였다. 이러한 조항들은 평소에 고대 한자 형태 변화의 일반적 규칙을 잘 이해하고 장기간의 감성적 인식을 거쳐 풍부한 경험을 얻지 않았다면 쉽게 제시하지 못했을 것이다. 이러한 종류의 규칙적인 조항들은 비록 몇 부의 경전에서 발견된 것이지만, 잘 활용한다면 다른 책에서도 일반화하여 사용할 수 있다.

왕염손이 제자백가서를 교정한 성과에 대해서 《독서잡지(讀書雜志)》에 수록된 〈독회남잡지서(讀淮南雜志敍)〉라는 글을 보면 그 대강을 알 수 있다. 그가 《회남자(淮南子)》를 교정하면서 비록 송나라 판본을 보지 않고 도장본(道藏本)과 명유적본(明劉績本)만 봤으나, 많은 책을 참고하고 또 원문 안에서 문제를 발견하는 일에 집중했기 때문에 결국 900여 조(條)를 수정할 수 있었다.

그는 오류가 발생하는 원인을 64개로 정리하였는데, 그중에는 고운(古韻)의 통례를 가지고 압운(押韻)이 들어가는 글자의 잘못된 형태를 수정한 것, 함부로 수정한 뒤에 생긴 착오 등 18개 사례가 포함되었다. 그리고 그는 구체적으로 고성운학 분야의 지식을 활용하여 서적 교감 작업을 진행해 나갔다.

유월은 옛 책을 교감하면서 왕염손 부자의 방법을 모방하였다. 그가 저술한 《군경평의(群經平議)》, 《제자평의(諸子平議)》 두 책은 사실상 왕염손 부자의 《경의술문》, 《독서잡지》를 모방한 것이다. 글자를 본래의 발음으로만 읽는 것에 대하여 문제를 제기한 공로 역시 상당하였으며, 자연히 서적 교감 분야에 중대한 공헌을 하였다. 그는 일생 동안 책을 교감하면서 뽑아낸 일반적인 규칙을 모두 《고서의의거례(古書疑義擧例)》 권5부터 권7까지에 37개 사례로 적어 넣었다. 그 사례들은 다음과 같다.

1. 두 글자의 뜻이 같아서 연문이 발생한 사례
2. 두 글자의 형태가 비슷해서 연문이 발생한 사례
3. 아래와 위의 글자와 관련되어 연문이 발생한 사례
4. 주석과 관련되어 연문이 발생한 사례
5. 주석과 관련되어 오류가 발생한 사례
6. 주석으로 원문을 고친 사례
7. 행간에 쓴 메모가 원문에 들어간 사례
8. 오류와 연문 때문에 잘못 삭제된 사례
9. 오류와 연문 때문에 잘못 뒤집힌 사례
10. 오류와 탈자 때문에 잘못 보충한 사례
11. 오자 때문에 잘못 고친 사례
12. 한 글자가 두 글자로 잘못 쓰인 사례
13. 두 글자가 한 글자로 잘못 쓰인 사례
14. 중복된 글자를 '='로 표시하기 때문에 오류가 일어난 사례[20]
15. 중복된 글자를 '='로 표시하지 않아서 오류가 일어난 사례[21]

20 중복된……사례 : 갑골문, 청동기 명문, 그리고 죽간에 기록된 고문자에서 중복되는 글자는 '='로 표시하였다. 예컨대《시(詩)》〈석서(碩鼠)〉의 "逝將去女, 適彼樂土, 樂土樂土, 爰得我所"라는 구절을《한시외전(韓詩外傳)》에서는 "逝將去女, 適彼樂土, 適彼樂土, 爰得我所"라고 인용하였다. 둘 중에서 옳은 쪽은 바로《한시외전》에서 인용한 시이다. 아마도 원래 '適=彼=樂=土='라고 되어 있었는데, 이것을 '樂土樂土'라고 잘못 베껴 썼을 것이다.《兪樾, 古書疑義學例, 中華書局, 1956, 105쪽》

21 중복된……사례 :《일주서(逸周書)》〈전보(典寶)〉에 "一孝子畏哉, 乃不亂謀"라고 되어 있는데, 본래는 "一孝, 孝畏哉, 乃不亂謀"라고 되어 있었을 것이다. 왜냐하면 바로 다음 문장이 "二悌, 悌乃知序"로 '제(悌)' 자가 중첩되어 있기 때문이다. 보통 글자를 거듭 쓰면 "一孝=畏哉, 乃不亂謀"로 되어야 하나, 이 경우에서는 "一孝孝畏哉, 乃不亂謀", 즉 '효(孝)' 자를 두 번 반복하여 썼는데, 공교롭게도 '효(孝)' 자가 '자(子)' 자로 오인되어 "一孝子畏哉, 乃不亂謀"라고 전해지게 되었다고 추측된다.《兪樾, 古書疑義學例, 中華書局, 1956, 106쪽》

16. 빠진 글자를 '□'로 표시하여 오류가 일어난 사례

17. 본디 빠진 글자가 없는데 '□'라는 기호로 글자가 탈락되었다고 잘못 표시하여 오류가 일어난 사례

이상이 《고서의의거례》 권5에 있는 내용이다.

18. 위아래 두 구절이 서로 오류인 사례

19. 위아래 두 구절의 위치가 바뀐 사례

20. 어떤 글자가 두 구절을 서로 연결하는데 잘못 중첩된 사례[22]

21. 어떤 글자가 두 구절을 연결하는데 잘못 탈락된 사례[23]

22. 글자와 구절이 무질서한 사례

23. 간(簡)과 책(策)이 무질서한 사례[24]

이상이 《고서의의거례》 권6에 있는 내용이다.

24. 알지 못하는 옛 글자를 잘못 고친 사례

25. 옛말을 잘 알지 못해서 잘못 해석한 사례[25]

22 어떤……사례 : 《일주서》 〈도훈(度訓)〉의 "是故民主明醜以長子孫, 子孫習服鳥獸"는 "是故民主明醜以長子孫, 習服鳥獸"이어야 한다. 즉, 앞 구절 마지막의 '자손(子孫)'이 뒤 구절의 제일 처음에 잘못 중첩되어 있었다. 《兪樾, 古書疑義擧例, 中華書局, 1956, 115쪽》

23 어떤……사례 : 《일주서》 〈정전(程典)〉의 "思地愼制, 思制愼人, 思人愼德, 德開開乃無患."에서 '덕개개(德開開)'는 '신덕개개(愼德開開)'가 되어야 한다. 왜냐하면 앞 구절들이 모두 네 글자씩 끊어지고, 또한 '신덕(愼德)'이라는 글자가 앞뒤 구절을 연결해 주는 것으로 보이기 때문이다. 《兪樾, 古書疑義擧例, 中華書局, 1956, 117쪽》

24 간(簡)과……사례 : 옛날 사람들은 죽간(竹簡)에 글을 쓰고, 그것을 끈으로 묶어서 책(冊)을 만들었다. 책을 많이 펼치다 보면 종종 끈이 끊어지게 되고, 자칫 죽간들이 땅에 떨어져서 제멋대로 흩어지거나 심지어 사라지는 일이 종종 발생했다. 아무리 복원을 잘 한다고 하더라도 전체 내용과 부합하지 않는 구절들이 삽입되거나, 혹은 어떤 구절이 사라져서 전체 내용에 일관성이 부족하게 되는 문제를 막을 수는 없었다. 이것을 가리켜 착간(錯簡) 현상이라고 한다.

25 옛말을……사례 : 장순휘가 《고서의의거례》의 원문을 "不達古義而誤解例"라고 잘못 인용했다. 원문은 '고의(古義)'가 아니라 '고어(古語)'이다.

26. 같은 뜻을 가지고 있는 두 글자들을 잘못 해석한 사례
27. 두 글자로 된 대구(對句)를 잘못 해석한 사례
28. 문맥에 맞게 글자에 부수가 추가된 사례
29. 어떤 글자에 위아래 것과 연관되어 부수가 추가된 사례[26]
30. 글자의 병렬 관계가 뒤집힌 오류[27]
31. 중복된 글자로 여겨 잘못 삭제한 사례
32. 다른 책을 근거로 잘못 고친 사례
33. 다른 책을 근거로 잘못 해석한 사례
34. 장(章)을 잘못 나눈 사례
35. 편(篇)을 잘못 나눈 사례
36. 부(夫) 자를 잘못 읽은 사례
37. 불(不) 자를 잘못 추가한 사례

이상이 《고서의의거례》 권7에 있는 내용이다.

이상의 사례는 서른일곱 가지에 불과하지만, 옛 책에 존재하는 연문, 오자, 도치, 순서가 뒤바뀐 글자 첨삭과 해석의 오류, 착간, 편장 배치상의 오류 등의 다양한 현상을 거의 모두 정리한 것이다. 유월의 책에서 든 사례가 너무 많아 여기에 모두 열거할 수 없었다. 그러나 학자라면 참고할 만하다. 유월은 왕염손 부자처럼 풍부한 고문자학, 고성운학 지식의 기초를 확보한 상태에서 서적 교감의 경험을 열심히 쌓아 이런 다양한 규칙적인 통례(通例)를 찾아낼 수 있었다.

26 어떤……사례 : 전전반측(輾轉反側)은 원래 전전반측(展轉反側)이었지만, 앞의 전(展)이 뒤의 전(轉)의 영향을 받아 좌측에 '거(車)'가 추가되어 '전(輾)'이 되었다. 《俞樾, 古書疑義擧例, 中華書局, 1956, 146쪽》

27 글자의……오류 : 장단(長短)은 단장(短長)으로 말해야 어감이 더 매끄럽다. 《俞樾, 古書疑義擧例, 中華書局, 1956, 147쪽》

## 제3절 일반적이고 흔한 고서에 정통할 것

6세기의 학자 안지추(顔之推)는 "서적 교감이 어찌 쉬울 수 있겠는가. 양웅, 유향으로부터 이 일이 세상에 알려졌을 뿐이다. 천하의 책을 모두 다 보지 않았다면 함부로 헛소리를 지껄이지 말아야 한다."라고 하였다. 《안씨가훈(顔氏家訓)》〈면학(勉學)〉을 보라. 이렇게 서적 교감 작업은 정말로 어렵고 엄숙한 일이라고 여겨졌다. 물론 그가 말한 대로 천하의 책을 다 읽은 뒤에야 비로소 서적을 교정할 수 있기는 하지만, 너무 높이 설정된 목표와 요구에는 사람이 쉽게 도달하지 못하는 법이다. 그의 주장은 극단으로 흐르는 잘못을 범하고 있다. 그럼에도 불구하고 독서량이 매우 적고 지식이 협소한 사람이 서적 교감에 착수한다면, 어려운 글자나 구절을 쉽사리 풀지 못할 때가 있고 쉽게 잘못을 범하거나 큰 웃음거리를 제공하게 된다. 고염무(顧炎武)는 《일지록(日知錄)》 권18 〈글자의 식별〔別字〕〉 조항에서 다음과 같이 말하였다.

> 산동(山東) 사람이 《금석록(金石錄)》을 판각했는데, 이청조(李淸照)의 〈후서(後序)〉에 있는 '소흥(紹興) 2년, 원익(元黓)의 해,[28] 음력 8월 삭〔壯月朔〕'이란 구절에서 '장월', 즉 음력 8월이 《이아(爾雅)》에서 나온 말인 줄도 모르고 '목단(牧丹)'이라고 고쳤다. 만력(萬曆) 연간 이후에 판각된 책들 가운데 목단이라고 고친 것과 비슷한 경우가 많다.

28 원익(元黓)의 해 : 목성을 기준으로 하는 역법〔歲星紀年〕에서 천간(天干)의 임(壬)에 대응되는 해가 원익의 해이다. 장순휘가 인용한 판본에는 원익(元黓)이라고 되어 있는데, 보통 현익(玄黓)을 더 많이 쓴다.

같은 책의 〈책을 교감하다〔勘書〕〉 조항에는 다음과 같은 말이 있다.

> 무릇 책을 교감하는 일은 반드시 책을 읽을 수 있는 사람을 써야 한다. 《초씨역림(焦氏易林)》의 옛 판각본에 '환서의서(環緖倚鉏)'라는 구절이 있는데, 여기서 '환서'는 '환도(環堵)' 즉 사면을 두른 담장을 잘못 쓴 것으로 생각된다. 그런데 주석에서 "서(緖) 자는 마땅히 패(珮) 자가 되어야 한다."라고 하였다.[29]
>
> '정인수간(井堙水刊)'이라는 구절에서 수간(水刊)은 '목간(木刊)'의 오류이다. 그런데 주석에서 "수간(水刊)은 마땅히 수리(水利), 즉 물이 주는 이익으로 되어야 한다."라고 하였으니 잘못이 너무 크다. 원래 저 오류가 예전 사람에게서 나왔지만, 책을 읽지 않은 사람이라도 원문을 그대로 따른다면 감히 고치지는 않을 것이다. 하지만 만약 요새 사람들이 억측에 근거하여 고친다면 글이 더욱 이해하기 어려워지고, 뜻은 더욱 이상하게 될 것이다. 그리고 그렇게 고친 것을 후대에 전한다면, 잘 읽는 사람이라고 하더라도 멍해져서 탐구하지 못할 것이다. 그런데 오늘날 방각본(坊刻本)은 사람을 가리지 않고 부탁하여 교감을 하니 어찌 큰 해가 없다고 할 수 있겠는가.

고염무의 이 두 기록은 정말로 웃음을 자아낸다. 책을 거의 안 읽는 사람들은 머리에 그저 '목단'이나 '수리'와 같은 정도의 어휘만 가지고 있으며 "팔월을 장이라 한다.〔八月爲壯〕"라는 것이 《이아》 〈석천(釋天)〉에 나오고

29 초씨역림(焦氏易林)의……하였다 : 환도(環堵)라는 단어는 《예기(禮記)》, 《회남자(淮南子)》에 나오지만, 환서(環緖)의 용례는 거의 찾아볼 수 없다. 위에서 언급된 《초씨역림》의 판본에 주석을 단 사람도 '환서'라는 단어가 이상하다고 여겨서 '환서'는 '환패(環珮)' 즉 옛사람들이 허리춤에 차던 옥의 일종이라고 부연 설명을 하였다. 하지만 고염무는 '환서'라고 된 판각본 자체가 잘못되었다고 추정하고 있는 것이다.

"산을 따라 나무를 베다.〔隨山刊木〕"라는 말이 《상서》 〈우공(禹貢)〉에 나오는 것을 대개 모른다. 그들이 '장월(壯月)', '목간(木刊)' 등의 말과 마주할 때마다 자주 보는 명사로 고친다면 원문의 뜻과는 큰 괴리가 생기고, 책에 큰 손상을 입힐 것이다. 그러므로 서적 교감이란 책을 하나도 읽지 않은 사람이 쉽게 성공할 수 있는 작업이 아니라는 것을 알 수 있다.

그리고 뜻이 숨겨진 글자, 어려운 구절들을 만나게 될 때, 책을 많이 읽지 않았다면 의심스러운 부분을 분석하기도 어렵고 전사 과정의 오류 여부에 대해서 확인할 방법도 없을 것이다. 송나라, 청나라 학자들이 책을 교감했던 일화에서 두 가지 사례를 들어 이 문제를 설명하겠다. 홍매(洪邁)의 《용재사필(容齋四筆)》 권2에 다음과 같은 기록이 있다.

> 주익공(周益公)께서 《소위공집(蘇魏公集)》을 태평주(太平州)에 넘겨 조판 인쇄를 하기 위해 일단 먼저 교감을 하게 되었다. 소위공이 지은 〈동산장로어록서(東山長老語錄序)〉의 "측정정종(側定政宗)이니, 쓰이지 않음이 쓰이는 이유이다. 발자국 덕분에 토끼를 잡으며, 언어를 잃어버린 후에야 언어를 말할 수 있다."에서 '측정정종'이라는 구절의 뜻이 명백하지도 않고 아래 구절과도 대응되지 않았다. 이에 편지를 보내 물으셨다. 《장자(莊子)》에 "땅은 넓지도 크지도 않은 것이 아니지만, 사람에게 쓰이는 부분은 발만 겨우 디딜 정도로 좁다. 발을 조금이라도 떼면 떨어져 황천으로 가 버리게 되니, 쓰지 않음에 대해서 안 뒤에야 비로소 쓴다는 것에 대해서 말할 수 있을 것이다."라는 구절이 있는데 '측정정종'을 한번 시험 삼아 《장자》의 "발을 조금이라도 떼면 황천으로 가 버린다.〔廁足致泉.〕"라는 구절이라고 해 보니 바로 아래 구절과 서로 대응했다. 즉 '측정정종'이라는 네 글자 모두 잘못된 것이라고 생각한다.

전대흔(錢大昕)의 《십가재양신록(十駕齋養新錄)》 권14 〈풍속통의(風俗通義)〉에서도 다음과 같은 일을 기록하고 있다.

> 노문초(盧文弨)가 일찍이 편지를 보내서 《풍속통의》 〈건례(愆禮)〉에 기록된 "서치(徐穉)가 篙峀를 짊어지고 걸어가서, 음식을 한 상 차리고 술을 따랐다."라는 구절의 篙峀가 무슨 뜻인지 물어보았다. 이에 나는 산(算) 자의 오자임이 틀림없다고 답했다. 《사기》 〈정당시전(鄭當時傳)〉에 "그가 다른 사람에게 선물을 보냈는데, 그저 산기(算器)에 담긴 음식뿐이었다."라는 구절이 있고, 이에 대해 서광(徐廣)은 "산(算)은 죽기(竹器)이다."라고 주석을 달았으니, 산(算)은 산(匴)과 같은 것이다.
>
> 《설문해자(說文解字)》에 "산(匴)은 쌀을 이는 조리이다."라고 하였고, 《의례(儀禮)》 〈사관례(士冠禮)〉에 "작변(爵弁), 피변(皮弁), 치포관(緇布冠)에 각각 하나의 산(匴)이 있다."라고 했는데, 정현(鄭玄)은 주에서 "산(匴)은 죽기의 이름이다."[30]라고 설명하였다. 본래 산(算)이라는 글자가 잘못 분리되어 두 글자가 되었으니 알아볼 수가 없었던 것이다.

이 두 일화는 매우 비슷하다. 홍매와 전대흔 두 사람이 책을 비교적 많이 읽었고, 또한 보통 통용되고 흔히 보이는 옛 책들에 대해서 비교적 깊이 연구했기 때문에 친구들과 질문하고 답할 때 그리 힘들이지 않고 충분히 본질을 알아보고, 오늘날 전해지는 판본에서 오류가 발생한 까닭을 확인할 수 있었다. 비록 방증이 없다고 하더라도 대담하게 문제가 무엇인지 확신한 뒤 설명하고 해결하였다.

30 산(匴)은 죽기의 이름이다 : 여기서 죽기(竹器)란 곧 관을 담는 상자를 말한다.

이로써 과거 많은 학자들의 서적 교감 작업에 깊이가 있었던 이유와 그들의 폭넓은 독서 범위가 분리될 수 없다는 것을 알 수 있다. 하물며 우주의 사물들도 이것과 저것이 서로 연결되고 의존하는데, 책과 책 가운데 서로 연관된 부분은 더욱 많을 것이다. 옛날에 경·사·자·집이라고 일컫던 책들도 모두 사료로 볼 수 있다. 그중에서 비교적 중요하게 여겨지는, 또한 흔히 볼 수 있는 책들이 있는데, 우리가 잘 읽고 많은 지식을 축적해야 비로소 더욱 훌륭하게 서적 교감 작업을 진행할 수 있을 것이다.

## 제4절 피휘에 대한 이해

피휘(避諱), 즉 이름을 직접 부르는 것을 꺼리는 습속은 중국의 오랜 봉건 사회에서 정말로 진지하게 2000년 이상 유행되었다. 《좌전(左傳)》에서 "주나라 사람들은 어떤 금기로 신을 섬겼는데, 이름은 결국 쓰이지 않게 되었다."라고 하는 것을 보면 주나라 때 이미 피휘가 있었음을 알 수 있다. 《맹자(孟子)》에서는 "이름을 피하지 성을 피하지는 않는다. 성은 서로 같지만 이름은 하나만 있기 때문이다."라고 하면서 옛날 피휘의 통례에 대해서 언급하고 있다.

그런데 《예기(禮記)》에서도 "혐명(嫌名)을 피하지 않고, 이름자 두 개를 모두 피하지는 않고, 시서(詩書)를 피하지 않고, 글을 쓸 때는 피하지 않는다."라고 다시 지적하였다. 이 말의 뜻은 존경하는 사람, 가족인 사람, 현명한 사람과 동일한 음을 가진 글자를 반드시 피할 필요는 없고, 두 글자로 된 이름인 경우에 두 글자를 모두 피할 필요는 없으며, 책을 읽을 때 본래 발음에 따라 읽어야 하는데 피휘할 글자와 동일한 발음인 경우 피하지 않아도 되고, 글을 지을 때는 가장 규범적인 글자로 쓰는데 설사 피휘할 글자와 겹치더라도 피할 필요가 없다는 것이다. 즉, 고대의 피휘는 상당히 관용적이었다는 것을 보여 준다.

그러나 후세의 통치자들은 자신의 존귀함을 높여서 그들의 권력과 지위를 공고하게 만들고자 했기 때문에 피휘를 확실히 하고 엄격하게 시행하였다. 그들은 말이나 글에서 피휘라는 금기를 깨뜨리는 것을 허용하지 않았을 뿐만 아니라, 옛 책을 다시 고치기까지 하였다. 이는 곧 책의 재앙이었다. 우리는 오늘날 많은 고대 역사책의 글자 가운데 형태가 수정되고, 필획이 빠지고, 탈락된 글자를 빈칸으로 대체한 것들을 볼 수 있다.

특히 역대 관명, 지명, 인명이 각 왕조 황제들의 이름을 따라 많이 변경되었던 것은 흔하지 않은 일이 아니었으며, 서적의 기록에 큰 혼란을 조장하였다. 우리가 역사책을 교감하면서 이런 것들을 확실히 알지 못한다면 난해한 문제들이 쉽게 발생할 것이며, 심지어는 잘못되지 않은 것을 잘못된 것이라고 여길지도 모른다. 그러므로 역대 피휘에 대한 일반 상식을 이해하는 것은 오늘날 역사책을 교정하는 열쇠 가운데 하나이다.

역대 피휘에 관한 사실의 기록은 송대 학자들에 의해 이미 만들어지기 시작하였다. 홍매(洪邁)의 《용재수필(容齋隨筆)》, 왕무(王楙)의 《야객총서(野客叢書)》, 왕관국(王觀國)의 《학림(學林)》, 주밀(周密)의 《제동야어(齊東野語)》 모두 간략하게 이에 대해 언급하였다. 청대 역사가, 예컨대 고염무(顧炎武)의 《일지록(日知錄)》, 전대흔(錢大昕)의 《십가재양신록(十駕齋養新錄)》, 조익(趙翼)의 《해여총고(陔餘叢考)》, 왕명성(王鳴盛)의 《십칠사상각(十七史商榷)》, 왕창(王昶)의 《금석췌편(金石萃編)》 모두 피휘에 대해서 고증을 한 적이 있다. 특히 전대흔은 피휘의 의례를 더욱 훌륭히 활용하여 역사책에 있는 어려운 문제들을 풀어냈으며, 《이십이사고이(二十二史考異)》에 자신의 깨달음을 기록하였다. 이는 전대흔이 일찍이 이 열쇠를 가지고 열기 어려운 오래된 많은 자물쇠들을 열었다는 것을 잘 보여준다.

청대 학자 가운데 절강(浙江) 해령(海寧) 사람인 주광업(周廣業)이라는 사람이 있다. 건륭 연간부터 피휘와 관련된 사료를 수집하는 일에 착수하고, 30년의 시간을 써서, 가경 2년에 《경사피명휘고(經史避名彙考)》 46권을 완성하였는데, 이는 전문성을 지닌 거작이라고 할 수 있다. 주광업은 《봉려문초(蓬廬文鈔)》 권3에 〈경사피명휘고자서(經史避名彙考自序)〉를, 《봉려문초》 권8에 〈경사피명휘고예언(經史避名彙考例言)〉을 수록하였는데, 그가 당시에 얼마나 심혈을 기울이고 세밀하게 정리를 하였는지 볼 수 있다. 하지만 책이 간행되지 않았기 때문에 그 안에 있는 풍부한 내용을 볼 수 없다는 것이 아쉽기만 하다.

피휘를 연구의 중심에 놓은 전문적인 책들 가운데 오늘날 가장 많이 유통되는 것이 육비지(陸費墀)의 《제왕묘시년휘보(帝王廟謚年諱譜)》 1권, 《역대제왕연표(歷代帝王年表)》 끝에 부록으로 간행되었다. 황본기(黃本驥)의 《피휘록(避諱錄)》 5권, 《삼장물재총서(三長物齋叢書)》본 주구(周榘)의 《이십이사휘략(二十二史諱略)》 1권, 《소원총서(嘯園叢書)》본 장유양(張惟驤)의 《역대휘자보(歷代諱字譜)》 2권 《소쌍적암총서(小雙寂庵叢書)》본 이다. 장유양의 책이 제일 나중에 완성되었기 때문에 비교적 완전한 편이다.

근래의 역사학자인 진원(陳垣)은 여러 학자가 저술한 책을 체계적으로 정리하고, 유월(兪樾)의 《고서의의거례(古書疑義擧例)》의 체재를 약간 모방하여, 82가지의 사례를 뽑아 6만여 자로 된 《사휘거례(史諱擧例)》 8권을 완성하였다. 이것은 정말로 무척이나 유용한 책으로 학자들이 참고할 만하다. 진원의 책은 1933년 여운서옥정간본(勵耘書屋精刊本)이 있다.

하지만 저 전문적인 책들 안에 있는 자료들은 너무나 풍부하기 때문에 여기에 모두 늘어놓을 수는 없다. 나는 지금 다른 필기 자료에서 이것들을 간추린 기록을 찾아서 간단하게 예를 들어 보겠다. 항세준(杭世駿)의 《정와유편(訂訛類編)》 권3 〈역조피휘자의개정(歷朝避諱字宜改正)〉 조항 아래에 다음과 같은 실례가 있다.

> 정(正) : 진 시황의 이름은 정(政)이므로, 정월(正月)을 정(征)으로 하였다. 〈월령(月令)〉에는 정월을 평성(平聲)으로 읽도록 되어 있는데, 이는 진나라의 피휘를 따른 것이다. 마땅히 거성(去聲)이 되어야 한다.[31] 《사기》 〈연표(年表)〉에서는 단월(端月)이라고도 하였다. 노

31 월령(月令)에는……한다 : 한자에서 비슷한 발음을 가진 글자끼리는 많은 경우 서로 치환하여 쓰이는데, 가차자(假借字)가 바로 이렇게 탄생한 것이다. 정(政)과 정(正)은

생(盧生)이 "감히 그 잘못에 대해서 바른 말〔端言〕을 할 수 없었다."라고 하고, 진 시황 시기에 만들어진 석고문(石鼓文) 〈진송(秦頌)〉에 "법도를 바르게 한다.〔端乎〕", "정직하고〔端直〕 충후하다."라고 한 것은 모두 피휘를 한 까닭이다.[32] 지금은 그럴 필요가 없다.

방(邦) : 한나라의 역사가들은 방(邦)을 모두 국(國)이라고 했는데, 한 고조 유방의 이름을 피한 것이다.

치(雉) : 《사기》 〈봉선서(封禪書)〉에서 "꿩〔野鷄〕이 밤에 울다."라고 하였는데, 여후(呂后)의 이름인 치(雉)를 피한 것이다.

영(盈) : 《사기》에서 "만(萬)은 영수(盈數)[33]"라고 된 것을 '만(萬)은 만수(滿數)', 즉 아주 큰 숫자라고 고쳤다. 이는 혜제(惠帝)의 이름인 영(盈)을 피한 것이다.

항(恒) : 항산(恒山)은 한나라 때 상산(常山)이라고 하였다. 문제(文帝)의 이름인 항(恒)을 피한 것이다. 당나라 때는 평산(平山)이라고 불렀는데, 당 목종(唐穆宗)의 이름인 항(恒)을 피했다.

계(啓) : 《사기》에는 미자계(微子啓)라는 사람을 미자개(微子開)라고 하였고, 《한서》에는 계모석(啓母石)이라는 돌을 개모석(開母石)이라고 하였는데, 경제(景帝)의 이름인 계(啓)를 피한 것이다.

철(徹) : 철후(徹侯)라는 관직은 통후(通侯)라고 하였고, 괴철(蒯徹)

서로 치환하는 대표적인 글자이며, 둘 다 일반적으로 거성(去聲)으로 읽는다. 예컨대 '수정하다, 다스리다, 공정하다'라는 뜻으로 쓸 때 정(政)과 정(正) 두 글자 가운데 어떤 것을 써도 무방하다. 따라서 만약에 정월(正月)의 정(正)을 거성으로 읽으면, 정월(政月)이라고 인식하기 십상이다. 그러므로 진나라 때는 진 시황의 이름인 정(政) 자를 피휘하기 위해서 정월(正月)의 정(正)은 평성(平聲)으로 읽었던 것이다.

32 진 시황……까닭이다 : 정(正)을 '바르다'라는 뜻을 가지고 있는 다른 글자 단(端)으로 바꾸었음을 알 수 있다.

33 영수(盈數) : 한자로 썼을 때 영(零)이 붙지 않는 수, 즉 十, 二百, 三千 등의 수를 가리킨다.

이라는 사람은 괴통(蒯通)이라고 하였는데, 무제(武帝)의 이름을 피한 것이다.

순(詢) : 순경(荀卿)이란 사람은 손경(孫卿)이라고 불렀는데, 선제(宣帝)의 이름인 순(詢)을 피한 것이다.

석(奭) : 석씨(奭氏)라는 성은 성씨(盛氏)라고 하였는데, 원제(元帝)의 이름을 피한 것이다.

장(莊) : 노자(老子)와 장자(莊子)는 노엄(老嚴)이 되었고, 판장(辦裝), 즉 '행장(行裝)을 꾸리다'라는 뜻의 단어는 판엄(辦嚴)이 되었고, 장자릉(莊子陵)은 엄자릉(嚴子陵)이 되었는데, 명제(明帝)의 이름인 장(莊)을 피한 것이다.

수(秀) : 《한서》에서 관료 선발 방식의 하나인 수재(秀才)가 무재(茂才)로 바뀌었는데, 광무제(光武帝)의 이름을 피한 것이다.

륭(隆) : 융려후(隆慮侯)가 임려후(林慮侯)로 되었는데, 상제(殤帝)의 이름을 피한 것이다.

경(慶) : 경씨(慶氏)가 하씨(賀氏)로 되었는데, 안제(安帝)의 이름을 피한 것이다.

조(操) : 두조(杜操)라는 사람이 두도(杜度)가 되었는데, 위 무제(魏武帝)의 이름을 피한 것이다.

종(宗) : 맹종(孟宗)이라는 사람이 맹인(孟仁)이 되었는데, 오나라의 마지막 황제 손호(孫皓)의 자(字)를 피한 것이다.[34]

34 맹종(孟宗)이라는…… 것이다 : 원문에는 "避蜀後主諱也〔촉나라 후주 유선(劉禪)의 이름을 피했다.〕"라고 했다. 아마도 항세준의 《정와유편(訂訛類編)》에 오류가 있거나 장순휘가 잘못 인용한 것으로 보인다.

서진(西晉)과 동진(東晉)[35]

사(師) : 사보(師保)라는 관직을 보부(保傅)라고 하고, 경사(京師)를 경도(京都)라고 하였는데, 진 경제(晉景帝)의 이름을 피한 것이다.

소(昭) : 소목(昭穆)이란 제도를 소목(韶穆)이라고 하고, 왕소군(王昭君)이라는 사람의 이름을 명군(明君)이라고 하였으며, 《삼국지(三國志)》에서 위소(韋昭)라는 인물을 위요(韋耀)라고 하였는데, 문제(文帝)의 이름인 소(昭)를 피한 것이다.

업(業) : 건업(建業)이라는 지명을 건강(建康)이라고 하였는데, 민제(愍帝)의 이름을 피한 것이다.

악(岳) : 등악(鄧岳)이라는 사람을 등대(鄧岱)라고 하고, 산악(山岳)을 산대(山岱)라고 하였는데, 강제(康帝)의 이름을 피한 것이다.

춘(春) : 춘추(春秋)를 양추(陽秋)라고 하고, 부춘(富春)이라는 지명을 부양(富陽)이라고 하였으며, 기춘(蘄春)이라는 지명을 기양(蘄陽)이라고 하였는데, 간문제(簡文帝)의 정후(鄭后)의 이름 아춘(阿春)을 피한 것이다.

남조(南朝)

준(準) : 평준령(平準令)이라는 직책을 염서(染署)라고 하였는데, 송순제(宋順帝)의 이름을 피한 것이다.

도(道) : 설도연(薛道淵)을 설연(薛淵)이라고만 하였는데, 제 태조(齊太祖)의 이름 도성(道成)을 피한 것이다.

연(練) : 비단의 일종인 연(練)을 견(絹)이라고 하였는데, 양 무제(梁武帝)의 어릴 적 이름인 아련(阿練)을 피한 것이다.

35 서진(西晉)과 동진(東晉) : 원문에는 없는데 분류의 편의를 위해 역자가 붙인 제목이다. 이하 같다.

수(隋)나라

중(中) : 낭중(郎中)이란 직책을 랑(郎)이라고만 일컬었다. 시중(侍中)은 시내(侍內)가 되었고, 중서(中書)는 내사(內史)가 되었으며, 전중시어(殿中侍御)는 전내시어(殿內侍御)가 되었다. 시랑(侍郎)을 두고 낭중(郎中)을 두지 않았다. 어사대부(御史大夫)를 두고 중승(中丞)을 두지 않았으며 치서시어사(治書侍御史)로 대신하였다. 중려(中廬)는 차려(次廬)가 되었다. 수나라 시조의 이름 충(忠)을 피한 것이다. 당나라 때에도 당 고종(唐高宗)의 태자 이름인 충(忠)을 피해서 중랑장(中郎將)이 여분낭장(旅賁郎將), 중사인(中舍人)이 내사인(內舍人)이 되었다.

광(廣) : 광락(廣樂)이라는 지명이 장락(長樂)으로 되었다. 광릉(廣陵)이라는 곳은 강도(江都)라고만 불렀다. 수 양제(隋煬帝)의 이름을 피한 것이다.

당(唐)나라

호(虎) : 용사를 뜻하는 호분(虎賁)이 무분(武賁)으로 되고, 호구(虎邱)라는 절이 무구(武邱)가 되었으며, 호림(虎林)이라는 지명이 무림(武林)이 되었다. 당나라 시조의 이름인 호(虎)를 피한 것이다.

연(淵) : 조연(趙淵)이란 사람은 조문심(趙文深)이 되거나 조천(趙泉)이 되었고, 도연명(陶淵明)은 도천명(陶泉明)이 되었으며, 양연(楊淵)은 양천(楊泉)이 되었는데, 고조(高祖)의 이름인 연(淵)을 피한 것이다.

세민(世民) : 당나라 사서에서 세(世)는 모두 대(代)라고 하고, 민(民)은 모두 인(人)이라고 하였다. 민부(民部)라는 정부 기관은 호부(戶部)가 되었는데, 태종(太宗)의 이름 세민(世民)을 피한 것이다. 또한 글자에 민(民) 자가 붙은 것은 일부를 삭제해 모두 씨(氏)로 만들었다. 예컨대 昬은 昏이 되었다.

치(治) : 당나라 사서에서 치(治)는 모두 리(理)라고 하였는데, 고종(高宗)의 이름을 피한 것이다.

조(照) : 조서(詔書)를 제서(制書)라고 하고, 포조(鮑照)라는 사람은 포소(鮑昭)가 되고, 의덕태자(懿德太子) 중조(重照)는 중윤(重潤)으로, 유사조(劉思照)는 사소(思昭)라고 불렀는데, 측천무후의 이름인 조(曌), 즉 조(照) 자를 피한 것이다.

단(旦) : 장인단(張仁亶)은 장인원(張仁愿)으로 되었는데, 예종(睿宗)의 이름 단(旦)을 피한 것이다.

융기(隆基) : 융주(隆州)라는 지명은 낭중(閬中)으로, 융강(隆康)이란 지명은 보강(普康)으로, 융감(隆龕)이라는 지명은 숭감(崇龕)으로, 융산군(隆山郡)은 인수군(仁壽郡)으로 되었는데, 명황(明皇)으로 불린 현종(玄宗)의 이름 융기(隆基)를 피한 것이다.

예(豫) : 예장(豫章)이라는 지명이 종릉(鍾陵)으로, 소예(蘇預)라는 사람이 원명(源明)으로 이름을 바꾸고, 서여(薯蕷)라는 식물은 서약(薯藥)으로 되었는데, 대종(代宗)의 이름인 예(豫)를 피한 것이다.

괄(适) : 괄주(括州)라는 지명이 처주(處州)로 되었는데, 덕종(德宗)의 이름을 피한 것이다.

홍(弘) : 서홍(徐弘)이라는 사람은 이름을 유공(有功)으로 바꾸었는데, 경종(敬宗)의 이름을 피한 것이다.

순(淳) : 순주(淳州)라는 지명은 만주(蠻州)로, 위순(韋純)이라는 사람은 이름을 관지(貫之)로, 위순(韋淳)은 처후(處厚)로, 왕순(王純)은 소릉(紹隆)으로, 육순(陸淳)은 질(質)로, 유순(柳淳)은 관(灌)으로, 엄순(嚴純)은 휴복(休復)으로, 이행순(李行純)이라는 사람은 약(約)으로 이름을 바꾸었는데, 헌종(憲宗)의 이름 순(淳)을 피한 것이다.

곤(昆)과 함(涵) : 송곤(宋緄)은 《회요(會要)》에 송혼(宋混)으로 되어 있는데, 문종(文宗)의 이름 곤(昆)을 피한 것이다. 문종의 옛 이름이 함(涵)이기 때문에 정함(鄭涵)의 이름을 한(瀚)으로 바꾸었다.
염(炎) : 가염(賈炎)은 이름을 숭(嵩)으로 바꾸었는데, 무종(武宗)의 이름을 피한 것이다.
침(忱) : 상심(常諶)은 손(損)으로, 목심(穆諶)은 인유(仁裕)로 이름을 고쳤는데, 선종(宣宗)의 이름 침(忱)을 피한 것이다.

오대(五代) 시기
경당(敬瑭) : 후진(後晉)의 고조(高祖) 이름은 경당(敬瑭)으로, 경씨(敬氏)의 경(敬)을 분리해서 구씨(苟氏)와 문씨(文氏)로 만들었는데, 한(漢)에 이르러 다시 경씨가 되었다. 송나라 익조(翼祖), 즉 송을 건국한 조광윤(趙匡胤)의 할아버지의 이름이 경(敬)이어서 다시 경씨를 나누어 구씨와 문씨로 만들었다.
금(禁) : 원후(元后)의 아버지 이름이 금(禁)이어서 금중(禁中), 즉 황궁을 성중(省中)이라고 하였다.
화(華) : 무후(武后)의 아버지 이름이 화(華)이어서, 화주(華州)를 태주(太州)로 하였다.
류(鏐) : 전왕(錢王)의 이름이 류(鏐)이어서 석류(石榴)라는 과일을 금앵(金櫻)이라고 하고, 유씨(劉氏)를 금씨(金氏)로 바꾸고, 가흥(嘉興)에 있는 유령묘(劉伶墓)를 금령묘(金伶墓)로 고쳐 불렀다.

송(宋)나라
서(曙) : 영종(英宗)의 이름 서(曙)를 피해서, 서여(薯蕷)를 산약(山藥)이라고 부르고, 첨서(簽署)라는 관직을 첨서(簽書)라고 불렀다.
신(愼) : 송나라 효종(孝宗)의 이름이 신(眘)이어서, 주희(朱熹)의

《사서집주(四書集注)》에서 신(愼) 자가 모두 근(謹) 자로 바뀌었다. 신(昚)은 신(愼)의 고자이다.

환(桓) : 소순(蘇洵)이 지은 〈관중론(管仲論)〉의 "관중은 위공(威公)을 보좌했다."라고 하는 대목에서 환공(桓公)이 위공(威公)으로 고쳐졌다. 남쪽으로 도읍을 옮긴 뒤 흠종(欽宗)의 휘를 피한 것이다.

항세준의 이 말은 송나라 사람 왕무(王楙)의 《야객총서(野客叢書)》에서 따온 것이다. 비록 예로 든 것이 간단하고 명료한 사례들이고 송대까지가 마지막이지만 우리는 이 기록을 통해서 옛날에 피휘를 했던 일반적인 상황을 볼 수 있다. 여기에서부터 비슷한 사례를 더욱 분석한다면 더 많은 사례를 알 수 있을 것이며, 가끔 옛날 주석들의 해석을 통해 그렇게 된 까닭을 충분히 이해할 수 있을 것이다. 예컨대 《사기》 〈진시황본기(秦始皇本紀)〉에는 다음과 같은 구절이 있다.

23년, 진왕은 다시 왕전(王翦)을 불러서 억지로 그를 일으켜 형(荊)을 공격하도록 시켰다.

우리는 여기에서 전국칠웅 가운데 분명히 초(楚)나라가 있는데 왜 '형(荊)'이라고 하였는지 의심해 보지 않을 수 없다. 장수절(張守節)의 《사기정의(史記正義)》를 자세히 보면 곧 이 문제에 대답할 수 있게 된다.

진나라가 초나라를 형(荊)이라고 부른 까닭은 진나라 장양왕(莊襄王)의 이름이 자초(子楚)이기 때문에 그것을 피하여 형(荊)이라고 부른 것이다.

여기에서 우리는 사마천이 역사적 사실을 서술하는 데 한 치의 소홀함도 없었고, 진나라가 당시 초나라를 어떻게 불렀는지를 사실대로 반영했다는 것을 인식할 수 있다. 그리고 다른 한편으로는 《여씨춘추(呂氏春秋)》, 즉 여불위(呂不韋)가 조직한 한 무리의 지식인들이 공동으로 완성한 작품에서도 여불위가 진나라의 재상이었기 때문에 자연스레 주인의 이름을 피휘해야 했다는 것을 떠올릴 수 있다. 그래서 《여씨춘추》 안에 초나라와 관련된 것은 대개 형(荊)이라고 되어 있다. 고유(高誘)가 《여씨춘추》 〈음초(音初)〉에 주석을 달면서 다음과 같은 사례를 들었다.

> 형(荊)은 초(楚)이다. 진나라 장왕(莊王)의 이름이 초(楚)이므로 그것을 피해 형(荊)이라고 불렀다.

이 문제에 대해서 한나라 학자 고유, 당나라 학자 장수절 모두 답을 제시하였고, 또한 생각한 것도 일치했음을 알 수 있다. 요즘 어떤 사람이 진나라가 초나라를 형으로 일컬은 것은 경멸의 뜻이 있었기 때문이라고 하는데, 사실 형이라는 글자에는 원래 나쁜 뜻이 없다. 이는 주석가들이 옛날의 역사를 해설하면서, 피휘 때문에 글자가 고쳐진 부분을 만나면 성실하게 분명히 주석을 달았다는 것을 보여 준다. 그러므로 우리는 오늘날 옛날의 역사책을 교감하고 읽으면서 옛 주석이 있는 판본들을 반드시 상세하게 탐구해야 한다.

위에서 진나라 사람들이 초나라를 형(荊)이라고 부른 사례는 피휘 때문에 지명이 바뀐 사례이다. 이러한 사실들은 어느 왕조에나 모두 있었다. 전대흔(錢大昕)은 《십가재양신록(十駕齋養新錄)》의 〈군과 현의 이름을 피휘하여 고침〔避諱改郡縣名〕〉이라는 조항에서 총정리 격인 서술을 남겼는데, 여기에서 역대 왕조에서 피휘 때문에 지명이 바뀐 사례들을 간략하게 정리하였다. 물론 역대 왕조에서 피휘 때문에 고쳐진 관명과 인명 등은 셀 수 없을 정도로 많다. 육비지(陸費墀)의 《역대제왕묘시년휘보(歷代帝王廟謚年諱譜)》, 장유양(張惟驤)의 《역대휘자보(歷代諱字譜)》는 정말로 상세하게 그것들을 망라하였다. 학자들이 이러한 종류의 참고서를 이용하여 역대에 통상적으로 피휘에 쓰인 글자들을 열심히 기억하는 것은 당연히 서적 교감 작업에서 필수적으로 갖추어야 할 조건 가운데 하나이다.

나는 과거에 한 친구를 만난 적이 있는데, 그는 삼국 시대 오나라 학자인 위소(韋昭)가 저술은 무척 많은데 어째서 역사책에 그의 전기가 없는지에 대해서 의문을 품었다. 나는 이에 《삼국지》 권65 〈위요전(韋曜傳)〉을 꺼내서 그에게 보여 주었고 그렇게 된 까닭에 대해서 설명하였다. 그는 역대의 피휘에 대한 일반적인 지식을 확보하는 일이 매우 중요하다는 것을 크게 깨달았다.

게다가 어떤 역사책들은 내용의 대부분이 서로 비슷하지만 저자가 처한 시대가 다르기 때문에 각자 다른 피휘 대상이 있었으며, 관직명·지명·인명의 변경이 너무나도 불일치하는 사태가 벌어지곤 하였다. 즉, 피휘 때문에 변경된 어떤 사람의 이름을 예로 들자면, 어느 날 두 개의 다른 책이 동일 인물을 서술한다고 하더라도 마치 두 명인 것처럼 만들어 버리는 경우도 있다. 예컨대 《남사(南史)》와 《북사(北史)》, 《송서(宋書)》, 《제서(齊書)》, 《위서(魏書)》, 《북제서(北齊書)》, 《주서(周書)》의 기록은 왕왕 같은 사람을 다른 이름으로 쓸 때가 있다.

만약에 당시 저자가 피휘 때문에 글자를 고쳤다는 관례를 잘 알지 못한다면, 두 역사책을 검토하고 대조하는 것마저도 어려운 일이 될 것이다. 진원(陳垣)은 《사휘거례(史諱擧例)》 권4 〈피휘 때문에 동일 인물이 두 역사책에서 다른 이름으로 된 사례[因避諱一人二史異名例]〉에서 《남사》와 《송서》·《제서》, 《북사》와 《위서》·《제서》·《주서》에서 한 사람의 이야기를 똑같이 기재했지만 이름을 다르게 표기한 경우와 해당 역사책의 권수를 다음과 같이 표로 정리하였다.

| 인물 | 서명 및 권수 | 인물 | 서명 및 권수 |
|---|---|---|---|
| 저숙도(褚叔度) | 송서(宋書) 52 | 저유지(褚裕之) | 남사(南史) 28 |
| 사경인(謝景仁) | 송서 52 | 사유(謝裕) | 남사 19 |
| 장무도(張茂度) | 송서 53 | 장유(張裕) | 남사 31 |
| 유병지(庾炳之) | 송서 53 | 유중문(庾仲文) | 남사 35 |
| 왕경홍(王敬弘) | 송서 66 | 왕유지(王裕之) | 남사 24 |
| 왕경문(王景文) | 송서 85 | 왕욱(王彧) | 남사 23 |
| 종병(宗炳) | 송서 93 | 종소문(宗少文) | 남사 75 |
| 저연(褚淵) | 남제서(南齊書) 23 | 저언회(褚彦回) | 남사 28 |
| 설연(薛淵) | 남제서 30 | 설심(薛深) | 남사 40 |
| 공치규(孔稚珪) | 남제서 48 | 공규(孔珪) | 남사 49 |
| 가연(賈淵) | 남제서 52 | 가희경(賈希鏡) | 남사 72 |
| 등연(鄧淵) | 위서(魏書) 24 | 등언해(鄧彦海) | 북사(北史) 21 |
| 장손치(張孫稚) | 위서 25 | 장손유(張孫幼) | 북사 22 |
| 유병(劉昞) | 위서 52 | 유연명(劉延明) | 북사 34 |
| 이숙호(李叔虎) | 위서 72 | 이숙표(李叔彪) | 북사 45 |
| 후연(侯淵) | 위서 80 | 후심(侯深) | 북사 49 |
| 장연(張淵) | 위서 91 | 장심(張深) | 북사 89 |
| 이치렴(李稚廉) | 북제서(北齊書) 43 | 이유렴(李幼廉) | 북사 33 |
| 장조(張雕) | 북제서 44 | 장조무(張雕武) | 북사 81 |
| 정효목(鄭孝穆) | 주서(周書) 35 | 정도옹(鄭道邕) | 북사 35 |
| 곽준(郭儁) | 수서(隋書) 72 | 곽세준(郭世儁) | 북사 85 |
| 왕충(王充) | 수서 85 | 왕세충(王世充) | 북사 79 |

진원(陳垣) 주 : 유(裕)와 욱(彧)이라는 글자는 남송(南宋)의 피휘 대상이므로 《송서(宋書)》에서 피하였다. 옹(邕)은 북주(北周)의 피휘 대상이므로 《주서(周書)》에서 피하였다. 호(虎), 병(炳), 연(淵), 세(世), 치(稚)는 당나라의 피휘 대상이므로 그때 역사를 편찬한 신하들이 그것들을 피했다. 피하는 대상이 다르기 때문에 두 역사책에서 부른 이름도 달랐다.

진원이 만든 이 대조표는 아주 중요한 것으로, 역사책을 읽으면서 피휘에 관한 지식을 이해하지 못하면 책을 훑어보는 것조차도 곤란하다는 것을 보여주기에 충분하다. 만약에 거꾸로 이러한 분야의 지식을 잘 쌓아 두었다면, 역사책에서 관명·지명·인명이 피휘 때문에 변경된 이유를 끝까지 탐구할 수 있을 뿐만 아니라, 더 나아가 그것을 고고학 방면에까지 활용해 갈 수 있을 것이다. 과거에 판본에 대해 이야기하던 전문가들은 북송과 남송 이후의 최고 통치자들의 이름을 일일이 숙지하였다. 그래서 어떤 책에서 피휘한 것을 발견했을 때 남송의 것이 아니면 북송 때의 간행본임을 확정할 수 있었을 뿐만 아니라, 종종 그 간행본의 절대 연대마저도 검토하여 확정할 수 있었다. 그리고 이는 금석문과 비문을 고증할 때도 마찬가지의 효과가 있었다.

# 제4장 서적 교감의 방법

## 제1절 장서가들의 낡은 교감법

우리는 서적 교감 작업을 진행하기 전에 우선 과거 봉건사회 장서가들의 교감 방식을 비판해야 한다. 중국 봉건사회의 장서가들은 대부분 서적 교감을 좋아했다. 《신당서(新唐書)》 권132 〈위술전(韋述傳)〉에 다음과 같은 기록이 있다.

> 2만 권이나 되는 책을 모았으며, 모두 직접 교정하였다. 황색과 먹색의 정교함과 신중함이 내비(內祕)의 책도 따라갈 수 없었다.

여기에서 '황색과 먹색의 정교함과 신중함'이라고 한 의미는 위술이 서적을 교감할 때 황색과 먹색의 붓을 써서 작업을 진행하였다는 것을 의미하며, 작업을 정밀하고 신중하게 하여, 당시 정부 도서관의 책도 그가 소장하고 있는 것에 미치지 못하였다는 것을 말해 준다. 이는 중국사에서 장서가가 서적 교감을 행한 전형적인 사례이다. 이러한 분위기는 송대에 이르러서 매우 성행하였다. 왕명청(王明淸)은 《휘주후록(揮麈後錄)》 권7에서 그의 할아버지가 책을 소장하고 교감한 모습을 이야기하였다.

> 어려서 과거에 급제하여 관리가 되어 사방으로 돌아다니셨다. 그러다가 책에 마음이 동하여 계획을 세워 수집하셨는데, 모은 책만 수만 권에 달하였다. 모두 직접 교수(校讎)를 하여 마을에 보관해 두셨다. 그분께서

남몰래 사대부들을 도와주셨으니 따르는 자가 많았으며, 이 이야기는 널리 퍼졌다.

육유(陸游)의 《노학암필기(老學庵筆記)》 권8에도 다음과 같은 내용이 있다.

하방회(賀方回)가 서적 교감을 좋아해서 주황색의 붓을 손에서 놓은 적이 없었다. 반빈로(潘邠老)께서 하방회에게 준 시에 다음과 같이 말했다. "시를 소의 허리춤만큼 많이 모았어도 옛 원고를 또 모으고, 글이 말꼬리만큼 잘못되었어도 분별해서 새로 교감을 하네.〔詩束牛腰藏舊稿, 書訛馬尾辨新讎〕"

이것들 모두 당시의 유행을 반영한 말이다. 하방회는 이름이 주(鑄)이다. 《계년요록(繫年要錄)》에 있는 "소흥(紹興) 2년 정월 갑자일, 평강부(平江府) 수신시(守臣市)에 있는 하주의 집에 소장된 책을 삼관(三館), 즉 소문관(昭文館)·사관(史館)·집현원(集賢院)에 채워 넣으라는 조서를 내렸다."라는 기록을 보면 그가 당시의 유명한 장서가라는 것을 알 수 있다.

장서가의 서적 교감은 학문을 하기 위한 것이 아니라 판본을 연구한다는 관점에서 출발한다. 자기가 소장하고 있는 판본이 비교적 늦은 시기의 복사본이나 각본이라면 반드시 오래된 판본을 찾아서 서로 다른 점을 교정하고, 잘못된 부분이나 다른 부분을 발견한다면 자신이 소장하고 있는 판본에 자세하게 기록해서 자신이 소장하고 있는 판본의 가치가 이전과 아주 달라지도록 만들었다.

또한 가끔 예를 다해 유명한 이를 초빙하여 서적 교감을 도와 달라고 하였다. 교감이 끝나면 아무아무가 교감한 판본이라고 불리므로 자신이 소장한 판본은 더욱 그럴듯해졌다. 그러므로 역대 장서가들은 모두 이 작업을 중시했다. 청나라 초기 장서가인 손경증(孫慶增)이 저술한 《장서기요(藏書紀要)》, 청나라 말의 장서가인 섭덕휘(葉德輝)가 저술한 《장서십약(藏書十約)》이 모두 이 문제를 강조하였다.

손경증의 《장서기요》의 목차는 여덟 가지 내용으로 구성되어 있다. ①책의 구입〔購書〕, ②감별(鑑別), ③초록(鈔錄), ④교수(校讎), ⑤책의 제본〔裝訂〕, ⑥목차의 편집〔編目〕, ⑦수장(收藏), ⑧책의 포쇄〔曝書〕

한편, 섭덕휘의 《장서십약》의 목차는 열 가지 내용으로 구성되어 있다. ①책의 구입〔購置〕, ②감별(鑑別), ③책의 제본〔裝潢〕, ④진열(陳列), ⑤베끼고 보충하기〔鈔補〕, ⑥저자에 대한 해제〔傳錄〕, ⑦교감(校勘), ⑧제문과 발문〔題跋〕, ⑨수장(收藏), ⑩도장의 흔적〔印記〕

확실히 그들은 옛 책을 교감하는 작업을 장서의 필요조건 가운데 하나라고 여겼다. 따라서 그들이 제시한 서적 교감 방법은 일반적인 학술 연구에 전문적으로 종사하는 사람들과는 다른 점이 있었다. 손경증은 교수(校讎)에 대해 언급하면서 다음과 같이 말하였다.

> 옛사람은 책을 한 권 교감할 때마다 먼저 세심하게 단서를 찾아내고 처음부터 끝까지 잘못을 고쳤다. 교수를 서너 번은 해야 정말 훌륭하게 되었다. 송나라 각본에 대해서 말하자면, 글자와 구절 교정을 비록 적게 할지라도 서둘러 책 위에 글자를 고쳐서는 안 된다. 원나라 판본도 마찬가지이다. 글자와 구절을 교정해야 한다면, 백지 위에 써서 풀을 얇게 발라 원본에 붙여야 한다. 왜냐하면 책이 귀중하기 때문이다.
>
> 무릇 새 책을 교정하는 데 있어 이미 교정을 거친 좋은 판본이라면 그것을 베끼는 일도 괜찮다. 그러나 만약에 옛사람들이 잘못을 저질렀는데 아직 고쳐지지 않았다면 수정하는 것이 마땅하다. 명대의 판방본(版坊本), 신초본(新鈔本)처럼 오류와 빠진 부분이 아주 많은 것들은 반드시 송나라·원나라 판본이나 옛날의 필사본, 교정을 거친 저본이나

장서가가 고이 간직했던 판본을 찾아서 세세하게 교수하고 반복적으로 교감하여, 줄의 간격마저도 모두 격식에 맞게 수정해야 비로소 훌륭한 판본이 된다. 만약에 옛날 사람들이 끝까지 조사할 수 없어서 수정하지 못한 경우가 있다면, 요새 사람들은 박학한 군자와 옛 문헌의 연구에 능통한 선비들에게 많이 물어봐야 할 것이며, 또한 옛 비석의 글자들을 찾고, 장서가들이 고이 간직한 판본들을 구해야 교정할 수 있을 것이다.

하지만 서적 교감은 반드시 여러 사람이 한곳에서 합심하여 연구·토론하고 옛 문헌을 뽑아서 공부해야 비로소 성공할 수 있다. 만약에 그렇게 하지 않는다면 결국 얼치기가 될 뿐이다. 그러므로 필사본이나 각본의 질이 어떤지를 떠나서 교감을 거친 책이라면 모두 지극한 보배이다. 자획의 오류에 대해서는 반드시 문자학과 성운학에 밝은 이에게 자획과 독음을 구분해 달라고 부탁해야 착오가 없을 것이다.

옛날에 자황(雌黃)이라는 안료를 사용하여 책을 교감하고, 또 모두 노란색 종이를 사용해서 글을 쓰고 제본하여 두루마리로 만들었기 때문에 '황권(黃卷)'이라는 이름이 붙었다. 종이와 안료의 색이 서로 같기 때문에 안료를 칠해도 아무런 흔적이 없었다. 그런데 나중 사람들은 하얀 종이에 필사하고 인쇄하니 흰색을 써서 칠해야 했다. 오늘날의 글자 교정은, 우선 은은한 색의 청전석(靑田石)을 곱게 간 뒤, 아교와 함께 굳혀서 덩어리로 만들고 종이 위에 비벼서 바르면, 글자가 가장 교묘하게 수정된다. 납 분말은 나중에는 검은색으로 변하기 때문에 절대 사용해서는 안 되는 것이다.

만약에 많은 분량의 책이라면, 여러 사람이 나누어 교감한 뒤 총괄하는 이에게 올리도록 부탁한다면 단기간에 완성할 수 있다. 판각된 인쇄물의 교정은 깊은 학식과 품행이 단정한 군자 가운데 여력이 있고 옛것을 좋아하는 사람이 아니라면 불가능하다. 책을 판각해서 인쇄할 때는 고명한 사람이 교정을 한 뒤에야 가능하다. 그렇게 하지 않으면, 판각

> 에 엉뚱한 비용이 투자되고 어설프게 판각이 완성되어, 나중 사람들에게 잘못된 지식을 전해 줄 뿐만 아니라 오히려 식견이 있는 이들에게 비웃음을 당하게 될 것이다.

위에서 손경증은 서적 교감을 진행하는 구체적인 방법에 대해서 아주 명확하게 이야기하고 있지만, 그의 주된 목표와 임무는 다음의 두 가지를 벗어나지 않는다. 첫째, 장서와 교서이다. 다양한 방법을 강구하여 송나라·원나라 판본, 옛 필사본, 장서가들이 고이 간직한 판본을 찾아서 자신의 집에 있는 책들과 교감해서 이른바 '훌륭한 판본'과 '지극한 보배'를 만든다. 둘째, 책의 판각과 교감이다. 스스로 교감할 수 없을 때 고명한 사람들에게 나누어 주어 교감하도록 부탁한다. 이것들은 모두 판본을 따지는 측면의 작업이다.

봉건사회의 장서가들은 대부분 관료와 대지주였다. 엄청난 재력이 있어야 '100개의 성을 가지고 있을 정도로 많은 책을 소장하는 것〔坐擁百城〕'이 가능했다. 이러한 자들은 남을 착취하여 살아가기 때문에 할 일이 없었다. 가끔 기품과 풍류가 있는 척했는데, 서적 교감은 이를 위한 훌륭한 소일거리였다. 섭덕휘는 《장서십약》에서 교감에 대해 이야기하면서 다음과 같이 말한 적이 있다.

> 책은 교감하지 않으면 읽지 않는 것만 못하다. 교감은 여덟 가지 점에서 유익하다. 조용히 있는 것을 배우고 마음을 기르며, 번뇌를 없애고 욕망을 자른다. 혼자 살아도 저속함이 없으며 많은 근심이 모두 소멸하니 첫 번째 좋은 점이다. 옛사람을 위해 공을 세우고 후학을 인도한다. 이상한 문장을 홀로 감상하다 보면 의심 가는 부분이 홀연히 해결되니 두 번째 좋은 점이다. 매일같이 훑어보고 검열하면 곰팡이가 피지 않고 좀이 슬지 않으니 세 번째 좋은 점이다. 책 한 권의 교감을 마치고 후세에 전하며, 내 이름도 더불어 전해지니 네 번째 좋은 점이다. 중년이 되면 무언

가를 잘 잊어버려서 찾는 데 고생한다. 그런데 한번 직접 교감을 하면 몇 년을 고생 없이 보낼 수 있으니 다섯 번째 좋은 점이다. 전장 제도와 독특한 산물에 대한 정보를 날이 갈수록 많이 기억하여 사건들을 분류하고 관련된 글을 찬술하는 것이 땅에 떨어진 것을 줍듯이 쉬워진다. 이것이 여섯 번째 좋은 점이다. 긴 여름에 잠을 쫓고 엄동설한에도 추위를 막을 수 있으며, 침식을 잊은 채로 열중하다 보면 어려운 처지도 쉽게 극복하게 되니 바로 일곱 번째 좋은 점이다. 교감한 책이 날로 많아지고 책의 원류에 대해서 더욱 공부하니, 말이 이미 길을 아는 것처럼 집을 나가서 정보를 잘 찾을 수 있게 된다. 이것이 여덟 번째 좋은 점이다.

섭덕휘가 예로 든 서적 교감의 여덟 가지 좋은 점에는 한가함이 극에 이르러 무료하게 시간만 때우는 봉건사회 사대부들의 모습이 가득 담겨 있다. 이러한 상황은 보통의 장서가들에게만 해당되는 것이 아니다. 소수의 고증학자들 중 서적 교감의 명수들도 서적 교감 작업을 골동품을 감상하는 좋은 놀이쯤으로 간주하고 있었다.

청대 건가 학파(乾嘉學派)의 학자 가운데 황비열(黃丕烈)은 교감 전문가라고 할 수 있지만, 그는 평소에 송나라 판본을 보기만 하면 원칙도 없이 영합하는, 즉 '송나라에 미친' 나쁜 습관에 크게 길들여져 있었다. 그러나 그의 친구 엄가균(嚴可均)은 그의 방식에 동의하지 않았고, 《철교만고(鐵橋漫稿)》 권8 〈임옥에 사는 갈향사의 장서도 뒤에 씀〔書葛香士林屋藏書圖後〕〉에서 다음과 같이 말하였다.

황비열이 모은 책의 대부분은 송나라 판본이다. 내가 그와 오래 사귀었지만 그를 감히 따라 하지는 않았다. 책은 골동품이 아니다. 송나라 판본을 가진 적도 없지만, 송나라 판본을 교정해 만든 이후의 판본도 충분히 나의 저술에 이용될 수 있었다.

이 말은 일종의 경멸이다. 공정하게 말하자면, 송나라 때 판각한 옛 판본을 많이 구할 수 있다는 것은 결코 나쁜 일이 아니지만, 맹목적으로 그것을 믿는 것은 서적 교감 작업에서 반드시 주의해야 할 문제이다. 송나라 판본에 여전히 약간의 오류가 존재한다는 것을 인식하지 못한 채 원칙 없이 영합한다면, 골동품을 가지고 노는 것과 무슨 차이가 있겠는가. 홍양길(洪亮吉)의 《북강시화(北江詩話)》는 장서가를 여러 등급으로 나누고, 그들을 교정〔考訂〕, 교수(校讎), 수장(收藏), 감상(賞鑑), 약탈적 매매〔掠販〕 등으로 분류하였다. 그는 황비열을 감상가로 분류하였는데, 이것이 황비열에게 억울한 누명을 씌운 것이라고 할 수는 없을 것이다. 이러한 서적 교감 방법이 오늘날 구식이 되어 버렸다는 것은 의심할 필요가 없다.

특히 옛날의 역사책을 교정하는 작업은 사료를 발견하고 고증하며 정리하는 것에서 출발해야 한다. 송나라와 원나라의 판본이 비록 교감의 중요한 근거 가운데 하나이지만, 그것에만 머물러서 글자의 차이를 대조하는 일의 주위만을 맴돌아서는 결코 안 될 것이다. 따라서 먼저 서적 교감의 태도를 바르게 한 뒤, 다시 연구 대상과 작업 목표를 비교적 넓게 설정해야만 할 것이다.

## 제2절 경솔한 추측에 의한 글자 수정

명나라 때 책을 읽고 판각하는 사람들은 주관적인 판단에 의지해서 옛 책을 고치는 일을 좋아하였다. 가끔 원본에 큰 오류가 없는데도 수정해서 오히려 오류가 더 많아지곤 하였다. 이는 제2장 제4절에서 이미 이야기했던 것으로 우리는 이를 크게 경계해야 한다. 청대의 학자들은 명대 사람들의 편견과 폐단을 고치려고 크게 노력하였다. 그리고 항상 매우 신중한 태도로 의심스러운 글자나 이상한 글들을 처리하였으며, 가벼이 옛 책을 고치지는 않았다. 이렇게 신중한 태도는 아주 오래전부터 시작되었고, 공자가 책을 읽을 무렵에도 이미 존재했다고 전해 온다. 다음의 사실이 그것을 충분히 증명해 줄 것이다.

> 《춘추(春秋)》: 소공(昭公) 12년 봄, 제나라의 고언이 군대를 이끌고 북연의 백우양으로 하여금 들어가게 만들었다.〔齊高偃帥師納北燕伯于陽〕
> 《공양전(公羊傳)》: '백우양'이란 무엇인가? 공자 양생(公子陽生)이다. "나는 그때 그것을 알고 있었다.〔我乃知之矣.〕"라고 선생께서 말씀하셨다. 그러자 옆에 있던 사람이 말했다. "선생님께서 정말로 그것을 알고 계셨다면 어째서 고치지 않으셨습니까?" 그러자 "네가 알지 못하는 것에 대해서는 어떻게 할 것이냐?〔如爾所不知何?〕" 하셨다.[36]

36 공양전(公羊傳)……하셨다: 공식적으로 전해지는 것을 자신이 알고 있는 바에 따라 수정한다면, 자신이 알지 못하는 것은 어떻게 하겠느냐는 반문이다. 이 말대로만 보면, 공자는 오류가 명확한 상황에서조차 '기술하되 지어내지 않는다.〔述而不作〕'라는 원칙을 견지한 셈이다. 그러나 이 일화에 대해 유지기(劉知幾)는 공자의 포폄에 일관성이 결여되어 있다고 비판했다. 《유지기, 史通, 오항녕 역, 역사비평사, 2012, 724쪽》

하휴(何休) 《공양전해고(公羊傳解詁)》 : 선생님은 공자를 일컫는다. '내(乃)'는 그 일이 일어난 해를 의미한다. 공자께서 스물세 살일 때이며 그 일을 다 알고 계셨다. 나중에 《춘추》를 지으셨는데, 《사기(史記)》를 살펴보면, 공자께서는 공(公)이 백(伯)으로, 자(子)가 우(于)로 잘못되었고, 양(陽)은 그대로 있지만 생(生)은 빠져 버렸다는 것을 알고 계셨다. 여(如)는 내(奈)와 같아서 "네가 알지 못하는 것에 대해서는 어찌할 것이냐?〔奈爾所不知何?〕"[37]라고 하는 것과 같다. 그렇다고 그냥 억지로 변경해도 괜찮을까? 이것이 선생님께서 후세 사람들을 위해 모범을 보이신 일로, 남들이 함부로 억측하는 것을 바라지 않으셨다. 공자는 네 가지를 하지 않으셨다. 멋대로 추측하지 않으셨고, 멋대로 단정을 내리지 않으셨으며, 고집 피우지 않으셨고, 주관에만 의지하지 않으셨다.

위에서 예로 든 문장들을 가지고 보면, 만약에 《춘추》의 경문(經文)만 있다면 우리는 '백우양(伯于陽)'이라는 세 글자를 쉽게 이해할 수 없을 것이다.[38] 공양전의 설명이 있기 때문에 '백우양'이 '공자 양생'을 잘못 쓴 글자일 뿐만 아니라 '생' 자를 빠뜨렸다는 것을 알 수 있게 되었다. 공자는 당시에 분명히 이것이 베끼는 과정에서 잘못된 것임을 알았지만, 자신이 모르는 사정이 아직 더 많다는 것을 고려해서 감히 즉시 그것을 수정하지 않았다. 이

37 네가……것이냐 : 여하(如何)와 내하(奈何)는 글자와 어감상의 차이만 있을 뿐이지 사실 의미는 거의 같다. 아마 하휴가 살던 시대와 장소에서는 내하가 여하보다 더 자주 쓰이는 말이었기 때문에 굳이 양자를 구분했을 것이다. 그 상황을 간접적으로나마 전달하기 위해 여하는 '어떻게'로, 내하는 '어찌'로 번역하였다.

38 우리는……것이다 : '우(于)'가 '～에', '～로'라는 뜻을 가진 개사(介詞)이기 때문에 전후 맥락을 모르는 사람이라면 "북연(北燕)의 백(伯)을 양(陽)으로 들어가게 만들었다."라고 잘못 해석할 수 있다.

는 공자가 매우 신중하게 서적을 교감했다는 것을 보여 준다.

특히 동한(東漢)의 학자인 하휴(何休)는 《해고(解詁)》에서 공자의 이 정신을 주목하였다. "남들이 함부로 억측하는 것을 바라지 않으셨다."라고 말한 것은 곧 공자가 후세의 교서가들이 의심스러운 글자나 빠진 구절이 있는 기록과 만날 때 마음대로 추측해서 문제를 처리하기를 바라지 않았다는 것을 말한다. 또한 공자가 당시에 이 기록의 원래 모습을 보존해서 마치 후세에 본보기를 보여 주는 듯했다는 것을 의미하기도 한다.

하휴는 《해고》에서 《논어》 〈자한(子罕)〉의 "멋대로 추측하지 않으셨고, 멋대로 단정을 내리지 않으셨으며, 고집 피우지 않으셨고, 주관에만 의지하지 않으셨다."라는 구절을 인용하여 결말을 지었다.[39] 하휴는 공자가 평소에 문제를 처리하면서 저 네 종류의 좋지 못한 태도를 모두 없애 버렸다고 보았다. 이는 공자가 비교적 객관적인 태도로 모든 문제를, 특히 서적 교감 분야에서, 처리하였다는 것을 의미한다.

공자는 책을 교감하면서 가벼이 글자를 고치지 않았을 뿐만 아니라, 빠진 글자가 있는 먼 옛날의 기록을 마주할 때도 마음대로 글자를 보충하지 않고 원래 모습을 보존하였으며, 의심쩍은 부분을 그대로 남겨서 후세 사람들이 처리하게 하였다. 이에 대해 우리는 다음과 같은 한 가지 사례를 들 수 있다.

> 《춘추(春秋)》 : 환공 14년 봄 정월, 공께서 정백을 조에서 만나셨다. 〔桓公十有四年, 春, 正月, 公會鄭伯于曹.〕 ○ 얼음이 없었다.〔無氷〕 ○ 여름, 오〔夏五〕 ○ 정백이 그의 동생으로 하여금 와서 동맹을 맺도록 말하게 하였다.〔鄭伯使其弟語來盟.〕

39 하휴는……지었다 : 원문 바로 다음 구절에 장순휘가 《논어》 〈자한〉에서 인용한 글귀를 다시 간단하게 풀이했으나, 이미 해당 인용문을 장순휘의 풀이대로 번역했기 때문에 생략하였다.

《춘추》는 회계장부 식의 옛 역사책으로 매년 춘하추동의 순서대로 여러 나라의 큰 사건을 기록한 것이다. 모든 사건의 기록은 아주 간략하고 서로 연계되어 있지 않다. 그런데 이 기록의 중간에 갑자기 '여름, 오〔夏五〕'라는 글자가 툭 튀어나오니 사람들이 의심을 품는 것은 당연하다. 진(晉)나라 때 두예(杜預)의 《춘추경전집해(春秋經傳集解)》는 '여름, 오' 아래에 "월(月)을 쓰지 않았다. 글자가 누락되었다."라고 주석을 달았다. 누구라도 '여름, 오'라는 두 글자 아래에 반드시 '월' 자가 있어야 함을 느낄 것이다. 하지만 역사책을 편찬하는 사람들은 그것을 고치지 않았으니 이 얼마나 신중하고 빈틈이 없는 태도인가. 노문초(盧文弨)는 《포경당문집(抱經堂文集)》 권8 〈춘추존왕발미발(春秋尊王發微跋)〉에서 다음과 같이 지적하였다.

> '여름, 오' 아래에 '월'이 있어야 하는 것은 의심하지 않아도 좋을 것이다. 그러나 성인, 즉 공자께서 추가하지 않은 것은 그 글자도 이 구절에 완벽하게 맞지 않을 수도 있음을 의미한다. '월'을 추가하면 '정백이 그의 동생으로 하여금 와서 동맹을 맺도록 말하게 한 것'이 오월의 사건이 될 것이다. 그런데 이렇게 쓰면 거기에 탈자가 있는지 다시는 의심하지 않게 되어 버릴 것이다.

《춘추》가 공자에 의해 편찬되었는지는 또 다른 문제이다. 반드시 공자의 손을 거쳐 정리된 것이라고 할 수 있는 것은 아니지만, 그래도 2000년 전의 오래된 역사책이다. 당시의 편집자들이 옛 사료를 대하는 것이 이렇게나 성실하였고 한 글자라도 마음대로 고치고 추가하지 않았으니, 이는 의심할 나위 없이 책을 교감하는 모범이다.

한나라 말기의 위대한 경학가인 정현(鄭玄)은 많은 경전에 두루 주석을 달았는데, 우선 글자의 차이를 교감하는 일에 아주 큰 공을 들였다. 그는 정말 확실한 오자를 발견했을 때 단지 "무엇은 무엇이 되어야 한다.〔某當爲

某〕"라고 지적했을 뿐이지, 가벼이 자신의 생각으로 원문을 수정하지 않았다. 그가 《의례(儀禮)》에 주석을 달 때 금문(今文)과 고문(古文)의 두 판본을 참고하여 교감하였는데, 일일이 그 차이를 대조하면서 "고문에서는 무엇이 무엇으로 되어 있고, 금문에서는 무엇이 무엇으로 되어 있다."라고만 언급했을 뿐 주관적인 판단을 집어넣지 않은 것은 긍정적으로 평가할 부분이다.

이러한 방법은 훗날 '고이(考異)', '교감기(校勘記)'와 같은 글의 서막이 되었다. 당나라 육덕명(陸德明)이 지은 《경전석문(經典釋文)》, 송나라 주희(朱熹)가 지은 《한문고이(韓文考異)》는 모두 먼저 비교적 훌륭한 판본을 본문으로 만들고 아래에 다른 판본에 있는 차이점들을 주석으로 달았다. 이것들은 정현의 서적 교감 방법을 발전시켜 완성한 저작들이다.

송나라 때 팽숙하(彭叔夏)가 지은 《문원영화변증(文苑英華辨證)》은 고서 교감에서 가장 성공을 거둔 전형적인 작품이다. 팽숙하는 자서(自序)에서 다음과 같이 말한 적이 있다.

> 내가 열두세 살이 되던 때 직접 《태조황제실록(太祖皇帝實錄)》을 베꼈다. 그중에 '흥하고 쇠하며, 다스려지고 -원문 빠짐- 하는 근원〔興衰治□之源〕'이라고 한 글자가 빠져 있었는데, 분명히 '다스려지고 어지러워짐〔治亂〕'을 의미하는 것 같았다. 나중에 좋은 판본을 얻었는데 '다스리거나 나태해지다〔治忽〕'[40]라고 되어 있었다. 오랫동안 고생해서 수련하여 풍부한 경험을 얻은 뒤에야 훌륭한 의사가 되며, 책은 마음대로 가벼이 수정하지 말아야 함을 확실히 알았다.

정말로 간결하고 명료한 말이다. 청나라 교감학자 고광기(顧廣圻)도 팽숙

40 다스리거나 나태해지다 : 홀(忽)에도 란(亂)과 비슷한 뜻이 있지만, 글자의 변화가 독자에게 약간 다르게 이해될 수 있다는 것을 보여 주기 위해 '나태해지다'라고 번역하였다.

하의 서적 교감법에 탄복하였다. 《사적재집(思適齋集)》 권15 〈《문원영화변증》 뒤에 씀〔書文苑英華辨證後〕〉에 다음과 같은 말이 있다.

> 내가 평소에 교감을 좋아해서 그 일을 한 지 좀 오래되었는데, 서적의 오류는 사실 교감에서 나온다는 것을 깨닫기 시작하였다. 대개 아는 것을 근거로 삼아 모르는 것을 고치는 법이다. 통달한 사람도 그렇게 하는데 범용한 사람은 말할 것도 없다. 팽숙하가 자서에서 "오랫동안 고생해서 수련하여 풍부한 경험을 얻은 뒤에야 훌륭한 의사가 되며, 책은 마음대로 가벼이 수정하지 말아야 함을 확실히 알았다."라고 했는데, 얼마나 식견이 있는 말인가. 이 책은 교수(校讎)의 모범이니, 어찌 《문원영화변증》을 읽은 사람이 그것을 가지고 책을 교정보는 일에만 머무르겠는가.

이 결론은 당연히 장기간의 서적 교감을 거쳐서 풍부한 경험을 쌓은 뒤 얻은 것이다. "서적의 오류는 사실 교감에서 나온다."라는 지적은 더욱 우리를 놀라게 할 만하다. 그리고 왕염손(王念孫)이 《회남자(淮南子)》의 교감을 마치고 〈회남잡지를 읽고 씀〔讀淮南雜志敍〕〉에서 다음과 같이 지적하였다.

> 교정된 것이 모두 900여 개이다. 오류가 일어난 까닭은 베끼는 과정에서 오탈자가 나온 것이 반이고, 마음대로 고친 것이 반이다.……오호라, 학자가 옛사람의 책을 읽으면서 베끼는 과정에서 생긴 오탈자를 수정하지 못하고 오류가 없는 문장을 또 함부로 고쳤으니, 어찌 옛 책의 크나큰 불행이 아니겠는가.

이는 얼마나 심각한 문제인가. 건가(乾嘉) 시대의 학자들은 이러한 문제들을 겨냥하면서 힘써 그 폐단을 바로잡고 가벼이 글자를 고치지 않아 훌륭한 분위기를 조성하였다. 이에 많은 정교본(精校本)이 출현하였고, 옛 책은 시나브로 읽힐 수 있게 되었다. 완원(阮元)은 《연경실삼집(揅經室三集)》 권2 〈강서에서 교감하고 간행한 송나라 판본 《십삼경주소》 뒤에 씀〔江西校刊宋本十三經注疏書後〕〉에서 다음과 같이 말하였다.

> 책을 판각하면서 가장 어리석은 것은 억측으로 옛 책을 고치는 것이다. 지금 다시 송나라 판본을 판각하는데, 송나라 판본의 오자에 대해 확실히 알아도 가벼이 고치게 하지 않는다. 단지 오자 옆에 동그라미만 칠 뿐이다. 그러나 따로 교감기를 근거로 해서 그에 관한 설명을 모든 권(卷)의 끝에 붙인다. 후세의 학자들로 하여금 옛 책에서 근거로 삼을 수 없는 것에 대해서까지 의심하지 않도록 만든 것은 신중함의 극치이다.

완원은 옛사람이 이룩한 방법을 삼가 지켜서 가벼이 글자를 고치지 않았으니 신중하다고 할 수 있을 것이다. 그는 또한 새로운 보기를 스스로 만들었는데, 모든 잘못된 형태의 오자 옆에 별도의 표시를 하고 독자가 동그라미 쳐진 것을 따라가서 교감기를 검열할 수 있게 만들었으니, 서로 다른 부분에 대한 조사와 검토가 더욱 편리해졌다. 따라서 이는 독자에게 큰 도움을 주었으니 비교적 좋은 서적 교감 방법이라고 할 수 있을 것이다.

## 제3절 오류가 생긴 이유에 근거한 교감

각본 인쇄가 출현한 뒤, 책은 비교적 널리 전파되고 구하기 쉬워서 학자들이 매우 편리해졌다. 하지만 다른 한편으로는 인쇄물이 너무 많아졌기 때문에 세세하게 교감할 겨를이 없어 오탈자도 날이 갈수록 심각해졌다. 이는 곧 책 그 자체에 큰 재난이 되었다. 청나라 때 학자인 제소남(齊召南)은 《보륜당문초(寶綸堂文鈔)》 권3 〈전한서 고증을 올리고 쓴 후서〔進呈前漢書考證後序〕〉에서 다음과 같이 말한 적이 있다.

> 당나라 이전에는 책을 모두 필사하였지만 교감과 대조는 지극히 정밀했다. 오탈자가 꼬리를 문 것이 몇 군데 되지 않았다. 판각 인쇄는 송나라 순화(淳化) 연간에 관부에 명해 삼사(三史), 즉 《사기》·《한서》·《후한서》를 교감하던 때부터 시작되었다. 판본과 잉크, 엄청난 양의 종이가 항상 구비되어 있어서 정말 편리하였다. 하지만 사람들이 복사해서 시장에서 매매하는 것이 날이 갈수록 많아지고 이것이나 저것이나 옛 판본을 따르기만 하니, 책의 교수(校讎)가 약간 어설퍼지고 이리저리 전해지다가 진면목을 잃어버리게 되었다. 예컨대 오(烏)와 언(焉)이 마(馬)가 된 것처럼 말이다. 책이 인쇄되기 시작하면서 독자는 편해졌지만, 또한 그렇게 인쇄되기 시작하면서 교감하는 사람들은 도리어 어려워졌다. 정말로 어찌할 수 없는 추세였던 것 같다.

이는 송나라 이후의 인쇄본에 쉽게 오류가 생기는 원인을 지적하고 있다. 제소남은 일찍이 건륭(乾隆) 4년(1739)에 무영전(武英殿)에서 경전과 역사책을 교감하는 관리로 임명되면서 《예기》, 《한서》의 교감과 고증 작업에 참가하였다. 항세준(杭世駿)이 지은 묘지명(墓誌銘)에 그 사실이 기록되어 있다. 《도고당문집(道古堂文集)》 권39를 보라. 위의 인용문은 그가 《한서》를 교감한 이후에 내린 일종의 총정리이다. 또한 그는 같은 글에서 다시 다음과 같이 말하였다.

> 옛사람이 많은 것을 저술했지만 잘못 검토한 경우도 있다. 예컨대 기(紀)·표(表)·지(志)·전(傳)의 내용이 서로 모순되기도 하고, 군국(郡國)·관명(官命)에서도 앞뒤로 오류가 나오기도 한다. 예컨대 〈고조기(高祖紀)〉에 '태상황후(太上皇后)'라고 되어 있는 것,[41] "승상 번쾌가 군사를 통솔했다.〔丞相噲將兵〕"라고 되어 있는 것,[42] 〈문제기(文帝紀)〉에 '내사(內史) 난포(欒布)'라고 되어 있는 것,[43] 〈경제기(景帝紀)〉에 '어사대부(御史大夫) 청적(靑翟)'이라고 되어 있는 것,[44] "삼보가 법을 따르지 않는 자를 고발하였다.〔三輔擧不如法者〕"라고 되어

41 고조기(高祖紀)에……것 : 〈고조기〉 10년 여름 5월에 "태상황후가 붕어하셨다."라는 기록이 있다. 하지만 5년의 기록에는 이미 죽어서 소령부인(昭靈夫人)으로 추존되었다고 한다. 또한 같은 10년의 기록에 대해서, 순열(荀悅)의 《한기(漢紀)》와 《한서》 〈노관전(盧綰傳)〉, 그리고 《사기》에서는 태상황후가 아니라 '태상황'이 붕어했다고 기록되어 있다. 《王先謙, 漢書補注 第1冊, 上海古籍出版社, 2008, 104쪽》

42 승상(丞相)……것 : 〈고조기〉 5년 9월에 "승상 번쾌가 군사를 이끌고 대(代) 지역을 평정했다."라는 기록이 있는데, 이때 번쾌는 승상이 아니었다. 게다가 《통감고이(通鑑考異)》에서는 당시 대에서 반란을 일으킨 사람이 없다고 하면서 〈고조기〉의 이 기록 자체가 오류라고 주장하였다. 《王先謙, 漢書補注 第1冊, 上海古籍出版社, 2008, 89쪽》

43 문제기(文帝紀)에……것 : 〈문제기〉 14년 겨울 "내사인 난포가 흉노를 공격하였다."라는 기록이 있는데, 〈난포전(欒布傳)〉에 따르면 난포가 내사가 된 적이 없다. 《王先謙, 漢書補注 第1冊, 上海古籍出版社, 2008, 184쪽》

44 경제기(景帝紀)에……것 : 〈경제기〉 2년 여름 4월 "어사대부 청적이 대(代) 지방으로 가서 흉노와 화친을 맺었다."라는 기록이 있는데, 〈백관표(百官表)〉에 따르면 청적은 경제 2년에 이미 승상이었다. 《王先謙, 漢書補注 第1冊, 上海古籍出版社, 2008, 203쪽》

있는 것,[45] 〈선제기(宣帝紀)〉에 "원강 원년 다시 한 고조 유방의 공신의 후예를 복권시켰다.〔元康元年復高帝功臣後〕"라고 되어 있는 것[46] 등이 있다. 이것은 모두 원문에 오류가 있었던 것으로 후세 사람의 잘못이 아니다.

〈지리지(地理志)〉와 〈구혁지(溝洫志)〉는 예전에 이미 있었던 글들을 인용한 것으로 역도원(酈道元)이 주석을 단 《수경주(水經注)》를 특히 많이 인용하였다. 인용된 가의(賈誼), 사마상여(司馬相如), 왕포(王褒), 양웅(揚雄)의 사부(辭賦)는 소통(蕭統)이 편집한 《문선(文選)》에 실린 것과 종종 차이가 있다. 〈예문지(藝文志)〉는 《의례(儀禮)》의 경(經)을 언급하면서 17편을 거꾸로 71편이라고 하였다. 〈율력지(律曆志)〉에서 기장〔黍〕의 용적을 기록하면서 90분(分)이 기장 1000알 정도의 길이로 늘어났다.[47] 공영달(孔穎達), 가공언(賈公

45 삼보(三輔)가……것 : 〈경제기〉 중원(中元) 6년 5월의 기록이다. 삼보는 전한의 수도 장안 근처에 있는 세 곳, 경조(京兆)·풍익(馮翊)·부풍(扶風)을 가리킨다. 하지만 삼보의 설치는 한 무제 이후의 일이다. 《王先謙, 漢書補注 第1冊, 上海古籍出版社, 2008, 216쪽》

46 선제기(宣帝紀)에……것 : 《한서》 〈공신표(功臣表)〉에 따르면 원강 4년의 일이고, 복권된 이들의 숫자도 약간 다르다. 《王先謙, 漢書補注 第1冊, 上海古籍出版社, 2008, 357쪽》

47 율력지(律曆志)에서……늘어났다 : 분(分)은 길이의 단위로, 기장 한 알이 1분이다. 제소남이 어떤 옛 판본을 본 적이 있는데, 그 판본의 주석에 "《한서》 〈율력지(律曆志)〉에 '기장 한 알부터 1200알까지의 너비를 재면 90분이다.'라고 하였다."라는 기록이 있었다. 하지만 제소남이 평소에 보던 《한서》 〈율력지〉 판본의 같은 구절에는 "기장 한 알의 너비, 그것을 재어 90분이 된 것"이라고 되어 있었다. 이에 따르면 90분은 기장 90알이지 1200알이 아니다. 그러므로 제소남은 사마광(司馬光)의 고증을 인용하여 '부터 1200알까지의'가 추가된 판본이 잘못되었다고 하면서, 《좌전》 6년 전(傳) 부분의 주석인 소(疏)와 《사기정의(史記正義)》 〈오제본기(五帝本紀)〉에 기록된 구절도 자신이 평소에 보던 기존의 〈율력지〉의 내용과 대동소이하다고 하였다. 《王先謙, 漢書補注 第3冊, 上海古籍出版社, 2008, 1163쪽》

彦), 그리고 안사고(顔師古)와 동시대 사람들도 각자 근거로 삼은 판본이 다른데, 이는 베껴 쓸 때 진면목을 잃어버린 확실한 증거이다. 연문(衍文), 탈자, 발음의 변화 등에 대해서는, 유창(劉敞)·유반(劉攽)·유봉세(劉奉世)가 안사고의 주석을 자그마한 것도 하나씩 따졌지 허투루 넘긴 적이 거의 없었다. 옛사람의 책을 교감하는 방법은 이와 같아야 한다.

이 글은 또 《한서》에 나타나는 오류를 두 종류로 나누었다. 하나는 저자가 원래 잘못한 것, 다른 하나는 후세 사람이 베껴 쓸 때 잘못한 것이다. 확실히 제소남이 말한 대로 어떤 오류는 저자 스스로 책임져야만 하며, 후세 사람들과는 큰 관련이 없다. 하지만 보통 책을 교감하는 선생들은 모두 베껴 쓰는 과정이나 판각할 때 일어나는 오류에만 주의를 기울이며, 극소수만이 저자가 쓰는 과정에서 남긴 잘못을 탐구한다.

심지어는 옛사람을 변호하려고 갖은 수단을 써서 원문이 잘 이해되도록 설명하려고 한다. 이는 서적 교감 작업의 측면에서 말하자면 성실하지 못하고 무책임한 태도로, 반드시 고쳐야 한다. 만약에 저자의 원문이 본디 잘못되었다면 왜 그를 위해 그것을 숨겨야만 하는가. 제소남이 "옛사람이 많은 것을 저술했지만, 잘못 검토한 경우도 있다."라고 한 말은 당연히 올바른 의견이다.

그가 예로 든 《한서》의 오류를 보면 틀림없이 원래 반고(班固)가 편찬할 때부터 존재했던 것으로, 그를 위해 잘못을 가려 줄 필요는 없다. 서적 교감 작업에서는 널리 전파된 판본의 오탈자와 글자의 차이만을 검토할 뿐만 아니라, 원저자가 자료를 활용하면서 일으킨 눈에 띄는 잘못들을 수정해야 한다. 많은 책을 검토하고 반복적으로 고증하는 서적 교감의 과정은 또한 자신의 실력을 향상하는 과정이기도 하다.

그러나 옛사람의 원작에 잘못이 있음을 발견한 이후에는 반드시 수정을 해야 하는데, 그렇다고 해서 즉시 붓을 들어 원본을 고쳐서는 안 된다. 첫째, 오늘날 사람들이 볼 수 있는 판본이 그리 많지 않기 때문에 쉽게 확정할 수 없다. 둘째, 서적 교감의 관례에 따른다면 역시 이렇게 해서는 안 된다. 《한서》를 예로 들면, 당나라 안사고의 주석본은 매우 자세하며 원본에서 소홀히 다루었던 내용과 모순을 일으키는 부분을 적지 않게 지적하였다. 하지만 그가 문제를 처리하는 태도는 아주 신중했다. 그는 《한서서례(漢書敍例)》에서 다음과 같이 강조하였다.

> 요새 역사책에 주석을 달면서 경쟁적으로 내용을 풍부하게 만들려고 한다. 그러다 보니 잡된 학설을 많이 인용하여 원문을 공격하곤 한다. 심지어는 어떤 의견을 비난하고 잘잘못을 지적하기도 한다. 또한 이전에 편찬된 것의 오류를 드러내어 자신의 식견이 뛰어나다는 것을 보여 주려고 한다. 그러다 보니 원수처럼 모순된 내용을 따르고 빛나게 다듬어진 문장과 거리가 멀어진다. 오늘날의 주해는 옛 책을 보좌해야 하며 한결같이 정도를 따르고 사잇길로 가지 않도록 막아야 한다.

안사고가 여기에서 제창한 "옛 책을 보좌해야 한다."라는 말은 결코 원문을 맹목적으로 믿고 따르라는 것이 아니라, 오로지 '원문을 공격하는 것'을 능사로 삼지 말라는 의미일 따름이다. 설사 원문에서 잘못이 발견되더라도 계속 교감기를 남기는 방법을 사용하여 기록할 수 있으며, 종횡가, 즉 춘추 전국 시대의 유세가가 주둥이를 놀리는 식으로 제멋대로 폄훼할 필요는 없다.

옛 책을 교감하는 것은 본디 정말로 쉽지 않은 작업이다. 먼저 원문이 세상에 전해진 지 오래되어, 설사 오늘날 전해진 것 가운데 가장 이른 시기의, 가장 정교한 판본이라고 하더라도 저자 당시의 것과 불일치하지 않는다는 법은 없다. 만약에 우리가 그것을 자세하게 교감하기를 바란다면, 반드시 다양한 수단을 강구하여 의지할 수 있는 자료를 찾아야 하고, 송나라와 원나라의 몇몇 판본에만 국한되어선 안 된다.

우리는 지금 송나라 때의 간행본뿐만 아니라 다른 많은 책들 가운데에서도 교감 작업에 제공될 수 있는 자료들을 찾을 수 있음을《한서》의 교감 작업을 가지고 살펴볼 것이다. 청나라 학자 유육숭(劉毓崧)의《통의당문집(通義堂文集)》권5〈교각한서범례(校刻漢書凡例)〉는 이에 대해 아주 상세하게 설명하였으며, 우리들이 대체로 참고할 만한 책이다. 지금 이 책에서 몇 가지 조항을 골라 아래에 적어 둔다.

1. 순열(荀悅)의《한기(漢紀)》는 비록 기전체를 편년체로 바꾼 것이기는 하나 그 기본 내용은 사실《한서》에 바탕을 두고 있다. 또한 근거로 삼은 것들도 대개 한나라 때의 옛 책들이다. 그중에서 확보해서 교감할 만한 것을 가지고 옛 판본의 모습을 보존할 수 있다.
2. 유서(類書)에서 시대가 지금과 비교적 가까운 옛날의 것, 예컨대《북당서초(北堂書鈔)》,《예문유취(藝文類聚)》,《초학기(初學記)》와 같은 것들에서《한서》를 인용한 내용은 모두 당나라 이전의 옛 판본이다.《태평어람(太平御覽)》은 비록 비교적 나중의 것이지만 북제(北齊)의《수문전어람(修文殿御覽)》에서 자료를 많이 얻었다. 따라서《한서》를 인용한 내용에 대개 위진남북조 시기의 옛 판본들의 것이 있다. 그중에서 확보해서 교감할 만한 것을 가지고 송나라 판본의 근원을 캘 수 있다.
3.《책부원귀(冊府元龜)》는 송나라 진종(眞宗) 경덕(景德) 연간부터 상부(祥符) 연간까지의 시기에 찬술된 것으로, 사실을 정사(正史)에 근거하여 서술하고 있다. 그중에서 전한 시기의 내용은 대부분 북송 초기의《한서》판본에서 나온 것이다. 반면에 다른 여러 사람이 예로 든 송나라 판본은 사실 그 후의 것이다. 여기에서 확보하여 교감할 만한 것을 가지고 송나라 판본의 본디 모습을 따를 수 있다.

4. 임월(林鉞)의 《한준(漢雋)》은 남송 초기에 찬술된 것이고, 누기(婁機)의 《반마자류(班馬字類)》, 서천린(徐天麟)의 《서한회요(西漢會要)》는 모두 남송 중기에 찬술된 것이다. 그들이 본 《한서》는 모두 북송·남송의 옛 판본들이다. 그중에서 확보해서 교감할 만한 것을 가지고 송나라 판본 가운데 좋은 것들을 선택할 수 있다.
5. 《사기》는 한나라 초기의 일들을 서술하여 《한서》의 바탕이 되었다. 《자치통감》은 한나라 때의 일을 서술했는데, 《한서》에서 나온 것이 많았다. 《사기집해(史記集解)》, 《사기색은(史記索隱)》, 《사기정의(史記正義)》, 예사(倪思)의 《반마이동(班馬異同)》, 호삼성(胡三省)의 《자치통감주(資治通鑑注)》와 《한서》에서 빠진 부분이 있는 것을 비교해 보고, 그중에서 확보해서 교감할 만한 것을 가지고 각 판본의 차이를 살필 수 있다.
6. 《문선(文選)》에 수록된 전한 시대 사람들의 글은 《한서》나 문집들에서 따온 것으로 그 글자와 구절은 모두 참고할 만하다. 예컨대 가의(賈誼), 동중서(董仲舒), 사마상여(司馬相如), 양웅(揚雄)의 여러 문집에서 《한서》에 수록된 것들 가운데 확보해서 교감할 만한 것을 가지고 각 판본의 차이를 확정할 수 있다.
7. 각각의 책에 기재된 것들 가운데 《한서》와 서로 대조해 볼 수 있는 것은 다음과 같다. 경학(經學)에서는 《한시외전(韓詩外傳)》, 《춘추번로(春秋繁露)》와 같은 것이 있다. 소학(小學), 즉 문자학에서는 《급취편(急就篇)》, 《방언(方言)》 등과 같은 책이 있다. 정사(正史)에서는 《후한서》와 같은 것이 있으며, 별사(別史)에서는 《동관한기(東觀漢紀)》 같은 것이 있다. 지리에서는 《삼보황도(三輔黃圖)》, 《수경주(水經注)》와 같은 것이 있다. 정서(政書)에서는 《한관의(漢官儀)》, 《통전(通典)》과 같은 것이 있다. 금석문(金石文)에서는 《예석(隸釋)》, 《예속(隸續)》과 같은 것이 있다. 유가(儒家)에서는 《신

서(新書)》, 《염철론(鹽鐵論)》, 《설원(說苑)》, 《신서(新序)》와 같은 것이 있다. 술수가(術數家)에서는 《경씨역전(京氏易傳)》, 《초씨역림(焦氏易林)》과 같은 것이 있다. 잡가(雜家)에서는 《회남자(淮南子)》와 같은 것이 있다. 그중에서 참고하여 교감할 만한 것을 가지고 원본의 진면목을 찾을 수 있다.

8. 전 왕조에서 《한서》를 교감한 사람들 가운데 북송의 송기(宋祁), 유창(劉敞)·유반(劉攽)·유봉세(劉奉世) 이외에 남송의 오인걸(吳仁杰)의 《양한간오보유(兩漢刊誤補遺)》만큼 유명한 것이 없다. 근래에 《한서》를 교감한 사람들 중에서는 전대흔(錢大昕)의 《이십이사고이(二十二史考異)》와 《습유(拾遺)》 이외에 왕명성(王鳴盛)의 《십칠사상각(十七史商榷)》만큼 유명한 것이 없다. 많은 책의 고증에서 《한서》와 관련된 것으로는 후한 시대 사람의 《논형(論衡)》, 《독단(獨斷)》 등, 위진남북조 때 사람의 《안씨가훈(顔氏家訓)》 등, 당나라 때 사람의 《사통(史通)》 등, 송나라 때 사람의 《몽계필담(夢溪筆談)》·《용재수필(容齋隨筆)》·《야객총서(野客叢書)》·《곤학기문(困學紀聞)》 등, 명나라 때 사람의 《단연잡록(丹鉛雜錄)》 등, 우리 왕조, 즉 청나라 때의 《일지록(日知錄)》 등의 책이 있다. 그중에서 상세히 교감할 만한 것을 가지고 오늘날 통용되는 판본의 오류를 수정할 수 있다.

9. 《한서》의 기(紀), 표(表), 지(志), 전(傳)의 내용은 왕왕 서로 다르다. 베끼는 과정에서 오류가 발생했다면 다른 부분에 근거하여 해당 부분을 수정하면 되지만, 근본적으로 서로 다르다면 어느 하나를 근거로 다른 하나를 고증하기는 어렵다. 그 뜻이 하나로 관통되는지를 살피고 하나만 고집해서는 안 된다. 상호 교감해야 할 것을 가지고 내용의 불일치를 막을 수 있다.

위에서 언급한 내용을 가지고 보면 유육숭이 《한서》를 교감할 때 반드시 열람해야 한다고 여긴 책들이 정말로 다양하다는 것을 알 수 있을 것이다. 이 몇 가지 범례는 우리에게 큰 영감을 준다. 우리는 이러한 방법을 다른 책들을 교감하는 일에까지 확대해야 할 것이다.

유육숭이 제창한 《한서》 교감의 범례는 그 혼자만의 창작이 아니라 예전 사람들의 서적 교감 방법과 그 자신이 실제 서적 교감 작업에서 얻은 유용한 경험을 총정리한 것에 지나지 않는다. 순열의 《한기》로 반고의 《한서》를 교감하는 방법은 사마광(司馬光)이 《자치통감》을 편집할 때 채택한 것이다. 예컨대 오늘날 통용되는 《한서》 〈고제기(高帝紀)〉에는 다음과 같은 기록이 있다.

> 10년, 여름 5월, 태상황후께서 붕어하셨다. 가을 7월, 계묘, 태상황께서 붕어하셨다. 만년(萬年)에서 장례를 치렀다.

하지만 《자치통감》 권12 〈한기(漢紀) 4〉의 이 역사적 사실에 관한 기록에는 다른 점이 있다.

> 10년, 여름 5월, 태상황께서 역양궁(櫟陽宮)에서 붕어하셨다. 가을 7월, 계묘, 태상황의 장례를 만년에서 치렀다.

이에 대해 사마광은 《통감고이(通鑑考異)》에서 다음과 같이 지적하였다.

> 순열의 《한기》에는 5월에 '후(后)'라는 글자가 없었고, 7월에 '붕어하다'라는 의미의 '붕(崩)' 자가 없었다. 아마도 순열의 시대에는 《한서》에 아직 오류가 발생하지 않았기 때문일 것이다. 그래서 이제 그것을 따른다.

이로써 사마광이 전한의 역사를 편집할 때 먼저 반고의 《한서》와 순열의 《한기》를 자세하게 교감하고 비교한 뒤 괜찮은 것을 따랐으니 지극히 타당함을 알 수 있다. 이 방법은 후세의 우수한 서적 교감 작업자들에 의해 계속 이어져 왔으며, 유육숭도 예외는 아니었다.

유서(類書)를 모두 근거로 삼을 수는 없다는 것과 옛사람이 글을 인용할 때 원문과 반드시 일치시키지 않았다는 것은 이미 제2장 제2절에서 말한 적이 있다. 학자들은 증거를 수집할 때 반드시 신중히 처리해야 한다. 그렇다고 음식을 먹다가 목이 멘 적이 있어서 다시는 그 음식을 먹지 않으려 하는 것처럼 유서나 옛글에서 하나도 얻을 게 없다고 생각한다면 잘못이다. 유육숭이 서적 교감 작업에서 유서와 옛 책을 강조한 것은 도리어 정확한 견해이다.

## 제4절 서적 교감의 구체적인 방법

섭덕휘가 《장서십약(藏書十約)》에서 제창한 '서적 교감의 여덟 가지 좋은 점'은 책의 소장, 구매, 그리고 일종의 소일거리의 관점에서 이야기함으로써 우리에게 비판당하지 않을 수 없었다. 자세한 것은 본장 제1절을 보라. 그럼에도 불구하고, 섭덕휘가 《장서십약》에서 여덟 가지 좋은 점을 이야기한 다음에 다시 언급한 서적 교감의 구체적인 방법은 우리가 참고할 만하다.

> 지금 그 방법을 시험 삼아 이야기해 보겠다. 죽은 교감〔死校〕이 있고 산 교감〔活校〕이 있다. 죽은 교감이란 어느 한 판본을 가지고 다른 판본을 교감하는 것이다. 한 줄에서 몇 글자 틀린 부분이 있으면 그 책에 '√'로 표시하며, 점 하나 획 하나를 있는 그대로 기록하고 고치지 않는다. 비록 오자가 있더라도 원문을 필히 보존한다. 고광기(顧廣圻), 황비열(黃丕烈)이 판각한 책이 바로 이렇다.
>
> 산 교감이란 많은 책에서 인용한 것을 가지고 오자를 수정하고 빠진 부분을 보충하는 것이다. 종종 다른 각본을 잘못 선택하지만, 그래도 괜찮은 것을 가려서 따른다. 괜찮은 것을 가려서 따르면 결국 판본이 하나로 귀결된다. 노문초(盧文弨), 손성연(孫星衍)이 판각한 책이 바로 이렇다. 이 두 가지는 우리 왕조, 즉 청대의 교감가가 판각한 책에서만 전해진 비법(秘法)이 아니라 사실 양한 시대의 경학 스승들이 경전을 이해하는 가법(家法)이었다.
>
> 정현(鄭玄)은 《주례(周禮)》에 주석을 달면서 옛 책을 확보했고, 두자춘(杜子春)은 여러 책에서 문장을 베끼면서 고치지 않았다. 이것이 바로 죽은 교감이다. 반면에 유향(劉向)이 황궁에 있는 책을 교감하고

기록하면서 많은 내용이 수정되었다. 허신(許愼)은 《오경이의(五經異義)》를 저술했는데 자신이 스스로 내용을 절충하였다. 이것이 산 교감이다. 나중에 수나라의 육덕명(陸德明)이 《경전석문(經典釋文)》을 찬술하면서 다른 판본들을 차례로 기재하였고, 악가(岳珂)는 구경(九經)과 삼전(三傳)을 판각했는데, 여러 가지 가운데 좋은 것만 가려 뽑았다. 하나는 죽은 교감이고, 하나는 산 교감이다. 이를 잘 이해하는 것은 서적 교감에 귀한 공을 세우는 것일 뿐만 아니라 책을 저술하는 첩경이기도 하다.

그러나 이것은 오히려 미루어 근본을 찾고 지류를 확실하게 구별하라는 말이다. 예나 지금이나 서적 교감을 하는 사람들에게는 확실히 '죽은 교감'과 '산 교감'이라는 두 종류의 다른 방식이 존재한다. 하지만 초학자가 서적 교감에 종사할 경우 반드시 먼저 죽은 교감부터 시작해서 비교적 많은 책을 읽고 학문이 비교적 넓어져야 비로소 산 교감을 수행할 수 있을 것이다. 이것이 사물이 발전하는 필연적인 과정이다.

섭덕휘가 예로 든 한나라 학자 정현, 당나라 초기 학자 육덕명의 작업은 모두 '죽은 교감'에 속하지만, 그들의 학문이 넓지 않고 읽은 책이 많지 않아서 '산 교감'을 진행할 수 없었다고 말할 수는 없다. 왜냐하면 정현, 육덕명 등의 학자들은 경전의 글자 고증에 매우 신중하였으며, 확실한 증거를 찾기 이전에 감히 자신의 주관에만 의지해서 멋대로 어떤 판단을 내리지 않았기 때문이다.

이러한 실사구시의, 작업을 아주 진지하게 책임지는 태도는 우리가 배우고 거울로 삼을 만한 가치가 있다. 또한 이러한 작업 태도를 갖춘 이후에야 비로소 심도 있고 날카로운 식견을 가질 정도로 실력을 키울 수 있다. 그래서 정현의 《주례주(周禮注)》와 육덕명의 《경전석문》에서는 각 판본의 차이점이 열거된 것 이외에도 참신한 견해가 많다. 특히 본래의 발음으로만 독해하는 것에 의문을 던지면서 여태까지 잘 풀리지 않던 것들을 거침없이 해석하였는데, 이는 결코 우연이 아니었다. 그러므로 서적 교감 작업의 순서를 따지자면 반드시 '죽은 교감'부터 시작해야 한다.

죽은 교감과 산 교감의 활용은 결코 두 단계로 확연하게 나뉘는 것이 아니니, 종종 융통성 있게 서로 사용될 수 있어야 한다. 요새 사람 주희조(朱希祖)가 《역정장서제발기(酈亭藏書題跋記)》 〈교본의림발(校本意林跋)〉에서 다음과 같이 말하였다.

> 교수(校讎)의 방법에는 두 가지가 있다. 하나는, 각 판본들을 늘어놓은 뒤 좋은 것을 택해서 따르고 나쁜 것을 버리고 언급하지 않는 것이다. 그러나 어느 한 판본을 주된 것으로 선택하고 다른 판본이나 책들 가운데 좋은 것을 근거로 주된 판본을 고칠 때 반드시 "원본은 어떤 판본이며, 지금 어떤 판본이나 어떤 책을 근거로 그것을 수정하였다."라고 주석을 달아야 한다. 그렇게 하지 않으면, 증거가 없어서 믿을 수 없다는 나무람을 면치 못할 것이고, 또한 무지해서 함부로 고치는 일에 대한 경각심이 무너질 것이다. 원본에 잘못이 없는데 고쳐서 오히려 오류를 만드는 것이 모두 여기에서 나온다.
>
> 다른 하나는, 어느 한 판본을 주된 것으로 삼되 각각 다른 판본들과의 차이를 다시 열거하는 것이다. 마음속으로 좋은 것을 알고 있다면 그 위에 주석을 달면 된다. 마음속으로 잘못된 것을 알고 있다면 마찬가지로 그 위에 주석을 달면 된다. 이렇게 하여 각 판본의 진면목을 보존할 수 있다. 그리고 나중에 이 책을 읽는 사람들이 그 차이점들을 비교·대조하고 옳고 그름을 교감해서 훌륭한 것을 선택할 수 있도록 하는 것도 교수의 좋은 방법이다.
>
> 하지만 앞의 방법을 중요하게 여기는 이들은 나중의 방법은 난잡해서 이해가 잘 되지 않도록 만든다고 비난하였고, 뒤의 방법을 중요하게 여

기는 이들은 앞의 방법이 독단적이며 제멋대로 옛 책을 수정한다고 비난하였다. 그러나 사실 각각 자신들의 법도를 지키면서 일반적인 법도는 어기지 않았으니 모두 학자들에게 유익했다.

주희조가 제창한 첫 번째 방법은 산 교감에 가깝고, 두 번째 방법은 죽은 교감에 가깝다. 이 두 가지는 절로 병행될 수 있으며 서로 모순되지 않는다. 하지만 상당히 융통성 있게 활용할 수 있을 정도까지 되려면 장기간의 감성적인 인식을 통하지 않으면 안 된다. 그러므로 초학자는 책을 교감하면서 가장 굼뜬 방법을 사용하고, 머리를 책상 위에 박은 채 글자의 차이에 대해서부터 교감을 시작해야 한다.

초학자는 책을 교감하면서 번거로움을 두려워하지 말고 성실하게 붓을 놀려야 한다. 구체적인 작업에서는 기본적인 책에 표점을 찍으면서 읽는 것과 결합하는 것이 가장 좋다. 책 한 권을 읽을 때마다 반드시 훌륭한 판본 하나를 찾아 교감의 근거로 삼고 읽으면서 교감해야 한다. 예컨대 역대의 '정사(正史)'에 속한 책들은 함분루(涵芬樓)에서 영인한 《백납본이십사사(百衲本二十四史)》를 근거로 삼아서 하나씩 그것과의 차이를 자세하게 기록하면 된다. 어떻게 기록하는지에 대해서는 틀에 박힌 일정한 공식은 없지만 습관적으로 평소에 쓰이는 관례가 있다. 정리하자면, 흔히 출현하는 대략 열 종류의 상황과 그에 따른 서로 다른 주기(注記) 방식이 있는데, 다음과 같다.

1. 글자가 서로 다른 경우 "어떤 것은 어떤 판본에는 어떻게 되어 있다.〔某, 一本作某.〕"라고 주석을 달 수 있다. 혹은 구체적으로 판본의 이름을 명시한다.
2. 한 글자가 탈락된 경우 "어떤 판본의 어떤 글자 아래에는 어떤 글자가 있다.〔某本某下有某字.〕"라고 주석을 달 수 있다.
3. 두 글자 이상이 탈락된 경우 "어떤 판본의 어떤 글자 아래에는 몇 개

의 아무아무 글자가 있다.〔某本某下有某某幾字.〕"라고 주석을 달 수 있다.

4. 글자가 잘못되었다는 것을 확실히 인지한 경우 "어떤 것은 어떤 것이어야만 한다.〔某當作某.〕"라고 주석을 달 수 있다.
5. 글자의 오류를 확정할 수 없는 경우 "어떤 것은 어떤 것이어야 한다고 의심된다.〔某疑當作某.〕"라고 주석을 달 수 있다.
6. 불필요한 글자가 하나 추가된 경우 "어떤 판본에는 어떤 글자가 없다.〔某本無某字.〕"라고 주석을 달 수 있다.
7. 불필요한 글자가 두 개 이상 추가된 경우 "어떤 판본의 어떤 글자 아래에는 몇 개의 아무아무 글자가 없다.〔某本某字下無某某幾字.〕"라고 주석을 달 수 있다.
8. 글자의 순서가 뒤집혀도 뜻이 통하는 경우 "어떤 판본의 어떤 두 개의 글자에 을(乙)로 표시하였다.〔某本某某二字互乙.〕"라고 주석을 달 수 있다
9. 글자의 순서가 뒤집혔는데 뜻이 통하지 않는 경우 "어떤 판본에는 아무 글자로 되어 있다.〔某本作某某.〕"라고 주석을 달 수 있다.
10. 구절의 앞뒤가 뒤바뀐 경우 "어떤 판본에서 어떤 구절은 아무 구절 아래에 있다.〔某本某句在某句下.〕"라고 주석을 달 수 있다.

위에서 언급한 상황들이 앞뒤로 다수 출현하는 경우, 제일 처음에 발견된 것에 확실히 주석을 달고 '아래도 같다.'라거나 '아래도 이와 비슷하다.'라는 등의 문구를 삽입한다.

위에서 언급한 것은 단지 일반적으로 흔히 보이는 평범한 상황들의 예시에 지나지 않는다. 이것은 비교적 기계적인 서적 교감법이며, 글자를 아는 세심한 사람이면 할 수 있는 기본 작업임에 분명하다. 비교적 고급 수준의 서적 교감법에 대해서 이야기하자면 관련된 분야가 너무나도 넓고, 교감해서 확정

할 내용이 더욱 많기 때문에 결코 여기에만 한정되어서는 안 될 것이다.

요즘 사람 진원(陳垣)은 원나라 판본과 여러 판본을 가지고 《원전장(元典章)》을 교감하고 보충했는데, 잘못된 부분 1만 2000여 개를 발견할 수 있었다. 이미 《찰기(札記)》 6권, 《궐문(闕文)》 3권, 《표격(表格)》 1권을 완성하고 간행하여 세상에 내놓았는데, 다시 관련된 조례들을 추려내어 《원전장교보석례(元典章校補釋例)》 6권을 저술하였다. 모두 50조례이다. 그 중에서 제43조 〈교법사례(校法四例)〉에서 다음과 같이 말하였다.

> 옛사람이 활용한 서적 교감법은 하나가 아니며, 지금 《원전장》을 교감하면서 사용한 것은 네 가지이다.
>
> 첫째는 대교법(對校法)이다. 즉, 같은 책의 가장 이른 판본과 다른 판본들을 대조하여 읽는 것이다. 다른 부분을 발견하게 되면 그 옆에 주석을 단다. 유향(劉向)의 《별록(別錄)》에서 "한 명이 책을 들고 다른 한 명이 자세히 읽어 마치 원수가 서로를 상대하는 것과 같았다."라고 한 것이 바로 이 방법이다. 이것은 아주 간편하고 온당하며, 모두 기계적 방법에 속한다. 그 주된 목적은 차이를 교감하는 것이지 시비를 가리는 것이 아니다. 그러므로 그것의 단점은 책임을 지지 않는 것에 있으며, 비록 가장 이른 판본과 다른 판본에 오류가 있다고 하더라도 원래대로 그것을 기록할 뿐이다. 그러나 그것의 장점은 자신의 의견을 곁들이지 않아서, 교정본을 완성한 뒤에 가장 이른 판본과 다른 판본의 진면목을 알 수 있게 된다는 점이다. 그러므로 책 한 권을 교감할 때에는 반드시 먼저 대교법을 이용한 뒤에 다시 다른 교감범을 활용해야 한다.
>
> 둘째는 본교법(本校法)이다. 본교법은 책 원문의 앞과 뒤를 서로 검토하고 서로 다른 부분을 추려내어 그 속에 있는 오류를 알아내는 것이다. 오진(吳縝)의 《신당서규류(新唐書糾繆)》, 왕휘조(汪輝祖)의 《원사본증(元史本證)》이 이 방법을 사용하였다. 이 방법은 가장 이른 판

본 혹은 다른 판본들이 확보되기 전에 가장 널리 사용된다. 나는 《원전장》에서 강목(綱目)으로 목록(目錄)을 교감하고, 목록으로 책〔書〕을 교감하고, 책으로 표(表)를 교감하고, 정집(正集)으로 신집(新集)을 교감하여, 그 절목 가운데 오류가 있는 것을 1000개 정도 발견하였다. 구절과 구절 사이에서 아래와 위의 뜻을 훑어보는데, 적게는 몇 쪽, 많게는 몇 권에 걸쳐 기록된 문장들과 사실들을 늘어놓고 비교해 보면 저절로 모순이 드러나니 다른 판본을 근거로 삼을 필요가 없다.

셋째는 타교법(他校法)이다. 타교법은 다른 책으로 원문을 교감하는 것을 말한다. 대개 어떤 책에 옛사람에게서 인용한 것이 있을 경우, 그 옛사람의 책을 가지고 그것을 교감할 수 있다. 또한 나중 사람에 의해 인용된 것도 있는데, 나중 사람의 책을 가지고 그것을 교감할 수 있다. 어떤 사료는 같은 시대의 책들에 함께 기재된 것이 있는데, 동시대의 책을 가지고 교감할 수 있다. 이 교감법은 범위가 상당히 넓고 힘도 꽤 들지만, 가끔 이 방법이 아니면 오류를 증명할 수 없는 경우도 있다. 정국균(丁國鈞)의 《진서교문(晉書校文)》, 잠각지(岑刻之)의 《구당서교감기(舊唐書校勘記)》 등이 모두 이 방법을 사용하였다.

넷째는 이교법(理校法)이다. 단옥재(段玉裁)가 "서적 교감의 어려움이란 판본에 비추어 글자를 고치는 데 있는 것이 아니라, 오탈자를 없애고 시비를 가려야 하는 데 있다."라고 한 것이 이교법을 가리킨 것이다. 근거로 삼을 만한 옛 판본도 없고 여러 판본도 서로 달라서 따를 만한 것이 없을 때 이 방법을 사용할 수밖에 없다. 이 방법은 반드시 학문에 통달한 사람이 해야 한다. 그렇지 않으면 경솔하게 엉터리로 오류가 아닌 것도 오류라고 하게 되니 혼란이 더욱 심해질 것이다. 그래서 가장 고명한 것도 이 방법이고, 가장 위험한 것도 이 방법이다.

진원이 든 네 가지 예는 사실상 모든 서적을 교감해서 수정하는 기본 방법이며, 아울러 비교적 과학적 방법에 가까워서 우리가 참고하고 채택할 만하다. "운용의 묘는 한결같은 마음에 있다.〔運用之妙, 存乎一心〕"라는 말이 있듯이, 정해진 규칙이 있지만 정해진 규칙을 고수하지는 않으며 옛 법도가 있지만 옛 법도에 얽매이지는 않는다. 공부를 좋아하고 생각을 깊이 하는 사람들은 충분히 변증법적으로 문제를 처리할 수 있다.

스승이 없다면 초학자가 책을 교감하는 일을 시작하기란 매우 힘들 것이다. 나는 옛 책들이 지금까지 전해지게 된 것이 모두 주석 덕분이라고 여긴다. 주해를 찬술한 사람들은 지금까지 모두 정교하게 교감을 한 유능한 이들이었다. 세심하게 주석을 보는 학자들에게 주석가는 가장 훌륭한 스승이 될 것이다.

역대로 여러 경전에 주석을 단 이로는 정현(鄭玄), 육덕명(陸德明), 공영달(孔穎達), 가공언(賈公彥), 주희(朱熹)가 있었고, 역사책에 주석을 단 이로는 배인(裴駰), 사마정(司馬貞), 장수절(張守節), 안사고(顏師古), 이현(李賢) 등이 있었으며, 그들의 저작에는 풍부한 교감 자료가 보존되어 있다. 우리가 자세하게 그것들을 음미하기만 한다면 셀 수 없을 정도의 많은 요령을 찾아서 서적 교감의 구체적인 방법을 획득할 수 있을 것이다.

대개 이러한 유명한 주석가들은 손을 놀려 주석을 달기 전에 반드시 원서의 이본들을 널리 수집하였고 정밀하게 몇 번씩 교감하였다. 각 판본의 차이와 그것들이 나뉘고 합쳐진 정황들을 파악하고 별도로 취사선택을 한 뒤, 다시 한번 고증해서 얻어 낸 결론을 자신의 주석에 써넣었다. 그러므로 어떤 옛 책의 옛 주석을 보더라도 한 부의 교감기가 그 안에 있다. 따라서 꼼꼼히 따져 보기만 한다면, 그 속에서 많은 서적 교감과 관련된 보배로운 계시를 발굴할 수 있을 것이다.

이에 대해 《자치통감》을 가지고 말해 보겠다. 여기에 주석을 단 이는 송나라 말 원나라 초기의 저명한 학자 호삼성(胡三省)이다. 호삼성은 젊은 시절에 《자치통감》을 교감한 적이 있으며, 아울러 《수교통감범례(讎校通鑑凡

例)》를 지은 적이 있다. 《통감주(通鑑注)》의 〈서(序)〉를 보라. 그가 이 분야에 들인 노력이 상당했고 호삼성의 주석 그 자체에도 유리한 환경을 제공하였음을 짐작할 수 있다. 호삼성은 《통감주》를 지으면서 우선 육덕명의 《경전석문》의 예를 모방하였으며, 《통감광주(通鑑廣注)》 97권을 원서와 별도로 간행하였다. 하지만 송나라가 망하고 전란이 일어나서 그 책은 전하지 않는다. 나중에 원나라 초에 다른 판본을 구매하여 새로 주석을 달았다.

왕국유(王國維)의 고증에 따르면, 호삼성이 원나라 초에 얻은 '다른 판본'이란 지원(至元) 연간에 간행된 홍문서본(興文署本)이다. 《관당집림(觀堂集林)》 권21 〈원간본자치통감음주발(元刊本資治通鑑音注跋)〉에 자세한 내용이 있다. 호삼성이 살던 당시에는 정보를 얻을 수 있는 수단이 제한되어 있어서 송나라 때 간행된 《자치통감》을 찾을 수가 없었다. 사실 《자치통감》 원본의 교감과 수정에 애로 사항이 존재하지 않을 수 없는 것이 당연하다. 그럼에도 불구하고 호삼성은 결국 《자치통감》 원본에서 많은 오탈자와 연문을 찾아내었으며, 게다가 대부분이 송대 간행본과 은연중에 일치했다.

이러한 성과는 그가 사용한 방법이 비교적 정밀했기 때문에 가능했던 것이다. 설사 상호 교감을 할 수 있는 옛 판본이 없다고 하더라도 교감 작업의 순조로운 진행에 장애가 되지는 않았다. 나는 《통감주》에서 호삼성이 행한 서적 교감의 요지와 체재에 대한 실마리를 거듭 찾아내려고 한 적이 있다. 그가 사용한 방법을 대강 정리하면 다음의 몇 가지를 벗어나지 않는다.

1. 《통감》에 채록된 원시 자료를 근거로 원문을 교정(校訂)하였다.
   사례 1. 오자 수정 : 《통감》 권1 "아름답게 귀밑털이 길게 자라면 현명하다.〔美鬢長大則賢.〕" 주석에 "민간에서 복사된 《통감》 가운데 '아름다운 수염〔美鬚〕'이라고 된 것이 있는데 잘못이다. 《국어(國語)》에 '아름다운 귀밑털〔美鬢〕'이라고 되어 있으니 그것을 따른다."라고 하였다.

사례 2. 이체자 수록 : 《통감》 권1 "안왕 원년, 진나라가 위나라를 정벌했는데 양고까지 다다랐다.〔安王元年, 秦伐魏, 至陽孤.〕" 주석에 "《사기》에는 양호(陽狐)라고 되어 있다."라고 하였다.

사례 3. 탈자 보충 : 《통감》 권25 "신들은 현관께 아무런 보탬이 된 것이 없으니 경조윤(京兆尹) 조광한(趙廣漢)을 대신해서 죽고자 합니다.〔臣生無益縣官, 願代趙京兆死.〕" 주석에 "《한서》 〈조광한전〉에는 '신생(臣生)'이라는 글자 위에 '혹언(或言)' 두 글자가 있다."라고 하였다.

사례 4. 순서가 바뀐 글자를 바로잡음 : 《통감》 권33 "의향후가 군지와 습, 그리고 선생님을 뵈었다.〔宜鄉侯參君之、習及夫子〕" 군지와 습은 모두 부녀자의 이름이다.-인용자 주석에 "〈풍소의전(馮昭儀傳)〉에 따르면 '습의 남편과 아들〔習夫及子〕'이라고 하였다." 즉, 이 주석은 '習及夫子'라는 네 글자는 마땅히 '習夫及子'의 네 글자로 되어야 한다는 것을 설명하고 있다.

2. 역사적 사실에 근거하여 원문을 교정하였다.

사례 1. 《통감》 권2 "진나라의 대량조가 위나라를 정벌하였다.〔秦大良造伐魏.〕" 주석에 "대량조(大良造)의 아래에 위앙(衛鞅) 두 글자가 있어야 한다. 《통감》을 베껴 쓰는 자가 빠뜨린 듯하다."라고 하였다.

사례 2. 《통감》 권188 "왕세충(王世充)을 태위, 상서령, 내외제군사로 삼았다.〔以世充爲太尉尚書令, 內外諸軍事.〕" 주석에 "'내외제군사(內外諸軍事)' 위에 '총독(總督)' 두 글자가 있어야 한다."라고 하였다.

3. 수사학적 측면에서 원문을 교정하였다.

사례 1. 《통감》 권22 "그러나 아직 감히 그를 사면하라고 드러내 놓고 말하지는 않았다.〔然尙未敢顯言赦之也.〕" 주석에 "문장의 뜻을 가지고 보면 '감(敢)' 자는 불필요하다."라고 하였다.

사례 2. 《통감》 권258 "표를 지어 진경선, 전영자의 죄를 사면해서는 안 된다고 청하였다.〔建表請陳敬瑄、田令孜, 罪不可赦.〕" 주석에 "'청(請)'은 아마도 '칭(稱)'이라고 해야 할 듯하다."라고 하였다.

4. 어휘적 측면에서 원문을 교정하였다.

사례 1. 《통감》 권243 "통군군사 등에게 솜과 비단, 은기를 하사하였는데 각각 차등을 두었다.〔賜統軍軍使等綿綵、銀器, 各有差.〕" 주석에 "'면(綿)'은 '금(錦)'이 되어야 한다."라고 하였다.

사례 2. 《통감》 권245 "기세가 빛난다.〔聲勢炟赫〕" 주석에 "'달(炟)'은 어떤 본에는 '훤(烜)'으로 되어 있다."라고 하였다.

이상은 몇 개를 간략하게 예로 든 것이다. 사실 이런 종류의 교감과 수정은 《통감주》에 아직 많이 남아 있어서, 호삼성이 다른 판본으로 서로 교감을 할 수 없는 조건 아래에서도 끝내 원서의 많은 탈락과 오류를 수정할 수 있었음을 충분히 보여 준다. 우리가 오늘날 송나라 때 간행된 《통감》을 가지고 교감을 해 보면 호삼성의 교정이 열에 아홉은 원문과 서로 부합한다는 것을 발견하게 된다.

이러한 성공은 우리에게 어떤 계시를 준다. 즉, 서적 교감의 진행은 다른 판본들을 널리 수집하는 것을 선결 조건으로 삼아야 함이 확실하지만 자료가 부족한 상황에서도 여전히 난관을 타개하고 작업을 진행할 수 있다는 것을 보여 준다. 이것은 스스로 원문 안에서 문제점을 잘 발견하고, 아울러 즉시 문제를 해결할 길을 찾는 방법이다.

제3편

# 분론 하 : 독서에 대하여

# 제1장 옛사람의 저술에 나타나는 일반 현상 이해

## 제1절 작자 미상의 오래된 책

독서를 해도 옛 책의 체례(體例)를 확실히 이해하지 못하면 어떤 문제에 대한 전체적인 견해도 자연스레 모호해진다. 그리하여 번번이 오늘날 저술 활동을 하는 사람들에게 나타나는 일반적인 현상을 가지고 옛사람을 평가함으로써 많은 불필요한 의심과 가설을 일으키기도 한다. 따라서 책에 기재되어 있는 내용의 진상을 잡지 못할 뿐만 아니라 동시에 책 자체의 원래 면모를 벗어나게 된다. 이것은 문제를 연구하는 데 아주 큰 장애임이 틀림없다. 그러므로 독서에 대해서 이야기할 때는 먼저 약간의 기본 문제를 명확하게 이해할 필요가 있다.

요즘 우리가 일상적으로 접촉하는 문자로 쓰인 저술들은 제목 아래에 관례대로 저자의 성명을 표기한다. 이것이 오늘날 출판물의 제목 표기 방식이다. 물론 이러한 양식의 기원은 일찍부터 시작되었다. 우리 조상들이 제일 처음에 글자를 써서 저술 활동에 종사한 시대를 고려해 보면 결코 이런 양식은 아니었을 것이다. 출토된 갑골문과 대대로 전해 온 은나라와 주나라의 청동기 위에 새겨진 많은 문자들은 바로 중국 최초의 책이다. 하지만 어떤 글들은 누가 지었는지, 누가 서사(書寫)했는지 의문을 품게 만들며 모두 서명이 없다. 이는 사람들이 모두 알고 있는 사실이다. 몇몇 중요한 경전, 예컨대 《역(易)》, 《서(書)》, 《시(詩)》, 《예(禮)》, 《춘추(春秋)》와 같은 것은 지금까지 누구의 손에서 나온 것인지 고증되어 밝혀진 적이 없다.

설사 과거의 학자들이 전한 것처럼 "《역》을 환히 꿰뚫고, 《춘추》를 수정했으며, 《시》와 《서》를 편집하고, 《예》와 《악》을 정했다."라고 하면서 그를 못하는 것이 없는 성인으로 간주하더라도, 그 역시 저 옛 책들을 이해하고, 수정하고, 편집하고, 확정하는 작업밖에 하지 않았다. 하지만 먼 옛날의 문화유산을 받아들이면서 정리하는 역할을 충실히 수행했다. 그래서 옛날부터 《역》, 《서》, 《시》, 《예》, 《춘추》와 같은 종류의 경전에는 어떤 사람이 지었는지를 명기하지 않고, 단지 그 아래에 주석을 단 사람의 이름만 표기하였다. 다른 춘추 전국 시대의 옛 책들도 이와 다르지 않았다.

그렇다면 왜 책이 오래될수록 저자의 이름을 찾기가 더 어려울까? 저자들은 또 왜 자신의 이름을 표기하지 않은 것일까? 이유는 간단하다. 우선 우리 선조들의 생활이 소박했던 시절, 사회의 어떤 사물과 이론이 반드시 문자로 기록되어야 한다는 것을 발견했을 때 비로소 부득이하게 글을 지어 후세에 전달했기 때문이다. 그들은 이러한 사물과 이론이 우주에서 공유되는 물건이며 누구든지 사사로이 소유할 수 없는 것이라고 여겨서 내가 기록하든 다른 사람이 기록하든 모두 상관하지 않았다. 이러한 생각 때문에 저자의 성명을 명기할 필요에 대해서 고려하지 않았을 것이다. 장학성(章學誠)은 《문사통의(文史通義)》 〈언공(言公)〉에서 이 문제에 대해 아주 명확하게 서술했는데 학자들이 참고할 만하다.

그다음으로는, 중국의 오래된 책들이 대부분 집단으로 노동이 행해지던 조건 아래에서 완성되었다는 것을 이해해야 한다. 사실을 기록한 책, 예컨대 오늘날까지도 존재하는 《춘추》와 같은 책은 당연히 한 명의 손에서 나올 수 있는 것도 아니고 특정한 시기에 완성될 수 있는 것도 아니며, 많은 사람이 오랜 시간에 걸쳐 여기저기 흩어진 단편적인 기록을 모은 뒤, 전문 인력이 정리한 뒤에 편집되어 완성을 본 것이다.

게다가 《상서(尙書)》는 그 체례가 더욱 복잡하고, 함의는 더욱 풍부하며, 그것의 연원은 더욱 다양하다. 그래서 저자의 이름을 사실상 찾을 수 없다. 감정을 토로하는 《시경》이나 이치를 말하는 《주역》 모두 많은 사람의 노력을 거친 후 편집되어 나온 것이라고 짐작된다. 그러므로 어떤 한 개인이나 소수의 총명하고 재지 넘치는 사람들에게 공을 돌릴 수는 없다.

특히 주목해야 할 것은, 먼 옛날의 저작들 가운데 어떤 책은 비록 나중 사람들이 저자의 성명을 덧붙였지만 그 안에 있는 내용은 전혀 그 사람 본인이 쓴 것이 아니라는 점이다. 역사상 위대한 학자나 정치가들의 것은 대부분 그의 문하생이나 같이 일했던 관리, 그리고 사회에서 그들을 추앙하던 군중이 사후에 그들의 의견과 행실에 관한 것을 수집하고 편집해서 만들어졌다. 이러한 사실은 춘추 전국 시대 제자백가의 책에서 두드러지게 나타난다.

《관자(管子)》를 예로 들자면, 송대 학자인 주희(朱熹)는 일찍이 "관자는 업적으로 유명해진 사람이지만 그가 반드시 책을 지었다고는 할 수 없을 것이다."라고 말한 적이 있으며, 또 "그 책은 아마 전국 시대의 사람이 관중이 활동하던 당시 그의 행적과 의견 등을 모아 지은 뒤, 그의 책이라고 끌어다 붙인 것일지도 모른다."라고도 하였다. 모두 《주자어류(朱子語類)》에 보인다. 이렇게 문제를 봐야 비로소 《관자》라는 책이 관중이 죽기 직전과 죽은 뒤의 사적을 어떻게 포함하게 됐는지를 설명할 수 있고, 많은 불필요한 의문을 낳지 않을 수 있게 된다.

책과 글을 지으면서 이름을 넣지 않는 분위기는 진한 시대에 이르러서도 학술계에 성행하고 있었다. 우리는 아래의 두 가지 사실의 기록을 참고함으로써 일반적인 현상을 미루어 짐작할 수 있을 것이다. 《사기(史記)》 권63 〈노장신한열전(老莊申韓列傳)〉에는 한비자(韓非子)의 저술에 대해서 다음과 같이 서술되어 있다.

> 사람들이 종종 그의 책을 진(秦)나라에 전했는데, 진나라 왕이 〈고분(孤憤)〉과 〈오두(五蠹)〉를 읽고 "오호라! 과인이 이 사람을 만나서 같이 한가롭게 놀 수 있다면 죽어도 한이 없겠구나."라고 하였다. 이에 이사(李斯)가 "이것은 한비가 지은 책입니다."라고 하여, 진나라는 급히 한(韓)나라를 공격했다.

《사기》 권117 〈사마상여열전(司馬相如列傳)〉에도 비슷한 기록이 있다.

> 촉(蜀)나라 사람 양득의(楊得意)가 구감(狗監)이 되어 황제를 모셨다. 황제께서 〈자허부(子虛賦)〉를 읽고 훌륭하게 여기고는 "짐이 왜 이 사람과 같은 시대일 수가 없는가!"라고 하였다. 그러자 양득의가 "신이 살았던 읍(邑) 사람인 사마상여가 이 부를 썼다고 스스로 말하였습니다."라고 했다. 이에 황제가 놀라 사마상여를 불러서 물었다.

이를 통해 전국 시대에 한비자가 지은 책과 한나라 초기에 사마상여가 지은 부가 그 당시에 이미 오래전부터 유행하고 있었는데, 진 시황과 한 무제가 그들의 작품을 본 뒤에 옛사람이 남긴 글로 오인하여, 추모하고 찬탄하면서 자신들이 너무 늦게 태어나서 저자를 직접 만날 수 없는 것을 심히 한스러워하였다는 것을 알 수 있다. 그러나 이사와 양득의가 소개한 뒤에 진 시황과 한 무제는 비로소 저자의 이름을 알게 되었다. 이는 한비자가 지은 〈고분〉과 〈오두〉 등의 여러 편, 사마상여가 지은 〈자허부〉에는 모두 원래 서명(署名)이 없었다는 것을 충분히 설명해 준다. 진한 시기의 저작들도 이와 같으니 더 오래된 옛 책들에 대해서는 더 말할 나위도 없을 것이다.

요컨대, 중국사의 많은 위대한 학자, 사상가, 정치가, 군사가들은 한가롭게 책을 저술할 시간이 없었으므로, 그들의 책 가운데 많은 것들이 동시대 사람이나 나중 사람에 의해 편찬되었으며, 이것이 춘추 전국 시대의 통례로 거의 굳어졌다. 우리는 이 통례를 이해한 이후에야 어느 시대의 작품인지, 어느 시대의 사상과 역사적 사실을 반영한 것인지 살펴서 확인할 수 있으며, 따라서 비판적이고 감별하는 눈초리로 그것들을 정리하고 활용할 수 있을 것이다. 그러나 어떤 책이 어떤 이의 손에서 나왔는지를 오늘날 고증하기란 참 어려운 일이다.

## 제2절 편제와 책명이 없는 책

옛날의 저작은 아주 소박해서 어떤 책들은 편제(篇題)마저도 없었다. 감정을 토로하는 《시경》이나 이치를 말하는 《논어》와 《맹자》 모두 첫 구절의 앞에 있는 두 글자를 따서 편명으로 삼았는데, 이는 후세 사람들이 정리하고 편집할 때 붙인 것이 틀림없다. 사실을 기록한 《춘추》와 같은 것은 노나라의 12공(公)을 가지고 12편으로 나누었다. 이것들은 모두 옛사람이 본디 책을 저술하면서 아무런 의도를 가지지 않았고, 따라서 먼저 제목 하나를 반드시 정해야 한다는 생각도 하지 않고 붓을 놀려 글을 지었음을 충분히 보여 준다.

많은 옛 책은 애초에 편의 제목이 없을 뿐만 아니라, 심지어 책의 이름도 없었다. 이런 사례들은 전한 초기에 와서도 보편적으로 존재했다. 한 고조(漢高祖) 유방(劉邦)이 천하를 처음 평정했을 때, 육가(陸賈)에게 그를 위해 한 부의 역사적 이야기에 대한 책을 쓰라고 분부하였다. 《사기》 권97 〈육가열전(陸賈列傳)〉에는 다음과 같은 기록이 있다.

> 육가는 이에 간단하게 존망의 현상에 대해서 서술하여 12편을 지었다. 한 편을 올릴 때마다 한 고조가 훌륭하다고 칭찬하지 않은 적이 없었으며, 좌우에서 만세를 불렀다. 그 책을 《신어(新語)》라고 이름하였다.

이로써 당시 육가가 쓴 12편에는 모두 편명이 없었다는 것을 알 수 있다. 한 고조는 그것을 보고 너무나 기뻐하였으며, 안에 있는 내용이 지금껏 듣지도 못했던 새로운 말이라고 여겼다. 이 '신어'라는 책 이름은 분명히 한 고조 유방이 붙인 것이다.

그다음으로, 사마천이 쓴 130편 52만 6500자의 대작이 완성된 이후, 그의 자서(自序)와 〈보임안서(報任安書)〉에서도 이 저작의 이름이 무엇인지 설명되어 있지 않았다. 전한 말 학자인 환담(桓譚)이 지은 《신론(新論)》이미 전하지 않는다. 에서 이 문제를 언급하면서 다음과 같이 말하였다.

> 태사공(太史公)이 책을 지어 완성한 뒤 동방삭(東方朔)에게 보여 주었다. 동방삭이 심사하고 그 밑에 서명을 하였다. 태사공은 동방삭이 추가한 것이다. 《사기색은(史記索隱)》 〈효무본기(孝武本紀)〉에서 인용하였다.

이에 따르면 사마천의 저술이 완성된 이후의 책에는 원래 이름이 없었다. 요새 사람 왕국유(王國維)의 〈태사공행년고(太史公行年考)〉에서 사마천의 원래 저작에는 작은 제목 편명 은 있었지만 큰 제목 전체 책 이름 은 없었다고 여겼는데, 비교적 정확한 판단이다. 동방삭이 제일 처음 이 책을 봤을 때 그것에 '태사공' 세 글자를 제목으로 붙였고, 이때부터 이 세 글자는 이 책의 이름이 되었다.

《한서》 〈예문지(藝文志) 육예략(六藝略)〉에는 '《태사공(太史公)》 130편'이라고 수록되었으니 이 이름이 한나라 때 보편적으로 유행했었다는 것을 알 수 있다. 한대 학자들은 이 책을 언급하면서 '태사공기(太史公記)', '태사공서(太史公書)', '태사공전(太史公傳)'이라고도 일컬었지만 '사기(史記)'라고 한 사람은 없었다. 게다가 사마천이 자신의 이 저술에서 '사기'라고 일컬은 부분이 예닐곱 군데 되는데, 대개 '여러 나라의 사기〔列國史記〕'를 일반적으로 가리켰으며, 당연히 그 자신의 책은 이 이름을 취하지 않았다. 나중에 '태사공기'라는 네 글자를 줄여서 '사기'라는 두 글자의 간단한 이름을 만든 것은 상당히 늦은 시기의 일이다.

위에서 언급한 육가와 사마천의 사례는 전한 초기의 저술에서 아직 책을 지은 뒤에도 큰 제목이 없는 옛날의 소박한 분위기를 보존하고 있다는 것을 설명한다. 하지만 그렇다고 해서 한나라 때의 웬만한 저술들에 모두 책 제목이 없었다는 것을 설명하는 것은 아니다. 오히려 그 이전에 이미 구조가 정밀하고 제목이 확실한, 완벽한 작품이 출현했었다.

춘추 전국 시대, 제자백가가 서로 소리를 높일 때 자신의 견해를 피력하는 책들이 날이 갈수록 늘어가던 시기, 사회에서는 총결산하는 장부와 같이 여러 의론을 모으는 책이 필요했다. 이에 전국 시대 말기 진(秦)나라 재상 여불위(呂不韋)는 객관적인 수요에 순응하여 대규모로 인력을 조직해서 이 번잡하고 어려운 작업을 수행했다. 《사기》 권85 〈여불위열전〉은 다음과 같이 기록하고 있다.

> 여불위는 이에 그의 객(客)들로 하여금 들은 바를 짓게 하고, 의론을 모아서 8람(覽), 6론(論), 12기(紀)의 20만여 자에 달하는 것을 만들게 하였다. 그리고 천지와 만물, 어제와 오늘의 일을 모두 구비했다고 여겨 《여씨춘추(呂氏春秋)》라고 불렀다. 함양(咸陽)의 시(市)의 문에 내걸고 그 위에 천금을 현상금으로 걸었다. 제후, 떠도는 선비, 그리고 빈객들을 끌어들여 한 자라도 더하거나 뺄 수 있는 자에게는 천금을 주겠다고 하였다.

당시 여불위가 이에 대해 얼마나 자부심이 넘치고 기뻐하였겠는가. 그는 그것이 삼라만상을 포괄하는 완전무결한 작품이라고 여겼다. 지금 그것의 내용을 자세히 검토해 보면 과연 확실히 풍부하며, 제자백가의 사상이 없는 것이 없다. 그 구조에 대해서 말하자면, 큰 분류는 기(紀)·람(覽)·논(論)의 세 가지를 벗어나는 것이 없었다. 그리고 각기 세부 목록이 있었는데, 기는 61개, 람은 63개, 논은 36개의 세부 목록이 있어 사실 총 160편이나 되었다. 도덕, 음양, 유가, 법가, 명가, 묵가, 병가, 농가의 여러 학파 학설의 정화를 수록하여 그 대강을 검토해 볼 수 있는 체계적이고 조직적인 거작이다. 또한 중국의 저술에서 형식이 가지런하고 조리가 치밀하며, 각 편과 책의 제목이 앞에 정해져 있고, 미리 세운 계획에 따라 완성한 최초의 작품이다.

이러한 새로운 저술 형식이 생겨난 이후, 저술에 큰 변화가 일어난 것은 당연한 일이었다. 가장 중요한 점은 체계적이지 않았던 자료의 조직이 체계적으로 발전했다는 것이다. 사마천이 다른 시간과 공간의 자료들을 종합하고, 본기(本紀)·연표(年表)·팔서(八書)·세가(世家)·열전(列傳)의 체례를 이용하여 130편의 거작을 조직하여 완성할 수 있었던 것은 그러한 영향을 받았기 때문임이 틀림없다. 이때부터 학자와 문인들은 저술할 때 대개 먼저 책과 편의 제목을 잘 입안한 이후 비로소 계획에 따라 손을 놀려 초고를 작성하기 시작하였다. 이는 물론 진보적이고 발전된 현상이기는 하지만, 그렇다고 해서 이러한 나중에 생긴 저술 형식을 가지고 먼 옛날의 책을 따져서는 안 될 것이다.

## 제3절 후세에 썼는데 옛사람이 저자로 된 책

봉건사회에서 보통 사람들의 심리는 모두 옛사람을 숭배하고 동시대 사람을 하찮게 여겼다. 이른바 '옛것을 존숭하고 오늘날 것을 하찮게 여긴다.'라는 생각은 2000여 년 동안 견고하게 깨지지 않고 이어져 왔다. 따라서 사람들이 가끔 무엇을 쓰면, 당시 사람들이 중요하게 여기지 않아서 그 좋은 내용이 묻힐까 두려워 부득이하게 옛사람의 이름을 빌려 그 책을 전했다. 이것은 중국 고대의 저술 활동에서 아주 보편적인 일이었다. 예컨대 《역괘(易卦)》가 복희(伏羲)의 이름을, 《본초(本草)》가 신농(神農)의 이름을, 《의경(醫經)》이 황제(黃帝)의 이름을, 《예경(禮經)》이 주공(周公)의 이름을 빌릴 수밖에 없던 것이 모두 이 때문이었다. 《회남자(淮南子)》 〈수무(修務)〉에는 일찍이 다음과 같이 이야기한 것이 있다.

> 범속한 사람들은 많이들 옛것을 존숭하고 가까운 것을 하찮게 여긴다. 그래서 도를 닦는 자들은 신농과 황제에 의탁한 뒤에야 의견을 바칠 수 있었다. 난세의 어두운 군주들은 그것이 유래하는 바가 원대하기 때문에 귀하게 여긴다. 학문을 하는 이들은 논의에 파묻혀서 그들이 전해 들은 것만을 떠받들고, 서로 무릎을 맞대고 앉아 그것만을 칭송하고, 옷깃을 단정히 한 뒤 암송한다. 이것은 옳고 그름이 불분명했음을 보여 준다.

이 말은 세상이 옛것을 사칭하는 이유를 폭로한 것이나 마찬가지이며, 한나라 이전의 책들이 많은 경우 저자를 고인으로 가탁했음을 반영한 것이다. 이러한 분위기는 한나라 이후에도 여전히 널리 유행하였다. 《진서(晉書)》 권50 〈조지전(曹志傳)〉에 다음과 같은 기록이 있다.

무제(武帝)가 일찍이 《육대론(六代論)》을 열람하고는 조지에게 "이것은 경의 선왕께서 지은 것인가?"라고 물었다. 그러자 조지가 "선왕께서 손수 만든 목록이 있는데 돌아가서 살펴보겠습니다."라고 말하였다. 돌아와서 아뢰기를 "목록을 살펴봤는데 이것은 없었습니다."라고 하니, 황제가 "누가 지은 것인가?"라고 물었다. 조지가 대답하기를 "신이 듣기로는, 신의 일족 가운데 아버지뻘인 조경(曹冏)이 지은 것이라고 합니다. 선왕의 글이 고명하다는 것은 널리 알려진 바입니다. 이에 조경이 그 책을 후세에 전하고 싶어서 이름을 가탁했을 것입니다."라고 하자, 황제가 "옛날부터 이와 같은 일이 많았었지."라고 하고는 공경들을 돌아보면서 "부자가 증명했으니 확실하다고 할 수 있겠다. 지금부터 또 의심할 필요는 없겠구나."라고 하였다.

진(晉)나라 초기 유행한 《육대론》을 시인들은 조식(曹植)의 손에서 나온 것이라고 여겼지만, 사마염(司馬炎)이 조식의 아들 조지에게 물은 뒤에 그것이 타인에 의해 사칭된 것임을 알았으며, 사칭한 원인도 지적되었다. 이는 앞에서 이야기한 옛것을 빌리려는 의도와 일치한다. 그래서 사마염이 "옛날부터 이와 같은 일이 많았었지."라고 하였으니, 이는 당시에 이상한 일이 아니라고 여겨졌음을 보여 준다. 《진서》 권54 〈육기전(陸機傳)〉에 육희(陸喜)가 저술하던 모습이 기록되어 있다.

그의 글은 100편에 가깝다. 오(吳)나라가 평정된 뒤, 또 《서주청론(西州淸論)》을 지어 세상에 전했다. 그런데 제갈공명(諸葛孔明)의 이름을 사칭하여 세상에 돌아다니게 되었다.

이로써 책을 지으면서 옛것을 사칭하는 일이 진나라 때에도 아주 성행했다는 것을 알 수 있다. 이러한 잔꾀는 당나라와 송나라 이후에도 그치지 않았다. 송나라 왕질(王銍)이 지은 《용성록(龍城錄)》의 경우 저자가 유종원(柳宗元)이라고 한 것은 하나의 사례가 되겠다.

그러나 위에서 이야기한 모습, 즉 저자가 자신의 저술을 옛사람의 것이라고 하는 것은 이름을 빌리는 일의 한 측면에 불과할 뿐이다. 다른 한편으로는 주석가들도 옛사람의 이름을 빌리곤 하였다. 어떤 고서들은 원래 저자의 이름을 찾을 수 없는 것도 있는데, 어느 시기가 되면 어떤 이가 그 책에 주석을 달게 된다. 하지만 자신의 주석이 그 당시 중시되기에 불충분하다는 것을 떠올리게 되고, 이에 그 책이 먼 옛날 가장 유명한 사람이 지은 것이라고 사칭하여 주석가인 자신의 지위를 드높였다. 이 역시 옛날 저술가들에게서 늘 있던 일이었다.

예컨대 《효경(孝經)》은 공자의 70제자 이후 학자들이 기록한 것으로 《예기》와 표현 수법이 비슷하다. 하지만 한대 경학가인 정현(鄭玄)은 기어코 그것이 공자가 지은 것이라고 하였다. 《효경소(孝經疏)》에서 인용한 정현의 〈육예론(六藝論)〉을 보라. 《이아(爾雅)》 19편은 한나라 이전의 학자들이 옛 뜻과 사물들 이름의 분류를 모아서 편집해 낸 책이다. 그러나 위(魏)나라 때의 훈고학자 장읍(張揖)은 한사코 그것을 주공(周公)이 지었다고 주장하였다. 장읍의 〈광아서(廣雅序)〉를 보라.

여기에는 이유가 있다. 정현은 《효경》에 주석을 달았고 장읍은 《이아》의 체례를 본받아 《광아(廣雅)》를 지었기 때문에, 그들 자신의 저술이 큰 가치가 있다고 강조하고 당대 학술계의 주의를 끌기 위해서 그들이 주석을 달 때의 저본이나 본받았던 책을 다른 것과 비교할 수 없는 고귀한 것으로 숭상하였고, 결국 주공과 공자가 지은 것이 되었다. 이러한 종류의 사례들은 옛날의 저술들 가운데 보편적으로 존재한다. 우리가 오늘날 그들의 부득이한 의도를 간파한다면 정확하게 옛 책들을 다룰 수 있고, 많은 불필요한 의심을 줄일 수 있을 것이다.

## 제4절 후대 사람들의 말이 추가된 책

옛 책이 세상에 전해진 지 오래되면 거듭 베껴지게 된다. 그리고 베끼는 과정에서 후대 사람들이 덧붙인 많은 말들이 추가된다. 독자들은 이를 식별할 수 있는 능력을 갖춰야 비로소 원문과 추가된 것을 혼동해서 의심이 생기는 일을 막을 수 있다. 이 문제는 6세기에 안지추(顔之推)가 이미 지적한 것이다. 《안씨가훈(顔氏家訓)》 〈서증(書證)〉에 다음과 같은 내용이 있다.

> "《산해경(山海經)》은 하(夏)나라 때의 우(禹)와 익(益)이 기록한 것이라고 하는데, 장사(長沙)·영릉(零陵)·계양(桂陽)·제기(諸暨)와 같은 군현들이 적지 않으니, 이는 어찌된 일입니까?"라고 어떤 이가 묻기에 내가 대답하기를 "역사책에서 탈락된 부분이 존재하는 것은 이미 오래된 일이다. 게다가 진(秦)나라 사람이 학문을 멸하고 동탁(董卓)이 책을 불태웠는데, 고금의 서적들이 잘못되고 어지러워짐이 여기에서 그치는 것이 아니다. 예컨대 《본초(本草)》는 신농(神農)이 썼는데, 예장(豫章)·주애(朱崖)·조국(趙國)·상산(常山)·봉고(奉高)·진정(眞定)·임치(臨淄)·풍익(馮翊) 등의 군현의 이름이 있고, 그곳에서 약재가 난다고 하였다. 《이아(爾雅)》는 주공(周公)이 지었지만, 주공보다 나중인 주 선왕(周宣王) 때 사람 장중(張仲)이 효성스럽고 우애가 있었다고 하였다. 공자가 《춘추(春秋)》를 편찬했지만, 《춘추》의 경문(經文)에 '공자가 죽었다.〔孔丘卒〕'라는 기록이 있다.……이것들은 모두 후세 사람이 섞어 놓은 것이지 원래 글은 아니다."라고 하였다.

안지추는 《산해경》은 우와 익이 기록한 것이고, 《본초》는 신농이 만든 것이며, 《이아》는 주공이 지은 것이라고 인정했다. 하지만 오늘날의 관점에서 보면 당연히 잘못된 것이다. 그러나 그는 옛 책에 후세 사람이 덧붙인 기록이 많다고 지적하면서 나중 사람들에게 크게 영감을 주는 일반적인 규칙을 설명하였다. 이 일반적인 규칙에 따라 많은 '고서아기(故書雅記)', 즉 옛 책과 규범에 맞는 기(記)들을 검토해 보면 확실히 이러한 현상이 심각하다는 것을 알 수 있다.

예컨대 지금까지도 존재하는 《대대례기(大戴禮記)》는 한나라 때의 대덕(戴德)이 편집한 《칠십자후학자(七十子後學者)》를 가지고 《예(禮)》의 경(經) 부분을 해석해서 편집하여 만든 책이다. 그중에서 〈권학(勸學)〉은 《순자(荀子)》에서 채록한 것으로, 한 편 전체가 한 사람이 지식을 쌓고 덕행을 권하는 것의 중요성에 대해 주로 설명하고 있다. 그런데 중간에 갑자기 한 단락이 다음과 같이 삽입되었다.

> 구슬〔珠〕이라는 것은 음(陰)의 양(陽)이다. 그래서 불을 이긴다. 옥(玉)은 양의 음이다. 그래서 물을 이긴다. 그 조화가 신묘하니 천자가 구슬과 옥을 소장하는 것이다. 제후는 금석(金石)을 소장하고, 대부는 개와 말을 기르고, 백성은 베와 비단을 소장한다. 그렇게 하지 않으면 강자가 그것을 관리하게 되고, 똑똑한 자가 그것을 가지게 될 것이다. 귀하게 여겨지는 것이 천하게 생각되고, 천하게 여겨지는 것이 귀하게 생각된다. 그렇게 하지 않으면 과부, 고아, 홀아비들을 불쌍하게 여겨 동정할 수도 없게 된다.〔珠者, 陰之陽也, 故勝火. 玉者, 陽之陰也, 故勝水. 其化如神, 故天子藏珠玉; 諸侯藏金石; 大夫畜犬馬; 百姓藏布帛. 不然, 則强者能守之, 知者能秉之. 賤其所貴, 而貴其所賤. 不然, 矜寡孤獨不得焉.〕

이 일흔네 글자는 《순자》 〈권학〉에도 보이지 않을 뿐만 아니라 위와 아래 단락의 문체와 서로 연관되어 있지도 않다. 분명히 후세에 책을 베끼는 사람이 다른 책에서 발췌해 넣은 자료일 것이다. 청대 학자 손지조(孫志祖)는 《독서좌록(讀書脞錄)》 권2 〈대대례기착간(大戴禮記錯簡)〉에서 다음과 같이 말한 적이 있다.

> 《대대례기》 〈권학〉의 "구슬은 음의 양이다."라는 단락 일흔네 글자는 위아래 단락과 뜻이 통하지 않으니 착간이 일어났다고 의심된다. 그리고 《관자(管子)》 〈치미(侈靡)〉에도 이 단락이 있다. 공광삼(孔廣森)의 《대대례기보주(大戴禮記補注)》에는 "앞 단락에 구슬과 옥이 있어서 관련하여 언급한 것이다."라고 하였다.

손지조가 저 일흔네 글자가 원문에 있던 것이 아니라고 지적한 것은 옳지만 단순한 착간의 문제는 아니다. 이 일흔네 글자는 후세의 학자가 《대대례기》 〈권학〉의 "옥이 산에 있으면 나무가 튼실하게 자라고, 연못이 구슬을 낳으면 언덕이 마르지 않는다.〔玉居山而木潤, 淵生珠而岸不枯.〕"라는 두 구절의 '옥'과 '구슬'을 다른 책을 참고하고 해석하면서 발췌하여 기록해 두었던 것으로 일종의 주석이나 설명으로 간주되었던 부분이다.

하지만 책이 장기간 전승되고 베껴지면서 점점 그것이 원문에 삽입되었다. 이러한 사례는 다른 고서에서도 일반적으로 존재하고 《대대례기》의 다른 부분에서도 비슷한 현상이 존재한다. 예컨대 〈성덕(盛德)〉은 한 편의 정치 논쟁적인 글인데 끝머리에 갑자기 명당(明堂) 제도를 고증한 단락 200자가 붙어 있다. 〈공관(公冠)〉의 마지막에는 한 소제(漢昭帝)의 관례(冠禮) 때 사용된 축사가 쓰여 있으며 '효소관사(孝昭冠辭)', 즉 한나라 효소제의 관례 축사라는 네 글자가 제목으로 분명히 달려 있다. 이것이 한나라 때 학자들이 책을 읽을 때 덧붙인 것이 아니란 말인가. 고대의 전기(傳記)도 이럴진대 다른 역사서들 역시 이러한 사정에서 벗어날 수 없다. 《사기》를 예로 들면, 〈굴원가의열전(屈原賈誼列傳)〉의 끄트머리에 다음과 같은 몇 구절이 있다.

> 한나라 문제가 붕어하고 무제가 즉위할 무렵 가의의 손자 둘을 군수로 삼았다. 가가(賈嘉)가 가장 학문을 좋아하여 그 집안을 이었으며, 나와 함께 책을 통달하여 소제(昭帝) 때에 이르러서는 구경(九卿)의 자리에 올랐다.

이 기록에는 근본적으로 큰 문제가 있다. 왜냐하면 사마천은 한 무제 말년에 이미 죽었는데, 어떻게 가가가 한 소제 때 구경의 자리에 오른 일을 볼 수 있었겠는가. 틀림없이 후세 사람이 추가한 것이다. 또한《사기》〈사마상여열전(司馬相如列傳)〉의 끄트머리에도 다음과 같은 말이 있다.

> 양웅(揚雄)은 미려한 부(賦)들 가운데 교훈담이 백 가지라면 교묘한 풍자는 하나뿐이라고 여겼는데, 이는 마치 정(鄭)나라와 위(衛)나라의 소리가 유행할 때 한 곡이 끝날 무렵에 비로소 우아한 가락이 연주되는 것과 마찬가지인 셈이다. 어찌 본의가 훼손되지 않았겠는가! 내가 그 말 가운데 토론할 만한 것들을 뽑아 여기에 실었다.

시대를 고려해 보면 양웅은 전한 말의 사람으로 사마천이 책을 지을 때와는 상당히 멀리 떨어져 있었다. 그러므로 사마천은 그의 말을 인용할 수 없었을 것이다. 그런데 이는 분명히《한서》〈사마상여전〉의 '찬(贊)'에도 있는 말이다. 즉, 후대에《사기》를 베끼는 사람이《한서》를 가지고 대조하면서, 반고(班固)가 인용했던 양웅의 말을《사기》〈사마상여열전〉의 '논(論)' 부분 아래에 기록하여 두 번 읽는 번거로움을 피했을 것이다. 그리고 거듭 베껴지면서 원문에 섞였을 것이다. 우리는 이러한 상황들을 이해해야 옛 책에 대한 식견을 높일 수 있다.

반면에 단지 하나의 단어와 증거만을 가지고 우연히 옛 책에 비교적 나중의 것이 섞였음을 발견한다면 경솔하게 의심하고 어떤 가설을 세울 수도 있다. 그렇게 한다면 '고서아기'의 많은 것을 신뢰할 수 없을 뿐만 아니라, 《사기》마저도 사마천이 지은 것인지 아닌지 혼란스러워지는 큰 문제가 발생할 것이다. 이렇게 독서 과정에 장애물을 설치하는 것은 자신에게도 좋은 일이 아니다.

그다음으로, 옛사람들은 책을 읽을 때 개별 글자의 음과 뜻에 주석을 달기 위해서 원문 옆에 글자 하나를 덧붙여 쉬이 기억할 수 있게 만드는 것을 좋아했다. 그런데 책을 베끼는 사람이 잘 구별하지 않아 원문과 섞는 바람에 말의 뜻을 이해하기 어려워졌다. 이러한 현상은 옛 책에 보편적으로 존재하는 것이니 학자들은 모르면 안 될 것이다. 왕인지(王引之)는 《경의술문(經義述聞)》 권32에 그의 아버지 왕염손(王念孫)의 말을 다음과 같이 인용한 적이 있다.

> 옆에 기록한 글자가 원문에 잘못 들어간 경우가 책에 많이 보인다. 《묵자(墨子)》 〈비성문(備城門)〉에 "아전과 백성들로 하여금 모두 그것을 알게 하였다.〔令吏民皆智之.〕"라는 구절이 있는데, 지(智)는 옛날의 지(知) 자이다. 나중 사람들이 옆에 지(知) 자를 기록했는데, 베끼는 자가 두 글자를 모두 보존하여 "令吏民皆智知之."라고 하였다. 《전국책(戰國策)》 〈조책(趙策)〉에 "동알우는 조간자(趙簡子)의 유능한 신하이다.〔夫董閼于, 簡主之才臣也.〕"라는 구절이 있는데 알(閼)과 안(安)의 옛 발음이 같아서 동안우(董安于)가 되기도 한다. 나중 사람들이 옆에 안(安) 자를 기록했는데, 베끼는 자가 두 글자를 모두 보존하여 '동알안우'라고 하였다.
>
> 《사기》 〈역서(曆書)〉에 "단몽[1]이라는 것은 어떤 한 해의 이름이다.

〔端旃蒙者, 年名也.〕"라는 구절이 있는데, 단몽은 전몽(旃蒙)이기도 하다. 나중 사람들이 옆에 전(旃) 자를 기록했는데, 베끼는 자가 두 글자를 모두 보존하여 "단전몽은 어떤 한 해의 이름이다."라고 하였다. 〈자객열전(刺客列傳)〉에는 "신이 사람을 시켜 그를 찌르게 하였지만 끝내 성공하지는 못하였습니다.〔臣欲使人刺之, 衆莫能就.〕"라는 구절이 있는데, 중(衆)은 '끝내'라는 뜻을 가진 종(終) 자 대신 쓰인 가차자이다. 그런데 나중 사람이 옆에 종(終) 자를 기록했는데, 베끼는 자가 두 글자를 모두 보존하여 '무리가 끝내 성공하지 못하였습니다.〔衆終莫能就〕'라고 해 버렸다.

《한서》〈적방진전(翟方進傳)〉에 "백성들이 9만 명의 성인 남자를 바쳤다.〔民儀九萬夫.〕"라는 구절이 있는데 의(儀)와 헌(獻)의 옛 발음이 같으니, 곧 '민헌(民獻)'이 된다. 나중 사람들이 옆에 헌(獻) 자를 기록했는데, 베끼는 사람이 두 글자를 모두 보존하여 '民獻儀九萬夫'라고 하였다. 이것들이 그 사례들이다.

왕염손의 이 말은 아주 가치 있는 중대한 발견이다. 그는 평생 이 방법을 활용하여 경전(經傳), 자(子), 사(史)로 분류된 책들의 오류들을 수정하고 《경의술문》과 《독서잡지(讀書雜志)》에 보존하였는데, 그 양이 상당히 많고 또한 정밀하기까지 하다. 여기에서는 그저 간략히 그 요지를 보였을 뿐이다. 나중에 유월(兪樾)이 이 시사점을 더욱 거침없이 말하였다. 《고서의의거례(古書疑義擧例)》 권5 〈옆에 기록된 글자가 원문으로 들어간 사례〔以旁記字入正文例〕〉라는 글을 지었는데, 지극히 자세하게 살피고 검토하였으니 참고할 만하다.

1 단몽(端蒙) : 목성을 기준으로 하는 고대 역법이다.

# 제2장 옛사람의 저술 체계 이해

## 제1절 성일가지언成一家之言의 구현

옛 서적을 읽을 때는 반드시 먼저 옛사람의 저술 체례를 분명히 판별해야 비로소 오늘날 저술의 규범을 가지고 옛사람을 평가하지 않게 된다. 옛날 저술의 체례는 대략 저작(著作), 편술(編述), 초찬(鈔纂)의 세 가지로 크게 나눌 수 있다. 저자가 투입한 노동이 다르기 때문에 책의 가치와 효용도 다르다. 우리는 반드시 이 점을 확실히 해야 한다.

이른바 '저작'은 옛날의 요구에 부합하는 창작의 성격을 가지는 저술을 가리키는 말이다. 그것의 내용이 서정적이든지 사실을 기록하든지 이치를 이야기하든지 간에 예전 사람이 말한 적이 없거나 기록한 적이 없고 최초로 이 책에 출현해야 비로소 저작으로 간주된다. 이른바 '편술'은 근거할 수 있는 많은 자료를 기반으로 하여, 숙련된 솜씨를 가지고 새로운 요지와 체례를 활용하여 또 다른 형식의 책으로 고쳐서 펴내는 것이다. 비록 그 안의 내용은 저자의 창작이 아니라 다른 책에서 뽑아낸 것이지만, 세밀하게 선택 편집하고 녹여 내어 옛 자료를 더욱 적합한 것으로 변화시키는 것이 바로 편술이다.

저작은 옛날에 '작(作)'이라고만 하였고, 편술은 '술(述)'이라고만 하였다. "작하는 이는 성(聖)이라고 하고, 술하는 이는 명(明)이라고 한다."[2]라고 하는 것처럼 지금까지 '작'과 '술'은 같이 언급되었다. 청나라 때 학자인 초순(焦循)은 《조고집(雕菰集)》 권7 〈술난(述難)〉 2에서 다음과 같이 말하였다.

2 작하는……한다 : 《예기》 〈악기(樂記)〉에 나오는 정현(鄭玄)의 주석이다.

남들이 아직 알지 못하는 것을 자신이 먼저 알고, 남들이 아직 깨닫지 못하는 것을 자신이 먼저 깨달아서, 먼저 알고 깨달은 것을 남에게 가르쳐서 그들 모두 알고 깨닫게 한다. 천하의 앎과 깨달음이 나로부터 시작되는 것, 이것이 '작'이다. 이미 알고 깨달은 것이 있는데 내가 더하고 줄이거나 혹은 그 뜻이 오랫동안 명확하게 이해되지 않았는데 명확히 이해한 것을 가지고 남을 가르치고 '작'한 것의 뜻이 다시 명료해지게 만드는 것을 '술'이라고 한다.

여기에서 언급한 '내가 더하고 줄인다.'라는 것은 책의 수정과 편집, 자료의 취사선택, 그리고 이와 관련한 모든 숙련된 솜씨를 포괄하는 말이다. 뛰어난 재능과 탁월한 식견이 없으면 당연히 다른 사람의 원작에 존재하는 '더해지고 줄어든 바'에 대해서 이야기할 수 없다. 그러므로 몇천 년 동안 성공적인 편술 작품의 가치는 결코 저작의 아래가 아니었다.

옛날의 저술에는 저작과 편술 외에도 초찬으로 이루어진 책이 상당히 많았다. 이 종류의 책을 옛사람은 '논(論)'이라고만 일컬었다. '론(論)'의 본래 글자는 '륜(侖)'임이 틀림없을 것이다. 글자가 만들어질 때 亼과 冊이 합쳐져서 '륜(侖)'이 되었다. 亼은 집합(集合)의 집(集) 자이다. 즉, 자료를 늘어놓고 비교하고 편집하여 한 편의 글을 만든다는 뜻이다. 《한서》〈예문지(藝文志)〉에서 《논어》라는 책의 이름이 어떻게 유래하였는지에 대해 다음과 같이 말하였다.

당시 제자들은 각자 기록한 것이 있었다. 선생님께서 돌아가시자 문하생들이 서로 논(論)하고 편집하였다. 그래서 그것을 《논어》라고 불렀다.

이에 따르면 '논어'라는 두 글자 제목이 사실 논하고 편집한다는 것에서 나왔다는 것을 알 수 있다. 옛날에 초찬으로 만들어진 책 가운데 아마도 이 책이 제일 먼저 지어졌을 것이다.

후한 시기 대사상가 왕충(王充)은 뛰어난 재능과 논쟁 솜씨를 지녔으며 스스로 비범하다고 여기는 인물이었다. 그러나 저술에 대해서 이야기할 때는 감히 '작자'라고 하지 않고 '술자'라고만 자처했다. 《논형(論衡)》이 처음 완성되었을 때 어떤 사람이 그것이 대단한 저작이라고 크게 칭찬하였다. 이에 왕충은 다음과 같이 말하였다.

> '작'도 아니고 '술'도 아니라 '논'이다. '논'이라는 것은 '술'의 다음가는 것이다. 오경(五經)의 탄생은 '작'이라고 할 수 있고, 《사기》는 '술'이라고 할 수 있다.

이 말은 《논형》 〈대작(對作)〉에 기재되어 있으며, 세상에 존재하는 세 종류의 저술에 대한 서로 다른 가치를 설명하고 있다. 창조성이 있는, 몇 부의 위대한 경전과 같은 저술이라야 비로소 '작'이라고 불릴 수 있다. 그리고 그다음이 '술'이며, 그다음이 '논'이다. 왕충은 의외로 자신의 《논형》을 세 번째 것이라고 하였다. 이로써 한대의 학자들이 가볍게 '작'이라는 글자를 허락하지 않았을 뿐만 아니라 또한 경솔하게 자화자찬하지 않았다는 것을 알 수 있다. 또한 그들이 가지고 있는 '술'에 대한 기준도 아주 높았다.

왕충은 사마천의 《사기》를 '술'의 대표 작품으로 보았으니, 그것에 대해서 당연히 아주 높은 평가를 내렸다. 사실 《사기》 〈태사공자서(太史公自序)〉에서 일찍이 다음과 같이 말한 적이 있다.

> 내가 옛 사건들을 '술'한다고 말하는 것은 대대로 전해 내려오는 것을 잘 정리하는 일이지 이른바 '작'은 아니다.

사마천 스스로도 일찍이 그가 완성한 130편의 거작이 옛 사건들을 정리하는 편술의 체례일 뿐이지 무슨 위대한 '저작'이 아니라고 시인했음을 알 수 있다. 우리는 그의 말을 토대로 그가 편술 과정에서 도대체 어떤 작업을 했는지 다시 검토할 것이다. 그래야 편술의 임무와 요구되는 바를 찾을 수 있기 때문이다.

사마천이 편술 작업에 종사하면서 확보한 자료의 범위는 아주 광범위하다. 육경(六經)에서 추려낸 것 외에도 《세본(世本)》, 《국어(國語)》, 《전국책(戰國策)》, 《초한춘추(楚漢春秋)》 같은 것들, 그리고 당시 문헌 기록물과 조사해서 얻은 실제 자료들을 근거로 삼았다. 이렇게 다른 시간과 공간에서 온 많은 자료들이 그의 편집과 융합을 거친 이후 놀랍게도 정연하고 획일하게 변하였으며, 한나라 때의 언어와 문자로 쓰인 새로운 책으로 완성되었다. 그 안의 내용들이 비록 옛날의 역사적 사실이지만, 사마천은 산더미처럼 많은 옛 자료들을 아주 정교하게 가공하였다. 번잡한 부분을 간결하게 고치고, 탈락되고 잘못된 부분을 보충하고 수정하였으며, 철저하게 다시 한번 고쳐 썼다. 그는 틀에 박힌 것처럼 옛 책을 복사하지 않았다. 이것이 사마천의 절대적인 능력이자 편술 작업의 지고한 규범이었다.

편술 작업의 최고 준칙은 옛 자료를 개조하여 새로운 시대와 맞는 책을 만들 수 있는지에 있다. 비교적 성공적인 편술 작품에는 반드시 아래의 몇 가지 기본 조건이 구비되어야 한다.

1. 전체 책의 구조로 볼 때 반드시 온전한 체계가 있어야 한다.
2. 전체 책의 내용으로 볼 때 자료 관리의 방법에 숙련된 편집 실력이 가미되어야 한다.
3. 서술 형식으로 볼 때 반드시 자료를 융합하는 능력을 갖추어서 다양한 다른 문자 기록을 통일된 참신한 문체로 바꾸어야 한다.

이러한 성공의 조건들이 사마천이 글을 쓰면서 구현되었다. 더욱 중요한 것은 그가 번역 작업을 훌륭하게 했다는 점에 있다. 특히 먼 옛날의 역사적 사실을 편술할 때 이 작업을 더욱 자세하게 하였다. 예컨대《상서》는 상당히 심오하여 이해하기 어려운 사료인데, 그것을 가져다 쓰면서 인용하는 원문을 하나하나 한나라 때 통용되던 언어와 문자로 바꾸어 사람들로 하여금 충분히 알아볼 수 있게 만들었다.

《상서》의 '흠약호천(欽若昊天)'을 '경순호천(敬順昊天)'으로 '극명준덕(克明俊德)'을 '능명순덕(能明馴德)'으로 '서적함희(庶績咸熙)'를 '중공개흥(衆功皆興)'으로 '재채채(載采采)'를 '시사사(始事事)'로 고쳐 썼다. 이는 사람들로 하여금 이 구절들이 전한 시대 사마천의 작품이지 더 이상 옛날의 작품이 아니라고 인식하게 만들었다. 이것이 바로 그 자신이 말한 '일가의 작품을 완성함〔成一家之言〕'의 실제 모습이다.

역대의 역사적 사실을 편술한 책들은 다른 책들과는 다르다. 먼저 역사적 사실은 허공에 꾸며 낸 건물일 수 없으며 반드시 근거가 있어야 한다. 그래서 역사적 사실의 내용을 정리하는 데 옛 기록을 그대로 쓰는 것을 꺼리지 않는 것이다. 이것은 단지 역사적 사실을 가지고 말한 것이다. 개별적인 판단이나 역사적 사실 고증 가운데 이전 사람이 이미 말했던 것은 표절을 피하기 위해서 여전히 반드시 출처를 표기해야 한다. 문제는 훌륭한 식견과 판단력으로 옛날의 자료를 새롭고 유용한 책으로 고쳐 쓰는 데에 있다.

사마천이 편술 작업에서 이룩한 빛나는 성과는 앞에서 많이 서술하였다. 북송 시기의 사마광(司馬光)이 편집한《자치통감(資治通鑑)》에 대해서 말하자면, 십칠사(十七史), 즉 열일곱 부의 정사 외에도 300여 종에 이르는 자질구레한 역사책과 다른 서적들에서 자료를 취사선택하면서 유용한 사료로 녹여 내었으며 북송 시기의 언어와 문자로 써냈으니, 이것이야말로 사마광이 '일가의 작품'을 완성한 것이자 편술의 올바른 양식임에 틀림없다.

역대의 역사적 사실을 기록한 책 가운데 90퍼센트 이상은 편술의 체례를 따른 것이다. 이러한 책의 수준과 깊이를 가리는 기준은 그 내용의 중복 여부에서 결정되는 것이 아니라 그 체제의 자립 여부에서 결정된다. 어떤 책이 인용한 사료에서 서로가 서로를 베낀 흔적이 있는지 시시콜콜 따져서 그것의 가치를 폄하하는 것은 한쪽으로만 치우친 불합리한 판단이다. 장학성(章學誠)은 《문사통의(文史通義)》 〈언공 상(言公上)〉에서 다음과 같이 말한 적이 있다.

> 세상에서 사마천을 비난하는 사람들은 그가 《상서》, 《좌전》, 《국어》, 《전국책》의 글을 채록했다는 것을 질책하면서 그가 저 글들을 편집했지만 적절하지 못했다고 말한다. 원주 : 소순(蘇洵)의 《사론(史論)》에 나오는 말이다. 세상에서 반고(班固)를 비난하는 사람들은 그가 한 무제 이전의 역사를 사마천의 책에서 베꼈다는 점을 질책하면서, 표절했는데도 수치심이 없다고 말한다. 원주 : 정초(鄭樵)의 《통지(通志)》에 나오는 말이다. 이는 정말로 글의 조리에 대한 논의를 전혀 이해하지 못한 것이다.
>
> 사마천의 《사기》는 오제(五帝)에서 시작하여 삼대(三代), 주나라, 진나라까지 포함한다. 그러므로 《상서》, 《좌전》, 《국어》를 빼고 《사기》를 편찬했다면 가상의 인물인 빙허공자(憑虛公子)와 망시공(亡是公)이 부(賦)를 짓는 일이 아니겠는가. 《좌전》과 《국어》 이후의 것은 사마천이 직접 찬술한 것이라고 해 보자. 육가(陸賈)의 《초한춘추(楚漢春秋)》, 한 고조(漢高祖)와 문제(文帝)의 전기는 모두 사마천이 채록한 것인데 그 글들은 후세에 전하지 않는다. 그런데 단지 지금 보이는 《상서》, 《좌전》, 《국어》만을 가지고 사마천이 편집한 것을 괴이하게 여긴다면 하나 곱하기 열은 알면서 둘 곱하기 다섯은 모른다고 할 수 있을 것이다.
>
> 반고의 《한서》는 전한 시대부터 시작하는데, 한 무제 이전의 일에 대해 사마천의 《사기》를 활용하지 않는다면, 경전을 배우는 학생들이 시험장에서 같은 문제에 대해 같은 답을 하는 것이 아니라 다른 답을 하는

격이 아니겠는가. 한 무제 이후로는 반고가 직접 편술한 것으로, 풍상(馮商)과 양웅(揚雄)의 기록, 유흠(劉歆)과 가호(賈護)의 글은 모두 반고가 근거로 삼은 것이며 후인들은 본 적이 없다. 그러므로 그 속에서 보게 된 사마천의 《사기》만을 가지고 그가 《사기》 이외의 다른 글들도 표절했다고 책망하는 것은, 어떤 사람이 하얀 옷을 입고 나간 것은 알면서 그 사람이 다시 검은 옷을 입고 들어오는 것은 모르는 것과 같다고 할 수 있을 것이다.

《문사통의》 〈설림(說林)〉에서도 다음과 같이 말하였다.

사마천이 《상서》, 《좌전》, 《국어》의 글을 답습한 것은 같은 것을 좋아해서가 아니라 그럴 수밖에 없는 추세 때문이다. 사마천이 《상서》, 《좌전》, 《국어》의 글을 고치고, 반고가 사마천의 글을 고친 것은 다른 것을 좋아해서가 아니라 그럴 수밖에 없는 추세 때문이다. 어떤 일이 있어서 누구에게 일의 처음과 끝을 물어봤다고 해서 어찌 그가 직접 보고 들은 것이냐고 질책할 필요가 있겠는가. 장씨가 이씨에게서 들은 바를 서술한 것뿐인데 어찌 표절이겠는가. 사람들의 마음이 다른 것은 용모가 다른 것과 같다. 장씨가 이씨의 말을 서술하지만 목소리와 얼굴, 웃음소리와 자태까지 이씨와 똑같이 할 수 없는데 어찌 억지로 다르게 만들었겠는가.

장학성의 이 두 단락의 말은 비교적 통달한 견해이며, 다음의 두 가지 문제를 설명하고 있다. 첫째, 역사적 사실을 편술하는 서적은 널리 자료를 채록해서 만들기 때문에 표절이라고 할 수 없다. 그러나 이것은 역사적 사실을 정리하는 분야에만 국한된다는 것을 반드시 짚고 넘어가야 한다. 둘째, 옛 자료를 따르지만 새로 편집하는 경우에는 차이가 존재할 수밖에 없다. 장학성은 여기에서

《사기》와 《한서》만을 예로 들었지만, 다른 역사책으로 범위를 넓혀서 보면 이와 같지 않은 것이 없을 것이다.

《진서(晉書)》 권60 〈장보전(張輔傳)〉에는 장보가 일찍이 사마천과 반고가 편술 작업에서 이룩한 성취를 평론할 때 다음과 같이 말한 적이 있음을 기록하고 있다.

> 사마천의 저술은 표현은 간략하지만 사실을 말하였다. 3000년의 일을 서술하는 데 고작 50만 자만 말하였다. 반고는 200년의 일을 서술하면서 80만 자를 말하였다. 복잡하고 간략함의 차이가 반고가 사마천에 미치지 못하는 이유이다.

장보는 단지 표현의 복잡하고 간단함을 근거로 책의 우열을 평가하였는데, 이는 당연히 잘못된 것이다. 당나라 때의 역사학자인 유지기(劉知幾)는 《사통(史通)》 〈잡설 상(雜說上)〉에서 이에 대해 다음과 같이 반박하였다.

> 사마천이 3000년의 일을 서술하였는데, 그중에서 자세하고 완벽한 것은 한나라가 일어났던 70여 년의 기록뿐이다. 반고의 《한서》는 모두 《사기》에서 자료를 취했지만 〈일자(日者)〉, 〈창공(倉公)〉 등의 열전을 버렸으니, 그 일화들이 번잡해서 편집·정리할 만하지 못했기 때문이다. 만약에 입장을 바꾸어서 사마천이 《한서》를 편집한다고 한다면 아마 많은 말과 쓸데없는 표현들이 반고를 뛰어넘을지도 모른다. 그러니 어찌 이것을 가지고 그 우열을 정할 수 있단 말인가.

본래 가까운 것은 자세히, 먼 것은 간략하게 서술하는 것이 역사학자가 편술하는 통례이다. 하물며 반고가 《한서》를 펴낼 때 한 무제 이전의 역사적 사실에 대해서는 《사기》에서 자료를 취하는 것 외에도 본기와 열전에 약간의 내용을 추가하였으며, 유용한 글은 가능한 한 많이 채록하여서 한나라 초기 70여 년 동안 기록된 내용을 더욱 풍부하게 만들었다.

그리고 무제부터 왕망(王莽) 때까지의 비교적 긴 시기에 대해서는 더욱 자세하고 꼼꼼하게 서술하였으니 글이 번잡할 정도로 길어진 것은 당연하다. 게다가 《한서》는 한 왕조의 역사를 전문적으로 자세하게 기록하는 단대사(斷代史) 체례로, 《사기》의 옛날과 현재를 관통하는 체례와는 다른 점이 있다. 마찬가지로 오늘날도 체례에 따른 그것들의 서로 다른 쓰임새를 헤아려야 한다.

역사책의 편술 작업에서 더욱 중요한 것은 널리 채록하여 다양한 분야에서 자료를 흡수한 뒤 자신만의 요지와 체계를 가지고 그것을 편집하여 새로운 저술의 한 부분으로 만드는 일이다. 그리고 《한서》에는 이러한 조건이 구비되어 있었다. 《문사통의》 〈힐루(黠陋)〉에서 다음을 지적하였다.

> 반고는 〈홍범(洪範)〉의 전(傳)을 가지고 〈오행(五行)〉을 서술하였고, 《칠략(七略)》을 가지고 〈예문(藝文)〉을 서술하였다. 그는 길흉과 교수(校讎)에 대해서 정통한 적이 없었다.[3] 그러나 군자들은 반고의 편집과 서술을 이야기하면서 그 공이 사마천의 것을 보충한 점에 있다고 말한다. 또한 반고의 편집과 서술을 칭찬하면서 다른 이들의 것을 따랐지 자신의 것을 사용하지 않았음을 훌륭하게 여긴다. 보통 《한서》를 묘당(廟堂)이라는 가장 중요한 건물로 생각하고, 여러 학자의 학술은 큰 종과 큰 북이 진열된 것과 마찬가지라고 여긴다.

여기에서 언급한 '편집〔刪述〕'이라는 두 글자가 가장 중요하다. 한번 《한서》 〈예문지〉를 예로 들어 보자. 이 글은 비록 유흠(劉歆)의 《칠략(七

3 반고는……없었다 : 〈오행〉은 길흉에 관한 글이고, 〈예문〉은 교수에 관한 글이다.

略)》을 근거로 완성된 것이지만 《칠략》의 원래 모습과는 아주 다르다. 우선 편술 체례에 대해서 말하자면, 《칠략》의 원본은 육예(六藝), 제자(諸子), 시부(詩賦), 병서(兵書), 술수(術數), 방기(方技) 이외에도 집략(輯略) 즉 학술을 분별하고 원류를 조사하는 글이 있었는데, 반고는 그것을 나누어서 모든 분류의 서론에 써넣었지 따로 약(略) 하나를 만들지 않았다. 그다음으로 내용이 번잡한 것에 대해서 말하겠다. 《칠략》 원본은 모든 책의 이름 아래에 간단명료한 해제를 달았기 때문에 《수서(隋書)》〈경적지(經籍志)〉에 수록된 《칠략》의 단행본은 일곱 권 정도가 된다. 하지만 반고는 이 해제를 모두 삭제하였다. 물론 반고가 도서 부록의 전문 서적인 《칠략》의 분량이 원래 많은 것을 나쁘다고 여기지는 않았을 것이다. 하지만 그것을 역사책 안에 수록해서 《한서》의 한 편으로 만들기 위해서는 내용을 대거 삭제하고 편집하지 않으면 안 된다고 느꼈을 것이다. 그래서 《칠략》이 제공하는 자료에 근거하여 책의 이름만 기록한 새로운 체례를 완성하였다. 이 두 가지만 가지고 보더라도 《칠략》의 원본에 대해서 대대적인 편집이 가해졌다는 것은 분명하다. 뿐만 아니라 그 밖의 부분에서도 《칠략》과 다른 부분이 많다. 이에 대해서는 졸저 《한서예문지석례(漢書藝文志釋例)》에 자세한 내용이 있으니 여기에서는 더 자세히 서술하지 않겠다. 만약에 반고가 자료를 추출하고 개조하는 능력이 없었더라면 결코 쉽게 해내지 못했을 것이다.

역사책의 편술은 근거로 삼은 자료들을 틀에 박힌 듯이 전부 베낄 수 없으므로 '편집'이라는 두 글자의 중요성은 더욱 두드러진다. 예컨대 사마광은 십칠사(十七史), 즉 열일곱 부의 정사(正史)와 기타 자질구레한 역사책, 소설 등 300여 종의 자료를 편집해서 《자치통감》을 만들 때 자료의 추출과 개조에 오랜 시간 정력과 심혈을 기울였다. 남송의 학자 주희(朱熹)는 옛날 역사책을 편집하는 사마광의 대단한 능력을 추앙하였다. 《주자어류(朱子語類)》 권134에 다음과 같은 말이 있다.

《자치통감》의 글에는 직접 고친 부분이 있는데, 《한서》의 옛글을 사용하지 않고 모두 오늘날의 글로 대체하였다. 《남사(南史)》와 《북사(北史)》의 경우, 《자치통감》이 취사선택한 것을 제외한 나머지는 그저 한 부의 재미있는 소설에 불과하다.

이로써 과거 학자들이 편술 작업에서 편집, 융합, 그리고 취사선택의 능력을 특히 강조했다는 것을 알 수 있다. 우리가 오늘날 옛날의 역사책을 읽을 때 옛사람의 저술에 있는 요지와 체례 그리고 규범을 이해해야 비로소 비교적 정확하게 모든 책의 가치와 효용을 파악할 수 있다.

## 제2절 이설의 병존과 수정 사례

옛날의 저술은 후세의 저술이 먼저 많은 범례를 정해서 앞에 배치한 뒤 원고 작성에 착수하는 것과는 다르다. 옛날의 책은 범례를 말하지 않지만 책 전체에 흩어져 나타난다. 그러므로 독자는 남에게 의지하지 않고 스스로 체득하고 발견해 가게 된다. 체득이 깊을수록 발견이 많아지며, 자연히 그것의 저술 원칙을 확실히 이해하게 된다. 이러한 원칙을 옛사람은 '예(例)'라고 하거나 '의례(義例)'라고 일컬었다. 책을 읽으면서 의례에 밝게 되면, 책의 어떤 서술 방식이 우리가 보기에는 잘못되었거나 불필요한 것처럼 여겨지지만, 사실 옛사람은 여기에 다른 의도를 가지고 있었다는 것을 가끔 깨닫게 된다. "학문을 좋아하고 깊이 생각해서 마음으로 그 뜻을 안다."라는 말이 결코 간단한 일이 아닌 것이다. 그러므로 우리는 옛 역사책을 읽을 때 편술의 일반적인 의례를 확실히 해야 한다.

사마천이 쓴 《사기》를 예로 들면 당시에도 일정한 편술 원칙이 있었을 것이다. 먼저 그가 자료를 수집하면서, 어떤 한 사건 혹은 어떤 한 문제에 관한 여러 다른 전설이나 기록과 마주쳐서 처리하기가 비교적 곤란할 때, 매우 신중한 태도로 "의심스러운 것은 의심스러운 대로 전한다."라는 원칙을 채택하여, 서로 다른 설명을 함께 보존하여 나중 사람들에게 토론하고 확정하도록 맡겼다. 이는 독단적으로 판단하지 않는 실사구시적인 태도이다. 예컨대 〈노장신한열전(老莊申韓列傳)〉에서 노자의 의견과 행적을 대략적으로 서술한 다음에 다음과 같은 말을 하였다.

> 어떤 이는 노래자(老萊子)가 초(楚)나라 사람이라고 한다. 저서가 15편이 있는데 모두 도가의 쓰임에 대해서 말한 것이다. 공자와 동시대라 전

해지기도 한다. 대개〔蓋〕 노자는 160여 세였다고 하기도 하고 200여 세였다고 하기도 하는데 그가 도를 닦고 양생을 했기 때문이라고 한다. 공자가 죽고 나서 129년 뒤, 어떤 역사책에는 주(周)의 태사(太史) 담(儋)이 진 헌공(秦獻公)을 알현하면서 "처음에 진나라와 주나라는 하나였지만 분리되었고, 분리된 지 500년이 지나서 다시 합쳐졌습니다. 합쳐진 뒤 70년이 지나면 여기에서 패왕이 출현할 것입니다."라고 하였다고 한다. 어떤 이〔或〕는 주의 태사인 담이 노자라고 하고, 어떤 이는 아니라고 한다. 세상에 그 연유를 아는 자가 과연 없는가?

여기에 기재된 여러 이설에 사마천은 어떤 판단도 내리지 않았다. 장수절(張守節)은 《사기정의(史記正義)》에서 다음과 같이 말하였다.

'대개〔蓋〕'나 '어떤 이〔或〕'는 모두 의문을 표시하는 말이다. 세상에서도 알지 못하기 때문에 '대개', '어떤 이'라고 말하였다.

사마천이 시대가 오래되어 확실하지 않은 문제에 대하여 '의문점은 남겨두는〔闕疑〕' 태도를 가지고 처리했음을 알 수 있다. 그다음으로는 〈맹가순경열전(孟軻荀卿列傳)〉의 후반부에 묵자(墨子)의 행적을 기재하면서 다음과 같이 말하였다.

대개 묵적(墨翟)은 송(宋)나라의 대부라고 한다. 방어에 능했고 비용을 절약했다고 한다. 어떤 이는 공자 때의 사람이라고 하고, 어떤 이는 그 후라고 하기도 한다.

이 짤막한 글은 묵적의 시대조차도 감히 마음대로 확신할 수 없어서 마찬가지로 서로 다른 설명을 기록한 것일 뿐이다. 사마천은 한 명의 역사적 인물에 대한 처리도 이렇게 신중하게 하였고, 중요한 역사적 사실에 대해서도 이설들을 더욱 같이 보존하여 각각의 편장에 나누어 기록하였다. 독자들이 만약에 그가 저술하던 때의 원칙을 이해하지 못한다면 쉽게 오해하여 앞뒤로 모순이 있다고 인식할 것이며, 그렇게 된다면 저자의 원래 의도와는 동떨어지게 될 것이다. 시험 삼아 다음 두 단락의 기록을 살펴보자.

〈은본기(殷本紀)〉: 구후(九侯)에게 괜찮은 딸이 있어 주(紂)에게 들여보냈다. 구후의 딸은 음란함을 좋아하지 않아 주가 화를 내고 죽여 버렸으며, 구후도 죽여서 젓갈로 담갔다. 악후(鄂侯)가 구후를 위해 매섭게 간쟁하고 변호하였더니 주는 그를 포를 떠서 죽였다. 서백 창(西伯昌)이 그것을 듣고 몰래 탄식하였다. 숭후 호(崇侯虎)가 그 일을 알아채 주에게 알렸다. 주는 서백을 유리(羑里)에 가두었다.

〈주본기(周本紀)〉: 아들 창(昌)이 즉위하여 서백(西伯)이 되었다. 서백은 문왕(文王)이라고도 한다. 후직(后稷)과 공유(公劉)의 사업을 따르고, 고공단보(古公亶父)와 공계(公季) 즉 계력(季歷)의 법을 본받았다. 인(仁)한 사람을 격려하고, 노인을 공경하며, 어린 사람에게는 자애롭고, 예로써 현명한 자를 존경하였다. 하루 종일 밥 먹을 새도 없이 사(士)들을 대접하니 사(士)들이 이 때문에 많이 그에게 귀순하였다.……"서백이 선행과 덕을 쌓아 제후들이 모두 그에게 향하니 제(帝)께 앞으로 불리할 것 같습니다."라고 숭후 호가 서백을 은나라의 주(紂)에게 참소하였다. 이에 제(帝)인 주(紂)는 서백을 유리에 가두었다.

이 두 편의 본기 기록에는 비록 차이가 있지만 사마천은 모두 근거를 가지고 서술하였다. 〈은본기〉의 서술은 대개 《전국책(戰國策)》〈조책(趙策)〉, 《여씨춘추(呂氏春秋)》〈행론(行論)〉과 부합한다. 〈주본기〉의 서술에도 옛날부터 전해 내려온 내용이 있음이 틀림없으며, 그래서 《회남자(淮南

子)》〈도응(道應)〉에도 비슷한 기록이 있다. 사마천은 기록들을 통일할 수가 없었기 때문에 그 이야기들을 두 편에 나누어 기록하여 모두 보존하였다. 그렇지 않다고 한다면, 〈은본기〉와 〈주본기〉가 서로 연결되는데 사마천이 저술 과정에서 어찌 자신이 서술한 일의 모순을 발견하지 못했겠는가. 기자(箕子)와 비간(比干)의 일화에 관한 서술에서도 서로 다른 두 가지 기록이 있다.

〈은본기(殷本紀)〉 : 미자(微子)가 수차례 간했지만 듣지 않았다. 그래서 태사(太師)와 소사(少師)와 모의하여 떠나 버렸다. 하지만 비간(比干)은 "신하 된 자는 죽음으로 간쟁할 수밖에 없다."라고 하면서 주(紂)에게 꿋꿋하게 간쟁하였다. 주가 화를 내면서 "난 성인(聖人)의 심장에는 구멍이 일곱 개 있다고 들었다."라고 하고 비간을 갈라 그의 심장을 보았다. 기자(箕子)는 두려워서 미친 척하고 노예가 되었고, 주는 그도 가두었다.

〈송미자세가(宋微子世家)〉 : 주(紂)가 방탕하고 음란해서 기자가 간했지만 듣지 않았다. 어떤 사람이 "떠날 만도 합니다."라고 말했다. 기자는 "신하 된 자가 간언을 했는데 듣지 않는다고 떠나는 것은 군주의 악행을 널리 알려서 백성에게 자신을 변호하는 일이니 나는 차마 할 수 없구나."라고 하고는 머리를 풀고 미친 척하여 노예가 되었다. 하지만 숨어서는 북과 금을 연주하면서 슬퍼하였는데, 그 곡조가 지금까지 전해져 〈기자조(箕子操)〉라고 불린다. 왕자 비간(比干)이라는 자는 주의 친척이다. 기자가 간했으나 받아들여지지 않아 노예가 된 것을 보고 "군주에게 잘못이 있는데 죽음으로 간쟁하지 않는다면 백성은 무슨 죄이겠는가!"라고 하면서 주에게 직언을 하였다. 그러자 주가 "나는 성인의 심장에 일곱 구멍이 있다고 들었다. 정말 있는지 볼까?"라고 하면서 왕자 비간을 죽이고 갈라서 그의 심장을 보았다.

〈은본기〉의 서술에 따르면 비간이 죽은 뒤 기자가 노예가 되었고, 〈송세가〉의 서술에 따르면 기자가 노예가 된 뒤에 비간이 죽었다. 두 내용은 완전히 일치하지 않는 것처럼 보인다. 그러나 〈은본기〉에 기록된 것은 《한시외전(韓詩外傳)》과 같고, 〈송세가〉에 기록된 것은 《논어》 〈미자(微子)〉와 같다. 따라서 사마천이 각각에 대한 근거를 가지고 있어서 어쩔 수 없이 두 이야기를 모두 보존할 수밖에 없었다는 것을 알 수 있다.

이로써 《사기》라는 책에는 본기와 본기 사이에 다른 기록이 있을 뿐만 아니라, 본기와 세가 사이에도 같은 일을 서술하는 데 다른 설명이 있음을 알 수 있다. 그리고 우리는 본기와 열전 사이에도 예외가 없다는 것을 다시 한 번 살펴볼 수 있다.

> 〈진시황본기(秦始皇本紀)〉 : 이사(李斯)가 이 때문에 진(秦)나라 왕에게 유세를 하여 먼저 한(韓)나라를 차지하여 다른 나라를 겁주자고 청하였으며, 이에 이사가 한나라에 사신으로 갔다. 한나라 왕이 이를 걱정하여 한비자(韓非子)와 진나라를 약화시킬 방법을 의논하였다.
> 〈노장신한열전(老莊申韓列傳)〉 : 한나라 왕이 처음에는 한비자를 등용하지 않았다. 그러나 사태가 급해지자 한비자를 진나라에 사신으로 보내니, 진나라 왕은 기뻐하였다.

이 기록은 어떤 한 사건에 대해서 사마천이 각각 다른 견해를 가지고 있었다는 것을 의미하지는 않는다. 그 당시 "천하에 알려지지 않은 이야기나 사건 가운데 태사공 사마천이 수집하지 않은 것은 없었다." 아마도 자료를 선택할 때 진나라의 사기(史記)를 근거로 진나라의 일을 서술하고, 한나라의 사기를 근거로 한나라의 일을 서술하였을 것이다. 사마정(司馬貞)은 《사기색은(史記索隱)》에서 다음과 같이 좋은 말을 하였다.

> 태사공 사마천은 의심쩍은 것을 들으면 의심쩍은 것 그대로 전하였으며, 사건에 대한 근거가 일정하지 않으면 모두 보존하려고 하였다.

이는 전체 책의 통례를 밝힌 것이나 다름없다. 우리가 그의 저술에 있는 이 원칙을 이해한다면, 기(紀)와 전(傳), 그리고 기와 전 및 연표(年表) 사이에 아무 이유 없이 차이가 발생하지는 않았음을 알 수 있을 것이다.

이상에서 사마천이 경(經)과 전(傳)을 채록하고 자료를 편집할 때 이설들을 병존시킨 의례(義例)를 가지고 이야기했다. 또한 그가 인용한 고서가 원문과 많이 일치하지 않는 점에 대해서도 그만의 의례가 있었다. 《사기》에서 인용한 옛날의 경전은 모두 비교적 자세한 번역 작업을 거쳤기 때문에 사람들이 쉽게 이해할 수 있었다. 우선 이해하기 어려운 말이 있을 때마다 문장을 쉽게 바꾸고 말투를 약간 수정하였다.

> 《상서》〈요전(堯典)〉: 시험했으나 가능했을 뿐이었다.〔試可乃已.〕
> 《사기》〈오제본기(五帝本紀)〉: 시험했지만 쓸 수 없었을 뿐이었다.〔試不可用而已.〕

전대흔(錢大昕)은 《이십이사고이(二十二史考異)》에서 "옛사람이 말을 급하게 해서 '불가(不可)'를 '가(可)'라고 하였다. 옛 경전은 글이 간략했는데 사마천이 있은 후에야 뜻이 더욱 명확해졌다."라는 좋은 말을 하였다. 만약에 우리가 이러한 원리를 이해하지 못해서 경과 전의 내용과 사마천의 인용문이 일치하지 않는다고 한다면 잘못을 범하게 된다. 또한 사마천은 종종 옛사람의 말투도 바꾸어 글의 뜻이 더욱 쉽게 이해되도록 만들었다.

> 《상서》〈요전〉: "아아! 우둔해서 분쟁을 일으키는 것이 옳은가?"라고 제가 말했다.〔帝曰: 吁! 嚚訟可乎?〕

《사기》〈오제본기〉: "아아! 어리석어서 문제를 일으키는 자는 쓰지 않을 것이다."라고 요가 말했다.〔堯曰: 吁! 頑凶不用.〕

이렇게 바로 의문문을 평서문으로 바꾸었다. 같은 뜻의 글자를 선택해서 옛 경과 전의 원문을 대체한, 소위 "훈고(訓詁)로 경문(經文)을 대신한다."라는 원칙은 그가 번역 작업에서 이룩한 상당히 두드러진 성과이다. 이러한 사례들은 너무 많아서 다 열거할 수 없다. 그가 옛 전적을 채록한 일은 보통의 죽은 책을 베끼는 것과는 아주 달랐으니, 독자가 이 점을 깨닫는다면 사료를 깊이 있게 이해하는 데 큰 도움이 될 것이다.

## 제3절 저자의 주석이 추가된 사례

역사책의 전기〔史傳〕에는 가끔 쓸데없는 중복이 있다고 의심되고 말이 매끄럽게 잘 통하지 않는 것처럼 보이는 부분이 있다. 사실 그 이면에는 또 다른 이유가 있다. 바로 저자가 저술 과정에서 자신의 설명을 주석으로 달아 사람들이 오해하기 쉽도록 만들기 때문이다. 근래 사람 양수달(楊樹達)은《고서의의거례속보(古書疑義擧例續補)》 권1 〈글 속에 저자 주석이 있는 사례〔文中自注例〕〉에서 다음과 같이 말한 적이 있다.

> 옛사람의 글에는 저자 자신의 주석이 있다. 독서를 제대로 하지 못하는 자는 그 문체가 일관되지 않음을 의심하지만 사실 그렇지 않다.

이는 확실히 양수달의 대발견이다. 양수달이 예로 든 사례를 근거로 몇 개를 뽑아서 아래와 같이 나누어 설명하겠다.

1. 《사기(史記)》 권104 〈전숙열전(田叔列傳)〉에서 전인(田仁)의 일을 서술하면서 다음과 같이 기록하였다.
   한달정도후에황제께서사직으로임명하였다몇해가지나고태자의일에연루되었다좌승상이직접군사를지휘할때사직전인으로하여금성문을폐쇄하고지키도록명령하였는데태자를놓아주는죄를범했다관리에게넘겨져죽음을당하였다〔月餘上遷拜爲司直數歲坐太子事時左丞相自將兵令司直田仁主閉守城門坐縱太子下吏誅死〕[4]

4 한달……당하였다 : 원문에는 원래 표점이 찍혀 있지 않았다. 이 때문에 당시의 독자들

이 단락에는 겉으로만 보면 위에도 "태자의 일에 연루되었다."라는 말이 있고, 아래에도 "태자를 놓아주는 죄를 범했다."라는 말이 있는데, 마치 말이 중복되는 것처럼 보이며 잘 이해되지도 않는다. 그러나 자세히 '글 속에 있는 저자의 주석'의 의례를 가지고 살펴보면 원문은 "태자의 일에 연루되었다. 관리에게 넘겨져 죽음을 당하였다."에 불과하다. 그리고 '좌승상'부터의 글은 "태자의 일에 연루되었다."를 해석하는 자세한 주석이다. 만약에 새로운 표점 부호를 사용하여 띄어쓰기를 한다면 다음과 같이 될 것이다.

> 한 달 정도 후에 황제께서 사직으로 임명하였다. 몇 해가 지나고 태자의 사건에 연루되었다. —좌승상이 직접 군사를 지휘할 때 사직 전인으로 하여금 성문을 폐쇄하고 지키도록 명령하였는데, 태자를 놓아주는 죄를 범했다. — 관리에게 넘겨져 죽음을 당하였다.〔月餘, 上遷拜爲司直. 數歲, 坐太子事, —時左丞相自將兵, 令司直田仁主閉守城門, 坐縱太子. — 下吏誅死.〕

이렇게 읽어 가면 자연히 문맥이 부드러워 뜻이 통하지 않는 곳이 없게 된다.

2. 《사기》 권58 〈양효왕세가(梁孝王世家)〉

> 산동의유세하는사들가운데도착하지않은자가없었다제나라사람양승공손궤추양의무리들이다공손궤는기발하고간사한계략을많이가지고있었다〔自山以東游說之士莫不畢至齊人羊勝公孫詭鄒陽之屬公孫詭多奇邪計〕

마저도 종종 오독을 하는 경우가 있었다. 장순휘는 원저자가 띄어쓰기를 하지 않은 상태에서 주석까지 추가할 때 독자들이 왜 이해하기 어려웠는지를 생생하게 보여 주기 위해서 원문에 인용한 한문 사료에 표점을 찍지 않았다. 따라서 장순휘가 의도한 바를 간접적으로나마 보여 주기 위하여 역자도 여기에서 표점이 찍히지 않은 한문 원문을 번역하면서 띄어쓰기를 하지 않았다.

이 몇 구절은 그냥 읽으면 문체가 일관되지 않는 것처럼 보인다. 오여륜(吳汝綸)의 《평점사기(評點史記)》에서는 심지어 '제나라 사람'의 아래에 탈자가 있을 것이라고 의심하였다. 사실 이 구절은 바로 위의 "산동의 유세하는 사들 가운데 도착하지 않은 자가 없었다."를 해석하는 것이다. 표점을 찍는다면 다음과 같이 된다.

산동의 유세하는 사들 가운데 도착하지 않은 자가 없었다. ―제나라 사람 양승, 공손궤, 추양의 무리들이다.― 공손궤는 기발하고 간사한 계략을 많이 가지고 있었다. [自山以東, 游說之士, 莫不畢至. ―齊人羊勝、公孫詭、鄒陽之屬. ― 公孫詭多奇邪計.]

3. 《사기》 권28 〈봉선서(封禪書)〉

천하명산이여덟인데셋은오랑캐지역에있고다섯은중국에있다중국의화산수산태실태산동래이다이다섯산은황제가늘유람하며신과만났던장소이다 [天下名山八而三在蠻夷五在中國中國華山首山太室泰山東萊此五山黃帝之所常游與神會]

표점을 찍으면 다음과 같이 된다.

천하 명산이 여덟인데 셋은 오랑캐 지역에 있고, 다섯은 중국에 있다. ―중국의 화산, 수산, 태실, 태산, 동래이다.― 이 다섯 산은 황제가 늘 유람하며 신과 만났던 장소이다. [天下名山八, 而三在蠻夷, 五在中國. ―中國華山、首山、太室、泰山、東萊. ― 此五山, 黃帝之所常游, 與神會.]

4. 《사기》 권7 〈항우본기(項羽本紀)〉

항우항백은동쪽을향해앉았고아보는남쪽을향해앉았다아보란자는범증이다패공은북쪽을향해앉았고장량은서쪽을향한채기다리고있었다〔項王項伯東嚮坐亞父南嚮坐亞父者范增也沛公北嚮坐張良西嚮侍〕

'동쪽을 향하다', '남쪽을 향하다', '북쪽을 향하다', '서쪽을 향하다'라는 몇 마디가 병렬되어 있는데, 중간에 갑자기 '아보란 자는 범증이다.'라는 구절이 들어왔으니 주석임에 분명하다. 표점을 찍으면 더욱 확실해진다.

항우, 항백은 동쪽을 향해 앉았고, 아보는 남쪽을 향해 앉았다. -아보란 자는 범증이다.- 패공은 북쪽을 향해 앉았고, 장량은 서쪽을 향한 채 기다리고 있었다.〔項王、項伯東嚮坐, 亞父南嚮坐. -亞父者, 范增也.- 沛公北嚮坐, 張良西嚮侍.〕

5. 《사기》 권107 〈위기무안후열전(魏其武安侯列傳)〉

승상은관부의집이영천에있는데전횡이심해서백성들이고통스러워하니살펴주시옵소서라고말하였다황제가이일은승상의일인데왜부탁하는가라고하였다관부도승상의은밀한일을잡고있었다잘못된이득을취하고회남왕의돈을받았으며함께말을나누었다빈객들이중간에서처리하여이내그만두고함께화해하였다〔丞相言灌夫家在潁川橫甚民苦之請案上曰此丞相事何請灌夫亦持丞相陰事爲姦利受淮南王金與語言賓客居間遂止俱解〕

이것은 한 무제 때 승상 전분(田蚡)과 관부(灌夫)가 한바탕 싸운 기록이다. 전분은 무제에게 "관부가 인민을 억압하는 것이 매우 심하니 살펴 다스리길 청하옵니다."라고 하였다. 무제는 이에 "이것은 너의 일이다. 하필 위에 청하는가?"라고 하였다. 당시 관부 역시 전분이 저질렀던 남에게 알릴 수 없는 약간의 나쁜 일들을 알고 있었다. 예컨대 가져서는 안 될 재물을 평소에 노렸던 것, 일찍이 회남왕(淮南王)의 뇌물을 받고 좋지 않은 말을 많이 한 것 등을 모두 고발할 준비를 하고 있었다.

당시에 두 집안의 빈객들이 중간에서 조율을 해서 큰 분쟁은 일어나지 않았으며, 쌓인 원한도 해소될 수 있었다. 위 인용문에서 "잘못된 이득을 취하고 회남왕의 돈을 받았으며 함께 말을 나누었다."라는 부분은 의심할 나위 없이 '은밀한 일'의 각주이다. 저 글에 표점을 찍는다면 다음처럼 된다.

> 승상은 "관부의 집이 영천에 있는데 전횡이 심해서 백성들이 고통스러워하니 살펴 주시옵소서."라고 말하였다. 황제가 "이 일은 승상의 일인데 왜 부탁하는가?"라고 하였다. 관부도 승상의 은밀한 일을 잡고 있었다. －잘못된 이득을 취하고 회남왕의 돈을 받았으며 함께 말을 나누었다.－ 빈객들이 중간에서 처리하여 이내 그만두고 함께 화해하였다.〔丞相言:"灌夫家在穎川, 橫甚, 民苦之. 請案." 上曰:"此丞相事. 何請?" 灌夫亦持丞相陰事. －爲姦利, 受淮南王金, 與語言.－ 賓客居間, 遂止. 俱解.〕

6. 《사기》 권110 〈흉노열전(匈奴列傳)〉

> 이에한나라의모든병사보병삼십이만이상북으로추격하였다〔於是漢悉兵多步兵三十二萬北逐之〕

'보병 32만 이상'은 앞의 말에 대한 주석이다. 본래는 "이에 한나라의 모든 병사가 북으로 추격하였다."라고 하기만 하면 뜻이 충족된다. 다음과 같이 표점을 찍으면 뜻이 더욱 명료해진다.

> 이에 한나라의 모든 병사－보병 32만 이상－가 북으로 추격하였다.〔於

是漢悉兵,－多步兵三十二萬,－ 北逐之.〕

7. 《한서(漢書)》 권31 〈항적전(項籍傳)〉

이에항량은백성들사이에서양치기가된초회왕의손자심을찾아그를초회왕으로세웠다〔於是梁乃求楚懷王孫心在民間爲人牧羊立以爲楚懷王〕

'백성들 사이에서 양치기가 된'이라는 말은 그를 찾아낸 곳을 주석으로 달아 밝힌 것이다. 표점을 찍으면 다음과 같이 된다.

이에 항량은－백성들 사이에서 양치기가 된－ 초회왕의 손자 심을 찾아 그를 초회왕으로 세웠다.〔於是, 梁乃求楚懷王孫心－在民間爲人牧羊－ 立以爲楚懷王.〕

8. 《한서》 권72 〈포선전(鮑宣傳)〉

포선을사예로임명하였다애제때사예교위를고쳐사예라고만하였으며관직은사직과같았다승상공광은계절마다제왕들의능을돌아다녔다〔拜宣爲司隷時哀帝改司隷校尉但爲司隷官比司直丞相孔光四時行園陵〕

'애제(哀帝) 때' 아래의 글자는 '포선을 사예(司隷)로 임명'한 데 대한 작위와 직위를 설명한 것이다. 표점을 찍으면 다음과 같이 된다.

포선을 사예로 임명하였다.－애제 때 사예교위를 고쳐 사예라고만 하였으며, 관직은 사직과 같았다.－ 승상 공광은 계절마다 제왕들의 능을 돌아다녔다.〔拜宣爲司隷,－時哀帝改司隷校尉但爲司隷, 官比司直.－丞相孔光, 四時行園陵.〕

위에서 언급한 '글 속에 저자 주석이 있는' 사례는 《사기》와 《한서》에 보편적으로 존재한다. 양수달은 《고서의의거례속보》에서 많은 사례를 제시한 것 이외에도 나중에 《한서석례(漢書釋例)》에서 몇 가지를 보충하였다. 《적미거문록(積微居文錄)》 중권을 보라. 이러한 의례의 발견은 아주 가치 있는 것으로, 문제를 확실히 설명하고 해결해 주며 역사책을 읽는 사람들에게 새로운 방법을 시사한다. 우리가 옛사람의 저술에 있는 이러한 원칙을 파악하지 못한다면 저자의 주석을 '문체가 일관되지 않은 것'으로 보거나 '글자들이 쓸데없이 중복된 것'으로 잘못 보기 쉽고, 옛사람들은 억울함을 느낄 것이다.

## 제4절 탈락, 모순, 오류

대개 탈자나 오류가 조금도 없는 완전무결한 저술은 없다. 우선 모든 일에는 어느 정도 진전이란 것이 있기 때문에 글을 막 쓸 때는 비교적 만족스러움을 느끼지만 일정 시간이 지나면 유감스러운 부분이 있음을 깨닫게 된다. 한 사람의 총명과 재능은 결국 한계가 있으므로 세상 만물의 이치를 두루 알기란 불가능하다. 이것을 잘하면 저것을 못한다. 어찌 성격이 다른 것을 전부 받아들여 보존하고, 그릇에 담긴 물을 한 방울도 흘리지 않을 수 있겠는가. 역사책에 대해서 말하자면 편술이 가장 많은데, 자료를 수집하고 융합과 개조의 과정을 거치면서 많은 탈락과 오류가 쉽게 생겨나게 된다.

사람들은 사마천의 《사기(史記)》가 위대한 저술임을 모두 알지만, 한나라 때 학자 중에는 불만을 가진 자들도 많이 있었다. 후한 시대의 반표(班彪)는 일찍이 다음과 같이 비판한 적이 있다.

> 사마천이 기록한 내용 가운데 한나라의 처음부터 무제 시기가 끝나는 부분까지는 그가 이룬 업적이다. 그런데 경(經)과 전(傳)을 채록한 것에 대해서는, 제자백가의 일을 여기저기 흩어 놓고 너무나 많이 소략하게 줄였기에 그 원본보다 못하게 되었다. 많이 듣고 기록하려고 애쓴 공은 인정되지만 논의가 천박하고 견실하지 못하다.

이 말은 《후한서(後漢書)》 권70 상 〈반표전(班彪傳)〉에 기록된 것으로, 원굉(袁宏)의 《후한기(後漢紀)》 권13에도 보인다. 원문이 아주 길어서 이 구절만 잘라 인용했지만, 반표는 사마천이 전한(前漢) 초기의 사실을 서술한 공은 묻힐 수 없다고 인정했으나, 옛날의 역사적 사실을 정리한 것에 대해서는 만족하지 못했음을 설명해 준다. 《한서(漢書)》 권62 〈사마천전(司馬遷傳)〉의 '찬(贊)'에서 《사기》에 대해 이야기하면서 다음과 같이 말한 적이 있다.

> 경(經)과 전(傳)을 채록한 것은, 제자백가의 일을 흩어 놓았고, 소략해진 것이 너무나 많았으며, 내용상의 모순도 있었다.

반고(班固)의 이 말은 그의 아버지 반표의 옛 의견임이 틀림없다. 그러나 '내용상의 모순도 있었다.'라는 말을 추가하면서 《사기》의 내용에 모순이 있음을 지적하였다. 나중에 당대의 유지기(劉知幾)는 《사통(史通)》에서 《사기》에 있는 상당히 많은 결함을 언급하였다. 《송사(宋史)》 〈예문지(藝文志)〉에 조첨(趙瞻)의 《사기저오론(史記牴牾論)》 5권이 있었는데, 애석하게도 그 책이 일찍이 사라져 어떤 문제를 언급했는지 알 수 없다. 13세기 초, 왕약허(王若虛)의 《사기변혹(史記辨惑)》 11권에서 체계적으로 분별하고 논의하기 시작하였다. 왕약허는 《금사(金史)》에 전(傳)이 있고, 그의 책은 《호남유로집(滹南遺老集)》 권9부터 권19까지에 수록되었다. 그 목록은 다음과 같다.

| 《사기변혹》 | 오류 유형 | 《호남유로집》 |
|---|---|---|
| 권1, 권2 | 수집 시의 오류 | 권9, 권10 |
| 권3 | 취사선택 시의 오류 | 권11 |
| 권4 | 논의의 오류 | 권12 |
| 권5 | 문체가 앞뒤로 이어지지 않음 | 권13 |
| 권6 | 이름의 중복 | 권14 |
| 권7 | 글자와 구절의 중복 | 권15 |
| 권8 | 중첩하여 기록된 일 | 권16 |
| 권9 | 불확실하거나 잘못된 것 | 권17 |
| 권10 | 허자(虛字)의 사용이 타당하지 못한 것 | 권18 |
| 권11 | 잡변(雜辨) | 권19 |

이렇게 성실하게 《사기》의 결함을 나누어 지적하였으니 오류를 반박하고 수정한 전문 서적이라고 할 수 있다. 청대 학자 양옥승(梁玉繩)은 일찍이 20년 세월 동안 계속 《사기》를 연구한 적이 있었다. "경(經)과 전(傳)에 근거하여 모순과 잘못을 고치고, 반고의 《한서》와 순열(荀悅)의 《동관한기(東觀漢紀)》를 참고하여 차이점을 살폈다. 잘못 전해진 글자, 견강부회한 주석을 일일이 분석하여 가렸다." 그는 《사기지의(史記志疑)》 36권을 완성하여 사마천 이전의 역사적 사실과 인물, 전설들의 발전과 변화에 대해서 총정리를 하였다. 당시 전대흔(錢大昕)은 《사기지의》를 위한 서문을 지었는데, 그 역시 《사기》에 존재하는 결점을 인정하지 않을 수 없었다. 전대흔은 서문에서 다음과 같이 지적하였다.

> 성인과 더욱 멀어지면서 제자백가가 어수선하게 나타났다. 널리 수집하고 수록하니 이것저것 뒤섞여서 순수하지 못하게 됨은 피할 수 없었다. 그리고 혼자의 몸이고 또한 벼슬살이도 했기에 하나로 정리하는 데 능력은 갖추었지만 시간이 부족했다. 하지만 이 때문에 반드시 그 책에 있는 오류를 숨겨야 하는 것은 아니다.

《사기》에 상당히 많은 결함이 있는데도 왜 후세 사람들은 이 책을 떠받드는가? 이에 대해 바로 배인(裴駰)은 〈사기집해서(史記集解序)〉에서 다음과 같이 말하였다.

> 때때로 소홀하고 오류가 있지만 사실상 일가를 이루었다. 그 대략을 정리해 보면 정말로 세상의 큰 재능이라고 할 수 있다.

즉, 비록 이 책에서 자주 많은 잘못을 발견할 수 있지만, 저자는 어쨌든 큰 노력을 기울여서 다른 시공간의 자료를 편집하고 융합해서 '일가의 작품'

을 완성했다. 전체적으로 말하자면, 사마천 본인은 진실로 세상에 이름을 날릴 만한 큰 재능이다. 그리고 사람을 전체적으로 보았고, 정확하게 문제를 처리하는 태도를 갖추기도 하였다.

게다가 《사기》는 편술 체례라는 측면에서 보자면 중국 사학계에서 예전에는 존재하지 않았던 창조적인 저작이다. 이 방대한 규모와 풍부한 내용의 저작이 출현하기 이전에는 여기에 대해서 누구도 관심을 가진 적이 없었다. 어떤 것을 창시한 공로가 사라지면 안 되는 것은 당연하다. 전대흔은 〈사기지의서〉에서 다음과 같은 좋은 말을 하였다.

> 후세 사람들은 사건 추적에 필요한 세밀함을 가지고 무엇을 처음 시작할 때 발생하는 소략함에 대해 토론한다. 하지만 이런 식의 잣대로는 사마천에게 문제가 있다고 볼 수 없다.

전대흔은 《잠연당문집(潛硏堂文集)》 권35 〈왕명성(王鳴盛)에게 보내는 답장〔答王西莊書〕〉에서도 다음과 같이 말하였다.

> 학문은 오랫동안 하는 작업입니다. 오류를 바로잡는 일은 예전 사람들을 폄훼하는 것이 아니라 사실 후학에게 은혜를 주는 것입니다. 하지만 논의는 공평하고 말투는 겸손해야 합니다. 어느 한 부분에 잘못이 있다고 책 전체의 훌륭함이 훼손되지는 않습니다. 하나의 실수만 있어도 나머지를 볼 필요가 없다고 말한 송나라 유학자들을 본받아서는 안 됩니다.
>
> 정현(鄭玄)이 채공(祭公)을 섭공(葉公)이라고 하였지만 그가 위대한 유학자가 되는 데 문제가 되지는 않으며, 사마천이 자산(子産)을 정공자(鄭公子)라고 하였지만 그가 훌륭한 역사가가 되는 데 문제가 되지는 않는 것처럼 말입니다. 말 속에 전하기 부족한 것이 있어도 그 이익과 폐단까지 분별할 필요는 없습니다. 스스로 입론(立論)을 하였다

고 자처하지만 다양한 각도에서 심사숙고해 보면 한 가지 실수가 있을 수 있습니다. 후세 사람이 그 입론을 믿어서 옛사람에게 누를 끼치는 것이 상당합니다. 그 잘못 하나를 버리면 백 가지가 옳게 됩니다.

옛사람은 저술을 하면서 논쟁할 수 있는 친구가 있음을 좋아했지 아부하는 신하가 있음을 좋아하지 않았습니다. 그 내용이 정말로 잘못이라면, 내가 비록 언급하지 않더라도 나중에 그것에 대해 이야기하는 자가 분명 있을 것입니다. 설령 잘못을 가리고 싶어도 어찌 가릴 수 있겠습니까. 다만 걱정되는 것은, 옛사람에게 본래 잘못이 없었는데도 내가 잘못 반박하는 일입니다. 이는 옛사람에게는 흠이 되지 않지만 나의 망발이 됩니다.

이러한 견해가 있어야 옛사람의 큰 체계를 식별할 수 있고, 책에 있는 많은 빠진 부분이나 오류의 주위만 맴도는 일이 없게 된다. 편술 체례의 어떤 창조적인 저술에 대해서, 이전 사람의 노고를 아주 소중히 여기고 그것의 장점을 인정하며 과도하게 결점을 이 잡듯이 찾지 않아야 비로소 마음을 가라앉히고 냉정하게 책 한 권을 읽을 수 있을 것이다.

북송 시기 사마광(司馬光)이 편집한 《자치통감(資治通鑑)》을 예로 들어 그 속에 있는 빠진 부분, 오류와 모순들도 상당히 심각하다는 것을 설명하겠다. 남송의 학자 홍매(洪邁)는 《용재수필(容齋隨筆)》에서 이 책이 '뒤의 것을 연호로 삼는'[5] 틀에 박힌 기록 방식에 대해서 반대하였다. 그리고 이심전(李心傳)은 《건염이래조야잡기(建炎以來朝野雜記)》에서 《자치통감》이 사건을 서술하는 데 앞뒤가 서로 이어지지 않는 흠에 대해서 한 사람의 손으

5 뒤의……삼는 : 왕조가 교체되거나 새로운 왕이 즉위할 때 연호가 겹치는 일이 발생한다. 예컨대 907년은 후량(後粱)의 개평(開平) 원년이기도 하지만 동시에 당나라 천우(天祐) 4년이기도 하다. 이렇게 연호가 겹칠 때 사마광은 예외 없이 뒤의 연호를 가지고 연도를 표기했다. 따라서 907년은 《자치통감》에서 후량 개평 원년으로 표기되었다.

로 편집되지 않았기 때문이라고 정리하였다. 이 책의 분량이 너무나 크고 1362년 동안의 역사적 사실을 관통하고 있으며 여러 사람에게 편집 임무를 나누어 주었기 때문에, 불완전한 점이 자연히 많을 수밖에 없었다. 명나라 말 엄연(嚴衍)은 그러한 불완전한 점만을 전문적으로 다룬 《자치통감보(資治通鑑補)》를 정성껏 지었다. 그의 친구 황순요(黃淳耀)는 그를 위해 서문을 지으면서 엄연이 이 책을 쓴 동기와 뜻을 다음과 같이 소개하였다.

> 우리 마을 엄연 선생은 역사책을 30년 동안 읽었다. 그는 일찍이 사마광의 《자치통감》에 빠진 부분이 많다는 것을 우려해서 그러한 사례들을 들어 그 책을 수정하였다. 빠진 부분은 보충하고 잘못된 부분은 수정하였다. 또한 사람들 가운데 기이하고 빼어난 자가 있으면 수록하였으며, 글 중에서 다스리는 방도에 관한 것이 있으면 채록하였다.
>
> 전한 초 상산사호(商山四皓)[6]가 한나라를 안정시킨 미담은 사마천과 반고의 책에 뚜렷이 보이지만 《자치통감》에는 수록되지 않았다. 그리고 화흠(華歆)이 조조(曹操)를 위해 벽을 부수고 후한 헌제(後漢獻帝)의 황후 복씨(伏氏)를 사로잡은 악행은 오(吳)나라 사람이 지은 〈조만전(曹瞞傳)〉에만 보이는데 《자치통감》에서는 경솔하게 믿었다. 모두 명백하게 확인되지 않은 것들도 취사선택해 버린 사례들이다. 불교와 도교에 관한 것도 간간이 섞여 나온다. 그럼에도 불구하고 그것의 요지는 완벽한 사람들의 아름다움에 대한 것으로 귀결되는데, 성공과 실패로 영웅을 논하지 않고, 우리를 흐뭇하게 하는 모든 사(士)들을 성현과 대학(大學)의 도리만으로 재단하지 않았다. 아마도 사마광 선생의 마음 씀씀이가 너무나 인간적이기 때문일 것이다.

6 상산사호(商山四皓) : 한 고조 유방에게 훗날의 혜제(惠帝)가 되는 태자를 폐하지 말 것을 간하고 상산에 은거한 동원공(東園公), 녹리선생(甪里先生), 기리계(綺里季), 하황공(夏黃公) 등 네 사람의 은사(隱士)를 말한다.

이 말에서 엄연이 평소에 사마광이 인물을 기록하고 사건을 서술하는 데 한계를 보이는 점에 어느 정도 불만을 품고 있었고, 내용을 좀 더 넓혔으면 하는 생각을 했음을 알 수 있다. 그리고 엄연 자신도 자서(自序)에서 다음과 같이 밝혔다.

> 사마온공(司馬溫公)은 조정의 강령과 정치에 대한 모든 것을 상세하게 수집하였지만, 가문의 족보에 관한 것은 다소 소략하게 모았다.……거창한 논의에 대해서는 비교적 완벽하게 기록하였지만, 짤막하고 하찮은 말들은 조금만 기록하였다.……그가 기록한 인물을 보면 유명한 자들은 많지만 잊혀진 자는 드물었다. 곧고 올바른 자는 많지만 의협심과 용기가 있는 자는 드물었다. 성인 남자는 많고 부녀는 더욱 적었다. 세상의 주류에 관한 내용은 많지만 세속을 초탈한 사람에 대한 것은 결코 전자에 미치지 못했다.

이는 사마광이 언급하지 않은 사람들의 일을 모두 보충하고자 했음이 분명하다. 그러나 이것은 단지 그가 행한 작업의 하나에 불과할 뿐이다. 다른 한편으로는 《자치통감》의 원문을 가지고 오류를 수정하는 작업을 한 차례 수행하였다. 엄연의 문하생인 담윤후(談允厚)는 후서(後序)에서 《자치통감》의 일곱 폐단을 언급하였다. 첫째, 누락이다. 기재해야 할 내용을 너무 많이 삭제하였다. 둘째, 중복이다. 이미 기록된 내용인데도 앞뒤에 거듭 출현한다. 셋째, 어지러움이다. 사건의 선후를 서술하는 데 순서가 어긋난다. 넷째, 어수선함이다. 사건 서술의 조리가 분명하지 않다. 다섯째, 오류이다. 근본적으로 자료를 잘못 활용했다. 여섯째, 아집이다. 자신의 견해만 가지고 옳고 그름을 판단했다. 일곱째, 왜곡이다. 사실을 왜곡한 것도 상당히 많다.

담윤후는 엄연이 《자치통감보》를 편집하면서 가장 힘이 된 조력자이다. 그가 제시한 '일곱 가지 병폐'는 당연히 스승과 제자 두 사람이 평소에 《자치통감》을 열심히 연구해서 정리한 장단점이다. 아쉬운 것은 담윤후의 후서와 엄연의 자서가 너무 길고 예로 든 사례도 너무 많아 여기에서 모두 인용하여 주장을 증명할 수 없다는 점이다. 엄연의 책은 청나라 말 광서(光緖) 2년 성씨활자본(盛氏活字本)이 있으니 참고할 수 있다.

청나라 초기의 학자들은 이 책을 중요한 것으로 여기지 않았다. 예컨대 왕응규(王應奎)가 《유남수필(柳南隨筆)》에서 엄연의 이 저작을 언급하면서 "동시대의 사람들이 물에 퉁퉁 불은 자치통감[7]이라고 이름을 붙였다."라고 한 말에는 경멸의 의미가 가득했다. 그러나 청 건륭제와 가경제 때에 이르자 전대흔은 엄연을 위해 한 편의 전기를 써서 그를 추앙하고 "《자치통감》에 공을 세운 것은 호삼성(胡三省) 이후에는 단지 이 책뿐이다."라고 하였다. 그러므로 이 책의 가치는 아주 크다고 확신할 수 있다.

요컨대, 현존하는 옛날의 역사책에는 사실의 서술에 누락이 있고 체재에 결점이 있으며 심지어는 상당히 많은 오류가 있음을 솔직하게 털어놓아도 되고, 옛사람을 위해서 굳이 변호하지 않아도 된다. 거꾸로 그러한 오류들의 존재를 잘 알 때 비로소 오류를 잘못 전하는 나쁜 결과를 피할 수 있다. 그러므로 책을 읽을 때는 오류를 바로잡는 것에 관한 전문 서적이나 논문들을 참고하여 자신의 식견을 풍부히 하고 높일 필요가 있다.

그럼에도 불구하고 다음의 사실은 반드시 강조되어야 한다. 과거 학자들이 옛 책의 결함과 오류를 잡아낼 수 있었던 것은 바로 원문을 아주 능숙하게 읽는 법을 배운 기초 위에서 심도 있게 연구하여 큰 성과를 이루었기 때문이다. 엄연이 《자치통감》을 연구한 일을 예로 들어 보자. 그는 자서에서 다음과 같이 쓰고 있다.

> 41세에 사마광의 《자치통감》 책 전체에 힘을 다하기 시작했다. 울컥하

7 물에……자치통감 : 쓸데없는 내용이 너무 많이 기록되었다는 뜻이다.

면서 읽지만 뛸 듯이 기뻤고, 걱정하면서 읽지만 반기듯 즐거웠으며, 조바심 내며 읽지만 느긋이 편안해졌다. 하루 종일 밥을 안 먹을 때도 있었지만, 밥 먹고 읽지 않은 적은 없었다.

이 얼마나 많은 정력을 쏟았단 말인가. 그는 계속해서 다음과 같이 말한다.

세 번 읽고 네 번 읽으면서, 백 개 중 한 개, 옥 전체에서 미세한 흠을 발견할 때가 있다. 그러면 역대 왕조의 옛 역사책을 뒤져서 일일이 비교하고 교감한다. 열에 일고여덟은 내용이 다 갖춰져 있는데, 빠진 내용도 열에 두셋은 된다. 담윤후의 서문에 기록된 일곱 폐단처럼, 심지어 앞뒤가 서로 맞지 않고 누락된 것도 왕왕 있었다.

이로써 그가 294권의 《자치통감》을 처음부터 끝까지 반복하여 여러 번 읽은 이후에 비로소 그 안에 있는 결함을 발견하기 시작했으며, 책을 조사하여 대조하고 교감하면서 빠진 부분을 보충하고 사라진 내용들을 수집하는 일과 오류를 수정하는 작업을 수행했다는 것을 알 수 있다. 이러한 작업의 진행은 전적으로 이미 성숙된 조건을 기반으로 추진되는 것이다. 억지로 한 것이 아니기 때문에 그의 수확은 자연히 상당하다.

그다음으로는 양옥승(梁玉繩)이 《사기》를 연구한 것이 있는데 "모든 정력을 다해서 20년 이상 일을 하였다."라고 전대흔은 그를 칭찬하였다. 〈사기지의서(史記志疑序)〉를 보라. 그리고 양옥승 자신의 서문에서도 "《사기지의》 36권을 짓는 데 다섯 번이나 원고를 고쳐서 완성하였다."라고 하였다. 이 어찌 수박의 겉만 핥거나 겉으로만 추앙하는 사람이 살짝 깨금발을 들어서 다다를 수 있겠는가.

이러한 구체적인 사실에서 보면 옛 책에 있는 오류를 발견하는 것이 결코 쉬운 일이 아님을 알 수 있다. 초학자는 독서량이 많지 않아서 가볍게 이야기하기가 더욱 쉽지 않다. 옛 역사책에 결함과 착오가 있는 것은 당연하다. 초학자들에게 조언하자면, 우선 가장 기본적인 책을 자세하게 읽은 이후에야 비로소 책에 있는 장단점을 한 걸음 더 나아가서 헤아릴 수 있을 것이다.

# 제3장 전사 독법을 위한 지침

## 제1절 전사의 가치와 독법

전사(全史)라는 단어는 이미 학술계에서 통용되는 명사이며, 역대로 이어져 내려오는 기전체(紀傳體) 역사책을 가리키는 말이기도 하다. 이른바 '이십사사(二十四史)' 혹은 '이십오사(二十五史)'라는 산더미처럼 쌓인 3000여 권의 책들은 질적인 측면에서는 만족스럽지 못하지만 그 양은 상당히 많고, 또한 시대 순서대로 완전무결하게 보존되어 왔다. 5000년의 유구한 중국 문화는 이 한 질의 기록에서 일부를 살펴볼 수 있다. 그러므로 '전사'라는 단어는 여전히 계속 사용되어도 괜찮을 것이다.

옛 역사책 가운데 《자치통감(資治通鑑)》, 《속자치통감(續資治通鑑)》, 《명기(明紀)》 및 아홉 종의 《기사본말(紀事本末)》에는 2000여 년에 걸친 역대의 큰 사건들이 정리돼 있고, 《문헌통고(文獻通考)》, 《속문헌통고(續文獻通考)》, 《청조문헌통고(淸朝文獻通考)》, 《속청조문헌통고(續淸朝文獻通考)》 등 여러 책에는 먼 옛날부터 청나라 말의 제도 연혁이 정리돼 있으니 중국 역대의 역사적 사실을 거의 하나도 남기지 않고 끌어안은 셈이다.

그러나 중국 역사를 연구하는 한 명의 학자로서 말하자면 '전사'를 읽을 필요성은 여전히 존재한다. 첫째, 이러한 책들은 한 왕조의 역사적 사실을 반영한 가장 초기의 기록이므로, 옛 사실을 인용하거나 고증할 것이 있으면 정사(正史)를 많이 참고한다. 둘째, 《자치통감》과 《문헌통고》 같은 종류의 책들은 모두 기전체 사서가 풍부하게 제공하는 자료의 기초 위에서 편찬되어 완성된 것으로 당연히 그 체례에 한계가 있고, 일차 사료를 취사선택하고 다시 편집하는 수고를 들인 것이다. 우리가 당시의 역사적 사실의 진상과 전체적인 모습을 미루어 짐작하기를 원한다면, 많은 자료가 정사 안에 보존되어 있기 때문에 중국사를 연구하는 학자들은 전사를 꼼꼼히 읽을 결심을 해야 한다.

사마천이 기전체 사서의 형식을 새로 만든 이후, 반고는 그 저술 형식을 모방하고, 아울러 고금을 관통하는 《사기(史記)》의 체례를 한 왕조만 다루는 단대사(斷代史)의 체례로 바꾸었다. 그리고 훗날의 역사학자들은 줄곧 그 체례를 사용하였다. 모든 왕조에는 이전 왕조의 사적을 총결하는 역사책이 있었는데, 시대가 내려올수록 이러한 책은 더욱 많아져서 숫자로 여러 역사책을 헤아리는 것이 날로 증가하였다.

제일 처음 위진남북조 시대 사람들에게 '삼사(三史)'라는 이름의 것이 있었는데, 바로 《사기》, 《한서(漢書)》, 《동관한기(東觀漢記)》를 가리킨다. 당나라 이후 《동관한기》는 실전되어 범엽(范曄)의 《후한서(後漢書)》가 삼사 가운데 하나가 되었다. 당나라 사람들은 《사기》, 《한서》, 《후한서》, 《삼국지(三國志)》, 《진서(晉書)》, 《송서(宋書)》, 《제서(齊書)》, 《양서(梁書)》, 《진서(陳書)》, 《위서(魏書)》, 《북제서(北齊書)》, 《주서(周書)》, 《수서(隋書)》를 '십삼대사(十三代史)'라고 하였다.

송나라 사람들은 여기에 《남사(南史)》, 《북사(北史)》, 《당서(唐書)》, 《오대사(五代史)》를 추가하여 '십칠사(十七史)'라고 불렀다. 명나라 사람들은 《송사(宋史)》, 《요사(遼史)》, 《금사(金史)》, 《원사(元史)》를 추가하여 '이십일사(廿一史)'라고 하였다. 청나라 건륭제 초기 《명사(明史)》를 완성하고 같이 판각하여 '이십이사(廿二史)'라고 이름을 붙였다. 나중에 다시 《구당서(舊唐書)》와 《구오대사(舊五代史)》를 추가하여 '이십사사(廿四史)'라고 하였다. 1921년 가소민(柯劭忞)이 《신원사(新元史)》를 완성하고 당시 정부가 '정사'에 넣을 것을 명령하여 '이십오사(二十五史)'라는 이름으로 불리게 되었다. 1927년 《청사고(淸史稿)》가 완성되었는데 책은 비록 훌륭하지 못하지만 청나라 역사를 연구하는 데 참고할 정도는 되었다. 다음은 시대 순서에 따라 '전사'를 표로 만든 것이다.

| 서명 | 저자 | 내용 | 권수 | 비고 |
|---|---|---|---|---|
| 《史記》 | 漢 司馬遷 | 本紀12, 表10, 書8, 世家30, 列傳70 | 130권 | |
| 《漢書》 | 後漢 班固 | 本紀12, 表8, 志10, 列傳70 | 120권 | 한 편이 너무 길어서 상하권 또는 상중하 권으로 나누었다. 그래서 권수가 편수보다 더 많다. |
| 《後漢書》 | 宋 范曄 | 本紀10, 列傳80.<br>梁나라 때, 晉나라 司馬彪가 지은 《續漢書》 八志 30권을 추가하였다. | 130권 | 帝后紀를 12권으로, 列傳을 88권으로 나누었으며, 志 30권을 합쳤다. |
| 《三國志》 | 晉 陳壽 | 〈魏志〉30, 〈蜀志〉15, 〈吳志〉20 | 65권 | |
| 《晉書》 | 唐 房玄齡 등 | 本紀10, 志20, 列傳70, 載記30 | 130권 | |
| 《宋書》 | 梁 沈約 | 本紀10, 志30, 列傳60 | 100권 | |
| 《南齊書》 | 梁 蕭子顯 | 本紀8, 志11, 列傳40 | 59권 | |
| 《梁書》 | 唐 姚思廉 | 本紀6, 列傳50 | 56권 | |
| 《陳書》 | 唐 姚思廉 | 本紀6, 列傳30 | 36권 | |
| 《魏書》 | 北齊 魏收 | 本紀12, 志10, 列傳92 | 130권 | 紀를 14권으로, 志를 20권으로, 列傳을 96권으로 나누었다. |
| 《北齊書》 | 唐 李百藥 | 本紀8, 列傳42 | 50권 | |
| 《周書》 | 唐 令狐德棻 | 本紀8, 列傳42 | 50권 | |
| 《隋書》 | 唐 魏徵 등 | 本紀5, 志30, 列傳50 | 85권 | |
| 《南史》 | 唐 李延壽 | 本紀10, 列傳70 | 80권 | |
| 《北史》 | 唐 李延壽 | 本紀12, 列傳88 | 100권 | |
| 《舊唐書》 | 後晉 劉昫 | 本紀20, 志30, 列傳150 | 200권 | |
| 《新唐書》 | 宋 歐陽脩, 宋祁 | 本紀10, 志50, 表15, 列傳150 | 225권 | |
| 《舊五代史》 | 宋 薛居正 | 本紀61, 志12, 傳77 | 150권 | |
| 《新五代史》 | 宋 歐陽脩 | 本紀12, 列傳45, 考3, 世家10, 十國世家年譜1, 四夷附錄3 | 74권 | |
| 《宋史》 | 元 脫脫 등 | 本紀47, 志162, 表32, 列傳255 | 496권 | |
| 《遼史》 | 元 脫脫 등 | 本紀30, 志32, 表8, 列傳46 | 116권 | |
| 《金史》 | 元 脫脫 등 | 本紀19, 志39, 表4, 列傳73 | 135권 | |
| 《元史》 | 明 宋濂 등 | 本紀47, 志58, 表8, 列傳97 | 210권 | |
| 《新元史》 | 近人 柯劭忞 | 本紀26, 表7, 志70, 列傳154 | 257권 | |
| 《明史》 | 清 張廷玉 등 | 本紀24, 志75, 表13, 列傳220 | 332권 | |
| 《清史稿》 | 近人 趙爾巽 등 | 本紀25, 志135, 表53, 列傳316 | 529권 | |

이상 26종, 합계 4045권이다. 《신원사》와 《청사고》를 제외하고 일반적으로 통용되는 '이십사사'도 3259권이다.

이렇게 방대하고 복잡한 책을 마주하는 초학자들은 자연스레 중국사의 바다를 보며 자신의 초라함을 탄식하게 될 것이다. 사람들 앞에 놓인 어려움이 너무나도 크다. 어떻게 읽을 것인가? 어디서부터 시작할 것인가? 모두 어서 답을 찾아야 하는 문제들이다. 대개 독서에는 선후와 완급이 있고, 반드시 순서에 따라 천천히 나아갈 때 비로소 어느 날 성과가 나타날 것이다.

위의 표에서 열거한 가장 앞에 있는 네 부의 책은 옛사람들이 '사사(四史)'라고 일컫던 것으로, 사료적 가치가 매우 높다는 것을 이 책의 제1편 제2장에서 이미 상세하게 설명하였다. 따라서 반드시 여러 번 읽고 반복해서 공들여 연구해야 한다. 《진서(晉書)》 이후의 여러 역사책은 적어도 한 번은 꼼꼼히 읽어야 하며, 처음부터 끝까지 그렇게 두 번 읽는 것이 가장 바람직하다.

'이십사사' 3259권을 하루에 두 권씩 읽으면 4년에 전체를 한 번 읽을 수 있다. 그중에서 천문(天文), 오행(五行), 상서(祥瑞), 재이(災異) 등의 지(志)는 읽을 필요가 없어 시간을 약간 줄일 수 있으니, 4년의 세월을 다 채우지 않아도 '전사'를 모두 읽을 수 있다. 《신원사》와 《청사고》를 포함하더라도 5년이면 충분하다. 아직 시간과 체력이 많이 남은 사람들은 용기를 내어 끈기를 가지고 이 골치 아픈 작업을 통해서 자신을 단련하고 실력을 향상해야만 한다.

독서의 구체적인 방법에 대해서는 연계라는 관점을 토대로 하여 점진적으로 파고들어 연구하는 것이 가장 바람직하고, 모든 책을 따로 떼어서 보지 말아야 한다. 이는 두 가지 측면에서 이야기할 수 있다. 하나는 횡적인 연계, 즉 면과 면을 연계하는 것으로, 관계가 비교적 밀접한 몇 종류의 책을 한꺼번에 읽는 것이다. 다른 하나는 종적인 연계, 즉 시대와 시대를 연계하는 것으로, 위아래로 1000년의 일들을 관통해서 총체적으로 이해하는 노력을 기울이는 것이다.

이렇게 종횡으로 교차하면 일이 모두 순조로울 것이다. 그리고 사료를 파악하는 데도 점차 숙련된 경지에 다다를 것이다. 이러한 두 가지 연계 방식은 전사를 꼼꼼히 읽는 두 가지 절차로 볼 수도 있다. 처음에는 면과 면의 연계에 주의하고, 그다음에 시대와 시대의 연계에 주의해야 한다. 다음은 구체적인 공부 방법에 대한 간략한 설명이다.

이른바 면과 면의 연계라는 것은, 활용할 때 '전사'를 약간의 조(組)로 나누는 것이 가장 바람직하다. 예컨대 《사기》와 《한서》를 한 조로, 《후한서》와 《삼국지》를 한 조로 만들 수 있다. 전한 시대의 역사적 사실을 살펴보려면 《한서》를 중심에 두어야 하지만, 《사기》에는 전한 초기의 사실이 자세하게 기록되어 있어서 참고할 만한 부분이 너무나 많기 때문에 같이 읽어야 한다. 범엽의 《후한서》는 진수의 《삼국지》가 지어진 지 약 100여 년 이후에 완성되었는데, 범엽이 후한 말기의 사실을 서술하면서 많은 것을 《삼국지》에 근거했기 때문에, 두 책은 더 많이 대조할 필요가 있다.

이런 식으로 미루어 보면, 《남사》와 《북사》를 읽으면서 《송서》·《남제서》·《양서》·《진서(陳書)》·《위서》·《북제서》·《주서》·《수서》의 여덟 책을 연결해서 읽을 수 있다. 보다 세분화하면 《남사》와 《송서》·《제서》·《양서》·《진서》가 한 조가 되고, 《북사》와 《위서》·《북제서》·《주서》·《수서》가 한 조가 된다. 그리고 신판과 구판으로 두 번 편집된 《당서》, 《오대사》, 《원사》는 내용상 큰 차이가 있다. 이 시기의 역사적 사실을 연구하려면 더욱 신판과 구판을 서로 연결해서 비교·대조하지 않으면 안 된다.

이른바 시대의 연계라는 것은 두 가지 방면에 주안점을 둘 수 있다. 하나는 역대 왕조의 큰 사건을 중심으로 이해하는 것이고, 다른 하나는 제도의 연혁을 중심으로 이해하는 것이다. '전사'의 기(紀)와 전(傳)이라는 부분은 역대 왕조의 큰 사건에 대한 상세한 기록이다.

《자치통감》, 《속자치통감》, 《명기》 등의 책은 이러한 자료들을 중심으로 보충하고 편집하여 만든 것이다. '전사'의 서(書), 지(志) 부분은 제도의 연혁을 완벽하게 정리한 것이다. 위에서 언급한 네 종류의 《통고》들은 이러한 자료들을 중심으로 종합적으로 분석하고 편집하여 만든 것이다. 그러므로 전사를 읽는 두 번째 단계로 가장 좋은 방법은 기와 전을 읽을 때는 《자치통감》을 참조하고, 서와 지를 읽을 때는 《통고》를 참조하는 것이다. 이렇게 하면, 역대 왕조의 것을 연계하여 다방면의 이치를 체계적으로 이해하는 융회관통(融會貫通)의 효과를 거둘 것이다.

'이십사사'의 합각은 청나라 건륭(乾隆) 4년의 무영전본(武英殿本)에서 시작하였다. 그 후 광동(廣東), 신회 진씨(新會陳氏) 호남(湖南), 보경삼미당(寶慶三昧堂) 사천(四川) 성도서국(成都書局)에서 무영전본을 거듭 판각하였다. 또한 금릉(金陵), 회남(淮南), 강소(江蘇), 절강(浙江), 호북(湖北)에 있는 다섯 국(局)의 합각본도 있다. 모두 동일하게 목판으로 큼지막하게 인쇄한 판본으로 그 거추장스럽고 무거운 점을 사람들은 꺼렸다.

청나라 말의 석판 인쇄본으로는 동문서국본(同文書局本)이 가장 좋다. 속칭 노동문본(老同文本)이라고 하며, 종이와 먹의 질이 모두 훌륭하다. 오주동문국본(五洲同文局本)은 종이에 너무 기름기가 많은 것이 흠이고 함분루본(涵芬樓本)과 같다. 그다음으로는 죽간재본(竹簡齋本)이 있는데, 크기가 크고 작은 것 두 종류가 있다. 학자들이 노동문본을 구할 수 없으면 함분루본과 죽간재본을 열람하면 된다. 근래에 개명서점(開明書店)이 축소 인쇄한 '이십오사'는 글자의 크기도 다르고 오탈자도 있기 때문에 펼쳐서 검토할 만하지만, 암송하여 익히는 데는 좋지 않다.

왕년에 상무인서관(商務印書館)에서 영인한 '백납본이십사사(百衲本二十四史)'는 송나라와 원나라의 옛 판본들을 긁어모은 전사의 가장 표준적인 판본이다. 개인이 구매할 수 없으면 도서관에서 빌려서 교감하는 일에 활용할 수 있다.

## 제2절 편과 편, 책과 책의 연계성

옛날의 역사책, 특히 필사본은 자료를 배치할 때 미리 정한 의례가 있었는데, 이는 자료를 어떻게 더욱 합리적이고 의미 있게 배열하는지에 대하여 여러 번 숙고를 거친 것이다. 설사 규모가 방대한 책이라고 해도 편과 편 사이에서 내용이 뒤얽히고 분리되며 서로 연관성을 갖도록 하는 의도가 구현되어야 한다.

이러한 정신이 최초로 실현되고 또 가장 큰 성공을 거둔 것은 당연히 사마천(司馬遷)의 《사기(史記)》이다. 사마천은 어떤 자료를 갑이라는 편에 이미 배치했는데 을이라는 편에서도 그와 관련된 것이 나타날 때, 명확히 "관련 사실은 어떤 편에 있다.", "관련 이야기는 어떤 편에 있다."라고 설명하였다.

예컨대 〈주본기(周本紀)〉에서는 "관련 사실은 주공이 지은 편에 있다."라고 하였고, 〈진본기(秦本紀)〉에서는 "관련 사실은 상앙(商鞅)의 말 속에 있다.", "관련 이야기는 〈시황본기(始皇本紀)〉에 있다."라고 하였으며, 〈진시황본기(秦始皇本紀)〉에서는 "그가 사사당할 때의 이야기가 모두 〈이사전(李斯傳)〉에 있다."라고 하였다. 또한 〈여후본기(呂后本紀)〉에서는 "관련 이야기가 제왕(齊王)의 말 속에 있다."라고 하였고, 〈효문본기(孝文本紀)〉에서는 "관련 사실이 여후의 말 속에 있다."라고 하였고, 〈예서(禮書)〉에서는 "그 일이 원앙(袁盎)의 말 속에 있다."라고 하였으며, 〈조세가(趙世家)〉에서는 "관련된 이야기가 진(晉)나라의 사건 속에 있다."라고 하였다.

그리고 〈소상국세가(蕭相國世家)〉에서는 "관련 이야기가 회음후(淮陰侯)에 관한 사건에 기록되어 있다."라고 하였고, 〈유후세가(留侯世家)〉에서는 "관련 이야기가 항우(項羽)에 관한 사실에 있다.", "관련 이야기가 회음후에 관한 사실에 있다."라고 하였으며, 〈강후주발세가(絳侯周勃世家)〉에서는 "그 이야기가 여후와 효문제의 사건에 기록되어 있다."라고 하였다.

이러한 종류의 설명은 전체 책에서 이루 다 언급할 수 없을 정도로 많으며, 또한 독자들로 하여금 모든 편의 기록을 따로따로 읽지 말고 다른 편과 연계하여 문제를 생각해 보도록 환기해 준다. 그래서 우리는 오늘날 반드시 연계의 관점을 활용하여 옛날의 역사책을 꼼꼼히 읽어야 한다.

사마천의 이 전통을 훌륭하게 계승한 이는 바로 반고(班固)이다. 그는 《한서(漢書)》에서 위에서 언급한 사마천의 의도에 최대한 주의를 기울였다. 우리가 시험 삼아 《한서》 권31 〈항적전(項籍傳)〉을 보면, 패공(沛公) 시절 유방(劉邦)이 홍문(鴻門)의 연회에서 항우(項羽)에게 답례를 하는 그 긴박하던 때 "장량(張良)과 번쾌(樊噲)의 도움으로 화를 면했다."라고만 서술되었으며, 그 뒤에 "관련 이야기는 〈고제기(高帝紀)〉에 있다."라고만 하고 더 이상 써 내려가지 않았다는 것을 알 수 있다.

그 아래에서는 초(楚)와 한(漢)이 팽성(彭城)에서 큰 전투를 벌였던 모습을 이야기하고 있는데 "한왕(漢王)이 수십 기(騎)의 군사들과 도망쳤다." 까지만 서술되고, 그 뒤에는 "관련 이야기는 〈고제기〉에 있다."라는 짤막한 구절만 있다. 그 아래에서도 "한왕이 진평(陳平)에게 금(金) 4만 근을 주어 초의 군주와 신하들을 이간질하도록 하였다."까지만 서술되었으며 "관련 이야기는 〈진평전(陳平傳)〉에 있다."라고 하였다. 그 밑에서도 "한왕이 항우의 열 가지 죄를 책망하였다."까지만 서술되어 있으며, 그리고 "관련 이야기는 〈고제기〉에 있다."라고 하였다. 이런 식의 설명이 이 한 편의 앞뒤에서 반복적으로 나타난다.

이는 《사기》 〈항우본기(項羽本紀)〉의 서술 방식과 큰 차이가 있다. 《사기》에서는 항우의 생애를 서술하면서 하나의 기(紀)로 독립시켰기 때문에 상세하게 기록하는 것을 개의치 않았다. 그래서 홍문의 연회, 팽성의 전투와 같은 사실에 대해서도 하나씩 자세하게 말하였다. 그러나 《한서》는 진승(陳

勝)과 항우를 하나의 전(傳)에 합쳐서 분량을 제한했기 때문에 어떤 자료들은 축소하지 않으면 안 되었다. 그리고 사료들의 중요성을 가늠하면서 어떤 사실들은 〈고제기〉에 배치하는 것이 더욱 적합하다고 여겼다. 이것이 반고가 사료를 다룰 때 염두에 둔 것이다.

위에서 열거한 것들은 역사가가 어떤 내용을 서술할 때 그것에 관하여 설명을 한 사례들이다. 그리고 저자가 명확하게 설명하지 않은 것 가운데도 우리가 연계성에 대해 주의할 만한 것들이 많다. 사건과 사물의 전면적인 이해를 추구하기 위해서라면 우리들은 직접 책을 읽으면서 다양한 내용들을 잘 연계해야 한다.

예컨대 우리가 한 무제(漢武帝)를 전면적으로 이해하고 싶다면《한서》〈무제기(武帝紀)〉에 의지하는 것만으로는 부족하다. 관련 자료가 정말 너무나도 많기 때문이다. 만약에 그의 친속과 외척 관계를 연구하려고 한다면 〈경십삼왕전(景十三王傳)〉, 〈무오자전(武五子傳)〉, 두영(竇嬰), 전분(田蚡), 위청(衛青), 곽거병(霍去病), 동방삭(東方朔), 차천추(車千秋), 강충(江充), 곽광(霍光) 및 외척들의 전기, 그리고 〈외척은택후표(外戚恩澤侯表)〉를 참고해야 한다.

만약에 그의 무공을 연구하려 한다면 위청, 곽거병, 장건(張騫), 이광리(李廣利), 사마상여(司馬相如), 엄조(嚴助), 민월(閩粵), 서남이(西南夷), 흉노(匈奴), 서역(西域) 등의 여러 전기 및 〈공신표(功臣表)〉, 〈지리지(地理志)〉를 참고해야 한다. 하나라의 정월〔夏正〕을 고쳐 쓴 것은 〈율력지(律曆志)〉에 기록되어 있고, 수리 시설을 건설하고 수리한 것은 〈구혁지(溝洫志)〉에, 봉선(封禪)의 의례는 〈교사지(郊祀志)〉에, 악부(樂府)의 설립은 〈예악지(禮樂志)〉에 기재되어 있다. 기타 〈유림전(儒林傳)〉, 〈혹리전(酷吏傳)〉과 같은 것 역시 무제 시기 중요한 정책들과 관련이 없는 것이 아니다. 따라서 우리는 이것들을 종합해서 연구를 한번 해야 비로소 한 무제를 다양한 방면에서 더 잘 이해할 수 있다.

또한 예컨대 우리가 《후한서(後漢書)》 〈등우전(鄧禹傳)〉을 읽으면 그의 공적이 다른 이들보다 뛰어난 부분을 볼 수 없다. 하지만 왜 광무제(光武帝)는 논공행상을 할 때 등우의 공을 최고로 쳤을까? 우리가 만약 많은 다른 편의 기록들을 연계해서 볼 수 있다면, 당시 등우가 매우 중요한 역할을 했다는 것을 인식할 수 있게 된다. 〈구순전(寇恂傳)〉에 다음과 같은 기록이 있다.

> 자주 등우와 모의를 하였는데, 등우가 그를 독특하다고 여겨 소고기와 술을 보내어 함께 교분을 다졌다.[8] 광무제가 "여러 장수 가운데 누구로 하여금 하내(河內)를 지키게 하면 되겠는가?"라고 등우에게 물었다. 등우가 "구순은 문무를 겸비했고 지방 관리들 가운데 무리를 제어할 수 있는 인재이니, 이 사람이 아니면 시킬 수 있는 자가 없습니다."라고 대답했다. 이에 광무제는 구순을 하내 태수(河內太守)로 임명하였다.

〈가복전(賈復傳)〉에 다음과 같은 기록이 있다.

> 등우 덕분에 황제를 알현할 수 있었다. 광무제가 그를 특이하다고 여겼고, 등우도 그가 장수의 절개를 가지고 있다고 칭찬하여, 가복을 파로장군(破虜將軍)으로 임명하였다.

〈오한전(吳漢傳)〉에 다음과 같은 기록이 있다.

8 소고기와……다졌다 : 장순휘는 《후한서》 〈구순전〉 원문을 '因奉中酒共交歡'이라고 인용하였는데, 중화서국본은 '因奉牛酒共交歡'이라고 되어 있으므로 후자에 따라 번역하였다.

오한은 사람됨이 질박하고 돈후했지만 글을 잘 알지 못하였기 때문에 재빨리 글을 지어 자신을 드러낼 수 없었다. 등우와 여러 장수가 이를 잘 알아 수차례 그를 천거하여 황제를 알현할 수 있었고, 곧 신임을 받아 항상 그의 문하에 있었다. 광무제가 유주(幽州)에서 군사를 일으키려 할 때 밤에 등우를 불러 이를 행하도록 시킬 수 있는 자가 누구인지 물었다. 등우가 "이전에 몇 번 오한과 이야기를 나눈 적이 있는데, 그 사람됨이 용맹하고 지모도 있어 여러 장수 중에 그만 한 자는 드물 것입니다."라고 하였다. 이에 오한을 대장군으로 임명하였다.

〈요기전(銚期傳)〉에 다음과 같은 기록이 있다.

요기는 비장(裨將)으로, 부관(傅寬)과 여안(呂晏) 모두 등우의 부하였다. 그는 부근의 현(縣)을 점령하고 또 방자(房子)에서 병사를 일으켰다. 등우는 요기가 유능하다고 여기고 특별히 편장군(偏將軍)으로 임명한 뒤 군사 2000을 주었으며, 부관과 여안에게는 각각 수백 명을 주었다. 돌아가서 전황을 말하니 광무제가 그를 아주 훌륭하게 여겼다.

이러한 사실들은 등우가 '현명하고 유능한 사람을 천거하는 것'을 즐겼던 사람임을 설명해 주며, 또한 이는 당시 농민들의 대폭동을 틈타 광무제 유수(劉秀)를 보좌하여 왕망(王莽) 정권을 무너뜨린 뒤 유씨 한 왕조의 복벽(復辟)이라는 승리의 열매를 획득하는 데 큰 역할을 하였다.

이로써 역사적 인물의 전반적인 모습과 중대한 사건의 진상을 이해하는 것은 많은 자료를 연계하여 종합적으로 연구하는 것에 능숙하지 않으면 안 되는 일임을 알 수 있다. 위에서 언급한 것이 바로 같은 책에서 어떤 편과 편 사이를 반드시 연계해야 하는 사례이다. 그리고 같은 책에서 서로 연계될 수 있는 것과 증거로 삼을 만한 자료를 찾지 못한다면, 범위를 넓혀 원문의 내용을 증명할 수 있는 다른 책을 찾을 필요가 있다. 예컨대《삼국지(三國志)》〈제갈량전(諸葛亮傳)〉에는 제갈량이 남쪽을 정벌했던 일이 다음과 같이 기록돼 있다.

> 건흥(建興) 3년 봄, 제갈량이 무리를 이끌고 남쪽을 정벌하였다. 그 해 가을 모두 평정하였다. 여기에서 군사비가 공급되기 때문에 나라가 부유해졌다.

이 짧은 몇 마디 말은 너무나도 간략하지 않은가? 도대체 당시 군대가 어떻게 동원되었는지 전혀 언급되어 있지 않다.《화양국지(華陽國志)》〈남중지(南中志)〉를 참고해 보면, 이 사실에 대해서 몇백 자나 되는 상세한 기록이 있으며 우리에게 신뢰할 만한 자료를 제공한다.

《화양국지》의 저자는 진(晉)나라 때의 상거(常璩)로, 촉군(蜀郡)의 강원(江原) 사람이기 때문에 촉한(蜀漢)의 일에 대해 듣고 본 것이 생생하여 《삼국지》의 부족한 점을 보충할 수 있음이 틀림없다. 이것이 바로 책과 책 간의 연계를 구현한 모습이며, 그래서 매우 중요하다.

그리고《송사(宋史)》〈왕안석전(王安石傳)〉을 읽다 보면, 비록 4, 5천 자나 되지만 그에 대한 정확한 견해를 찾을 수 있는 구절이 하나도 없다. 이는 원나라 사람들이《송사》를 편찬하면서 북송과 남송대의 왕안석을 경멸하는 편견을 가지고 글을 썼기 때문이다. 오늘날 완벽하고 정확하게 왕안석을 이해하기 위해서는 왕안석과 동시대인들에 대한 것을 많이 찾아야 한다. 특히 그와 당시의 정적이었던 사마광(司馬光)과 소순(蘇洵)·소철(蘇轍)·소식(蘇軾) 삼부자, 그리고 정호(程顥)·정이(程頤) 형제 등의 저작들, 심지어는 필기나 어록도 중요한 자료가 된다. 요컨대 다양하게 연계해야 비로소 전면적으로 이해할 수 있다.

한 편의 역사적 전기를 읽거나 한 가지 문제를 연구할 대 그것만 독립적으로 하면 안 되며, 인내심을 가지고 꼼꼼하게 관련된 다른 글들을 찾아서 서로 연계하여 증명해야 이해에 도움이 되고, 새로운 생각을 일깨울 수 있다. 책 원문에서 증거로 삼을 만한 자료를 찾으면 '본증(本證)'이라고 하고, 원문 밖에서 증거로 삼을 만한 자료를 찾으면 '방증(旁證)'이라고 한다. 어떤 때는 본증만 활용해도 문제를 해결할 수 있지만, 어떤 때는 방증도 활용해야 비로소 문제를 해결할 수 있다. 그리고 어떤 때는 본증과 방증을 아울러 사용해야 더욱 훌륭하게 문제를 설명할 수 있다. "운용의 묘도 결국 마음에 달린 것이다."라는 말이 있듯이 많이 듣고 널리 본 사람이 운용하면 더욱 융통성 있게 된다.

옛 사료를 읽을 때, 연계라는 관점을 도외시하고 문제를 연구하면 역사적 인물과 사실을 전면적으로 이해할 수 없을 뿐만 아니라 종종 하나의 명사마저도 잘못 이해하여 마음대로 옛사람에게 불필요하거나 황당하기까지 한 딱지를 붙이게 된다. 역사적 사실의 진실성에서 너무 멀어졌는데도 심도 있게 연구한다는 말을 할 수 있을까? 예컨대 우리가 《사기》 〈진섭세가(陳涉世家)〉를 읽으면, 해당 편에 당시 진섭이 왕을 칭할 때의 이름이 무엇인지 확실히 쓰여 있지 않고 단지 "진섭이 왕위에 올랐으며, 장초(張楚)라고 불렸다."라고만 되어 있음을 볼 수 있다. 독자가 만약 관련 있는 다른 편장들을 참고하지 않으면 진섭이 당시에 '장초왕(張楚王)'이라고 자칭했다고 착각하기 쉽다. 그러나 우리가 한번 〈진시황본기(秦始皇本紀)〉를 검토해 보면 사마천이 이 일에 대해서 이미 다음과 같이 확실하게 설명하고 있음을 알 수 있다.

> 이세(二世) 원년 7월, 수자리를 사는 병사인 진승(陳勝) 등이 옛 형(荊) 땅에서 반란을 일으켜 장초(張楚)라고 불렀다. 진섭은 스스로 왕위에 올라 초왕(楚王)이 되어 진(陳)에 머물렀다.

이에 따르면 진섭이 당시 실제로 스스로 '초왕'이라고 칭한 것을 알 수 있다. 사마천이 이미 〈진시황본기〉에 확실하게 서술했기 때문에 〈진섭세가〉에 번거롭게 중복하여 쓰지 않았다. 그리고 단지 〈진섭세가〉에 "관련 이야기는 〈진시황본기〉에 있다."라고 주석을 달지 않은 것뿐이다. 이처럼 우리가 원문을 살펴보기만 하면 이 문제에 대해 충분히 설명할 수 있다. 뿐만 아니라 다른 책에서도 유력한 방증을 찾을 수 있다.

1. 《한서》〈고제기〉 : 진(秦) 이세 원년 가을 칠월, 진섭이 기(蘄)에서 군사를 일으켜서 진(陳)으로 갔다. 스스로 왕위에 올라 초왕(楚王)이 되었다.
2. 《회남자(淮南子)》〈병략(兵略)〉 : 수자리를 살던 병사 진승이 대택(大澤)에서 홍기하였다. 팔을 걷어 오른팔을 내보이고 대초(大楚)라고 칭하였는데, 천하가 호응하였다.
3. 《자치통감》 권7 : 진(陳)의 호걸들과 부로(父老)들이 진섭에게 왕위에 올라 초왕이 될 것을 청했다.……이에 스스로 자리에 올라 왕이 되고 장초(張楚)라고 불렀다.

이상에서 열거한 몇 개의 기록에서 한나라와 송나라의 학자들이 이 사건에 대해 설명하는 것이 매우 명확하다는 것을 알 수 있다. 《사기》 원문에서 '장초라고 불렀다.〔號爲張楚〕'의 '부르다〔號〕'는 옛사람들이 '~라고 이름하다〔名〕'와 통용해서 많이 사용하였다. 하지만 '장초라고 불렀다.'에는 오히려 장초의 뜻이 없다. 여기에서 쓰인 '부르다'라는 뜻의 '호(號)'는 〈한고조본기(漢高祖本紀)〉에 기재된 "이때 항우의 병사는 40만이었는데 100만이라고 불렀고, 패공이었던 유방의 병사는 10만이었는데 20만이라고 불렀다."의 '불리다'와 쓰임새가 같다.

아울러 여기에서 '장(張)'은 '크게 키우다'라는 뜻의 동사로 쓰였다. 중국 역사에서 지금까지 왕의 호칭 앞에 동사를 붙인 적은 한 번도 없었다. 요새 사람들이 편술한 역사책은 왜 기어코 '장초왕(張楚王)'이나 '장초국(張楚國)'으로 썼는지 나는 이해할 수 없다. 이 오류는 〈진섭세가〉만을 근거로 삼고 다른 편이나 책을 참고하지 않아서 발생한 것이며, 사료를 읽을 때 반드시 편과 편, 책과 책 사이의 연계성을 주의해야 하는데 그 중요성을 설명해 주고 있다.

## 제3절 표·지와 기·전의 유기적 관계

역대의 역사책 가운데 본기(本紀)와 열전(列傳) 사이의 연계성은 이미 앞에서 설명하였다. 더욱 홀시할 수 없는 것은 바로 표(表)·지(志)와 기(紀)·전(傳) 역시 불가분의 밀접한 관계를 가지고 있다는 점이다. 표의 형식은 간단하고 질박하여 학자들이 보기에는 무미건조해서 기와 전을 읽는 것처럼 재미있다고 할 수 없지만, 그것의 가치와 효과는 가볍게 볼 수 없다. 청나라 초기의 학자인 주학령(朱鶴齡)은 《우암소집(愚菴小集)》 권13 〈독후한서(讀後漢書)〉에서 다음과 같이 말하였다.

> 사마천의 《사기》를 살펴보면 황제의 기(紀) 다음에 열 개의 표(表)와 여덟 개의 서(書)가 있다. 표에는 치란과 흥망성쇠의 대강을, 서에는 제도 연혁의 대강을 기록하였다. 반고(班固)는 서(書)를 지(志)로 고치고, 연표를 사마천의 《사기》보다 더 자세하게 하였다.
>
> 대개 표(表)의 탄생은 주(周)나라의 보첩(譜牒)이 기(紀)와 전(傳)과 서로 구별되기 시작하면서 생겼다. 보통 열후(列侯)와 장상(將相), 삼공(三公)과 구경(九卿) 가운데 그 공로와 명성을 드날린 자는 전(傳)에 기록한다. 대신들 가운데 공적도 눈에 띄는 잘못도 없는 이들마저 전한다면 다 기록할 수 없을 것이지만, 성명, 작(爵)과 리(里), 출생과 사망, 출세와 쇠락의 흔적은 별안간 사라져서는 안 되는 것이므로 표에 기록하였다.
>
> 또한 공과 죄에 관한 사실 가운데 열전(列傳)에서 미처 다루지 못한 것들 역시 표에 기록하였다. 연월을 기준으로 삼으면 일목요연하게 볼 수 있기에 역사책을 엮는 체재로 이만한 것은 없다.……역사책을 저술

하는 데 표가 없다면, 전을 많이 만들지 않을 수 없다. 전이 많아지면 글이 더욱 번잡해지고, 사실들이 도리어 누락되어 언급되지 않을 수도 있다.

전조망(全祖望)도 《길기정집외편(鮚埼亭集外編)》 권25 〈속사통표서(續史通表序)〉에서 다음과 같이 말한 적이 있다.

> 옛날 춘추 전국 시대에 120 나라가 각각 귀한 책을 가지고 있었다. 그리고 따로 태곳적부터 내려오는 연대기[年紀]가 있었는데, 즉 후세의 연표(年表)이다. 또한 《세본(世本)》은 후세의 세표(世表)로 정사(正史)와 서로 보완하여 세상에 퍼졌다. 도표로 만들어진 족보도 세상에 널리 퍼졌는데 태사공 사마천이 그것을 보고 역사책을 저술하는 기준으로 삼았다.
>
> 편년체(編年體)의 사서를 기전체(紀傳體)로 바꾸고 나서 표(表)가 더욱 중요해졌는데, 왜 그럴까? 본기(本紀)와 세가(世家)는 전체 역사서의 대강을 정리한다. 이를테면 앞에는 군웅이 할거·합병하는 세시(歲時)가 있고, 계속해서 백관들이 임명되거나 파면되는 사실이 있는데, 이에 관한 내용들이 잡다하게 뒤섞여 버렸다. 옳음과 그름, 행과 열이 뒤엉키고, 수록된 글자도 산더미처럼 많아 이해력이 뛰어난 사람도 그 요지를 말할 수 없게 된 것이다.
>
> 지(志)에 대해 논하는 것은 표(表)와는 관련이 없을 것 같지만, 내가 반고(班固)의 〈백관공경표(百官公卿表)〉를 보니, 공훈과 직급, 경력과 신분 등이 하나하나 자세히 열거되고, 뒷부분에는 그 사람의 승진과 임용까지 모두 갖추어졌으니 이것은 표(表)에 있는 지(志)이다. 법령과 관직 제도도 수록되었고, 또 마차와 의복과 같은 각종 의장의 종류도 같이 모두 기록되었다.……

《신당서(新唐書)》〈방진표(方鎭表)〉는 〈지리지(地理志)〉의 부실함을 보충하였지만, 《오대사(五代史)》〈직방고(職方考)〉와 비교하면 자세하고 간략함이 너무 차이가 난다. 그러므로 표(表)는 지(志)를 통합할 수 있지만, 지는 표에서 벗어날 수 없다.……

열전(列傳)의 기록은 더욱 번잡한데, 갑과 을이 서로 섞이고 앞뒤 내용이 서로 바뀌기 때문에 대개 표(表)를 가지고 바로잡는다. 공로와 명성이 미미한 어떤 이가 있는데, 그가 한 일이 상당히 많이 보이지만 이름을 어디에도 둘 수 없는 경우 해당 표(表)를 전(傳)의 부록으로 삼는다. 전(傳)이 있는 사람이라고 하더라도 공과 죄, 그리고 관련 사실들이 그의 전에 모두 다 서술되지 않는 경우가 있는데, 마찬가지로 표에 그에 대한 것들이 보인다.

주학령과 전조망 모두 표(表)의 역할을 강조하였다. 또한 전조망은 표(表)와 지(志)에는 서로 관련되는 부분이 있다고 하였다. 더욱 중요한 것은 표가 기(紀)와 전(傳)의 부족한 부분을 보충할 수 있고, 매 시기 통치 계급 내부의 진상을 반영한다는 점이다. 역사적 사실을 가지고도 이러한 점을 증명할 수 있다.

예컨대 한 고조(漢高祖) 유방(劉邦)이 공신들을 대거 봉하고, 여후(呂后)가 열후들이 세운 업적의 순서를 정했던 것은 전한 초의 큰 사건이 아닐 수 없다. 그러나 본기에서는 간략하게 언급되었을 뿐이다. 당시 최고 통치자의 논공행상을 받은 이가 도대체 몇 명인지 본기와 열전에서는 살펴볼 수 없다. 〈공신표(功臣表)〉가 있어야 저 수십 명의 사적, 족보, 흥망이 모두 손바닥을 가리키듯이 일목요연해진다. 즉, 독자로 하여금 당시의 실제적인 상황을 전면적으로 이해하게 할 수 있는 것, 바로 이것이 표(表)의 기능이 구현된 모습이다. 다시 후한이 나라를 세울 때의 상황을 보면 《후한서》〈광무제기(光武帝紀)〉에서는 이렇게만 기록되어 있다.

(건무(建武) 13년 여름 4월) 사졸들에게 큰 잔치를 베풀었고, 노고를 널리 알리며 공훈을 기록하였다. 읍(邑)과 봉(封)을 추가하여 받은 이들이 365명이었다. 그리고 외척으로 봉작의 은혜를 받은 자가 45명이었다.

이 일 역시 후한 개국 초의 중요한 사건이다. 봉작(封爵)을 받고, 읍이 추가된 400여 명은 도대체 어떤 사람들인가? 어떤 역할들을 하였는가? 역사 연구자라면 마땅히 알아야 하는 것이다. 그러나 애석하게도 범엽(范曄)의 《후한서》에는 기(紀)와 전(傳)만 있고 표(表)와 지(志)가 없어서 운대(雲臺)에 들어간 32명, 원래의 28명에서 나중에 4명이 추가되었다. 〈마무전(馬武傳)〉의 마지막을 보라. 그리고 번굉(樊宏), 음지(陰識), 마원(馬援) 등만을 살펴볼 수 있을 뿐이다. 《후한서》의 저자가 성심성의껏 옛이야기들을 종합하고 편집했다면, 반고의 《한서》에서 이루어진 예를 본받아 그들을 〈공신표〉에 열거해서 후세 사람들에게 이렇게 부족한 부분을 남기지는 않았을 것이다.

이로써 표(表)가 역대 왕조의 역사에서 중요한 위치를 차지하고 있어서 독자가 등한시할 수 없음을 알 수 있다. 설사 무미건조하더라도, 모든 표(表)를 먼저 대강 훑어보면 필요할 때 조사하기 편할 것이다. 그런데 지(志)의 역할은 표(表)보다 더욱 중요하다. 청말의 장지동(張之洞)은 《유헌어(輶軒語)》에서 "역사책을 읽으려면 표(表)와 지(志)를 읽어야 한다."라고 강조하면서 다음과 같이 말하였다.

> 역사책을 저술하는 이는 지(志)를 짓는 것을 가장 어렵게 여기고, 역사책을 읽는 이는 지(志)를 읽는 것을 가장 중요하게 여긴다. 한 왕조의 전장(典章) 제도가 모두 그 안에 있다. 열전(列傳) 몇 편만 보는 것은 역사학에 부합하지 않는 일이다. 표(表) 역시 역사학자에게 매우 중요한 것으로, 날짜의 오류를 수정하고 아울러 기(紀)와 전(傳)의 결함을 보충할 수 있다.

이 견해는 비교적 명확하게 요점을 찌르고 있다. 그러나 우리는 지(志)를 읽으면서 우선 그것의 의례를 분명히 구별해야 한다. 대개 역대 왕조에서 계승되어 내려온 기전체의 역사서에서 전체적인 체재는 비록 단대사(斷代史)이기는 하지만, 지(志)의 서술 가운데 대부분은 고금을 관통하고 있다. 이것은 전장 제도에는 발생과 발전, 변화의 과정이 있는데 그 연원과 귀결을 서술할 때 그것들을 분리하고 잘라 낼 수 없기 때문이다. 예컨대 《한서》의 여러 지(志)들은 모두 먼 옛날의 것부터 서술하기 시작하여 전한 시기까지, 그리고 가끔 후한 시기의 것까지 서술하였다. 따라서 이것이 어찌 오로지 하나의 왕조에 대해서만 밝혔다고 할 수 있겠는가.

우리가 이 이치를 알면 지(志)와 그것의 역할을 더 잘 이해할 수 있다. 예컨대 《삼국지(三國志)》를 읽을 때 지(志)가 없으므로 후한 말의 제도 연혁을 살펴볼 수 없어서 고생하게 된다. 하지만 《송서(宋書)》의 여덟 지(志)를 이용하여 그 부족한 점을 채울 수 있다. 이연수(李延壽)의 《남사(南史)》와 《북사(北史)》에도 지(志)가 없지만 《수서(隋書)》의 열 지(志)에 남북조 시대의 전장 제도가 모두 갖추어졌다.

이는 사실상 양(梁), 진(陳), 북제(北齊), 북주(北周), 수(隋)의 다섯 왕조를 위해 만들어진 것으로 당시에도 '오대사지(五代史志)'라고 불렀으며, 자연히 《남사》와 《북사》의 지(志)로 간주되어 읽혔다. 따라서 그것들이 원래 어느 단대사 안에 배치되어 있다고 해서 그 역할을 결코 홀시해서는 안 될 것이다.

역대 왕조의 역사서 가운데 《삼국지》, 《양서》, 《진서》, 《북제서》, 《주서》, 《남사》, 《북사》를 제외한 나머지에는 모두 지(志)가 있다. 《사기》의 체계는 비록 통사이지만, 《한서》 이후의 지(志)들은 모두 《사기》의 여덟 서(書)에서 기원하여 발전한 것이다. 지금 그것들의 분할과 통합 및 차이점을 표로 만들었다.(374~375쪽)

지(志)의 내용이 이처럼 다양하고 또한 전문적인 지식과 연계되기 때문에, 학자들은 이것을 대할 때 보기만 해도 두려움이 생겨나서 어찌할 줄을 모르게 된다. 그러나 자세히 분석해 보면, 역대 왕조의 역사서 가운데 정독해야만 하는 것이 있고, 간단하게 읽어야 하는 것이 있으며, 읽지 않아도 되는 것이 있음을 알 수 있다. 예컨대 〈오행(五行)〉, 〈부서(符瑞)〉, 〈상서(祥瑞)〉, 〈영징(靈徵)〉, 〈재이(災異)〉 등의 여러 지(志)는 모두 봉건사회의 미신에 대한 기록이기 때문에 보지 않아도 된다. 그다음으로 〈율력(律曆)〉과 〈천문(天文)〉이 있는데, 전문 과학 지식과 관련이 있고 사회 변화를 고찰하는 일과 어떤 점에서는 서로 관련이 있지만 한번에 이해하기 어렵기 때문에 간단히 읽어도 된다. 역대의 경제 상황을 기록한 〈식화지(食貨志)〉, 정치 제도를 기록한 〈예지(禮志)〉의 일부분, 〈형법지(刑法志)〉, 〈백관지(百官志)〉, 혹은 〈직관지(職官志)〉 〈선거지(選擧志)〉, 〈병지(兵志)〉, 통치 계급의 생활상을 기록한 〈예지(禮志)〉의 일부분, 〈악지(樂志)〉, 〈여복지(輿服志)〉, 〈제사지(祭祀志)〉, 〈의위지(儀衛志)〉, 군(郡)과 국(國)의 구역을 기록한 〈지리지(地理志)〉, 종교 신앙을 기록한 〈석로지(釋老志)〉, 옛날과 오늘날의 책에 대해서 기록한 〈예문지(藝文志)〉나 〈경적지(經籍志)〉는 모두 반드시 정독해야 하는 것들이다.

그러나 반드시 정독해야 하는 책에도 경중과 완급이 있다. 예컨대 역대 왕조의 〈예문지〉나 〈경적지〉에는 당시의 저술 상황이 반영되어 있다. 만약에 "학술을 환히 분별하고, 원류를 가려내어 참고한다.〔辨章學術, 考鏡原流〕" 라는 각도에서 보자면 한나라와 수나라의 두 지(志)가 가장 중요할 것이다. 당나라 이후의 〈예문지〉나 〈경적지〉는 약간 늦게 읽어도 된다. 그리고 간단히 읽어야 하는 것도 마땅히 가려서 처리해야 한다. 예컨대 《한서》 〈율력지〉는 도량형 제도의 기원과 옛날에 기년(紀年)을 추산하던 방법에 대해 설명하고 있으며, 《명사》 〈역지(曆志)〉는 서학이 수입된 사실을 기록하고 있으니, 모두 자세히 파헤치고 연구하지 않으면 안 된다. 독자들은 이러한 부분에 대해서 스스로 따져 보고, 또한 더욱 주의를 기울여야 한다.

<table>
<tr><th>서명</th><th>《史記》</th><th>《漢書》</th><th>《後漢書》</th><th>《晉書》</th><th>《宋書》</th><th>《齊書》</th><th>《魏書》</th><th>《隋書》</th><th>《舊唐書》</th><th>《新唐書》</th></tr>
<tr><td rowspan="19">제지유목<br>(諸志類目)</td><td>禮書</td><td rowspan="2">禮樂志</td><td>禮儀志</td><td>禮志</td><td>禮志</td><td>禮志</td><td>禮志</td><td>禮儀志</td><td>禮儀志</td><td rowspan="2">禮樂志</td></tr>
<tr><td>樂書</td><td></td><td>樂志</td><td>樂志</td><td>樂志</td><td>樂志</td><td>音樂志</td><td>音樂志</td></tr>
<tr><td>律書</td><td rowspan="2">律曆志</td><td rowspan="2">律曆志</td><td rowspan="2">律曆志</td><td>律志<br>合序</td><td></td><td rowspan="2">律曆志</td><td rowspan="2">律曆志</td><td></td><td></td></tr>
<tr><td>曆書</td><td>曆志</td><td></td><td>曆志</td><td>曆志</td></tr>
<tr><td>天官書</td><td>天文志</td><td>天文志</td><td>天文志</td><td>天文志</td><td>天文志</td><td>天象志</td><td>天文志</td><td>天文志</td><td>天文志</td></tr>
<tr><td>封禪書</td><td>郊祀志</td><td>祭祀志</td><td></td><td></td><td></td><td></td><td></td><td></td><td></td></tr>
<tr><td>河渠書</td><td>溝洫志</td><td></td><td></td><td></td><td></td><td></td><td></td><td></td><td></td></tr>
<tr><td>平準書</td><td>食貨志</td><td></td><td>食貨志</td><td></td><td></td><td>食貨志</td><td>食貨志</td><td>食貨志</td><td>食貨志</td></tr>
<tr><td></td><td>刑法志</td><td></td><td>刑法志</td><td></td><td></td><td>刑罰志</td><td>刑法志</td><td>刑法志</td><td>刑法志</td></tr>
<tr><td></td><td>五行志</td><td>五行志</td><td>五行志</td><td>五行志</td><td>五行志</td><td></td><td>五行志</td><td>五行志</td><td>五行志</td></tr>
<tr><td></td><td>地理志</td><td>郡國志</td><td>地理志</td><td>州郡志</td><td>州郡志</td><td>地形志</td><td>地理志</td><td>地理志</td><td>地理志</td></tr>
<tr><td></td><td>藝文志</td><td></td><td></td><td></td><td></td><td></td><td>經籍志</td><td>經籍志</td><td>藝文志</td></tr>
<tr><td></td><td></td><td>百官志</td><td>職官志</td><td>百官志</td><td>百官志</td><td>官氏志</td><td>百官志</td><td>職官志</td><td>百官志</td></tr>
<tr><td></td><td></td><td>輿服志</td><td>輿服志</td><td></td><td>輿服志</td><td></td><td></td><td>輿服志</td><td>車服志</td></tr>
<tr><td></td><td></td><td></td><td></td><td>符瑞志</td><td>祥瑞志</td><td>靈徵志</td><td></td><td></td><td></td></tr>
<tr><td></td><td></td><td></td><td></td><td></td><td></td><td>釋老志</td><td></td><td></td><td></td></tr>
<tr><td></td><td></td><td></td><td></td><td></td><td></td><td></td><td></td><td></td><td>儀衛志</td></tr>
<tr><td></td><td></td><td></td><td></td><td></td><td></td><td></td><td></td><td></td><td>選擧志</td></tr>
<tr><td></td><td></td><td></td><td></td><td></td><td></td><td></td><td></td><td></td><td>兵志</td></tr>
</table>

| 서명 | 《舊五代史》 | 《新五代史》 | 《宋史》 | 《遼史》 | 《金史》 | 《元史》 | 《新元史》 | 《明史》 | 《清史稿》 |
|---|---|---|---|---|---|---|---|---|---|
| 제지유목(諸志類目) | 禮志 | | 禮志 | 禮志 | 禮志 | 禮樂志 | 禮志 | 禮志 | 禮志 |
| | 樂志 | | 樂志 | 樂志 | 樂志 | | 樂志 | 樂志 | 樂志 |
| | | | 律曆志 | | | | | | |
| | 曆志 | | | 曆象志 | 曆志 | 曆志 | 曆志 | 曆志 | 時憲志 |
| | 天文志 | 司天考 | 天文志 | | 天文志 | 天文志 | 天文志 | 天文志 | 天文志 |
| | | | | | | 祭祀志 | | | |
| | | | 河渠志 | | 河渠志 | 河渠志 | 河渠志 | 河渠志 | 河渠志 |
| | 食貨志 | | 食貨志 | 食貨志 | 食貨志 | 食貨志 | 食貨志 | 食貨志 | 食貨志 |
| | 刑法志 | | 刑法志 | 刑法志 | 刑志 | 刑法志 | 刑志 | 刑法志 | 刑法志 |
| | 五行志 | | 五行志 | | 五行志 | 五行志 | 五行志 | 五行志 | 災異志 |
| | 郡縣志 | 職方考 | 地理志 | 地理志 | 地理志 | 地理志 | 地理志 | 地理志 | 地理志 |
| | | | 藝文志 | | | | | 藝文志 | 藝文志 |
| | 職官志 | | 職官志 | 百官志 | 百官志 | 百官志 | 百官志 | 職官志 | 職官志 |
| | | | 輿服志 | | 輿服志 | 輿服志 | 輿服志 | 輿服志 | 輿服志 |
| | | | 儀衛志 | 儀衛志 | 儀衛志 | | | 儀衛志 | |
| | 選擧志 | | 選擧志 | | 選擧志 | 選擧志 | 選擧志 | 選擧志 | 選擧志 |
| | | | 兵志 | 兵衛志 | 兵志 | 兵志 | 兵志 | 兵志 | 兵志 |
| | | | | 營衛志 | | | | | |
| | | | | | | | | | 交通志 |
| | | | | | | | | | 邦交志 |

붙임 : 역대 역사서 중 빠진 지(志)는 청대 학자들이 보완한 것이 적지 않은데, 대부분 이미 《이십오사보편》에 채록되어 있어 참고할 수 있다. 목록이 번다하여 기재하지 않았다.

## 제4절 찰기札記 작성 시 유의 사항

책을 읽으면서 역사적 사실의 진상과 기재된 내용상의 차이를 밝히기 위해서는 전사(全史)의 내용 가운데 서로 비슷한 몇 가지를 추려내 서로 대조하고 교감할 수밖에 없다. 그리고 이는 심도 있는 연구에 도움이 된다. 학문적 능력에서 보자면 이는 아주 긴요하고 중요한 작업이다. 그러나 이러한 공부를 할 때는 단지 고이(考異)와 교기(校記)라는 체재를 가지고 여러 책의 차이점을 기록해서 기억에 도움이 되도록 하는 선에서 그쳐야 한다. 처음부터 책을 저술하기 위해 독서한다는 생각으로 옛 책에 다시 새로운 주석을 달려고 해서는 절대 안 된다. 이는 정말로 쉽지 않은 일로, 처음 공부하는 사람들이 가볍게 이야기해서는 안 되는 것이다. 과거 학자들이 실패한 약간의 작업들이 분명히 우리의 교훈이 될 것이다.

예컨대 《남사(南史)》와 《북사(北史)》를 읽을 때 《송서(宋書)》, 《제서(齊書)》, 《양서(梁書)》, 《진서(陳書)》, 《위서(魏書)》, 《북제서(北齊書)》, 《주서(周書)》, 《수서(隋書)》와 함께 자세히 대조하고 교감해서 저 여덟 부의 책과 《남사》와 《북사》의 차이점이 무엇인지 알아볼 수 있어야 한다.

명나라 말 양주(揚州) 흥화(興化) 사람 이청(李淸) 자(字)는 영벽(映碧)이다. 은 일찍이 저 여덟 부의 책에서 《남사》·《북사》의 자료와 다른 점을 찾고 《남사》·《북사》의 원문 아래에 각각 주석을 달아 《남북사합주(南北史合注)》 191권을 만들었다. 청나라 건륭(乾隆) 연간에 이 책은 《사고전서(四庫全書)》에 수록되었는데 나중에 다시 제외되었다. 왜냐하면, 한편으로는 그의 다른 저작 가운데 청나라 조정의 금기에 저촉된 것들이 있어서 결국 모든 저술이 수록되지 않았고, 다른 한편으로는 《남북사합주》에 원래 결함이 너무 많아서 가치가 그리 크지 않았기 때문이다.

1848, 1849년 청나라 도광(道光) 28, 29년 강하(江夏) 지방의 동렴(童濂) 자는 석당(石塘)이다. 이 다시 사람들을 모아 양주에 국(局)을 설치하고 당시의 학자들, 즉 유문기(劉文淇), 양량(楊亮), 오정양(吳廷颺), 왕익봉(王翼鳳) 등과 함께 《남사》와 《북사》에 주석을 달았다. 그리고 동성(桐城)의 요영(姚瑩)에게 책을 수정하고 다듬는 일을 맡아 줄 것을 부탁하였다. 요영은 이것이 쉬운 일이 아니라고 여겼다. 《동명문외집(東溟文外集)》 권1 〈동렴에게 보내는, 남사와 북사에 주석을 다는 것에 대해 논하는 편지〔與童石塘論注南北史書〕〉에서 다음과 같이 말하였다.

> 옛날부터 역사책 가운데 《사기》, 《한서》, 《후한서》, 《삼국지》에만 주석이 있었고, 통사(通史)에서는 《자치통감》뿐이었다. 배인(裴駰), 사마정(司馬貞), 배송지(裴松之), 유소(劉昭), 이현(李賢), 안사고(顔師古), 호삼성(胡三省) 모두 정말로 수많은 책을 읽고 고금을 배워서 통달하였으며, 또한 옛사람의 주석본을 집대성하였다. 그러나 필생의 정력을 다하고 수십 년이 지난 뒤에야 완성하였지만, 1000여 년 동안 오히려 때로 사람들의 비판을 받았다. 빨리 무엇을 이루려고 했다면 어찌 세상에 전해졌겠는가.
>
> 이번 왕조의 팽원서(彭元瑞)는 서무당(徐無黨)이 예전에 주석을 단 《오대사(五代史)》가 너무 간략하기 때문에 옛 책들을 모아서 검토하기를 원했다. 이에 그는 오대의 사실 가운데 빠진 것들을 모두 인용하여 《보주(補注)》로 만들었다. 하지만 팽원서는 단지 그 책의 체례만 기초하고 나머지는 유봉고(劉鳳誥)에게 넘겨주었다. 저 두 분은 많은 지식과 단정한 품행으로 줄곧 유명했는데, 사고(四庫)에 있는 서적들을 가지고 다시 수십 년을 들여 완성하였다. 주석서를 믿는 것도 어렵지만 역사책에 다시 주석을 다는 것은 더욱 쉽지 않다.
>
> 오대 시대부터 지금까지 1000여 년이 흘러 당시의 책들이 이미 많이

흩어지고 사라졌다. 하물며 위진남북조 시대부터 지금까지의 천육칠백 년 동안 옛 책들 가운데 남아 있는 것은 더욱 적어서 광범위하게 인용할 것이 없다. 근거로 삼을 만한 것도 《진서(晉書)》, 《송서》, 《제서》, 《양서》, 《진서(陳書)》, 《북위서》, 《북제서》, 《주서》, 《수서》 등과 《자치통감》뿐이었고, 그 밖에는 제대로 된 책이 적었다.

그래서 부득이 《초학기(初學記)》, 《예문유취(藝文類聚)》, 《백공육첩(白孔六帖)》, 《태평어람(太平御覽)》, 《책부원귀(冊府元龜)》, 《북당서초(北堂書鈔)》와 같은 옛 유서(類書) 몇 종 가운데, 위진남북조 시대의 사건과 글이 있으면 모두 살펴서 주석으로 삼았다. 한 글자 한 구절에 대해서 열흘씩이나 고민해도 판단해서 확정할 수 없었다. 이 어찌 속성으로 가능한 일이겠는가.……

이청(李淸)이 주석을 단 《남사》와 《북사》의 원고가 세상에 나왔다. 그런데 이는 그가 스스로 다시 지은 《남사》와 《북사》일 뿐이다. 이청은 명나라 말기 사람으로 원나라와 명나라 사람의 습관을 이어받아서 망녕되게 원본의 체제가 적절하지 않다고 여겼다. 이에 자신의 견해를 근거로 임의대로 원문을 삭제하고 고쳐 버린 뒤 자신의 주석을 그 밑에 달았다. 제멋대로 간략하게 만들고 판단한 것이 너무 심하지 않은가. 《사고서목(四庫書目)》에 이미 수록된 것을 다시 제거해야 한다.

요영은 다시 〈남북사합주국의 여러 사람에게 보내는 편지〔與南北史合注局諸人書〕〉에서 다음과 같이 밝혔다.

주석가들의 장단점에 대해서도 할 말이 있다. 얕은 식견을 감추려는 자의 잘못은 간략하지만 빠진 부분이 너무 많은 데 있고, 많이 아는 자의 잘못은 내용이 넘치지만 타당한 것이 적은 데 있다. 안사고가 주석을 단 《한서》, 유소와 이현이 주석을 단 《후한서》, 배송지가 주석을 단

《삼국지》, 그리고 호삼성이 주석을 단 《자치통감》은 훌륭하다고 할 수 있다.

《한서》의 지(志)에 있는 지리(地理), 직관(職官), 제도(制度)에 관한 내용들은 상세하지 못하지만 예전 사람들에게 많이 인용된 것이다. 또한 《삼국지》, 《자치통감》에는 본디 지(志)가 없어서, 주석가들이 더욱 자세하게 살펴보고 증명하였다. 이는 후세 사람들이 마땅히 본받아야 하는 것이다. 그러나 《자치통감》은 1000년 하고도 수백 년 동안의 일을 수록하여 분량이 이미 많아졌기 때문에 주석이 더 번잡해서는 안 된다. 반면에 《삼국지》의 내용은 많지 않기 때문에 주석이 많아도 무방하다. 이는 또 서로의 체재가 통하니 잘 살피지 않으면 안 된다.……

지난번 이청의 《남북사합주》의 원고를 보았는데, 마침내 두 책의 원문을 편집하고 수정하여 주석을 다는 방법을 크게 어지럽혔으니 명말 사람의 배우지 못한 누습이며, 볼만한 것이 못 된다. 그의 아들인 이남(李枏)이 그것이 타당하지 않음을 깨닫고 다시 수정하였지만 채택할 만한 것은 더욱 적어졌다.

요영의 이 견해를 보면, 몇 가지 문제에 대해 설명하고 있다. 첫째, 옛 역사책에 주석을 다는 것은 수많은 책을 널리 구하고 수십 년의 노력을 들이지 않으면 쉽게 완성할 수 없는 일이다. 둘째, 역사책의 주석은 모두 원서의 실제 상황과 결합하여 자세하거나 간략하게 해야 하며 변증할 곳은 추가로 다루어야 한다. 셋째, 이청의 《남북사합주》의 저술에 엄격한 비판을 가했다. 이를 통해, 학자들이 걸핏하면 옛 역사책을 개조하거나 다시 새롭게 주석을 단다고 가볍게 말하지만 이는 결코 쉬운 작업이 아님을 알 수 있다.

이청과 동렴은 주석과 해설의 체례를 가지고 《남사》와 《북사》에 《송서》, 《제서》, 《양서》, 《진서》, 《위서》, 《북제서》, 《주서》, 《수서》에 있는 자료를 넣으려고 했는데, 이는 마치 저 여덟 역사책을 새로 편집한 뒤 모두 폐기하려는 것과 같으니 아주 타당하지 못한 작업 방법임이 틀림없다. 왜냐하면 저 여덟 부의 역사책은 각각 하나의 왕조만을 다룬 역사책이지만, 《남사》와 《북사》는 몇 개의 왕조를 관통하는 저술이기 때문이다. 체재가 이미 다르기 때문에 동시에 존재해도 모순되지 않는다. 우리가 그것을 읽을 때 단점을 버리고 장점을 취한다면 저절로 효과적일 수 있다. 청말의 이자명(李慈銘)은 《월만당일기(越縵堂日記)》《주시연필지실일기(籀詩孾疋之室日記)》 병인(丙寅) 8월에서 이 문제를 이야기하면서 다음과 같이 말하였다.

> 명말의 이청부터 근래의 동렴까지 모두 저 여덟 부의 역사책을 가지고 《남사》와 《북사》에 주석을 달았는데, 비록 마음껏 자료를 펼쳐서 읽었지만 결국 공평하고 타당하지는 않았다. 조심스럽게 말해 보자면, 본기는 《남사》와 《북사》를 사용해야 하고, 열전은 저 여덟 역사서를 사용하되 중복된 부분을 제거하고, 시대 구분을 올바로 하며, 안팎에 있는 수식어를 없애고, 이치에 어긋난 점을 바로잡아서 서로 교감되도록 만들어야 한다. 지(志)는 《수서》에 있는 '오대사지'를 활용하고, 《송서》, 《위서》, 《남제서》의 여러 지(志)를 가지고 주석을 달면 아마도 아주 훌륭하게 될 것이다.

이자명은 한편으로는 이청과 동렴 두 학자의 작업이 쓸데없이 심력을 낭비한 것이라고 단정 짓고, 다른 한편으로는 이후 《남사》와 《북사》를 연구하는 작업에 대하여 비교적 전면적이면서 신중한 의견을 내놓았다. 이로써 책 한 권만 읽는 경우라도 종종 여러 책을 참고하는 것이 필요함을 알 수 있다. 그러니 어찌 주석을 달아야겠다고 가볍게 말할 수 있겠는가.

그다음으로, 《구당서(舊唐書)》와 《신당서(新唐書)》에는 서로 장단점이 있는데 독자들은 해결하기 어려운 문제를 가지고 매번 고생했다. 청나라 학자 심병진(沈炳震)은 이 방면에서 종합적인 채록과 편집 작업을 수행하였는데, 십몇 년 동안 공들여 《신구당서합초(新舊唐書合鈔)》 260권을 완성하였다. 저 두 책을 하나로 모은 《신구당서합초》는 마치 학자들에게 아주 편리함을 주는 책으로 보일 수 있지만 사실 결함이 아주 많았다. 청나라 말의 전보당(錢保塘)은 《청풍실문초(淸風室文鈔)》 권10 〈발신구당서합초(跋新舊唐書合鈔)〉에서 이미 다음과 같이 말한 적이 있다.

> 귀안(歸安) 지방의 심병진은 《신구당서합초》 260권을 편찬하였는데 아주 상세하게 발췌하였다. 〈방진표(方鎭表)〉에는 성명을 보충해 넣었고, 〈재상세계표(宰相世系表)〉는 더 자세히 고증하였는데, 이는 모두 《신당서》의 도움을 받은 것이다. 《구당서》는 내용이 자세하고 풍부하지만 중간부터 산만하고 기준이 없고, 《신당서》는 비록 지나치게 간결하고 난해한 부분이 있지만 체계적으로 기록하여 전말이 잘 갖추어졌다. 그러므로 합초하는 자가 《신당서》를 기준으로 하되, 상세하고 구체적이지 않은 것은 《구당서》를 가지고 주석을 달아 보충을 했어야 한다. 그리하여 책이 계속 그 옛 모습을 따르고 어지럽게 내용을 바꾸는 일이 없었다면, 독자는 《신당서》의 난해함을 걱정하지 않아도 되고 《구당서》의 장점도 사라지지 않았을 것이니, 이야말로 일거양득이다. 그런데 오늘날 이 책은 기(紀)와 전(傳)은 《구당서》를 중심에 두고 《신당서》로 주석을 달고, 지(志)와 표(表)는 《신당서》를 중심에 두고 《구당서》로 주석을 달았으니, 차이가 발생해 버렸다.
>
> 그리고 표(表)에서는 삭제되고 병합된 내용이 많았는데, 특히 〈재상세계표〉는 분리되어 책 뒤에 부록으로 붙었으니 역사책의 체재라고 할 수 없다. 심병진은 《신당서》에 불만을 품고 두 책의 장점을 모아 다시 편찬하기를 원했지만, 감히 고쳐 지었다는 평가를 받지 않으려고 했다. 그래서 이를 조정(調停) 작업이라고 하였다. 《구당서》와 《신당서》 말

고는 인용한 것이 하나도 없으며, 번잡한 것을 줄였다. 하지만 《구당서》와 《신당서》에서 의논해 볼 만한 것들이 본문에 열거되지 않았다. 《신당서》를 주로 활용하고 《구당서》로 주석을 달면 두 책의 장점을 취하고 단점을 버리게 된다. 그런데 지금 기(紀)와 전(傳)에서 《구당서》를 본문으로 삼았으니 거칠고 잡다해져서 역사서의 체계에 위배되었다.

또한 하나도 남김없이 모두 수록할 수밖에 없었는데, 여전히 독자의 마음을 만족시키지 못하였으니, 《오대사기(五代史記)》에 대한 팽원서(彭元瑞)의 주석이 지닌 훌륭함에 미치지 못했다. 아울러 《구당서》는 본디 완벽한 책이 아니며, 여러 책에 인용된 부분과 다른 것이 너무 많았다. 요새 양주(揚州) 지방의 잠건공(岑建功)이 간행한 《구당서교감기》가 수십 권이나 되므로, 《신당서》의 한결같음만 못한 것이다.

전보당이 제기한 《신구당서합초》에 대한 비판은 결코 생트집이 아니라 실제로 그 책의 체재와 관련된 문제이다. 그러나 전보당이 "기와 전은 《구당서》를 중심에 두고 《신당서》로 주석을 달고, 지와 표는 《신당서》를 중심에 두고 《구당서》로 주석을 달았다."라고 지적한 것은 그런 사례가 많은 데 대해 논한 것일 뿐이다. 사실 심병진은 자료를 발췌할 때 모두 다 그렇게 하지는 않았다.

예컨대 당 선종(唐宣宗) 시대부터 여러 기(紀)의 내용은 많이 《신당서》에서 추가되었다. 열전에서 《신당서》를 인용한 것은 더욱 많다. 지(志)의 어떤 부분은 《신당서》를 중심으로 삼았는데, 예컨대 〈역지(曆志)〉, 〈천문지(天文志)〉, 〈오행지(五行志)〉, 〈지리지(地理志)〉, 〈병지(兵志)〉, 〈의위지(儀衛志)〉 등이다. 또한 어떤 부분은 《구당서》를 중심으로 삼았는데, 예컨대 〈악지(樂志)〉, 〈직관지(職官志)〉, 〈여복지(輿服志)〉, 〈경적지(經籍志)〉, 〈형법지(刑法志)〉 등이다. 그리고 《신당서》와 《구당서》를 같이 인용한 것으로는 〈예지(禮志)〉, 〈선거지(選擧志)〉, 〈식화지(食貨志)〉

등이 있다. 심병진의 이 저작은 체계 없이 이것저것 뒤섞인 것임을 알 만하다. 《신당서》와 《구당서》의 원래 체재를 혼란스럽게 만들었을 뿐만 아니라 자신만의 새로운 의례를 세우지도 못했다. 앎을 추구하는 심병진 개인의 노력만 가지고 보자면 정말로 귀하게 여길 만한 성과이지만, 전문가의 저술이라는 기준으로 그것을 평가한다면 역사학계에서 보통이 넘는 작품이라고 할 만한 것은 못 된다.

요컨대, 이런 식으로 옛 역사책을 개조하고 합주(合注)·합초(合鈔)하는 작업은 시간이 아주 오래 소요되고 단기간에 쉽게 완성될 수 있는 것이 아니며, 책을 많이 읽지 않은 사람이 맡을 수 있는 것은 더욱 아니다. 초학자는 열심히 책을 읽어서 자신만의 깨달음을 얻어야 한다. 평소 성실하게 찰기(札記)를 작성하고, 책을 저술하려는 욕망을 이겨 내야 한다. 기본 서적을 하나씩 두루 살펴본 적이 없는데도 어떤 것을 편찬하고자 한다면, 성공할 수 없을 뿐만 아니라 그때까지 책을 읽은 세월을 허비하게 될 것이다. 이는 정말로 수지가 맞지 않는 일이다.

# 제4장 사료 정리의 일반적인 방법

## 제1절 원본 다독 및 일차 자료 검토

옛날 역사책은 번역과 편집을 한번 거치고 나면 내용이나 글자에서 어느 정도 차이가 발생할 수밖에 없다. 비교적 진실하고 더욱 신뢰할 수 있는 사료를 찾고자 한다면 옛 책의 원본을 열심히 읽거나 일차 자료를 많이 참고해야 한다. 마치 세계사를 연구하는 사람들이 외국어를 공부해서 원서를 열심히 읽으려고 애써야 하는 것과 같다. 이 점은 과거 학자들도 항상 강조했던 것이다. 고염무(顧炎武)의 《정림문집(亭林文集)》 권2 〈초서자서(鈔書自序)〉 1편에서 어린 시절 그의 할아버지가 그에게 책 읽기를 지도하는 모습을 다음과 같이 서술하고 있다.

> 내가 열한 살이 되자 할아버지께서는 사마광의 《자치통감》을 가르치기 시작하면서 말씀하시기를 "세상 사람들이 《자치통감강목(資治通鑑綱目)》을 많이 공부하는데, 나는 그렇게 생각하지 않는다. 책을 쓰면서, 이전 사람의 책을 수정해서 자신의 작품이라고 하는 것보다 해로운 일은 없다. 반고(班固)가 《사기(史記)》를 수정해서 내놓은 것이 《사기》만 못하고, 송기(宋祁)가 《구당서(舊唐書)》를 수정해서 내놓은 것이 《구당서》보다 못하며, 주희(朱熹)가 《자치통감》을 수정해서 내놓은 것이 《자치통감》보다 못하다. 오늘날까지 책을 지은 사람은 거의 천하를 뒤덮을 정도로 많지만, 예전 사람의 책을 훔쳐서 자신의 작품이라고 한 것일 뿐이다. 그러므로 명나라 사람의 책 100권을 얻는 것이 송나라

사람의 책 한 권 얻는 것만 못하다."라고 하셨다.

나중에 전대흔(錢大昕)도 건륭(乾隆) 연간에 《잠연당문집(潛研堂文集)》 권28 〈발한서(跋漢書)〉에서 다음과 같이 말하였다.

> 대개 《사기》의 글은 《좌전(左傳)》을 따라 한 것인데 《좌전》만 못하고, 《한서》의 글은 《사기》를 따라 한 것인데 《사기》만 못하다. 옛사람들은 이미 세상에 나온 내용을 똑같이 베낀 적이 없기 때문에 일가의 작품을 완성할 수 있었던 것이다.

위의 견해들은 옛 책의 원문을 읽어야 한다고 주장하고 있다. 이론적으로는 잘못이라고 할 수 없다. 그러나 역사서의 구체적인 상황을 가지고 말하자면, 이러한 견해는 문제를 전체적으로 보지 않은 것인 듯하다. 왜냐하면 역사책의 대부분은 편술의 체례를 가지고 있기 때문이다. 역사적 사실을 편술하는 일은 예전의 글을 답습하는 일을 피할 수 없다. 문제는 편술을 거친 후 스스로 체계를 세우고, 옛 자료들을 더욱 적당한 역사서로 개조하여 새로운 체례로 세상에 선보였는지의 여부이다. 이에 대해서는 본편의 제2장 제1절에서 이미 상세하게 말했다. 만약에 이 점을 파악하지 못한다면, 고염무의 할아버지가 읽자고 제창한 《자치통감》 또한 '이전 사람의 책을 수정해서 자신의 작품이라고 한 것'이 아니겠는가.

《자치통감》이 근거로 삼은 이전 사람들의 책은 《십칠사(十七史)》를 제외하고라도 300여 종이나 된다. 《자치통감》이 성공한 까닭은 엄선된 내용을 추출하고 편집한 뒤, 체례와 종지(宗旨)를 가지고 고금을 관통하되 북송 시대의 언어를 사용하여 새로운 편년체로 완성했기 때문이다. 사람들로 하여금 1362년 동안의 옛일을 이해하도록 쓸데없는 말을 삭제하고 시간을 줄였다. 그러므로 《자치통감》은 오늘날도 여전히 사람들이 중시하며 이용하고 있다.

그러나 우리가 그것을 읽고 활용할 때 항상 일차 자료와 대조해야지 맹목적으로 그것만을 신뢰해서는 안 된다. 왜냐하면 옛사람이 편술하는 과정에서 일차 자료를 채록하는 데 소홀함이나 잘못이 없을 수 없기 때문이다. 본편 제2장 제4절에서 이미 상세하게 언급하였다. 따라서 자료의 출처를 더욱 확실히 대조하지 않으면 오류를 그대로 전달하기 쉽다.

송나라 말 원나라 초의 학자인 호삼성(胡三省)은 《자치통감》에 대해서 가장 깊게 공부한 사람이라고 할 수 있다. 그는 몇십 년의 정력을 쏟아서 《자치통감》에 주석을 달았지만 많은 잘못을 남기지 않을 수 없었다. 잘못이 발생한 원인은 다양하지만 그중의 하나가 바로 일차 자료를 세심하게 대조하지 않아서 약간의 불필요한 결함을 초래했기 때문이다. 지금 호삼성이 주석을 달 때 일차 자료를 참고하지 않아서 실수한 문제 가운데 하나를 예로 들어 보겠다.

> 《자치통감》 권104 〈진기(晉紀) 26〉 : 철불(鐵弗)인 유위진(劉衛辰)은 사람이 교활하고 변덕스러웠다.
> 호삼성 주 : 유위진은 본디 흉노의 철불이라는 종족이다. 이연수(李延壽)는 "철불은 남선우(南單于)의 후예이다. 유위진이라는 자는 좌현왕(左賢王) 거비(去卑)의 현손(玄孫)이다. 북쪽 사람들은 아버지를 선비(鮮卑)라고 부르고, 어머니를 철불이라고 하였으며, 그것으로 성(姓)을 삼았다."라고 하였다.

호삼성은 여기에서 이연수의 말을 인용하여 '철불'이라는 두 글자의 뜻을 해석하였지만 그다지 명확하지 않다. 호삼성이 주석에서 인용한 "북쪽 사람들은 아버지를 선비라고 부르고, 어머니를 철불이라고 하였다."라는 구절을 따른다면 '선비'는 북쪽 사람들이 아버지를 부르는 고유명사이고 '철불'은 어머니를 부르는 고유명사처럼 보인다. 그런데 사실 이연수의 《북사(北史)》

권93 〈참위부용전(僭僞附庸傳)〉에 다음과 같은 기록이 있다.

> 북쪽 사람들은 오랑캐의 아비를 선비라고 부르고, 어머니를 철불이라고 부른다.〔北人謂胡父爲鮮卑, 母爲鐵弗.〕

'아버지〔父〕'라는 글자 위에 '오랑캐〔胡〕'라는 글자가 추가되었지만, 뜻은 여전히 분명하지 않다. 이연수의 이 두 구절은 북제(北齊) 위수(魏收)의 《위서(魏書)》에 기록된 것을 근거로 한 것이다. 《위서》 권95 〈철불유호전(鐵弗劉虎傳)〉의 다음 기록을 검토해 보자.

> 북쪽 사람들은 호가 아버지이고, 선비가 어머니인 경우 철불이라고 불렀다.〔北人謂胡父、鮮卑母, 爲鐵弗.〕

'철불'이라는 두 글자의 원래 의미는 두 민족의 남녀가 결혼하여 부부가 된 뒤 낳은 아이를 일컫는 호칭임을 알 수 있다. 이연수가 《위서》를 베낄 때 '호가 아버지이고〔胡父〕'라는 두 글자 아래에 잘못 '~라고 하다〔爲〕'를 추가해서 뜻이 이상하게 되었다. 그리고 호삼성이 《북사》를 인용할 때 다시 '호'를 삭제해 버려서 사람이 더욱 이해하기 어려워졌다. 우리가 만약에 《위서》를 끝까지 살펴서 자료의 출처를 대조하지 않았다면, 원래 의미를 찾아서 호삼성 주석의 오류를 발견할 도리가 없었을 것이다.

이상이 역사적 사실의 진상과 관련 있는 한 가지 사례이다. 《자치통감》 호삼성 주석에는 이러한 예들이 더 많이 있지만 하나하나 다 열거할 수 없다. 또한 구두점을 찍는 법에 대해서 말하자면, 호삼성은 원자료와 미처 대조하지 못했기 때문에 《자치통감》의 원문을 잘못 끊어 읽었다. 《자치통감》 권173 〈진기(陳紀)〉 7에 다음과 같은 기록이 있다.

북주의군주가조용히정역에게물었다내다리에몽둥이흔적이있는데누가한일인가대답하기를일의원인은오환궤우문효백이에오환궤가수염을뽑은일을말하였다〔周主從容問譯曰我脚杖痕誰所爲也對曰事由烏丸軌宇文孝伯因言軌捋須事〕

호삼성은 '일의 원인은 오환궤(烏丸軌)'라는 구절 아래에 "왕궤(王軌)라는 인물로, 오환씨라는 성을 하사받아 그렇게 불렸다."라고 주석을 달았다. 그리고 "왕궤가 수염을 뽑은 일을 말하였다."의 아래에 "우문효백(宇文孝伯)이 왜 이 말을 했겠는가. 스스로 목숨을 구하려고 했기 때문이 아니겠는가. 그러나 끝내 피할 수 없었다."라고 주석을 달았다. 호삼성은 이 구절의 구두점을 다음과 같이 찍었을 것이 확실하다.

북주의 군주가 조용히 정역(鄭譯)에게 물었다. "내 다리에 몽둥이 흔적이 있는데 누가 한 일인가?" 정역이 대답하기를 "일의 원인은 오환궤입니다." 우문효백은 이에 오환궤가 수염을 뽑은 일을 말하였다.〔周主從容問譯曰: "我脚杖痕, 誰所爲也?" 對曰: "事由烏丸軌." 宇文孝伯因言軌捋須事.〕

호삼성이 찍은 구두점을 따라 해석하면 다음과 같다.

북주의 선제(宣帝) 우문윤(宇文贇) 가 즉위한 뒤 정역에게 한번 물어보았다. "내가 왕년에 아버지께 직접 몽둥이로 맞은 적이 있는데, 아직 다리에 그 흔적이 남아 있다. 당시 누가 주로 시킨 것인가?" 그러자 정역이 "왕궤 때문입니다."라고 대답하였다. 그리고 당시 우문효백은 그 기회를 틈타 왕궤가 예전에 무제(武帝)의 수염을 뽑는 아주 불경한 짓을 저지른 사실을 고했는데, 아마도 자신의 죄가 경감되기를 바랐던 것처럼 보인다.

사실 호삼성이 찍은 이 구두점은 완전히 잘못되었다. 《북사》 권62 〈왕궤전〉에 분명하게 기록된 북주 선제가 태자일 적 매를 맞은 일을 한번 검토해 보자.

> 선제가 토욕혼(吐谷渾)을 정벌할 때 무제가 왕궤와 우문효백으로 하여금 따라가게 하였다. 군대의 행진은 모두 왕궤 등에게 맡기고, 선제는 단지 그들을 의지할 따름이었다. 당시 궁윤(宮尹) 정역, 왕단(王端) 등이 선제의 총애를 받았다. 선제는 군대에서 상당히 덕을 잃었는데 정역 등이 모두 관련되어 있었다. 군대가 돌아온 뒤 왕궤 등이 무제에게 이를 말하였다. 무제는 대로하여 선제를 몽둥이로 때리고 정역 등을 제명하고서 매질하였다. 선제는 이 일로 인해 그에게 높은 벼슬을 주었다.

여기에서 말한 "왕궤 등이 무제에게 이를 말하였다."에는 당연히 우문효백도 들어간다. 《북사》의 이 기록은 《주서(周書)》 권40 〈왕궤전〉을 근거로 쓰인 것이다. 내용이 거의 비슷해서 전체를 다시 언급할 필요는 없다. 《주서》 권35 〈정역전〉에는 분명히 다음과 같이 이야기하고 있다.

> 태자가 서쪽으로 정벌을 나갈 때 크게 덕을 잃었다. 왕궤, 우문효백 등이 이를 보고하자 고조(高祖)가 크게 노했다. 궁의 신하들 가운데 태자의 총애를 받은 자들 모두 견책을 받았고 정역은 제명되었다.

가장 일차적인 사료는 이렇게 아주 분명하게 설명하고 있다. 그렇다면 《자치통감》에서도 마땅히 "일의 원인은 오환궤, 우문효백(입니다)."가 한 문장이 되어야만 한다. 그리고 그 아래의 "이에 오환궤가 수염을 뽑은 일을 말하였다."라는 말 역시 정역이 한 것이다. 이렇게 분명하게 구두점을 찍어야 역사적 사실을 왜곡하지 않을 수 있다.

이로써 책을 읽을 때, 혹은 역사적 사실이 기재된 한 단락을 읽을 때, 쉽게 이해되지 않거나 구두점을 찍기 어려운 부분은 그때마다 반드시 책을 샅샅이 뒤지고 일차 자료를 가지고 자세히 대조해야 비로소 정답을 찾을 수 있음을 알 수 있다.

## 제2절 내용이 비슷한 책 함께 읽기

풍부한 역사 자료를 포함하고 있는 옛 책에는 상당히 많은 완질과 단편이 있지만 내용상 대동소이하다. 그래서 우리가 독서를 할 때 그것들을 모아서 서로 교감하고 대조·증명을 해도 되며, 이는 이해를 돕는 데 큰 역할을 한다. 예컨대《대대례기(大戴禮記)》의〈하소정(夏小正)〉한나라 이전의 학자들이 수록한 것이다. 에는 처음부터 끝까지 조리가 있고 어지럽지 않게 열두 달의 순서에 맞추어 별자리의 출몰, 철새의 왕래, 초목의 무성함과 시듦, 벌레와 짐승의 울음과 동면이 기록되어 있다.

이는 옛날의 노동자들이 오랫동안 농업 생산에 종사하면서 대자연에서 터득한 절기와 기후에 관한 지식의 총정리임이 틀림없다. 비록 한대 학자들이 믿었던 것처럼 이것이 하나라 때의 유산이라고는 말할 수 없지만, 훗날《여씨춘추(呂氏春秋)》에 있는 열두 달의 기(紀)는〈하소정〉을 저본으로 삼았으니 그것이 선진(先秦) 시대의 옛 책임이 의심할 나위 없이 확실하다. 우리가 이 중요한 사료를 연구할 때《일주서(逸周書)》의〈시훈(時訓)〉,《여씨춘추》의〈십이월기(十二月紀)〉,《예기(禮記)》의〈월령(月令)〉,《회남자(淮南子)》의〈시칙(時則)〉을 동시에 읽는다면 그 내용의 차이에서 많은 이치를 깨달을 수 있을 것이다.

또한《일주서》의〈관인(官人)〉과《대대례기》의〈관인〉,《순자(荀子)》의〈권학(勸學)〉과《대대례기》의〈권학〉은 제목이 완전히 같고, 내용도 조금밖에 차이가 없다. 또한《묵자(墨子)》〈소염(所染)〉과《여씨춘추》〈당염(當染)〉과 같이 편장의 제목만 약간 다르고 내용이 거의 일치하는 것도 있다. 이 모두를 종합해서 하나로 모은 뒤 연구한다면 비교적 쉽게 관련된 문제를 발견할 수 있으며, 의문점도 해결할 수 있을 것이다.

이상이 몇 부의 역사 연구와 관련 있는 경(經)과 전(傳), 그리고 제자백가서를 가지고 든 몇 가지 예이다. 우리가 평소에 늘 접하게 되는 역사책과 함께 읽을 자료들은 더욱 많을 것이다.

《사기(史記)》의 경우 과거 학자들은 습관적으로 다른 많은 책과 대조하며 읽었다. 청나라 학자인 왕원계(王元啓)는 《기평거사집(祇平居士集)》 권6 〈사기정와서(史記正訛序)〉에서 다음과 같이 말하였다.

> 내가 고증하여 수정한 《사기》의 판본은 모두 원문에 근거했지만 따로 편집한 부분이 있어 약간 구별된다. 예컨대 탈락된 부분 가운데 《좌씨춘추(左氏春秋)》, 《전국책(戰國策)》, 반고(班固)의 《한서(漢書)》를 가지고 보충한 것은 붉은색으로 썼다. 저 세 책에 기록되지 않은 것은 《목천자전(穆天子傳)》의 사례를 따라 □ 표시를 해서 그 부분을 비워 두었다. 오자는 글자 밖에 선을 그어 칸을 추가하고, 다시 그 아래에 붉은색으로 원래 글자를 기록하여 독자가 한 번에 알아볼 수 있게 하였다. 연자(衍字)는 옆에 기록하되, 글자 밖에 선을 그어 칸을 추가해서 서광(徐廣)이나 다른 주석가들의 주석과 구별되도록 하였다.
>
> 게다가 《사기》는 양한 시대 때부터 훈고와 해석이 없었다. 그런데 역사책을 읽는 이들이 왕왕 마음대로 원문의 아래에 몇 마디 말을 주석으로 달았다. 이것을 가지고 옛것을 해석하는 자료로 삼거나 견문을 넓히려고 한 사람은 비단 저소손(褚少孫)만이 아니었다. 옮겨 쓰는 사람이 이러한 것들을 살피지 않아 잘못 원문에 삽입하고 큰 글자로 인쇄하니 문체가 어그러지고 처음과 끝이 이어지지 않게 되었다. 하지만 지금 공영달이 여러 경에 정의(正義)를 단 방법을 활용하여 후세 유학자들의 전(傳)과 주(注)를 정서(正書)하되 작게 축소하여 원문과 혼동되지 않도록 하였다. 그리고 오류가 너무나 심각한 것들, 예컨대 〈율서(律書)〉와 〈천관서(天官書)〉와 같은 부분은 채침(蔡沈)이 《상서》 〈무

성(武成)〉에 주석을 단 예를 채택하여, 원문을 앞에 보존하고 그것을 고증한 것을 따로 뒤에 기록하여 독자에게 편리하도록 하였다.

왕원계는 《사기》를 읽으면서 자세하게 한 번 교감 작업을 하였다. 탈자, 오자, 연문, 그리고 후세 사람이 삽입한 말과 원문과 부합하지 않는 스타일 모두 하나하나 수정하여 옛 모습을 회복시켰다. 그가 열거한 교감과 독서에 제공될 수 있는 몇 부의 책, 예컨대 《좌씨춘추》, 《전국책》, 《한서》와 같은 것은 참고할 수 있는 일부분에 불과하며, 단순히 《사기》와 관련된 책은 당연히 이보다 더 많다. 청나라 초 주학령(朱鶴齡)은 《우암소집(愚菴小集)》 권13 〈독주본기(讀周本紀)〉에서 다음과 같이 말하였다.

> 사마천이 기록한 하·은·주 삼대의 일에는 소략하고 잘못된 부분이 많은데, 〈본기〉가 특히 심하다. 그중에서 살필 수 있는 것은 《상서》, 《좌전》, 《국어(國語)》를 가지고 수정해야 한다. 또한 《급총기년(汲冢紀年)》, 《제왕세기(帝王世紀)》 및 진한 시대 이전의 책을 가지고 비교하고 검토해도 무방하다.

고염무(顧炎武)도 《일지록(日知錄)》 권26 〈사기(史記)〉에서 다음과 같이 말하였다.

> 무릇 세가(世家)는 《좌전》을 근거로 삼은 부분이 많으므로, 《좌전》과 내용이 다른 것은 모두 《좌전》을 가지고 수정해야 한다.

이것은 상당히 훌륭한 독서 방법이다. 《사기》를 읽을 때 진한 시대 이전의 일들을 살펴서 밝히려고 한다면 이 방법을 활용해야 한다. 오늘날에는 자료의 범위가 더욱 넓으므로 금문(金文), 갑골문(甲骨文) 등의 자료는 모두 매우 중요하다. 당연히《상서》,《좌전》,《국어》,《전국책》 등의 몇 책에만 한정될 수 없다.

한나라 초의 역사적 사실에 대해서 이야기하는 경우《한서》와《사기》를 대조해서 읽는 것이 좋다. 첫째, 글자를 수정할 수 있다. 종종 현재까지 전해 내려오는《사기》에는 베껴 쓰고 판각하는 과정에서 일어나는 실수가 보이지만《한서》에는 오류가 없는 경우도 있다. 둘째, 자료를 대조하여 증명할 수 있다. 가끔《사기》의 서술은 너무 간략하지만《한서》는 비교적 상세하다. 따라서 두 책을 동시에 참고해서 읽으면 우리에게 큰 도움이 된다. 청대 문자학자인 왕균(王筠) 자는 녹우(菉友)이다. 이《사기》를 읽을 때 이렇게 하였다.

청말 손보전(孫葆田)은《교경실문집(校經室文集)》 권1 〈《사기교》를 읽은 소감〔書史記校後〕〉에서 다음과 같이 말한 적 있다.

> 이 책은《사기》를 읽고 자유롭게 기록한 찰기(札記)이다. 〈자서(自敍)〉에서 "내가《사기》를 읽을 때《한서》를 가지고 교감했는데, 그 가운데 서로 다른 문장이 많았다.《사기》가 잘못된 것을 전했거나, 아니면《한서》가 잘못된 것을 전했을 것이다. 어쩌면《한서》를 가지고《사기》를 고친 내용이 옳을 수도 있고, 고친 내용이 틀릴 수도 있다."라고 하였다. 그리고 "내가 이 책을 편집하면서 그것의 시비를 밝히지 않은 경우도 있는데, 대개 옳은 것을 그르다고 하고 그른 것을 옳다고 할까 두려워서였다."라고 하였다. 그의 겸허함이 이와 같았다.

왕균의 이와 같은 공부에 대한 정신과 노력은 우리가 본받을 만하다. 왕균의《사기교》 2권은 고궁박물원 도서관에 1935년 인본(印本)이 비치되어 있다. 만약에 이 방법을 거꾸로 돌리면, 우리가《한서》를 읽을 때 한 무제(漢武帝) 이전의 역사적 사실을 모두《사기》와 대조할 수 있다. 그리고 아주 일찍부터 옛

사람들은 이 방법을 활용하였다. 위진남북조 시기 육징(陸澄)은 《한서주(漢書注)》《수서(隋書)》 〈경적지(經籍志)〉에는 단 한 권만 남아 있다고 기록되었다. 라는 책 한 권을 완성했는데, 비록 전하지 않지만 《사통(史通)》 〈보주(補注)〉에는 그것의 내용이 언급되어 있다.

> 육징이 반고의 《한서》에 주석을 달면서 사마천의 책을 많이 인용하였다. 만약에 이쪽에 문장 하나가 빠졌는데 저쪽에서 오히려 구절의 절반이 늘어났다면, 모두 수집하여 주석을 달았으며 글이 다르다고 표시를 하였다.

《사통》에 따르면 육징은 《한서》를 읽으면서 일단 자세하게 《사기》를 가지고 교감을 한 번 한 뒤, 그것들의 차이점을 기록해서 전문 서적으로 만들었음을 알 수 있다.[9] 또한 나중의 학자들도 비록 책을 지으려는 의도는 없었지만, 《한서》를 읽을 때마다 항상 《사기》를 참고하여 읽은 사례가 이루 다 열거할 수 없을 정도로 많다. 그다음으로 순열(荀悅)의 《한기(漢紀)》는 비록 《한서》를 편년체로 개조한 것이기는 하지만 내용상 차이가 있어서 참고할 부분이 있다. 그러므로 우리가 《한서》를 읽을 때 반드시 참고하고 대조해야 한다.

우리가 만약에 이 방법을 충분히 활용할 수 있다면, 《후한서》를 읽을 때에도 원굉(元宏)의 《후한기(後漢紀)》, 진수(陳壽)의 《삼국지(三國志)》 두 책을 가지고 대조할 수 있다. 이 두 책은 진대(晉代)에 완성되었는데 모두 범엽(范曄)의 《후한서》보다 이른 시기의 것이다. 청대 학자인 정진방(程晉芳)은 《면

9 사통에……있다 : 유지기가 《사통》에서 한 말의 뉘앙스는 장순휘와 다르다. 장순휘가 인용한 대목에 바로 이어 유지기는 "눈과 귀를 혼란스럽게 만들어서 읽기가 어렵다.〔有昏耳目, 難爲披覽.〕"라고 평가했다. 《유지기, 史通, 오항녕 역, 역사비평사, 2012, 309쪽》

행당문집(勉行堂文集)》 권1 〈후한서삼국지득실고(後漢書三國志得失考)〉라는 글을 썼는데, 두 책을 자세하게 대조하고 교감한 뒤에 얻은 결론이다. 그는 이 글의 마지막에 다음과 같이 말하였다.

> 두 역사책을 가지고 여러 전(傳)을 살피면 대개 범엽의 《후한서》에서 대여섯, 진수의 《삼국지》에서 서넛을 얻는다. 대개 역사책은 상세함을 위주로 하되, 상세하지만 화려하지 않게 하는 것이 법도이다. 하지만 후세 사람들은 매양 간단한 것만 추구하니 생각이 줄어들었다. 그러므로 선배 역사가들에 쉽게 미치지 못함을 알 수 있다.

정진방은 《삼국지》가 너무 간단한 것이 잘못이라고 여겼지만, 배송지(裴松之)가 주석을 달아서 사실상 그 결함을 메우고 자료들을 모아 보충한 것을 몰랐다. 배송지가 《삼국지》에 단 주석은 옛글을 인용하였을 뿐만 아니라 처음과 끝이 잘 갖추어졌기 때문에 역사가들이 참고하는 데 큰 보탬이 될 수 있다. 그러므로 《삼국지》 배송지 주(注)의 가치는 때로 진수의 《삼국지》 원문보다 더 높으므로, 범엽과 진수가 지은 두 역사서를 대조할 때 그것을 홀시해서는 안 된다.

역대로 연속하여 이어져 내려온 기전체 역사서를 읽을 때 이 방법을 활용할 수 있지만, 편년체인 《자치통감(資治通鑑)》을 읽을 때에도 이 방법을 쓸 수 있다. 우선 우리는 《자치통감》이 역대 기전체 역사서의 본기를 중심으로 하고, 다시 기타 사료들을 보충하여 시대 순서로 편집하여 완성된 것임을 분명하게 알아야 한다. 그래서 우리가 《자치통감》을 읽을 때 가져다 대조하고 교감할 자료가 너무 많은 것이다.

예컨대 우리가 《자치통감》의 〈한기(漢紀)〉를 읽는다면, 순열의 《한기》, 원굉의 《후한기》, 《사기》, 《한서》, 《후한서》 본기 부분을 같이 한꺼번에 읽어서, 어떤 자료가 《자치통감》에 채록되고 어떤 자료가 폐기되었으며, 어떤 자료가 잡사(雜史), 소설(小說)에서 수록된 것인지 발견할 수 있다. 이러한 가운데 사마광(司馬光) 당시의 편술 의례를 찾아서 많은 이치를 깨달을 수 있으며, 또한 역사적 사실에 정통하고 식견을 높이는 일에도 모두 큰 도움이 된다.

## 제3절 내용이 풍부한 서적 분석하고 읽기

예전에 당나라 학자 한유(韓愈)는 "사실을 기록한 것은 그 요지를 간략히 적고, 의견을 찬술한 것은 반드시 그 오묘한 부분을 탐색해야 한다."라고 독서 방법을 제시한 적이 있다. 즉, 사실을 번잡하게 기록한 역사책을 보면 반드시 필기의 방법을 활용해서 중요한 사건들을 초록하고, 의견을 풍부하게 수록한 이론서를 볼 때도 필기의 방법을 활용하여 핵심을 표시해야 한다는 것이다.

송나라 학자인 소식(蘇軾)은 《한서》를 읽을 때 거듭 읽은 횟수를 세었다고 하면서 "군사, 농사, 예법, 음악 등과 같은 것은 읽을 때마다 어떤 한 가지 의도를 가지고 탐구하였다."라고 하였는데, 다시 말해서 《한서》를 몇 번에 걸쳐 읽으면서, 한 번 읽을 때 어떤 한 분야를 중점적으로 헤아렸다는 것이다. 예컨대 제일 처음 읽을 때에는 용병에 주의를 기울이고, 두 번째 읽을 때에는 농토와 수리 시설에 주의를 기울이면서 읽다 보면 원문에 쉽게 정통할 수 있다는 것이다.

그러나 청대의 역사학자 장학성(章學誠)은 이러한 방법은 모두 '과거시험 공부'에 불과하다고 하면서 학문이라고 말할 수 없는 것이라고 일축하였다. 또한 장학성은 《문사통의(文史通義)》 〈박약 상(博約上)〉에서 한유와 소식 두 사람의 주장에 대해 설득력 있는 반박을 제시하였다.

공정하게 논하자면, 한유가 독서와 필기를 권하고 소식이 분석적 방법을 활용하여 번잡한 사료들을 접하자고 주장한 것은, 원칙적으로 말하건대 그들의 경험이 완전히 잘못되었다고 할 수는 없다. 그러나 오늘날의 학문 연구에서 이렇게 옛 경험에만 갇혀 있거나, 이러한 방법에 영원히 머무른 나머지 수준을 높이려는 시도를 안 하는 것은 옳지 못하다. 그럼에도 불구하고 초학자들이 매번 기억을 잘 못하고 많은 사료에 정통할 수 없어서 고생하지만,

만약 이러한 방법에 담긴 정신을 잘 체득해서 적절하게 활용할 수 있다면, 옛사람이 활용했던 옛 독서법도 오히려 긍정적인 측면이 있으며, 우리가 배울 가치가 있다.

사람들은 모두 옛날의 역사책이 '사실을 기록한 것'이든지 '견해를 찬술한 것'이든지 매우 풍부한 내용을 담고 있음을 알고 있다. 한 사람이 책을 한두 번 읽어서는 잊어버리지 않을 수 없기에 어떤 방법을 강구하는 것이 필요하다. 예나 지금이나 책을 잘 읽는 학자들은 흩어져 있는 많은 자료를 종합해서 연구하거나 거꾸로 잘 정리된 자료를 분석해서 연구할 수도 있는데, 이는 모두 비교적 실제로 가능한 방법이다. 내용이 풍부한 책을 분석하여 읽는 것은 오늘날에도 여전히 중요하다. 나눌 때에는 먼저 어떻게 분류할 것인가에 주의해야 한다. 청나라 학자 전태길(錢泰吉)의 《폭서잡기(曝書雜記)》 중권에 다음과 같은 기록이 있는데 우리가 참고할 만하다.

> 내가 처음 《한서》를 읽을 때 마음이 통하는 친구인 전당(錢塘)의 오화촌(吳和村) 재화(載和)가 소동파의 분류 독서법을 가르쳐 주었다. 이에 남송 시대 서천린(徐天麟)의 《서한회요(西漢會要)》를 표점·교감하였는데 오화촌이 갑자기 죽는 바람에 의심나는 부분이 있어도 물어보고 고칠 수 없었다. 편지를 읽을 때마다 슬픔을 가누지 못해 혼절할 지경이었다. 나중에 나의 형 간옹(衎翁)이 나에게 송나라 심추(沈樞)의 《통감총류(通鑑總類)》를 본받으면 사건들을 순서대로 정리할 수 있을 것이라고 말하면서 《통감총류》의 목록을 나에게 보여 주었다. 지금도 그렇게는 하지 못하고 있으나, 송나라 사람들 중에는 그렇게 한 사람이 있었다.
>
> 《군재독서부지(郡齋讀書附志)》의 유서(類書)류에 심장경(沈長卿) 문백(文伯)이 편집한 《서한총류(西漢總類)》 20권이 있다. 일에 따라 문(門)을 세우고 문에 따라 사건들을 분류하였으며, 다른 전(傳)에 기

> 재된 것을 하나로 모으되 주석에서 확보한 것이라 하더라도 모두 수집하였다. 그러나 지금 그 책은 전하지 않는다.

이것이 바로 전태길이 제시한 《한서》를 분류해서 읽는 법이다. 본래 이 방법은 송대 학자들이 가장 성실하게 실천하였는데, 《통감총류》, 《서한회요》 두 책만 그런 것이 아니다. 서천린의 《서한회요》 70권, 《동한회요(東漢會要)》 40권은 《한서》와 《후한서》에 기재된 전장 제도를 모두 확보하여 15개의 문으로 편집하여 완성되었다. 《서한회요》는 반고의 《한서》를 모두 근거로 삼고, 《동한회요》는 범엽의 《후한서》를 위주로 한 뒤, 별도로 다른 책에서 자료를 수집하였다. 전태길이 《폭서잡기》에서 언급한 '나의 형 간옹'은 바로 《간석재기사고(衎石齋記事稿)》의 저자 전의길(錢儀吉)로, 학문이 상당히 깊은 청나라 때 학자이다. 전태길의 《감천향인고(甘泉鄉人稿)》 권4 〈발서한회요(跋西漢會要)〉에 있는 한 단락에서 전의길이 《한서》를 읽었던 방법을 다음과 같이 소개하고 있다.

> 나의 형 전의길은 맏아들인 전보혜(錢寶惠)에게 《한서》를 읽는 방법을 가르쳤다. 서천린의 《서한회요》에 이미 수록된 것을 가지고 따로 자세히 보고 검토하였는데, 《한서》에 수록되지 않아서 보충해야 할 것이 너무 많았다. 그리고 백석산인(白石山人)의 《병지(兵志)》를 본받아 《한서》 〈선거지(選擧志)〉를 보충하려고 하였다. 형과 조카는 한나라의 일을 조리 있게 기록하였는데, 위로는 삼대의 학교와 선거〔選造〕 제도의 유산을 고찰해서 한대의 법이 변화하는 과정을 보여 주고, 그것이 후세에 어떻게 사라져 갔으며 가까운 옛날까지 이어졌는지를 추론할 수 있으니, 쓸데없는 짓은 아니다. 나도 이 뜻을 본받아 〈형법지(刑法志)〉를 보충하고자 하였다. 그러나 반고의 《한서》에 아직 정통하지 않아 원고를 쓸 수 없었다.

여기에서 언급한 '백석산인'은 송대 학자인 전문자(錢文子)를 가리키는데 스스로 '백석산인'이라고 호를 지었다. 《보한병지(補漢兵志)》 오늘날 통용되는 판본은《이십오사보편(二十五史補編)》 제1책에 수록되었다. 를 지었다. 전의길 부자가 쓰려고 준비했던 《보한선거지(補漢選擧志)》와 전태길이 편집해서 만들고 싶어 했던 《보한형법지(補漢刑法志)》《한서》에 원래 〈형법지〉가 있지만, 이 책은 그것에 수록되지 않은 것을 보충하려고 하였다. 는 모두 완성되지 못했지만, 그들이 《한서》를 외우고 익히는 과정에서 분류 독서법을 활용하여 한대의 역사적 사실을 연구했음을 보여 준다. 특히 전의길은 이 방법을 더욱 응용하여 역대의 전장 제도를 고증하였다. 《간석재기사고》 권3 〈삼국회요서례(三國會要序例)〉의 첫머리에서 그는 다음과 같이 말하였다.

> 나는 약관 때부터 을부(乙部), 즉 역사책을 두루 보았다. 특히 역대의 전장 제도가 기록된 정서(政書)를 매일 암송하고, 역대 왕조 역사책의 지(志)를 힘들게 읽으면서 비슷한 것끼리 분류해 보았는데 서로 잘 연결되지 않는 것이 많았다.

이로써 그의 분류 독서법이 평소에 활용되었음을 알 수 있다. 그리고 전의길은 《삼국회요》의 〈서례〉에서 자신의 소원을 밝혔는데, 서천린의 《서한회요》, 왕부(王溥)의 《당회요(唐會要)》와 《오대회요(五代會要)》 다음에 그 부족한 부분을 보충하기 위해서 《삼국회요》, 《진회요(晉會要)》, 《남북조회요(南北朝會要)》를 완성하고 싶어 했다. 이러한 작업은 틀림없이 전의길이 삼국 시대와 위진남북조 시대의 역사책을 읽을 때 분류해서 초록하는 일을 진행했음을 보여 준다.

비록 어떤 작업은 예전 사람들이 이미 했고 또한 대대로 전해지는 작품을 완성하였지만, 아직 게을러져서는 안 된다. 어떤 작업은 반드시 자신의 눈과 손을 사용하고 머리로 사고하여, 처음부터 다시 한번 살펴봐야 한다. 마치

수학의 연역이나 물리 실험처럼, 과거 많은 사람들이 이미 생각하고 시도했던 것이라도 우리 자신의 감성적 인식을 통해야 비로소 깊이 이해할 수 있을 것이다.

앞에서 인용했던 《감천향인고》에 기재된 전의길 부자의 《한서》 독서법처럼, 반드시 "서천린의 《서한회요》에 이미 수록된 것을 가지고 따로 자세히 보고 검토하는" 세심한 교감 과정이 있어야 비로소 "수록되지 않아서 보충해야 할 것이 너무 많음"을 깨닫는 수확을 거둘 수 있다. 이러한 작업은 비교적 서투르게 보이고 성가신 일이라 겉보기에는 정신적으로 부담되지만 결국 의의도 있고 장래성도 있는 부담이다. 학문을 하는 데 있어서 수박 겉핥기식으로 하면서 헛되이 성과를 바라고 각고의 노력을 들이지도 않으며 교묘하게 요령 피우는 태도로 운 좋게 성공하는 일은 절대로 없다.

위에서 언급한 것은 책 전체를 분석하여 읽는 법에 관한 것이다. 또한 책 일부에 기록된 내용이 아무리 풍부하고 복잡하더라도 이 방법을 활용하여 정리할 수 있다. 《한서》를 예로 들어 보면, 〈지리지(地理志)〉는 역사책의 지(志)들 가운데 전문적이면서 자세하게 지리를 설명한 독창적인 체재이다. 군현의 건설과 그 경위, 호구의 다과, 각각의 다른 풍속에 대한 서술, 산천에 대한 고찰 등을 기록하여 훗날 지리와 연혁을 공부하는 학자들의 생각과 능력을 집중시키는 책이 되었다. 이 얼마나 중요한 사료인가.

그러나 그것이 포함하고 있는 내용이 너무 방대해서, 겉보기에는 아주 무미건조할 뿐이다. 게다가 시작부터 《상서(尙書)》 〈우공(禹貢)〉을 하나도 남김없이 수록하였기 때문에 더욱 번잡하고 읽기 어렵다고 느껴진다. 〈우공〉은 근대 학자들이 전국 시대 말에 나온 책이라고 고증했으며 정말로 풍부한 내용을 담고 있다. 각 주(州)의 산천과 수택(藪澤)의 이름, 경지의 우열, 조세의 등급, 토양의 비척(肥瘠), 산물의 종류에 대해서 모두 자세하게 밝혔다. 즉, 아주 완정하고 전면적이면서 계통적이고 조리가 있는 고대 자연지리와 경제 지리의 설명서이다.

그 후로 2000년 동안 지리 연혁을 이야기한 것은 모두 이것을 근거로 삼았다. 따라서 그것을 확실히 알지 않으면 안 된다. 그 속에 기재된 복잡한 사물들은 오로지 분류법을 활용해서 연구할 수 있다. 이는 간단한 것으로 복잡한 것을 다룰 뿐 아니라 기억에도 도움을 준다. 《상서》 〈우공〉의 원문을 시험 삼아 다음의 표로 만들었다.

| 주명 | 현재 지명 | 전(田) | 부(賦) | 토(土) | 물산 | | | |
|---|---|---|---|---|---|---|---|---|
| | | | | | 동물 | 식물 | 광물 | 수공제조 |
| 冀 | 河北,<br>山西以及河南北部 | 中中<br>(5등급) | 上上(1등급) 섞임<br>(2등급 부세 섞여 나옴) | 白壤 | 皮服 | | | |
| 兗 | 山東 北部西部<br>河北 東南部 | 中下<br>(6등급) | 貞(9등급) | 黑墳 | | 漆 | | 蠶絲<br>織文 |
| 青 | 山東 東部<br>山東 中部 | 上下<br>(3등급) | 中上(4등급) | 白墳 | 海物<br>畜牧 | 枲<br>松 | 鹽<br>鉛<br>怪石 | 檿絲<br>絺 |
| 徐 | 山東 南部<br>江蘇<br>安徽 北部 | 上中<br>(2등급) | 中中(5등급) | 赤埴墳 | 翟羽<br>蠙珠<br>魚 | 桐 | 五色土<br>磬 | 玄纖<br>縞 |
| 揚 | 江蘇, 安徽<br>浙江, 江西 | 下下<br>(9등급) | 下上上(7등급) 섞임<br>(6등급 부세 섞여 나옴) | 塗泥 | 羽<br>毛<br>齒革 | 篠簜<br>橘<br>柚 | 金三品<br>瑤<br>琨 | 卉服<br>織貝 |
| 荊 | 兩湖,<br>四川 東部 | 下中<br>(8등급) | 上下(3등급) | 塗泥 | 羽<br>毛<br>齒革<br>大龜 | 杶<br>榦<br>栝<br>柏<br>箘<br>簵<br>楛<br>青茅 | 金三品<br>礪<br>砥<br>砮<br>丹 | 玄纁<br>璣組 |
| 豫 | 河南,<br>湖北 北部 | 中上<br>(4등급) | 上中(2등급) | 高壤<br>下墳<br>壚 | | 漆<br>枲 | 磬 | 絺紵<br>纖纊 |
| 梁 | 陝南<br>川北, 川中 | 下上<br>(7등급) | 下中(8등급) 3등급 섞임(7, 9, 3등급 부세 섞여 나옴) | 青黎 | 熊羆<br>狐<br>狸 | | 璆<br>鐵<br>銀<br>鏤<br>砮<br>磬 | 織皮 |
| 雍 | 陝甘 | 上上<br>(1등급) | 中下(6등급) | 黃壤 | | | 球琳<br>琅玕 | 織皮 |

서론(敍論) 성격의 내용이지만 기나긴 글을 비교적 간단명료한 표로 편집해 보니 이렇게 더 분명해졌다. 《한서》 〈지리지〉는 〈우공〉을 수록한 다음에 이어서 《주례(周禮)》 〈직방씨(職方氏)〉의 기록을 가지고 모든 주의 산천과 관개시설, 호수, 생산물, 토질, 남녀 인구 비율을 체계적으로 서술하였다. 이러한 자료 역시 표로 열거하는 방법을 사용하여 처리할 수 있다.

또한 군현(郡縣)의 연혁, 호구의 실제 숫자, 그리고 광산과 유적도 〈지리지〉의 원문에 일일이 명확하게 기록되어 있다. 우리가 이것들을 분류해서 탐구한다면, 여러 세부 항목이 만들어질 뿐만 아니라 자연스레 손가락으로 손바닥을 가리키듯이 잘 이해될 것이다.

청대 학자 풍계분(馮桂芬)은 《산해경(山海經)》을 읽을 때 분류법을 활용하여 〈산해경표〉를 만들었는데, 산수(山水), 신인(神人), 금옥(金玉), 풀〔草〕, 나무〔木〕, 새〔禽鳥〕, 육상동물〔獸畜〕, 곤충과 어류〔蟲魚〕 등으로 전체 《산해경》을 18가지 표로 나누었다. 그물에 그물코를 꿴 줄이 있는 것처럼 체계적이고 어지럽지 않다. 그 책은 《교빈려일전(校邠廬逸箋)》에 편집되어 들어갔는데, 광서(光緖) 11년(1885) 상해(上海) 점석재(點石齋) 석인본이 있다. 이 방법은 널리 모방되고 보급될 만하다.

## 제4절 전설 시대 사료의 출처에 관하여

사람들이 먼 옛날의 역사를 이야기할 때마다 '신화'나 '전설'에 같이 연결 짓기를 좋아한다. 그러나 진지하게 분석해 보면 이 두 가지는 서로 구별된다. 신화는 신뢰성이 적지만 전설은 어느 정도 근거가 있어서 완전히 억측과 남의 이름을 빌린 것만은 아니다. 사상과 언어를 기록할 도구를 발명하기 전에 우리 조상들의 모든 생활과 활동에 관한 사실들은 모두 구전에 의지하였다.

이렇게 구술로 전승된 자료들은 옛날에는 사료로 취급되었다. 그래서 '예고 자〔古〕'는 《설문해자(說文解字)》에 "옛이야기〔故〕이다. 열십자〔十〕와 입구 자〔口〕에서 유래된 것으로 이전의 일화들을 아는 것이다."라고 하였다. 이 글자의 구조는 열과 입에서 유래되었으며, 열 명이 서로 이야기를 전달한다는 뜻을 가지고 있다.[10] 이는 종적인 연계, 즉 시간과 시간 사이의 연계를 가리킨다. 이렇게 대대로 전해진 역사적 사실은 모두 아주 옛날 사람들의 입에서 나온 것들이다. 바로 우리가 어릴 적에 즐겨 들었던 집안 어른들이 말씀해 주시던 고조부 증조부의 옛이야기와 똑같다. 그런데 어머니께서 들려주시는 이야기는 할머니께서 들려주셨던 것만큼 자세하고 친절하지는 않다. 대개 이른 시대의 사람일수록 옛일들을 많이 알고 있으며, 더욱 자세하게 설명해 주는 법이다. 그렇다면 과연 우리는 저 풍부한 전설 자료들을 신뢰할 수 없는 것이라고 멋대로 재단할 수 있을까?

오늘날 선사 시대 문화를 연구하면서 출토 문물이라는 가장 귀한 자료에

10 예고 자는……있다 : 많은 갑골문 자료에서 고(古) 자는 라고 표기되며, 십(十)은 이다. 청동기 금문 시기에 들어선 후에 비로소 처럼 가운데가 불룩해진다. 따라서 고(古)를 십(十)과 구(口)의 회의자로 보기는 어려우며, 어떤 독자적인 의미를 가진 글자로 추측된다.

의존해야 한다는 것은 의심할 여지가 없다. 그럼에도 불구하고 고대의 유물은 우리 조상들이 활동하면서 이룩한 작은 부분에 불과하며, 그중에서 지금까지 남아 있다가 발견된 것들도 실제로 사용하던 물건들 가운데 지극히 일부에 불과하다는 점을 지적하고 넘어가야 한다.

사실 이렇게 너무나도 소량의 유물들만이 옛것을 탐구하는 유일한 근거라고 할 수는 없다. 따라서 우리는 선사 시대 문화에 대한 연구를 진행하면서 자연히 자료의 범위를 넓힐 수밖에 없다. 자료의 범위를 지하에서 발굴된 것에 국한하지 말아야 할 뿐만 아니라, 출판된 책들 가운데 경·사·자·집에 해당하는 것으로만 한정하지도 말아야 한다. 모든 문자 기록 자료를 사료로 삼아야 문제가 더욱 쉽게 해결된다. 문자 기록 자료들 가운데 옛 역사를 고증할 수 있는 것으로 대체로 다음의 두 가지를 예로 들 수 있을 것이다.

## 1 고문자로 역사를 증명한다

문자는 노동하던 사람들이 창조해 낸 것이다. 창조 과정에서 아주 자연스럽게 그들의 생활과 활동의 흔적이 그림과 이미지로 남아서 문자 속에 보존되었다. 우리는 오늘날 고문자에서 우리 선조들의 역사와 관련된 것을 상당히 많이 발견할 수 있다. 예컨대 상고 시대 우리 선조들은 홍수라는 큰 재해를 입었는데, 이는 망각될 수 없는 큰 사건이었다.

그래서 '석(昔)'이라는 글자는 갑골문에서 라고 되어 있으며, 이는 고대 한자에서 가장 이른 시기의 형태이다. 글자 위에 있는 라는 것은 홍수가 나서 강이 범람한 모습과 닮았다. '석(昔)'은 또 라고 되어 있기도 한데, 당시에는 을 위에 놓든지 아래에 놓든지 상관없었다. 이로써 옛사람들이 홍수라는 재난을 잊지 않으려고 하였으며, 따라서 '석(昔)'이라는 글자를 만들 때 홍수가 일어난 날에서 그 뜻을 취했다는 것을 짐작할 수 있다.[11] 이

얼마나 의의가 있는 문자 기록인가.

홍수가 일어나면 농작물은 물에 잠기고 건물들은 파괴되기 때문에, 사람들은 높은 지대로 옮겨서 살 수밖에 없었다. 이렇게 비교적 높은 지역을 옛사람들은 '주(州)'라고 불렀다. 그러므로 주(州)라는 글자의 모습은 인데, 고문에서는 라고 썼다. 주위의 물 흐름이 깊고 넓으며 가운데에 언덕이 있어 사람이 거주할 수 있는 모습과 닮았다. 《설문해자》에도 "물 가운데 거주할 수 있는 곳을 주라고 한다."라고 하였으니, 이것이 바로 본래 뜻이다. 이는 실제로 홍수가 일어났을 때 살던 사람들의 모습을 그린 구체적인 상형자로, 나중에 "야(野)를 구획하고 주(州)를 나눈다."라는 말이나 '9주', '12주'의 이름이 모두 인신(引伸), 즉 파생된 뜻이다.

우리 조상들이 동굴과 들에서 살 때 독사와 맹수가 곳곳에서 사람들의 생명을 해쳤으며, 이는 글자에도 깊은 이미지로 남아 있다. '사(蛇)'라는 글자는 옛날에는 '타(它)'라고 썼고, 라는 형태였다. 《설문해자》에는 "만곡형이면서 꼬리를 늘어뜨린 모습이다. 상고 시대 숲 속에서 살던 시절 사람들은 그것을 두려워해서 서로 그것[它]이 없느냐고 물었다."라고 했다.

예전에 농촌에서 아주 유행하던 어떤 금기가 있었는데, 평소에 가장 두려워하는 것들, 예컨대 호랑이, 귀신 등의 이름을 감히 부르지 못하고 대신에 관습적으로 '그것'이라고 불렀다. 이는 아마도 먼 옛날부터 전해 내려온 습속일 것이다. 우리 조상들이 독사 때문에 고생하던 시절 지인을 만나면 "요새 그것이 와서 해친 적은 없는가?"라고 물었으며, 이에 뜻이 변하고 인신되어 '타(它)'는 제삼자를 가리키는 글자로 사용되었을 것으로 추측된다.

독사도 정말 많이 해로웠지만, 맹수들은 더욱 무서운 존재였다. 맹수 가운

11 이로써……있다 : 이 해석 역시 고문자 학계의 일반적인 견해라고 보기에는 무리가 있다. 예컨대 양수달(楊樹達)은 석(昔)이 작(昨)과 서로 통한다고 하면서 다양한 관련 사례를 제시하였다. 〈맹자석자설(孟子昔者說)〉을 참조하라. 《古文字詁林 卷6, 上海教育出版社, 2004, 433쪽》

데 호랑이가 가장 사나워서 자주 사람을 잔혹하게 죽였다. 우리 조상들은 글자에 그것의 형태를 남겼다. '학(虐)'이라는 글자는 전서(篆書)로 라고 쓰는데, 호랑이가 발톱으로 사람을 잡는 모습이다. 이 얼마나 무서운 놈인가. 그러나 당시 또 다른 맹수인 멧돼지가 있었는데 놀랍게도 호랑이와 싸울 수 있었다. 《설문해자》에서 '거(豦)'라는 글자 아래에 "시(豕)와 호(虍)에서 유래되었다. 돼지와 호랑이가 싸워서 서로 놓지 않는 모습이다."라고 하였으니, 그 흉맹함을 알 수 있다. 이 동물은 '희(豨)'라는 고유명사로 불렸다.

《설문해자》에 "옛날에 봉희(封豨)와 수사(修蛇)의 피해가 있었다."라고 하였는데, 봉에는 크다는 뜻이 있고, 수에는 길다는 뜻이 있다. '봉희수사'가 바로 나중의 '봉시장사(封豕長蛇)'이다. 이 두 짐승을 사람들이 가장 두려워하고 미워하였기 때문에 '봉시장사'라는 네 글자는 악인의 대명사가 되었다.

이러한 글자들에서 우리 조상들이 먼 옛날에 입었던 자연재해와 기타 동물들의 습격이 얼마나 심각했는지 알 수 있다. 그들이 오랜 투쟁 끝에 홍수와 맹수를 이기고 비로소 생존할 수 있었던 것도 우리가 오늘날 밝혀내지 말아야 할 역사적 사실이란 말인가.

다음으로, 옛날의 생활을 언급하면서 고문자에서 우리 조상들의 의식주에 관해서도 고찰할 수 있다. 사람들이 습관적으로 사용하는 '여모음혈(茹毛飮血)'이라는 네 글자는 고대의 먹을 것과 마실 것을 묘사하고 있다. 보통 날짐승과 들짐승의 털을 먹고, 날짐승과 들짐승의 피를 마신다고 해석하지만 이 설명은 잘못되었다.

옛날의 해석에 따르면 털은 풀의 다른 이름이다. 《춘추좌전(春秋左傳)》 은공(隱公) 3년에 '시내와 늪의 털〔澗溪沼沚之毛〕'이라는 구절이 있는데, 주석에서 "털은 풀이다."라고 하였다. 그리고 피는 물의 통칭이다. 《관자(管子)》 〈사시(四時)〉에 "추위는 물과 피를 만든다.〔寒生水與血〕"라고 하였는데, 주석에서 "피는 물의 한 종류이다."라고 하였다. 우리 조상들이 음식을 익혀 먹는 것을 발명하기 이전에는 배고프면 열매를 먹고 목마르면 개울이나 연못의 물을 마셨으니 다른 동물들과 아무런 구별이 없었다.

《회남자(淮南子)》〈요략(要略)〉에 '여초음수(茹草飮水)'라고 하였으니, 이는 곧 '여모음혈' 네 글자의 원래 뜻이다. 본래 글자의 구조를 가지고 보자면, 血라는 글자는 명(皿)과 일(一)에서 나온 것으로 물건이 담겨 수평이 된 형태와 닮았다. 여기에는 어떤 종류의 액체도 담을 수 있으며, 반드시 오로지 날짐승과 들짐승의 피만 가리키는 것은 아니다. 만약에 글자의 본래 뜻을 찾지 못했다면 왜곡과 오해를 피할 수 없었을 것이다.

우리 선조들은 옷을 발명하기 이전에 거친 천과 짐승의 가죽으로 자신의 하반신만 가릴 줄 알았다. 그 형태가 巿이며, 바로 무릎 앞을 가리는 헝겊을 뜻하는 불(韍)이라는 글자이다. 아마도 최초의 고문자는 巿로 집작되는데, 위는 사람의 머리와 두 손, 아래는 불의 형태와 닮았다. 먼 옛날 복식이 얼마나 간단했는지 알 수 있다. 이 '불(巿)'이라는 글자와 도시의 '시(市)'는 완전히 다른 글자이다. 진 시황 때 바다로 선약(仙藥)을 찾으러 간 서불(徐巿)의 불은 본래 불(韍)이며, 복(福)이라고 읽는다. 그래서 《후한서》〈동이전(東夷傳)〉에서는 그냥 서복(徐福)이라고 하였다. 오늘날 사람들이 대부분 서불의 불을 도시의 시라고 하는데 큰 잘못이다.

우리 조상들은 아직 직접 집을 짓는 방법을 알기 이전에 산 속의 동굴과 움집에서 살았다. 《시경(詩經)》에서 이야기하는 '도복도혈(陶復陶穴)', 즉 동굴과 구덩이에서의 생활은 장기간 지속되었다. 동굴이 너무 깊으면 햇빛과 공기가 통하지 않기 때문에 꼭대기에 구멍을 하나 뚫어 밝기를 조절하려고 하였다. 그런데 비가 내리면 물이 이 구멍을 통해 아래로 흐르는데 이 현상을 '루(漏)'라고 하거나 '류(霤)'라고 불렀다. 나중에 집을 지을 때도 이 공법을 계속 보존했는데, 보통 천정(天井)이라고 불렀다. 옛 책에서 중류(中霤), 옥루(屋漏)라고 한 것이 모두 '도복도혈' 시대의 유산이다.

먼 옛날의 생활 습관 가운데 후대까지 보존된 것은 사는 집뿐만이 아니다. 음식과 의복에서도 그 흔적을 아직 찾을 수 있다. 예컨대 《예기》에 "준(尊)이라는 술그릇에는 현주(玄酒)를 따른다. 백성을 교화하면서 근본을 잊기 않기 위함이다."라고 하였다. 또한 "태갱(太羹)에 여러 조미료를 섞지 않는다."라고 하였는데, 주석에 "먼 옛날의 국물에는 소금과 채소가 들어가지 않았는데 당시 제사를 지낼 때 사용되었다. 근본을 잊지 않았음을 보여 주기 위함이다."라고 하였다. 여기서 언급한 '현주'와 '태갱'은 곧 맑은 물과 맑은 국의 다른 이름으로, 의도적으로 '여초음수'의 습속을 보존하려 했음이 틀림없다.

의복에 관해서 말하자면, 오늘날 노동자들, 특히 장강(長江) 이남 농촌의 남녀들은 보통 허리에 치마를 둘러서 하반신의 앞쪽을 가리는 것을 좋아한다. 이는 곧 앞을 가리는 불(巿)의 흔적이다. 이로써 어떤 고고학 자료들 가운데는 오늘날 생활 습관에서 그 사실을 증명할 수 있는 것들이 상당히 많음을 알 수 있다. 위에서 언급한 것들은 모두 비교적 분명한 사례이다.

그다음으로 언급할 것은 생산도구의 발명이다. 이 역시 고문자에서 우리 조상들이 농업 생산을 진행해 온 상황에 대해 살펴볼 수 있다. 대체로 농경사회로 진입한 이후 원시적인 농기구들이 출현하였다. 제일 처음에는 나무로 된 쟁기〔耒〕와 쟁기날〔耜〕이 있었다. 쟁기는 굽은 나무로 만들었으며, 쟁기날은 쟁기 끝에 부착된 단단한 나무로, 땅을 파기 쉽도록 아주 날카롭게 갈았다. 아마도 최초의 쟁기는 손으로 밭을 갈 때 썼던 굽은 나무에 불과하며, 그 끝이 뾰족한 부분으로 땅을 팠을 것이다. 이 뾰족한 부분은 쉽게 절단되기 때문에 얼마 지나지 않아 비교적 단단한 목재를 붙였고, 이것을 쟁기날이라고 이름하였다. 구리와 철을 쟁기날에 붙인 것은 나중의 일이다.

갑골문에 '적(耤)'이라는 글자가 있는데, 이라고 쓴다. 마치 사람이 손에 쟁기를 들고 발로 그 밑을 밟는 모습이다. 우리 선조들이 처음 땅을 갈 때 이런 모습이었을 것이다. 오늘날 가래〔鍬〕로 땅을 가는 사람들도 양손으로 가래의 손잡이를 잡고 발을 사용하여 힘으로 가래를 누르니 먼 옛날 땅을 가는 모습이 아직 여기에 남아 있다고 할 수 있다. 우경(牛耕)을 발명하기 이전, 우리 조상들은 오로지 자신의 손과 발만을 사용해서 노동을 하였으니 얼마나 힘들었겠는가. 《회남자》〈주술(主術)〉에 "한 명이 쟁기를 발로 밟아서〔跖耒〕 땅을 갈면 열 무(畝)도 하지 못한다."라고 하였다. 척(跖)이라는 글자는 발로 밟는다는 뜻이다. 물론 이런 식의 작업은 효율성이 상당히 낮았을 것이다.

농촌에서는 땅을 간 뒤에 비로소 파종을 한다. 파종한 뒤 얼마 지나지 않아 싹이 트는데, 싹과 싹 사이에서 자라는 잡초들을 열심히 제거해야 비로소 그것들이 잘 성장하게 된다. 이렇게 잡초를 제거하고 흙을 부드럽게 만드는 작업을 김매기〔耨〕라고 한다. 옛사람들은 자주 김매기와 밭갈기〔耕〕를 함께 언급하였다. '심경이누(深耕易耨)'라는 말은 일종의 농사 방법으로, 땅을 갈 때는 깊게, 김맬 때는 얕게 하라는 것을 가리킨다.

우리 조상들이 금속 농기구를 발명하기 이전에는 조개껍질〔蚌殼〕로 잡초를 제거하고 흙을 부드럽게 만드는 작업을 진행하였다. 《회남자》〈범론(泛論)〉에 "옛날 예리한 보습으로 밭을 갈고, 날카롭게 간 조개로 김매기를 하였다."라고 하였다. 이는 상고 시대에 조개껍질을 농기구로 삼았다는 최초의 기록이다. 조개, 즉 '신(蜃)'의 처음 형태는 '신(辰)'임에 틀림없다. 청동기 금문에, 신(辰)은 부을정(父乙鼎) 또는 우정(盂鼎) 이라고 되어 있다.[12] 그리고 갑골문에는 라고 되어 있으며,[13] 조개껍질과 그 모습이 정말로 유사하다.[14] 농기구를 신(辰)이라고 했기 때문에, 농(農), 욕(辱), 누(耨)

12 청동기……있다 : 사실 부을정의 '신(辰)'은 으로 본문에서 장순휘가 든 '부을정'의 '신(辰)'과는 전혀 다르다. 또한 우정에서의 '신(辰)'은 으로 장순휘가 든 우정의 글자와 형태가 다르다. 오히려 본문의 글자는 전국 말 전한 초의 글자와 유사하다. 예컨대 수호지진간(睡虎地秦簡), 마병신인(馬丙辰印) 등이 있다.

13 갑골문에는……있으며 : 갑골문에서의 '신(辰)'은 으로 역시 장순휘가 본문에서 든 글자와는 형태가 다르다.

14 조개껍질과……유사하다 : 허신은 《설문해자》에서 '신(辰)'은 '진(震)'의 옛 형태라고 하였으며, 여러 고문자 연구가들은 '신(辰)'의 갑골문은 돌〔石〕이나 쟁기〔耒〕와 관련이 있다고 보았다. 구석규(裘錫圭)는, '신(辰)'의 갑골문이 '농(農)'과 관련이 있다고 하지만 그것이 조개껍질과는 아무 관련이 없으며 그런 주장 자체가 잘못이라고 못 박았다. 《古文字詁林 卷10, 上海教育出版社, 2004, 1121～1127쪽》

등의 여러 글자 모두 신(辰)에서 유래하였다. 글자가 만들어질 때 진실한 사료가 이미 그 속에 간직되었다.

## 2 제자백가서와 전기로 역사를 증명한다

제자백가서와 전기(傳記)는 역사적 사실을 기록하기 위해서 지어진 것은 아니지만 뜻밖에 상당한 사료를 보존하고 있다. 특히 먼 옛날 전설 가운데 제자백가서와 전기에 수록된 것이 꽤 많다. 예컨대 전설 시대의 유소씨(有巢氏), 수인씨(燧人氏), 복희씨(伏羲氏), 신농씨(神農氏) 등의 이러한 명사들은 춘추 전국 시기의 제자백가서와 《역대전(易大傳)》《주역(周易)》의 〈계사(繫辭)〉를 가리킨다. 에 처음 등장하므로, 결코 사실무근이 아니다. 물론 저 먼 옛날에는 문자도 아직 출현하지 않았다.

따라서 어떤 함의를 간직한 이런 명사들은 당연히 후세 사람들이 지어낸 것이며, 어떤 사물을 창조한 개인에게 붙여진 것이 아니라 사회 진화의 어느 한 단계에 붙여진 것들이다. 다시 말해 선사 시대 문화의 네 가지 단계의 대명사인 것이다. 과거 학자들은 모두 이 '씨(氏)'라는 글자에 얽매여 그것을 성씨의 '씨'로 보고는 자연스레 유소씨, 수인씨, 복희씨, 신농씨를 네 명의 성인으로 간주했는데 이는 잘못이다.

모건(Morgen)과 엥겔스(Engels)의 분석법을 따르면 선사 시대의 문화는 크게 몽매와 야만이라는 두 시대로 나뉜다. 엥겔스의 《가족, 사유재산과 국가의 기원》 제1장을 보라. 그렇다면 유소씨는 몽매 시대의 가장 낮은 단계, 수인씨는 몽매 시대의 중간 단계, 복희씨는 몽매 시대의 최고 단계이며, 신농씨는 야만 시대에 속한다. 이는 인류 진화의 특징과 순서와 실제로 서로 부합하며, 다음과 같이 표로 그릴 수 있다.

| | | | |
|---|---|---|---|
| 몽매 시대 | 최저 단계(나무 위에서 생활하였다.) | 유소씨(有巢氏) | 구석기 시대 |
| | 중간 단계(불을 쓰기 시작하였다.) | 수인씨(燧人氏) | |
| | 최고 단계(사냥을 하기 시작하였다.) | 복희씨(伏羲氏) | |
| 야만 시대 | (농사를 짓기 시작하였다.) | 신농씨(神農氏) | 신석기 시대 |

이로써 제자백가서와 전기에 언급된 유소씨, 수인씨, 복희씨, 신농씨는 비록 완전히 과학적이라고는 할 수 없지만 근거 없는 상상이 아님이 분명하며, 이러한 옛이야기들은 대대로 전해지다가 춘추 전국 시대에 이르러 비로소 기록되기 시작하였음을 알 수 있다. 우리가 저 이름들을 보면서 그 함의를 한 번 생각해 보고 동시에 그것들의 배열 순서도 함께 살펴본다면 비교적 과학적이라고 할 수 있을 것이다.

사람들이 '유소', '수인'이라는 두 개의 명사를 보고 그 뜻을 곰곰이 생각해 보면 그것들이 진화의 두 단계라는 것을 확신할 것이다. 그런데 '복희', '신농' 등의 글자에서는 그다지 확실하지 않다. 따라서 우리는 반드시 문자의 본래 뜻에서부터 한 발짝 더 나아가 이해해야 한다.

'복희씨'는 《주역》 〈계사〉에서 '포희씨(包犧氏)'라고 되어 있으며, 《경전석문(經典釋文)》에서 정현(鄭玄)의 주석을 인용하여 "포(包)는 취(取)한다는 뜻이다. 날짐승과 길짐승을 모두 희(犧)라고 한다."라고 하였다. 이것이 사냥을 가리키는 것이 아니란 말인가? 《이아(爾雅)》 〈석고(釋詁)〉에서 "신(神)은 다스린다는 뜻이다."라고 하였다. 그렇다면 '신농'이라는 글자는 "밭을 다스린다."라고 자연스레 이해될 것이다. 이것이 농사를 가리키는 것이 아니란 말인가? 《예기》 〈월령(月令)〉에 "여름의 마지막 달, 즉 계하(季夏)에, 영(令)을 내리지 않고 기다리고만 있으면 신농의 일을 방해하게 된다."라고 하였는데, 이 역시 밭을 다스리는 것을 가리킨다.

본래 이러한 명사들의 뜻은 아주 단순하고 명확한 것이었다. 그런데 한나라 때 학자들에 이르러 그것이 신성시되기 시작하였다. 예컨대《백호통의(白虎通義)》에서는 "말복(末伏)에 변화했기 때문에 복희라고 하였다.", "백성에게 농사짓는 법을 가르치고 신으로 변하여 백성들로 하여금 따르게 하였기 때문에 신농이라고 하였다."라고 하였다. 이 모두 견강부회이니 필히 수정되어야 한다.

## 제5절 연계의 관점에서 사물을 이해하기

연계의 관점에서 사물을 이해하는 것은 유물 변증법의 기본 원칙 가운데 하나이다. 우리는 이것을 역사 연구에 응용하되 두 방면으로 나누어 시도해 볼 것이다. 하나는 종적인 연계로, 즉 시간의 연계로 사물을 이해하는 것이다. 다른 하나는 횡적인 연계로, 즉 면과 면의 연계로 사물을 이해하는 것이다. 종종 이 두 가지는 서로 뒤섞여 활용되어 더 깊이, 그리고 폭넓게 문제를 분석할 수 있도록 한다. 이제 저 두 방면에 대해서 따로 분리하여 이야기하도록 하겠다.

### 1 종적인 연계-시간의 연계로 사물을 이해하기

우리는 늘 체계적으로 역사 지식을 공부할 것을 강조한다. 도대체 어떻게 해야 체계적일 수 있을까? 모든 역사적 사건을 발생에서 시작하여 발전, 변화하는 과정들의 당연한 이치를 아는 것뿐만 아니라, 낱낱이 조리 있고 철저하게 그렇게 된 까닭, 즉 소이연(所以然)을 명확하게 이해해야 비로소 체계적인 지식을 가졌다고 할 수 있다. 이제 다음의 사례를 들어서 이 방법을 활용하여 문제를 분석하는 것의 중요성을 설명하도록 하겠다.

#### 조세의 감면, 균전제(均田制)의 사례

옛날 봉건시대의 학자들은 '문경지치(文景之治)'를 한나라의 황금시대라고 칭송하였다. 《한서》 〈식화지(食貨志)〉에서도 이 시기의 15분의 1, 30분의 1의 조세 감면 정책을 적극적으로 소개하였다. 이는 당시 생산력 발전에 일정한 의의와 효과가 있었지만 이러한 조치는 결국 일반 지주 계급에게 큰 이익을 주었다. 농지를 많이 가질수록 이익은 더욱 커졌다.

왜냐하면 중국 봉건사회의 조세제도에서 지주는 정부에 대해 책임을 지고, 직접 생산에 참여하는 절대다수의 가난하고 고통받는 농민은 지주에 대해 책임을 지기 때문이다. 정부는 계급 모순을 완화하기 위해서 종종 조세를 감면했지만, 소작농이 지주에게 납부해야 하는 소작료는 한 되도 줄어들지 않았다.

그래서 한나라 말기 학자인 순열(荀悅)은 《한기(漢紀)》 권8에서 문제(文帝)와 경제(景帝) 시기의 병폐에 대해 "정부에서 세율이 1퍼센트인 부(賦)라는 세금을 걷지만, 백성들은 50퍼센트가 넘는 세(稅)를 납부한다. 정부가 주는 혜택은 삼대 시대보다 낫지만, 힘 있는 자들의 침탈은 망해 버린 진나라보다 가혹했다."라고 하였다. 이는 봉건 정권의 모든 정책이 처음부터 끝까지 자신들이 속한 계급, 즉 지주 계급을 위해 마련된 것임을 구체적으로 보여 준다.

이러한 관점을 활용하여 485년 북위(北魏)가 반포한 균전제와 연계해 보자. 15세 이상의 성인 남자〔丁男〕는 노전(露田) 40무(畝)를 받을 수 있으며, 성인 여자〔丁女〕는 20무를 받을 수 있다. 정남이나 정녀에게 노비가 있다면, 성인 남자와 여자에 준해서 밭을 받는다. 소가 있다면, 별도로 한 마리당 30무의 밭을 더 받는다. 이 역시 지주 계급에게 이익을 주는 것이다. 그리고 대지주일수록 처와 첩, 자녀의 숫자가 더욱 많으며 많은 노비와 소를 부양할 것이니 당연히 많은 밭을 받을 수 있을 것이다.

하지만 가난으로 고통받는 불쌍한 농민들은 결혼의 기회도 흔치 않다. 한 가구에 식구가 몇이나 되겠는가. 당연히 아주 제한된 면적만 받을 수 있을 것이다. 게다가 그들이 부담하는 조세에 대해서 말하자면, 보통의 부부는 조〔粟〕 2섬(石)을 조(租)라는 세금으로 내야 하고, 비단 한 필을 조(調)라는 세금으로 내야 하며, 마(麻)가 나는 지역에서는 포(布) 한 필을 조(調)라는 세금으로 내야 했다. 또한 남자는 요역(徭役)과 병역(兵役)의 의무도 짊어져야 했다.

반면 지주의 노비들은 각각 보통의 부부가 납부하는 조(租)와 조(調)의 8분의 1만 내면 되었다. 이 제도가 설마 지주의 이익을 크게 고려하지 않았다고 할 수 있단 말인가. 이렇게 연계해서 문제를 보면, 자연스레 봉건시대의 정권이 누구를 위해 봉사했는지 그 본질이 더욱 분명해진다.

### 사상과 학술의 사례

대체로 어떤 시기에 새로운 학설이나 탁월한 사상가의 출현은 절대로 다른 요소들과 관련 없는 것이 아니다. 그것의 시대 배경 이외에도 당시 주변 사물들과 긴밀한 관계를 맺고 있다. 특히 약간 이전의 시대나 이후의 시대와 더 많은 관계가 있다.

예컨대 오늘날 서진(西晉)의 대사상가인 포경언(鮑敬言)의 〈무군론(無君論)〉을 이야기할 때, 사람들은 모두 이것이 일종의 진보적인 견해로 당시의 통치 계급을 무자비하게 공격했다는 것을 알고 있다. 조씨(曹氏)와 사마씨(司馬氏)가 국정을 전횡하고 살인을 일삼았던 것이 오래되지도 않았는데, 갑자기 군주의 권력을 타파하고 계급적 억압을 없애 버리는 이러한 이론을 세웠다는 것은 정말로 대담하다고 하지 않을 수 없다.

하지만 이러한 사상의 탄생은 당시 계급 모순이 아주 첨예했다는 것을 정확하게 반영한다. 설사 포경언이 저런 견해를 피력하지 않았다 하더라도 이러한 학설은 다른 누군가에게서 분명히 출현했을 것이다. 그럼에도 불구하고 당시 통치 계급의 잔혹한 통제 아래에서 포경언처럼 눈을 크게 뜨고 공공연하게 자신의 견해를 제기한 보통의 지식인들은 그리 많지 않았으며, 그나마 은밀한 방식으로 소재를 바꾸어서 자신의 주장을 서술하는 데 불과하였다.

포경언 이전, 삼국 시대의 완적(阮籍)과 혜강(嵇康)은 결코 단순히 술독에 빠진 술꾼이 아니었으며, 정치적으로 모두 자신들의 이상을 가지고 있었다. 예컨대 완적이 지은 〈대인선생전(大人先生傳)〉에서는 "옛날에 군주가 없었지만 여러 사물이 제자리를 지켰고, 신하가 없었지만 만사가 형통했다. ……군주가 등장하니 학정이 출현하였고, 신하가 생기니 도적이 발생하였다."라고 하였다. 이것이 바로 〈무군론〉의 선구가 아니겠는가.

혜강도 〈당우시(唐虞詩)〉를 지었는데, 계급도 착취도 없었던 원시사회의 유쾌함을 노래하고 있다. 그리고 진(晉)나라 말엽 도연명(陶淵明)이 지은 〈도화원기(桃花源記)〉는 유토피아를 묘사하고 있으며, 어느 정도 당시 사람들의 요구와 희망을 반영하고 있다. 이런 식으로 연계하여 문제에 대해서 이야기해 보면, 포경언의 〈무군론〉이 다른 어떤 것과 아무 관련 없이 독자적으로 출현하지 않았을 뿐만 아니라, 이러한 학설의 출현이 필연적이었음을 알게 된다.

### 과거제도에 관한 사례

오늘날 사람들이 중국사의 문화 부문을 서술할 때 과거제도에 대해서는 아주 간략하게만 언급한다. 이 제도는 수나라 때부터 청말에 이르기까지 1300여 년 동안 지속되었다. 이렇게 기나긴 시간 동안 사상은 어떻게 속박당하고 얼마나 많은 사람들이 곤경에 빠졌는지부터 과거제도의 발생·발전 및 변화의 모습까지 모두 확실히 할 가치가 있는 것이다.

우선 과거제도 이전에 봉건 통치자들은 관리를 선발하는 방법으로 구품중정제(九品中正制)를 채택했으며, 구품중정제 시행 이전인 한나라 때는 찰거(察擧)와 징벽(徵辟)[15]으로 인재를 뽑았다는 것을 잘 알아야만 한다. 그런데 왜 이러한 방법들은 오랫동안 시행되지 못하고 오로지 과거만 천 몇백여 년 동안 시행되었던 것일까? 만약에 다른 것과 이 문제를 연계해서 이야

15 찰거(察擧)와 징벽(徵辟) : 찰거는 한나라 때 지방 장관이 인재를 심사하여 중앙 조정에 추천하던 제도이고, 징벽은 황제나 중앙 관료, 지방 장관이 학덕 있는 인물을 초빙하던 제도이다.

기한다면 역대 제도가 서로 계승·변혁된 기본 원인을 찾을 수 있을 것이다. 한대에 시행된 찰거와 징벽의 결과, 지방 관리에게 실질적 통제권이 부여되어 외중내경(外重內輕)의 형세가 이루어졌다. 따라서 이는 중앙 정권을 공고히 하는 데 불리했다.

다른 한편으로는, 당시 사회에서 사리를 채우는 당파를 만들고 관계를 통해 청탁하는 분위기가 형성되어 일시적으로 더욱 혼란스러워졌다. 조조의 위나라가 구품중정제를 처음 시행한 것은 바로 이러한 폐단을 고쳐 보려고 생각했기 때문이다. 그러나 구품중정제가 시행된 이후에도 사실상 인재를 승진·좌천시키는 권한은 여전히 소수, 혹은 한두 명이 쥐고 있었다. 아울러 당시 구품을 나누는 기준은 오로지 문벌이었다. 이러한 제도는 소수의 특권 계급을 위해서만 쓰였던 것임이 틀림없다. 세경(世卿)·세록(世祿)의 제도와 마찬가지인 것이 부활하기 시작한 것이다.

수나라와 당나라 때부터 과거제도로 인재를 선발하기 시작하였지만, 도리어 대지주 계급을 단결시키고 지주 계급에게 정부의 일에 참여할 수 있도록 편의를 봐주는 수단을 제공하여 대개 지주들의 진심 어린 비호를 받았다. 이것이 바로 과거제도가 1000여 년 동안 시행될 수 있었던 물질적 원동력 가운데 하나였다. 뿐만 아니라 과거제도는 귀족이 정권을 잡는 것을 제한하고, 중앙 집권 세력의 힘을 더욱 강화하였다.

게다가 명나라와 청나라 시기 '팔고(八股)'로 인재를 뽑는 것은 사람들의 사상에 쇠고랑을 채워 버렸다. 이 두 왕조에서 극에 달한 전제적인 통치가 수백 년 동안 유지될 수 있었던 것은 이러한 시험 제도를 이용하여 인재들이 서로 호응하는 것을 억제하였기 때문이다. 우리가 이렇게 연계해서 서로 비교해 본다면 관련 문제를 더욱 심도 있게 이해하는 데 도움이 될 것이다.

### 서적 편찬에 관한 사례

보통 역사책에서 명청 시기의 문화를 서술할 때면 꼭 《영락대전(永樂大

典)》과 《사고전서(四庫全書)》의 편찬을 언급하면서 이를 문화사의 양대 사건으로 여긴다. 이러한 견해가 틀리지는 않다. 그러나 정말로 당시 명과 청 두 왕조의 최고 통치자들이 문화유산의 보존만을 위해서 저 책들을 편찬했을까? 이는 명나라와 청나라 이전의 역대 제왕들이 사람들을 모아 대규모로 서적을 편찬한 이야기들과 연계해서 설명할 필요가 있다. 시대가 비교적 가까운 당과 송을 예로 들어 보자.

당 태종이 처음 천하를 평정했을 때, 수나라 말의 학자들이 많이 늙었지만 아직 죽지 않았으며 또한 그들의 명성이 천하에 널리 알려졌지만 적당한 자리를 마련할 도리가 없다는 것을 깨달았다. 이에 그들을 모아서 함께 서적을 편찬하도록 시켰다. 《오경정의(五經正義)》, 《수서(隋書)》, 《진서(晉書)》 등은 모두 통치자가 직접 지휘해서 작업을 진행한 것들이다. 그 밖에 《양서(梁書)》, 《진서(陳書)》, 《북제서(北齊書)》, 《주서(周書)》, 《남북사(南北史)》 등은 개인의 작품이지만 당시 정부의 지시와 지원을 받았다. 그래서 당나라 초기 서적 편찬의 성과는 상당히 볼만하다.

나중에 송 태종이 이 방법을 따랐으며, 규모도 더욱 커졌다. 《태평어람(太平御覽)》, 《문원영화(文苑英華)》와 같은 것은 1000권씩이나 되었고, 《태평광기(太平廣記)》와 같은 것도 500여 권이나 되었다. 남송 시기 왕명청(王明淸)의 《휘주후록(揮麈後錄)》 권1, 원대 유훈(劉壎)의 《은거통의(隱居通議)》 권13에서 송나라 초기 이러한 서적들의 편찬이 이전 왕조의 신하들을 구슬리는 계책이었다는 것을 지적하고 있다.

그렇다면 당시 최고 통치자가 행한 이 조치의 정치적 의의는 당연히 그것의 학술적 의의보다 훨씬 클 것이다. 위로 당나라 초 많은 서적의 편찬부터 아래로 명 성조(明成祖) 때 편찬한 《영락대전》과 청 강희제 때 편집한 《도서집성(圖書集成)》에 이르기까지 앞뒤로 서로 본받아 마치 도로에 마차가 딱 한 대 지나간 자국만 있는 것처럼 서로 비슷하다. 그러므로 더 자세히 분석하지 않아도 관련된 진실이 저절로 분명해진다. 하물며 청나라 건륭 연간,

《사고전서》의 편찬에 천하의 도서를 검열하겠다는 뜻이 있었으며 이에 불살라 버린 책들도 상당했다는 사실을 학자들이 모를 리 없다.

## 2 횡적인 연계-면과 면의 연계로 사물을 이해하기

사회와 사물은 다양한 방면에서 발전하며, 또한 서로 연관을 맺거나 제약하기도 한다. 만약에 단순히 모든 사건을 고립시켜서 본다면 단편적으로 이해하기에 십상이며, 사물의 진상을 찾을 수 없다. 그러므로 역사적 사실의 연구는 폭넓게 이해하는 데 주의를 기울이고 연계되는 분야들을 좀 넓혀야 비로소 전면적으로 문제를 분석할 수 있게 된다. 여기서는 두 가지 방면에서 쉽게 알아볼 수 있는 사례를 가지고 보충 설명을 하겠다.

### 문화 분석에서 면과 면의 연계

보통 역사책에서 양한 문화를 이야기할 때 인물 방면에서는 동중서(董仲舒), 사마천(司馬遷), 왕충(王充), 장형(張衡) 등만을 집중적으로 소개하고 정현(鄭玄)에 대해 이야기하지 않은 것은 정말로 큰 누락이다. 즉, 양한 시기의 문화를 서술하면서 연계된 부분이 그다지 넓지 못하다는 것이다.

왜냐하면 정현이라는 사람은 양한 시기의 것을 집대성한 경학가일 뿐만 아니라 중국 역사에서 문화유산의 정리를 상당히 성공적으로 완수한 학자이기 때문이다. 그는 몇 부의 중요한 경전에 주석을 다는 작업을 하였는데, 이는 당시와 훗날의 학술계에 직접적으로 큰 영향을 미치고 변화를 일으켰다. 그러므로 정현을 이해하고 서술하는 것은 매우 필요한 일이다.

다음의 문제도 우리가 연구할 만하다. 한나라 때 학관(學官)에 설치된 것 가운데 소위 오경박사(五經博士)가 있지 않은가. 이들은 모두 당시 스승의 가르침을 삼가 준수한 전문가들이었다. 한대 학관에서 가장 이른 시기 설치되었고 가장 많은 수를 차지하는 것이 바로 금문 경학(今文經學)으로, 한 시대를 풍미했다고 할 수 있을 것이다.

그런데 왜 오랫동안 정부의 지원과 도움을 받은 금문 경학자들이 한나라 말기에 이르러 쇠퇴했을까? 위진남북조 시대 이래로 왜 다시 금문을 가르치는 선생들의 학설이 모두 끊어지고 고문 경학이 크게 제창되었을까? 이것을 문화사의 큰 문제가 아니라고 하기는 어려울 것이다. 정현은 바로 중간에 이런 대전환이 발생한 원인 가운데 하나와 관련이 있다. 왜냐하면 정현은 경학을 연구하면서 '통학(通學)'이라는 길을 걸었기 때문이다.

그는 많은 학자들을 망라하여 고문과 금문 경학의 학설을 모두 매끄럽게 설명하였다. 그러나 결과적으로 그는 주석을 달면서 고문 경학의 학설에만 치우쳤고, 주로 이를 통해서 새로운 이치를 설파하였다. 예컨대 정현은《시경(詩經)》을 연구하면서 먼저 제(齊)·노(魯)·한(韓)이라는 세 학파, 즉 금문의 견해를 이해하였지만 나중에 오히려《모시(毛詩)》, 즉 고문을 주로 따랐고,《모시》에 주석의 일종인 전(箋)을 달았지만 삼가시(三家詩), 즉 제·노·한 세 학파가 전승한 시에 관해서는 어떤 저술도 남기지 않았다. 다른 많은 경전을 따져 보면 이와 같지 않은 것이 없다. 이는 고문 경학의 학설에 막대한 지지를 보낸 것과 다름이 없다.

우리 선조들이 조판 인쇄술을 발명하기 이전에는 모든 책이 다 필사되었다. 정현은 한나라 말에 이미 아주 유명했으며, 또한 단점을 버리고 장점을 살리면서 많은 경전에 대해서 모두 새로운 주석을 달았기 때문에, 당시 학자들 모두 간략하고 쉽게 따를 수 있는 주석본이 생겼다고 여겼다. 이에 다시는 다른 주석본을 필사하지 않았으며, 금문 경학의 학설도 소수의 사람들만이 궁금해했기 때문에 더욱 빠르게 사라져 갔다. 이는 당연히 금문 경학이 쇠락하게 된 원인 가운데 하나가 되었다. 물론 가장 주요한 다른 원인이 있기는 하다. 그러므로 우리가 양한 시기의 문화를 이야기할 때 정현을 연계시키지 않을 수 없다.

당나라 초기 《오경정의(五經正義)》, 《주례소(周禮疏)》, 《의례소(儀禮疏)》가 완성된 이후 몇 부 중요한 경전에 대한 정현의 주석은 한층 더 학술계에서 중시되었다. 학자들은 경전을 암송하고 익히면서 정현의 주석을 매우 찬양하였으며, 청나라 때 박학(樸學), 즉 고증학이 발전하면서 허신(許愼)과 정현(鄭玄)을 함께 '허정지학(許鄭之學)'이라고 일컬을 때까지 줄곧 그 영향력은 지극히 컸다. 따라서 오늘날에도 무관심하게 내버려 두고 말하지 않을 수 없다.

### 역사적 인물 소개에서 면과 면의 연계

중국 역사에 많은 탁월한 사상가, 문학가, 과학자, 예술가, 정치가, 병법가들이 있었음은 우리가 모두 익히 알고 있는 바이다. 그러나 우선 분명히 해야 할 것은, 옛사람이 학문을 하는 것은 오늘날의 분과학문처럼 한 사람이 단지 하나만 전공하지는 않았다는 점이다. 오히려 그들은 전면적으로 능력을 계발하려고 노력하였으며 각 분야에서 어느 정도 성취를 이루었기 때문에 무슨 전공의 '전문가'라고 그들을 제한하지 않았다. 후한의 장형(張衡)을 예로 들면, 사람들은 모두 그를 걸출한 과학자라고 인정하면서, 지진을 예측하는 후풍지동의(候風地動儀)와 천문을 관측하는 혼천의(渾天儀) 등을 제작한 사실을 너나없이 찬양하고 있다. 그러나 이렇게만 장형을 평가하는 것은 전면적이지 못하다.

먼저 우리는 후풍지동의와 혼천의의 제작이 그가 태사령(太史令) 직책에 있으면서 자연현상을 더 잘 파악하고 자신의 임무를 더욱 잘 수행하기 위해 힘들여 만들어 낸 것일 뿐이라는 점을 이해해야 한다. 사실 태사령의 직무에는 자연현상을 파악하는 것 이외에도 국가 기록물을 관리하고 역사를 정리하는 것도 있었다.

위대한 역사학자인 사마천도 한 무제 때 이 직책을 맡은 적이 있다. 이 직책은 실력도 없으면서 맡는 자리가 아니다. 장형은 두 차례나 태사령으로 있으면서 일찍이 "동관(東觀)의 임무를 맡아서 옛날부터 전해 온 기록들을 거두어 검토하고, 힘을 다해 부족한 부분을 보충하고자 합니다."라고 자청하는 상소를 올렸다.

또한 《사기(史記)》와 《한서(漢書)》에서 서술된 역사적 사실이 다른 책의 내용과 서로 맞지 않는 열 몇 개 사건을 보고하기도 하였다. 즉, 그의 역사학에 대한 지식이 매우 깊었다는 것을 알 수 있다. 다시 말해서 그는 당시 한 명의 과학자였을 뿐만 아니라 한 명의 역사학자였던 것이다. 그리고 그가 남긴 글은 주로 몇 편의 부(賦)에 집중되어 있는데, 오늘날 문학사를 이야기하면서 후한 시대에는 장형을 언급하지 않을 수 없으며, 그가 당시의 유명한 문학가였다고 단정할 수 있다.

또한 그의 과학적 두뇌는 미신에 빠지지 않았기 때문에 당시 성행했던 참위(讖緯)에 대해 힘을 다해 비난하고 배척하면서, 예언과 부적은 가장 해로운 것이며 반드시 그것을 없애 버려야 한다고 하였다. 이는 당시로서는 진보적인 견해였으며, 그가 걸출한 사상가였음을 단언할 수 있게 해 준다. 이렇게 장형이 여러 분야에서 이룩한 성취를 전면적으로 인정할 때 비로소 그가 역사에 끼친 여러 영향을 감추거나 축소하지 않을 수 있다.

그 밖에 남송의 왕안석(王安石)이 있는데, 그는 정치가이자 문학가이기도 하였다. 남송의 주희 역시 성리학자이면서 경학가였으며 그는 여러 경전에 두루 주석을 달았는데, 그 당시와 후세에 큰 영향을 미쳤다. 동시에 문학과 과학 분야에서 어느 정도 성취와 견해가 있었다. 따라서 그의 주요한 성과를 소개할 때 다른 분야들을 없애지 말아야 할 것이다.

## 제6절 기억을 돕는 중요 내용의 초록

조판 인쇄술이 발명되기 이전, 모든 책은 필사되었고 학자들도 책을 베끼는 일을 거의 일상 작업으로 여겼다. 책을 구하는 일이 쉽지 않았고 구했더라도 잃어버릴까 두려워서 열심히 읽곤 하였다. 따라서 암송하는 능력이 매우 강하였고, 학문의 기초도 아주 견실하게 다져졌다. 나중에 인쇄술이 발달하면서 학자들은 책을 더 쉽게 얻을 수 있었지만 암송 실력은 오히려 예전만 못해졌으니, 이는 당연히 어떤 이유가 있었기 때문이다. 북송 시대 소식(蘇軾)은 〈이씨산방장서기(李氏山房藏書記)〉에서 이러한 현상에 대해서 깊은 탄식을 하면서 다음과 같이 말하였다.

> 진한 시대 이래로 저술가들이 더욱 많아지고 종이와 글자도 날이 갈수록 간편해졌다. 그리고 책도 더욱 많아져서 세상에 없는 것이 없었지만 학자들은 꼼꼼하지 못하고 경솔하게 되었다. 어째서일까?……근래에 시장 사람들이 판각을 서로 돌려서 베끼니, 제자백가의 책의 경우는 하루에 만 쪽 정도 세상에 펴졌다. 학자들이 책을 이렇게나 쉽게 얻을 수 있었다. 그들의 문장이나 학술은 옛사람의 몇 배나 되었지만, 후배들과 과거 응시생들은 책을 한쪽에 처박아 두고 보지 않으면서 근거 없는 것만 한가로이 이야기하니, 이는 또 어째서인가?

그런데 이와 같은 탄식 속에는 무엇인가 의심하는 기미가 깃들어 있다. 남송의 주희가 이 문제를 겨냥하여 좀 더 연구하였다. 그는 《주자어류(朱子語類)》 권10에서 다음과 같이 말한 적이 있다.

> 오늘날 책을 읽는 데 꼼꼼하지 못하고 경솔하게 된 것은 인쇄본이 많아졌기 때문이다.……옛날에는 인쇄본이 없어서, 처음부터 끝까지 능숙하게 읽고 암송하지 않으면 구할 수 없었다. 암송한 것에 대한 강의 역시 모두 암기한 뒤에야 비로소 스승에게서 배울 수 있었다. 예컨대 소식은 〈이씨산방장서기〉에서 그 당시에는 책을 구하는 게 어려웠다고 하였다. 조조(晁錯)는 일찍이 《춘추공양전(春秋公羊傳)》, 《춘추곡량전(春秋穀梁傳)》을 가지고 싶어서 두루 찾아보았으나 구할 수 없었는데, 결국 나중에 한 권을 구해서 베낄 수 있었다. 오늘날 사람들은 쓰는 것도 귀찮아하기 때문에 독서가 꼼꼼하지 못하고 경박하게 되었다.

이는 독서가 꼼꼼하지 못하고 경박하며 숙련되지 못한 원인을 직접적으로 지적하고 있다. 즉, 사람들이 책을 구하기가 너무 쉬워서 각고의 노력을 들여 책을 필사하려고 하지 않기 때문에 학문의 내공이 옛사람들을 따를 수 없다는 것이다. 그러나 사실은 전혀 이와 다르다.

송대 이후의 학자들도 계속하여 책을 베끼는 노력을 게을리하지 않았다. 청나라 유학자들을 예로 들어 말하자면, 고염무(顧炎武)는 스스로 "사방을 돌아다녔지만 재간 있는 사람은 보이지 않았다. 현명한 주인이 책을 보여 주면 머물렀으며, 가끔 스스로 베끼거나 사람들을 모아 베끼곤 하였다."라고 말한 적이 있다. 〈초서자서(鈔書自序)〉를 보라.

건륭(乾隆) 연간에 이송운(李松雲), 장졸존(蔣拙存)은 10여 년의 시간을 들여 십삼경(十三經)을 손수 베꼈다. 그 일은 단옥재(段玉裁)의 《경운루집(經韻樓集)》 권1에 아주 자세하게 기록되어 있다. 능정감(凌廷堪)은 《교례당문집(校禮堂文集)》 권30 〈수초제경발(手鈔諸經跋)〉에서 스스로 9년 동안 《역(易)》, 《서(書)》, 《시(詩)》, 《주관(周官)》, 《의례(儀禮)》를 베꼈다고 하였다. 유월(俞樾)은 《춘재당잡문삼편(春在堂雜文三編)》 권3 〈탕문단수서구경발(湯文端手書九經跋)〉에서 탕금쇠(湯金釗)가 모든 경전을 세 번씩 베꼈다고 이야기했다. 전태길(錢泰吉)은 《폭서잡기(曝書雜記)》〈옛 책을 베끼기 좋아한 사람들에 관한 기록〔記所見喜鈔舊籍人〕〉이라는 글에서 이와 관련된 사람들을 더 많이 언급하고 있다.

그러나 이런 식의 필사 작업은 틀에 박힌 방법일 뿐이다. 오늘날 우리는 이런 식의 작업을 할 겨를이 없을 뿐만 아니라 할 필요도 없다. 왜냐하면 우리가 오늘날 배우는 범위는 옛사람들에 비해 넓고, 연구해야 할 것들도 옛사람들에 비해 많아서, 과거 봉건시대 학자들처럼 죽을 때까지 몇 부의 책을 고수하는 것만으로는 충분할 수 없기 때문이다. 사실 다시는 저렇게 헛되이 시간만 질질 끄는 작업을 할 정신과 체력이 없다. 그러므로 전체 책을 필사하는 공부 방법은 오늘날 이미 과거의 것이 되어 버렸다.

하지만 옛사람들에게도 융통성 있는 다른 한 종류의 서적 필사 방법이 있었으며, 남송 시대 학자들이 가장 성실히 수행하였다. 정리해 보면 다음의 세 종류의 양식으로 나눌 수 있다.

### 옛 책 전체를 새로운 것으로 고쳐 쓰기

예컨대 원추(袁樞)가 《자치통감(資治通鑑)》을 필사할 때 문(門)과 목(目)으로 구분하고, 분류에 따라 재배치하여 편집하였다. 모든 사건을 각각 처음부터 끝까지 자세하게 서술하였으며, 직접 제목을 달았다. 모든 편을 각각 연월에 따라 편집하여 자연스럽게 앞뒤가 일관되도록 하였다. 294권의 편년체(編年體) 사서를 기사본말체(紀事本末體)로 고쳐 썼다. 비록 원추 자신은 한 글자 한 구절도 추가하지 않았지만, 역사학계에 새로운 편술의 체례를 새로 세웠다.

### 여러 경전과 제자백가서에서 핵심 문장만 뽑아 베끼기

예컨대 위요옹(魏了翁)은 여러 경전과 주석들 가운데 핵심 문장만 간추려서 《구경요의(九經要義)》를 만들었다. 홍매(洪邁)는 여러 책을 간추려 정리한 노트를 가지고 있었다. 여러 경전과 제자백가서부터 전한 시기의 책들에 대한 것은 '법어(法語)'라고 제목을 붙였고, 후한 시기부터 당대에 이르는 것은 '정어(精語)'라고 제목을 붙였다. 이는 바로 한유(韓愈)가 "글을 편집하는 자는 반드시 그 깊은 내용을 잡아채야 한다."라고 한 것과 비슷한 방법이다.

역사서에 기재된 것에서 큰 사건을 채록하기

예컨대 황진(黃震)이 편찬한 《고금기요(古今紀要)》 19권은 역대의 사서에서 채록한 것이다. 위로는 삼황(三皇)부터 아래로는 송나라 철종(哲宗)에 이른다. 이는 한유가 "사건을 기록하는 자는 반드시 그 요점을 제시해야 한다."라고 한 것과 비슷한 방법이다.

이상의 세 가지 다른 유형의 책을 베끼는 방법은 남송의 학자들이 학문을 하는 내공이 매우 독실했음을 구체적으로 보여 준다. 남송 이래로 공부하기 좋아하는 선비들도 이 체계를 많이 본받았다. 원추가 《자치통감》을 재편집한 것과 같은 작업은 비교적 규모가 큰데, 옛사람들도 물론 이런 작업을 계속 이어서 진행했지만, 아무튼 초학자들은 할 수 없는 것이었다. 하지만 위에서 언급한 두 번째와 세 번째 부류는 기억하는 데 확실히 큰 도움을 준다. 우리가 만약에 그 뜻을 본받아 잘 활용한다면 여전히 의의 있는 작업이 될 것이다.

게다가 역사학의 전문적인 문제를 연구하거나 학술의 원류와 유파를 명확히 살피려고 마음먹은 이들은 더욱 관련 자료를 종합해서 분석하고 탐구할 필요가 있다. 이 작업이 바로 직접 필사하는 것이며, 중요한 문장들을 하나로 모으면 참고서로 쓰일 수 있다. 요새 사람 손덕겸(孫德謙)의 《고서독법약례(古書讀法略例)》 권4에 다음과 같은 경험담이 있다.

내가 제자백가의 학문을 공부한 것이 어언 30년이다. 《통고(通考)》 이는 손덕겸이 지은 《제자통고(諸子通考)》를 가리킨다.-인용자 가 아직 완성되기 이전, 제자백가서와 관련된 책을 보기만 하면 모두 베껴서 읽었다. 제자백가를 정리한 것으로는 《장자(莊子)》 〈천하(天下)〉, 《순자(荀子)》 〈비십이자(非十二子)〉, 《여씨춘추(呂氏春秋)》 〈불이(不二)〉, 《사기(史記)》 〈맹순열전(孟荀列傳)〉·〈노장신한열전(老莊申韓列傳)〉, 《회남자(淮南子)》 〈요략(要略)〉, 그리고 유주(劉晝)가 지은 《유자신론(劉子新論)》 〈구류(九流)〉, 유협(劉勰)이 지은 《문심조룡(文心雕龍)》 〈제자(諸子)〉 등이 있는데, 모두 베껴서 읽었다.

그리고 한 학파를 꿰뚫어서 보여 준 것으로는 《한서(漢書)》 〈예문지(藝文志) 제자략(諸子略)〉, 《수서(隋書)》 〈경적지(經籍志)〉의 자부(子部), 송나라 왕요신(王堯臣)의 《숭문총목(崇文總目)》, 명나라 초횡(焦竑)의 《국사경적지(國史經籍志)》가 있으며, 각 학파의 서론을 분류하고 모아서 필사하여 읽었다. 책 한 권을 전문적으로 논했던 일에 대해서 말하자면, 《안자(晏子)》, 《순자》 이하 전국 시대 제자백가의 작품들 가운데 지금까지 남아 있는 것이 2, 3십여 종 있는데, 《안자》와 《순자》의 경우 유향(劉向)의 〈서록(敍錄)〉부터 시작해서, 한유(韓愈)의 〈독순자(讀荀子)〉, 유종원(柳宗元)의 〈변안자춘추(辨晏子春秋)〉, 그리고 근래 사람들의 문집이나 서론, 독후감을 일일이 베껴 가며 읽었다.

원고를 상자에 가득 채우는 일을 지금까지 한 것은 검색의 편리함을 도모하기 위해서만이 아니다. 책을 직접 손으로 베끼면 속으로는 암기가 완벽하게 된다. 제자백가의 학술 원류, 그 차이점과 장단점을 깨달아 거듭 가슴속에 품으면, 그에 대해 철저하게 이해했다는 것을 알 수 있고, 베껴 읽는 작업에서 이익을 얻을 수 있다고 자못 믿는 경우도 많아진다. 그러므로 사람이 책을 대하면서 성심성의껏 베껴서 읽는 공을

들이면 어찌 도움을 얻지 않을 수 있겠는가.

대개 보통 사람들의 책 읽기는 늘 소략해지기 쉽다. 어떤 책을 내가 가지고 있어서 남에게 빌려서 베낄 필요가 없고 내가 필요한 것만 찾아서 수시로 읽을 수 있게 되면 나태해져서 못쓰게 되니 결국 독서를 하지 않은 셈이 된다. 하지만 한번 직접 필사해 보면, 비록 당시의 의도가 주석을 다는 것에만 있었다고 하더라도 눈으로 보면서 잊지 않게 된다. 그냥 평범하게 보는 것과 비교해 보면 정말로 다르니, 나는 베껴서 읽는 것이 아주 이익이 많음을 알게 되었다.

손덕겸의 이 경험담은 우리가 흡수할 가치가 있는 것처럼 보인다. 과거 학자들은 모두 이런 식으로 공부를 하였다. 예컨대 청말 왕선겸(王先謙)의 《순자집해(荀子集解)》의 첫머리에는 고증에 관한 내용이 두 권 있는데, 이는 역대로 순자의 학술 사상에 대해서 토론한 것과 관련 있는 글들을 하나도 남김없이 수록한 것이다. 이는 분명히 왕선겸이 《순자》를 연구하면서 여러 책에서 찾아낸 것이다. 그리고 《순자집해》를 판각할 때 그것을 책의 앞에 배치해서 독자에게 큰 도움을 주었다. 양계초(梁啓超)는 〈국학을 공부하는 것에 관한 잡설〔治國學雜話〕〉《음빙실전집(飲冰室專集)》 권71 에서 다음과 같이 강조하였다.

만약에 독서 방법을 묻는다면, 나는 제군들에게 한마디 말을 할 것이다. 이 방법은 지극히 구식이면서 지극히 바보 같고 지극히 귀찮은 것이지만 실제로는 지극히 필요한 것이다. 어떤 방법일까? 바로 베껴 쓰기 혹은 필기하기이다.……이러한 작업은 바보 같아도 너무 바보 같은 일이며, 고생스러워도 너무 고생스러운 일이다. 그러나 정말로 학문을 하는 사람이라면 이 길에서 끝내 벗어날 수 없을 것이다. 동식물을 공부하는 어떤 이가 채집하고 표본을 만드는 일에 게으른데도 스스로 새로운 발견을 할 듯이 말할 수도 있다. 하지만 세상에 이처럼 수월한 일은 존재하지 않는다.

발견에서 최초의 계기는 무엇인가에 주의를 기울이는 것이다. 책을 베끼는 일은 주의력을 일깨우고 그것을 계속 보존하게 하는 가장 좋은 방법이다. 책 한 권을 읽을 때 홀연히 이 한 단락의 자료가 주의를 기울일 만한 것임을 느낀다면 그것을 초록한다. 이 자료는 자연히 자그마한 인상으로 머릿속에 들어온다. 이는 대충 한번 훑어보는 것과는 다르다. 이 한 번의 과정을 거친 뒤 어느 정도 시간이 지나서 이것과 관련 있는 두 번째 자료와 마주치게 되면 또 초록하며, 그렇게 하다 보면 주의력이 한층 더 깊어진다. 이러한 작업을 몇 차례 거친 뒤 책을 한번 훑어보면, 이들 자료들이 종이 위에서 살아서 춤추게 되니 마음 쓰면서 힘들여 찾지 않아도 된다. 이는 내가 다년간의 경험을 통해 얻은 사실이다.

노력해서 학문을 하는 사람이 아니라면 이 말에 담긴 친절함을 음미할 수 없을 것이다. 양계초가 평생 학문을 연구한 경험은 우리가 중시할 가치가 있다. 역사책을 읽는 것에 대해서 이야기하자면, 비록 모든 책을 베낄 수는 없지만 필기하고 발췌하는 노력을 결코 하찮게 여겨서는 안 될 것이다.

제4편

# 부론 : 변위와 집일

# 제1장 위서의 변별

## 제1절 위서의 출현 경위

옛날 역사책 가운데 일부는 후세 사람들에 의해 위조된 것도 있다. 그렇다면 왜 후세 사람들은 책을 위조하였을까? 이는 연구할 가치가 있는 문제이다. 정리해 보면 다음의 몇 가지 원인에서 벗어나지 않는다.

첫째, 어떤 책들은 분명히 나중에 쓰인 것이지만 옛사람의 이름을 빌린 경우가 있다. 이것은 중국 봉건사회 2000여 년 동안 고질적인 습관이었다. 예컨대 《본초(本草)》라는 책은 우리 조상들이 약물을 분석한 최초의 것이고, 〈소문(素問)〉과 〈영추(靈樞)〉를 포괄하는 《내경(內經)》은 의학 원리를 밝힌 최초의 책이며, 한나라 이전의 학자들이 고대 의약 분야의 지식을 정리해서 완성한 기록임이 틀림없다.

그런데 후세 사람들이 '신농본초경(神農本草經)', '황제내경(黃帝內經)'이라고 제목을 붙였으니 바로 옛 이름을 빌린 것이라고 할 수 있다. 한나라 이전, 도술(道術)을 행하는 사(士)들은 반드시 신농과 황제의 이름을 빌렸는데, 이는 바로 유가(儒家)의 책이 무조건 주공(周公)과 공자(孔子)의 이름을 빌린 것과 마찬가지이다. 이러한 이치는 이미 본서의 제3편 제1장 제3절에서 아주 상세하게 설명하였으니 여기에서 다시 이야기할 필요는 없을 것이다.

둘째, 통치 계급이 조서를 내려 책을 찾도록 하고 또한 책을 바치면 상을 내린다고 할 때마다, 사욕을 취하려고 하는 사대부들은 이 기회를 틈타 가짜 책을 만들어서 이익을 챙겼다. 진 시황 때 분서의 수난을 거친 책들 가운데 《상서(尙書)》는 가장 불완전한 상태로 남았다. 한대 통치자들은 거듭 온갖 수단을 동원해서 책을 찾았지만 29편만 찾을 수 있었다. 성제(成帝) 때 이르러 102편이 출현하였는데, 《한서(漢書)》 〈유림전(儒林傳)〉에서는 다음과 같이 이야기한다.

> 세상에 전해진 102편이라는 것은 동래(東萊) 출신의 장패(張霸)에게서 나온 것이다. 기존의 《상서》 29편을 나누고 편집해서 수십 편으로 만들고 《춘추좌씨전(春秋左氏傳)》과 《서서(書敍)》를 가지고 처음과 끝으로 삼아서 전체가 102편이 되었다. 한 편 혹은 몇 줄에 걸쳐 문장의 뜻이 천박하고 비루한 경우도 있었다. 성제가 《상서》의 고문(古文)을 찾을 때 장패가 102편을 만들어 내자, 황제가 불렀다. 그런데 중서(中書)에서 그것을 교감해 보니 올바른 것이 아니었다.

이런 위서들은 나타난 지 오래지 않아 사람들이 바로 간파했음을 알 수 있다. 장패가 위서를 만든 동기 역시 동진(東晉) 시기 예장내사(豫章內史)인 매색(梅賾)이 위고문(僞古文) 《상서》를 바친 것처럼 이름을 드날리려는 데서 출발하였다.

그다음으로, 여러 경전 가운데 《주역(周易)》을 예로 들어 보자. 《주역》은 옛날에 있었던 세 종류의 《역》 가운데 하나에 지나지 않는다. 나머지 두 종류의 《역》인 '연산(連山)'과 '귀장(歸藏)'은 이름만 있지 그 책은 실제로 존재하지 않는다. 그런데 수나라 때 이르러 어떤 사람이 '연산'이라는 이름을 빌려서 가짜 책을 만들었다. 《북사(北史)》 〈유현전(劉炫傳)〉에서는 다음과 같이 이야기한다.

> 당시에 우홍(牛弘)이 천하의 사라진 책들에 현상금을 걸어 찾아내자고 주청을 올리자, 유현은 《연산역(連山易)》, 《노사기(魯史記)》 등의 제목이 붙은 100여 권의 위서를 베껴서 관청에 바치고, 상금을 타서 떠났다.

봉건 사대부들에게서 이렇게 상금을 타는 것에 의의를 둔 모습을 발견하는 것은 놀라운 일이 아니다.

셋째, 봉건사회의 학자들은 서로 경시하고 공격하는 악습이 있었는데, 특히 같은 시기 명성과 재능이 비슷한 인물들은 서로를 원수 보듯이 시기하였다. 중국 역사에서 이러한 사실은 매우 보편적이었다. 후한에서 삼국 시대로 접어들 무렵의 정현(鄭玄)과 왕숙(王肅)이 바로 그 사례이다. 왕숙의 연배는 비록 정현보다 늦었지만 활동 시대는 상당히 가까웠다. 당시 정현의 경학은 이미 유명했고, 그가 여러 경전에 단 주석은 세상을 풍미하였다. 그런데 《삼국지(三國志)》 〈왕숙전(王肅傳)〉에서는 다음과 같이 말하고 있다.

> 왕숙은 가규(賈逵)와 마융(馬融)의 학문에 정통했지만, 정현을 좋아하지는 않았다. 정현의 해석과 다른 것을 한데 모아서 《상서》, 《시경》, 《논어》, 삼례(三禮), 《춘추좌씨전》을 풀이했으며, 그의 아버지 왕랑(王朗)이 지은 《역전(易傳)》도 뽑아서 모두 학관에 들였다. 그리고 왕숙은 〈성증론(聖證論)〉을 지어 정현을 비난하였다.

그는 정현을 적으로 삼고, 정현의 경학 테두리 밖에서 따로 자신의 깃발을 세우고 싶어 했음이 분명하다. 왕숙은 〈성증론〉을 지음과 동시에 자신에게 유리한 근거를 제공하기 위해 《공자가어(孔子家語)》라는 책 한 부를 위조하였으며, 아울러 그 책에 직접 주석을 달았다. 그는 자서에서 다음과 같이 이야기하였다.

> 정현이 학술 활동을 한 지 50년이 되었다. 그의 글이 사실과 부합하는지 찾아보고 앞뒤를 살펴보니, 내용과 논리에 일관성이 없었으며 오류도 많았기 때문에 삭제하고 고쳤다. 공자의 22세손 가운데 공맹(孔猛)이란 자가 있었는데, 그 집에 선조의 책이 있었다. 예전에 그를 따라 공

부하다가 집에 돌아올 무렵 그 책을 가지고 왔다. 그런데 그 내용이 내 견해와 마치 자를 겹쳐 놓은 듯이 똑같았다. 이에 그 책이 전해지지 않을까 두려워 특별히 해설하여 후세의 군자들에게 남긴다.

왕숙은 이 책이 공자의 후예에게서 나온 것인데 마침 자신의 학설과 은연중에 일치하니, 이로써 자신의 학설이 잘못되지 않았음이 증명된다고 정중하고 엄숙하게 밝히고 있다. 하지만 사실 당시 몇몇 사람들이 이미 그의 주장을 반박하였다. 《예기정의(禮記正義)》〈악기(樂記)〉에는 박사 마소(馬昭)의 말을 인용하여 "《공자가어》는 왕숙이 덧붙인 것으로 정현도 본 적이 없는 것이다."라고 하였으며, 또 "왕숙이 정현을 비난하려고 사사로이 편정(編定)한 것이다."라고 하였다. 즉, 이를 통해 당시의 학자들도 이미 그 책에 불만이 있었다는 것을 알 수 있다. 《한서》〈예문지(藝文志) 육예략(六藝略)〉에 비록 《공자가어》 27권이 기록되어 있지만, 안사고(顔師古)의 주석에 이미 "그것은 오늘날의 《공자가어》가 아니다."라고 하였다.

이로써 당나라 초기 여러 유학자도 당시 통용되던 《공자가어》가 위서이며, 《한서》〈예문지〉에 수록된 《공자가어》는 오래전에 산일되었다고 인정했음을 알 수 있다. 아마도 왕숙은 옛것의 이름을 빌려 책을 지어 세상을 속였을 것이다. 나중에 청나라 학자 요제항(姚際恒), 최술(崔述) 등이 좀 더 고증하여 최종적으로 확정하였다. 왕숙의 이 일은 곧 위서를 만드는 또 다른 길을 열어 버렸다.

넷째, 봉건사회 사대부들의 학문에 대한 논의는 불과 물처럼 서로 화합할 수 없는 파벌끼리의 다툼이 있었을 뿐만 아니라 정치와 관련된 투쟁도 있어서 더욱 격렬해졌다. 당파를 세워 사사로운 이익을 채우려고 하고 서로 불리한 위치에 처하지 않으려고 하였다. 이에 위서를 만들어 서로를 모함하고 욕보였다. 예컨대 당나라 때 우승유(牛僧孺)와 이덕유(李德裕)가 일으킨 당쟁은 중국사의 일대 사건이다. 그때 마침 《주진행기(周秦行紀)》라는 책 한

부가 출현했는데, 우승유가 편집했다는 서명이 있었다. 하지만 송나라 때 조공무(晁公武)가 《군재독서지(郡齋讀書志)》에서 그를 다음과 같이 변호하였다.

> 당나라 우승유가 자신이 겪은 이상한 일을 서술하였다. 가황중(賈黃中)은 위관(韋瓘)이 편집한 것이라고 여겼다. 위관은 이덕유 문하에 있는 인물이다. 이것을 가지고 우승유를 모함하려고 하였다.

이 의견이 제기된 뒤, 명나라 호응린(胡應麟)이 《사부정와(四部正訛)》에서 더욱 자세하게 증명해서 그 위조 사건은 다시 논할 필요가 없어졌다.

다음에 이야기할 것은 봉건시대 사대부들도 사사로운 원한을 품고 책을 위조해서 서로를 비방하였다는 사실이다. 예컨대 당나라 초기 구양순(歐陽詢)은 유명한 서예가로 당시 학자들의 존경을 받고 있었다. 그런데 그에게 사적으로 원한을 품었던 사람이 《보강총백원전(補江總白猿傳)》을 지어서 그를 모욕하였다. 이는 조공무의 《군재독서지》와 진진손(陳振孫)의 《직재서록해제(直齋書錄解題)》에서 일찍이 간파되었다. 호응린의 《사부정와》에서 이에 대해 다음과 같이 더욱 명확하게 이야기하고 있다.

> 《백원전(白猿傳)》은 당나라 사람이 구양순을 비방하기 위해 이용한 것이다. 구양순이 상당히 말랐으며 원숭이와 닮아서 당시에 익명의 사람이 이 이야기를 지어 그를 비방하였다. 이 책의 본래 제목은 《보강총백원전》으로 책을 위조한 자가 강총의 이름을 빌려서 제목으로 삼았다. 이는 구양순을 무함한 것일 뿐만 아니라 동시에 강총도 무함한 것이다.

이러한 분위기는 당대 이후에 더욱 심해졌으며, 대개 자신의 뜻을 펴지 못한 사람들의 손에서 나왔다. 송나라 때 위태(魏泰)는 책을 위조하는 데 있어서 가장 유명한 재주꾼이었다. 그는 매성유(梅聖兪)의 이름을 빌려《벽운하(碧雲騢)》라는 책 한 권을 지어 당시 세태를 비꼬고 욕하였으며, 계속 여러 종의 위서를 만들어서 세상에 퍼뜨렸다. 진진손은《직재서록해제》에서 왕질(王銍)의 〈발범중윤묘지(跋范仲尹墓誌)〉를 인용하여 다음과 같이 언급하였다.

> 근래에 양양(襄陽) 출신의 위태라는 자가 과거 시험에서 뜻을 이루지 못하였는데, 다른 사람의 저서를 위조하는 것을 좋아하였다. 예컨대《지괴집(志怪集)》,《괄이지(括異志)》,《권유록(倦游錄)》은 모두 무인(武人)인 장사정(張師正)의 이름을 빌렸다. 또한 스스로 억제하지 못하고 자신의 이름을 드러내서《동헌필록(東軒筆錄)》을 짓기도 하였다. 이 모두 개인적인 호오를 가지고 옛날 사람을 모함하고 비방한 것이다.

이렇게 구체적인 사실들로부터, 중국의 옛 책들 가운데 까마득히 오래전 시대의 위조품도 많을 뿐 아니라 당나라와 송나라 이래로 잡설을 기록한 책들이 날로 늘어났는데 진짜와 가짜가 반씩 섞였다는 것을 충분히 알 수 있다.

## 제2절 위서 변별의 출발

곽말약(郭沫若)은 다음과 같이 말하였다. "어떤 연구를 하더라도 자료의 감별은 가장 필수적인 기본 단계이다. 자료가 부족하면 당연히 큰 문제가 생긴다. 그런데 자료의 진위나 책이 완성된 시대를 확실히 규정하지 않는 것은 자료가 부족한 것보다 더욱 위험하다. 왜냐하면 자료가 부족하면 기껏해야 결론을 내지 못할 뿐이지만, 자료가 부정확하면 잘못된 결론이 나올 수 있기 때문이다. 이러한 결론은 결론이 없는 것보다 더 해로울 수 있다." 그리고 "중국의 고대를 연구하면서 어떤 자료들은 진위를 가리기 어렵고 작성 연대가 잘 분별되지 않아 진정한 과학 연구의 소재가 될 수 없다는 점을 모두가 가장 힘들어한다."《십비판서(十批判書)》 2쪽 라고 하였다. 이는 정말로 우리 역사 연구자들이 모두 하고 싶었던 말이다. 우리가 선조들이 남긴 조각난 자료들의 파편 속에서 정확한 역사 지식을 얻으려고 한다면, 자료의 진위를 고증하는 것이 당연히 가장 절실한 작업이 될 것임은 모두 알고 있다.

이 작업은 한대 학자들에게서 시작되었다. 비록 2000년이나 이전이지만 공자의 제자인 자공(子貢)이 이미 다음과 같이 말한 적이 있다. "은나라의 마지막 왕인 주(紂)의 선하지 못함도 이처럼 심하지는 않았다. 따라서 군자는 아랫물에 머무르는 것을 싫어하는데, 천하의 악이 모두 그리로 몰려들기 때문이다."《논어》〈자장(子張)〉

또한 맹자도 "《서(書)》를 모두 믿는 것은 《서》를 가지고 있지 않으니만 못하다. 나는 〈무성(武成)〉에서 두세 가지 쪽만 취할 뿐이다."라고 하였다. 《맹자》〈진심 하(盡心下)〉 그러나 이 모두 옛것을 의심하는 일〔疑古〕의 시작일 뿐이지 무슨 위작을 변별하는 일〔辨僞〕은 아니다. 한대 학자들에 이르러서야 비로소 변위 작업이 정식으로 기초를 다지게 된다.

변위 작업은 시작부터 서적 교감 작업과 함께 진행되었다. 한나라 때 학자들은 원래 서적 교감 작업을 통해 고서의 진위와 시대를 확정하였다. 《한서》 〈예문지(藝文志) 제자략(諸子略)〉의 '농가(農家)' 부문에 《신농(神農)》 20편이 있다. 안사고(顔師古)의 주석은 유향(劉向)이 《별록(別錄)》에서 "이회(李悝)와 상군(商君)의 말이라고 의심된다."라고 언급한 것을 인용하였다. 즉, 유향이 서한 말기에 도서를 교정할 때 이 책이 남의 명의를 빌린 것이라고 의심하였으며, 아울러 이 책의 내용을 실제로 누가 말했는지에 대해서도 가설을 세웠다는 것을 알 수 있다.

이러한 실마리에서 출발하여 유향의 아들인 유흠(劉歆)이 《별록》을 편집해서 만든 《칠략(七略)》을 조사한다면 변위에 관한 견해를 상당히 많이 살펴볼 수 있을 것이다. 《칠략》은 비록 오래전에 사라졌지만, 대부분 《한서》 〈예문지〉 속에 보존되어 있다. 반고(班固)는 《칠략》을 근거로 〈예문지〉를 지었다. 그가 〈예문지〉에 단 주석은 대부분 《칠략》에서 발췌한 것이며, 유흠이 《별록》에서 편집한 내용이다. 따라서 이는 유흠과 반고 두 학자의 공통된 결론임이 분명하다.

내가 왕년에 《광교수략(廣校讎略)》을 쓸 때 "위서를 조사해서 결정하는 방법은 유흠과 반고에 이르러 이미 정밀해졌다. 《한서》 〈예문지〉에 실린, 위작으로 의심되는 책을 가지고 그 방법을 살펴보았는데, 여섯 가지 사례를 얻을 수 있었다."라고 한 적이 있다. 지금 내가 정리한 여섯 가지 사례를 아래와 같이 나열하겠다.

1. 어떤 책이 명의를 빌린 것은 분명하지만, 누구의 명의인지 밝힐 수 없는 경우

   〈제자략(諸子略)〉의 '소설가(小說家)'에 《황제설(黃帝說)》 40편이 있다. "말도 안 되게 명의를 빌렸다."라고 주석에서 언급하였다. 이것은 반고가 직접 단 주석으로 아래의 주석들도 이와 같다.

〈병서략(兵書略)〉의 '음양류(陰陽類)'에 《봉호(封胡)》 5편이 있다. "봉호는 황제(黃帝)의 신하이며, 그의 명의를 빌렸다."라고 주석에서 언급하였다.

《풍후(風后)》 13편, 《도(圖)》 2권이 있다. "풍후는 황제의 신하이며, 그의 명의를 빌렸다."라고 주석에서 언급하였다.

《역목(力牧)》 15편이 있다. "역목은 황제의 신하이며, 그의 명의를 빌렸다."라고 주석에서 언급하였다.

《귀용구(鬼容區)》 3편, 《도(圖)》 1권이 있다. "귀용구는 황제의 신하이며, 그의 명의를 빌렸다."라고 주석에서 언급하였다.

2. 문체에서 후인이 옛사람의 명의를 빌린 것을 조사해서 확정한 경우

〈제자략〉의 '잡가(雜家)'에 《대우(大禹)》 37편이 있다. "우(禹)가 지었다는 말이 전해지지만, 그 문체가 후세의 말과 비슷하다."라고 주석에서 언급하였다.

〈제자략〉의 '소설가'에 《이윤설(伊尹說)》 27편이 있다. "그 말이 천박하니 명의가 도용된 것 같다."라고 주석에서 언급하였다.

《사광(師曠)》 6편이 있다. "《춘추(春秋)》에 이 책이 보인다. 그런데 그 말이 천박한 것이 본래 이와 같으니 명의가 도용된 것 같다."라고 주석에서 언급하였다.

《천을(天乙)》 3편이 있다. "천을은 은나라를 세운 탕(湯)을 가리킨다. 따라서 그 말이 은을 비방하는 것은 모두 명의가 도용된 것이다."라고 주석에서 언급하였다.

3. 사실에서 후인이 옛사람의 명의를 빌린 것을 조사해서 확정한 경우

〈제자략〉의 '도가(道家)'에 《문자(文子)》 9편이 있다. "문자는 노자의 제자이며 공자와 같은 시대의 사람이다. 그런데 주 평왕(周平

王)[1]이 안부를 물었다고 했으니 이는 도용된 것으로 보인다."라고 주석에서 언급하였다.

〈제자략〉의 '소설가'에 《무성자(務成子)》 11편이 있다. "요(堯)가 안부를 물었다고 했지만, 옛날의 언어가 아니다."라고 주석에서 언급하였다.

4. 명의가 도용된 시대를 분명하게 지적한 경우

〈제자략〉의 '도가'에 《황제군신(黃帝君臣)》 10편이 있다. "육국(六國) 시기[2]에 만들어진 것이다."라고 주석에서 언급하였다.

《잡황제(雜黃帝)》 58편이 있다. "육국 시기 현자가 만든 것이다."라고 주석에서 언급하였다.

《역목》 22편이 있다. "육국 시기에 만들어진 것으로 역목의 이름을 빌렸다. 역목은 황제의 재상이다."라고 주석에서 언급하였다.

〈제자략〉의 '음양가(陰陽家)'에 《황제태소(黃帝泰素)》 20편이 있다. "육국 시기에 한(韓)나라의 여러 공자들이 지은 것이다."라고 주석에서 언급하였다.

〈제자략〉의 '농가(農家)'에 《신농(神農)》 20편이 있다. "육국 시기에 여러 선생들이 병에 걸려서 농사일을 태만히 하였는데, 이때 농사에 관해 이야기를 하고 신농의 이름을 빌렸다."라고 주석에서 언급하였다.

5. 명확하게 후대에 내용이 추가되었음을 밝힌 경우

〈제자략〉의 '도가'에 《태공(太公)》 237편이 있다. "여망(呂望), 즉

1 주 평왕(周平王) : 주 평왕은 동주의 첫 번째 왕으로 공자보다 200년 전의 인물이다.

2 육국(六國) 시기 : 전국 칠웅에서 진나라를 제외한 나머지 초(楚)·연(燕)·제(齊)·한(韓)·위(魏)·조(趙)를 흔히 육국이라고 일컫는다.

태공망이 주(周)의 군사(軍師)이자 상보(尙父)가 되었으니 본디 도(道)를 갖춘 자이다. 하지만 근래에는 태공의 계략〔術〕을 지닌 자가 추가한 것이라고 여겨지기도 한다."라고 주석에서 언급하였다. 살피건대, 이 주석의 마지막 문장에 약간 문제가 있는 듯하다. "하지만 태공의 계략을 지닌 자가 근래에 추가한 것이 있다고 여겨지기도 한다."라고 해야 타당할 것이다.

〈제자략〉의 '소설가'에 《육자설(鬻子說)》 19편이 있다. "후세에 추가되었다."라고 주석에서 언급하였다.

6. 확인할 수 없지만 의심되는 경우

〈제자략〉의 '잡가'에 《공갑반우(孔甲盤盂)》 26편이 있다. "황제(黃帝)의 사(史)이다. 하제공갑(夏帝孔甲)으로 불리기도 하는데, 아마도 옳지 않은 듯하다."라고 주석에서 언급하였다.

위에서 언급한 《한서》 〈예문지〉가 고증하여 정한 위서의 여섯 사례를 종합해서 보면, 유흠과 반고의 견해가 비록 간략하지만 후세 사람들로 하여금 변위의 가장 기본적인 방법들을 깨우치도록 도와주고 있음을 알 수 있다. 또한 특정 편장의 저술에 관해 유력한 증거를 제시해서 그것이 위조품임을 고증한 것도 한대의 유학자들이 처음이다. 후한 시기 위대한 경학자 마융(馬融)이 《상서(尙書)》 〈태서(泰誓)〉를 부정한 것이 바로 하나의 사례이다. 공영달(孔穎達)은 《상서정의(尙書正義)》 권11에서 마융의 〈서서(書序)〉를 인용하여 다음과 같이 언급하였다.

〈태서〉는 나중에 나온 것인데 그 문장을 살펴보면 천박한 듯하다. 또한 "800의 제후들이 소환되지 않았지만 알아서 왔는데, 동시에 오자고 기약하지도 않았고, 같은 말을 하자고 모의하지도 않았다."라는 구절이 있고 "불이 위를 덮었는데 왕의 거처에까지 다다랐으며, 독수리의 모습으로 변하였다. 다섯 명이 곡식을 들고 와서 불을 붙였다."라는 구절도 있다. 그런데 설마 신비하고 괴이한 것이 공자께서 말씀하시지 않은 것에 있단 말인가.

그리고 《춘추(春秋)》에서 〈태서〉를 인용하여 "백성이 원하는 바를 하늘은 반드시 따른다."라고 하였고, 《국어(國語)》에서 〈태서〉를 인용하여 "짐의 꿈이 짐의 점괘와 부합하여 아름다운 상서가 거듭되니, 상나라를 정벌하면 반드시 이길 것이다."라고 하였다. 《맹자》는 〈태서〉의 "나의 무력이 널리 퍼져서 그들의 영토에까지 미치게 되었다. 그들 가운데 흉악하고 잔인한 놈들을 잡아서 나의 정벌이 더욱 혁혁해졌으니 은나라의 탕(湯)보다 더 빛나도다."라는 구절을, 《순자(荀子)》는 〈태서〉의 "무도한 통치자 수(受)[3]"라는 구절을, 《예기(禮記)》는 〈태서〉의 "내가 수를 이긴 것은 나의 무력이 아니다. 단지 짐의 아버지이신 문왕께서 죄가 없으셨기 때문이다. 만약에 수가 나를 이겼다면, 이는 짐의 아버지이신 문왕께 죄가 있는 것이 아니다. 단지 나라는 어린 자식이 어질지 못하기 때문이다."라는 구절을 인용했는데, 오늘날 전해지는 금문(今文) 〈태서〉에는 이 말들이 없다. 내가 《상서》에 관한 전(傳)들을 많이 보았는데, 〈태서〉를 인용했지만 실제로 〈태서〉에는 없는 것이 너무 많아서 모두 다 기록할 수 없었다. 그러나 다섯 사례만 들어서 간략하게 이를 보여 준다고 해도 이해될 것이다.

이 고증은 그다지 길지 않지만 원문은 물론 여기에서 그치지 않는다. 《상서정의》에서 인용할 때 관련 문장의 요점만 간추렸다. 아주 강력하다. 마융 이전에 이러한 변위 작업을 한 사람은 없었다. 《수서(隋書)》〈경적지(經籍志)〉와 《경전석문(經典釋文)》은 모두 마융의 《상서주(尚書注)》 11권을 수록했지만,

3 수(受) : 은나라의 마지막 왕인 주(紂)를 가리킨다.

《신당서(新唐書)》, 《구당서(舊唐書)》의 〈경적지〉에는 10권만 수록되어 있다.

마국한(馬國翰)의 〈옥함산방집본서(玉函山房輯本序)〉에서는 《수서》 〈경적지〉 안에 〈서서(書序)〉도 포함하였기 때문에 한 권이 많아졌다고 하였다. 이로써 당시 마융이 《상서》에 주석을 달 때 여러 편의 진위에 대해서 모두 고증을 하였고, 고증에 대한 것은 모두 〈서서〉 속에 있음을 알 수 있다. 그러나 안타깝게도 오늘날 그 자세한 내용을 살펴볼 방도가 없다. 〈태서〉를 고증한 이 부분은 옛 책에서 〈태서〉를 인용한 부분이 〈태서〉 원본에는 모두 보이지 않음을 잘 지적함으로써 이것이 거짓임을 증명하였다. 이 방법은 후세의 변위 작업자들에게 큰 영감을 주었다.

## 제3절 위서 변별 방법과 태도

저술가들 사이에서 다양한 위서가 출현해 왔기 때문에, 학자들은 위서를 변별하는 안목과 학식을 가져야 비로소 위서에 속지 않게 된다. 한대 학자들이 이 분야에서 핵심이 되는 내용을 예로 들어 설명하기 시작한 이후부터 역대 학자들은 모두 이 문제에 주의를 기울였다. 당대의 대문학가인 한유(韓愈)도 이익(李翊)에게 쓴 편지에서 학문의 어려움을 토로하면서 "……그런 뒤에 옛 책의 올바름과 거짓됨, 그리고 비록 올바르나 어느 정도 수준에는 이르지 못한 것이 흑백을 나누듯이 확연해진다."라고 말한 적이 있다. 여기에서 분명하게 옛 책을 다음의 세 종류로 분류하였다.

첫째, 진짜인 것, 둘째, 가짜인 것, 그리고 마지막은 책이 비록 진짜이지만 가치가 그다지 높지 않은 것이다. 한유가 평소에 독서하면서 진지하게 위서를 변별하는, 즉 변위 작업을 수행했고, 아울러 이 분야에서 어느 정도 성과를 거두었으며 옳고 그름을 확실하게 구분하였음을 알 수 있다. 송대에 이르러 이러한 분위기는 더욱 성행하였다.

구양수(歐陽脩), 오역(吳棫), 정대창(程大昌), 왕응린(王應麟), 그리고 성리학자인 정이(程頤), 주희(朱熹) 모두 대담하게 옛 책들을 의심하면서, 변위 작업에 대하여 적잖은 문제를 제기하여 많은 성과를 거두었다. 그러나 아주 적은 숫자의 사람들만이 그러한 변위 방법들을 체계화하기 시작하고 규범적 지식으로 정리하였다. 명대의 호응린(胡應麟)은 그가 지은 《사부정와(四部正訛)》에서 위서를 검토하고 조사하는 방법 여덟 가지를 언급하였다.

1. 《칠략(七略)》을 조사해서 그 근원을 관찰한다.

2. 여러 지(志)를 조사해서 그 단서를 관찰한다.
3. 동시대의 말을 조사해서 그것들이 어떻게 언급되었는지 관찰한다.
4. 다른 시대의 말을 조사해서 그것들이 어떻게 서술되었는지 관찰한다.
5. 글을 조사해서 그 형태를 관찰한다.
6. 사실을 조사해서 그 시기를 관찰한다.
7. 편찬자를 조사해서 그것이 이름을 빌린 것인지를 관찰한다.
8. 어떤 책을 널리 전파한 이를 조사해서 그 사람에 대해서 관찰한다.

이 여덟 가지 방법에 이미 변위 작업이 가야 할 길이 제시되었다. 즉, 의심할 만한 고서 한 권을 얻었을 경우, 첫째, 가장 이른 시기의 도서 목록을 검토하여 그 옛 책이 수록되어 있는지를 본다. 유흠(劉歆)의 《칠략》은 비록 실전되었으나 대부분 《한서》 〈예문지(藝文志)〉에 보존되어 있다. 둘째, 역대의 사서 가운데 〈경적지(經籍志)〉나 〈예문지〉를 열람한 뒤, 그 옛 책이 어느 시대의 도서 목록에서 출현하는지를 연구하여 그것이 전파된 시초에 대해서 고찰한다. 셋째, 저자와 동시대 사람의 저작에서 그 책을 언급하거나 인용한 부분이 있는지 검토한다. 넷째, 후세의 책들 가운데 그 책의 견해를 더욱 잘 설명하거나 발전시킨 것이 있는지 검토한다. 다섯째, 문체에서 저자가 활동하던 시대의 스타일과 서로 부합하는지 검토한다. 여섯째, 내용상 저자가 활동하던 시대의 사실과 서로 부합하는지 검토한다. 일곱째, 표기된 저자의 성명이 옛사람의 것을 빌린 것인지 검토한다. 여덟째, 제일 처음 그 옛 책을 널리 전파한 이가 어떤 사람인지 검토한다.

이 여덟 가지 방법은 당연히 이전 사람들의 변위 성과와 유효한 경험을 총괄하여 제시한 것이다. 요즘 사람 양계초(梁啓超)는 《중국역사연구법(中國歷史研究法)》 제5장 제2절에서 '역사 자료를 감별하는 법'을 이야기할 때 다시 위서를 변별하는 12가지 법칙을 제시하였다. 그 대강은 다음과 같다.

1. 그 책이 이전 왕조의 목록에 수록된 적이 없거나 아무도 인용하지 않았는데도 갑자기 출현한 것은 십중팔구 거짓이다.
2. 그 책이 비록 이전 왕조의 목록에 수록되었지만 오랫동안 산일된 상태에서 갑자기 다른 판본이 출현하였는데, 그 편수와 내용이 옛날의 판본과 완전히 다른 것은 십중팔구 거짓이다.
3. 그 책에 옛 판본이 있는지 조사되지 않았고, 오늘날 판본의 내력도 불명확한 경우 쉽게 믿어서는 안 된다.
4. 그 책이 널리 퍼지게 된 계기를 다른 쪽에서 찾아볼 수 있다면, 오늘날 판본에서 어떤 사람이 옛날에 편찬했다고 표기된 것이 불확실한 것인지를 증명할 수 있다.
5. 진짜 책의 원본에 대해서 이전 사람이 확실히 방증을 인용하였는데, 오늘날의 판본에 그것과 차이가 있는 경우 오늘날의 판본은 틀림없이 거짓이다.
6. 그 책에 어떤 이가 편찬했다고 표기되었지만 책에 기재된 사실이 그 사람 이후의 것이라면, 그 책은 전체 혹은 일부가 위조된 것이다.
7. 그 책이 비록 진짜라고 하더라도 일부분이 나중 사람의 수정을 거쳤고 이에 대한 확실한 증거가 있다면, 그 책의 전체 내용을 반드시 신중하게 감별해야 한다.
8. 책 속에 있는 말들이 확실히 사실과 상반된다면, 그 책은 위조되었음이 틀림없다.
9. 두 책에 한 가지 사실이 같이 기재되어 있는데 확실히 모순이 있는 경우, 둘 중 하나 혹은 둘 다 거짓이다.
10. 각 시대의 문체에는 대개 자연스러운 구분이 있는데 책을 많이 읽는 사람들은 저절로 그것을 알게 된다. 그러므로 후세 사람이 위조한 책의 경우 자구에서 지엽적인 반증만을 찾지 말아야 한다. 그저 한 번 문체를 훑어보면 그것이 위조된 것이라고 단정할 수 있다.

11. 각 시대의 사회상에 대해서 우리는 각 방면의 자료를 근거로 그 대략을 추론해 볼 수 있다. 만약에 어떤 책에서 그 시대의 상황에 대해서 말하였는데 이치가 현격하게 차이 나는 경우 위조된 것이라고 단정할 수 있다.
12. 각 시대의 사상과 그 발전 단계는 일정하기 마련이다. 만약에 어떤 책에서 표현된 사상이 그 시대와 서로 연결되지 않는 경우 위조된 것이라고 단정할 수 있다.

양계초는 이 열두 가지 법칙을 제시한 것 이외에도 《고서의 진위와 그 연대〔古書眞僞及其年代〕》라는 책에서도 변위 방법에 대해서 더욱 자세하게 이야기하였으니 학자들이 참고할 만하다.

청말 장지동(張之洞)은 《유헌어(輶軒語)》에서 "한번 참과 거짓을 가려보면, 옛 책 가운데 절반은 사라질 것이다."라고 말한 적이 있다. 확실히 우리는 망망대해처럼 끝이 없는 옛 책의 바다를 마주하면서 자신의 초라함을 개탄하지 않을 수 없다. 하지만 변위의 능력을 확실하게 확보해서 스스로 책의 가치를 식별하고 취사선택을 할 수 있다면, 헛되이 시간을 낭비하거나 길을 잘못 들어 돌아가는 일은 없을 것이다. 이는 시간 절약에 큰 도움을 준다. 그러므로 위서를 식별하는 것은 학문을 하는 사람으로서 반드시 배워서 갖추어야 하는 능력이다.

설사 일시적으로 스스로 이 작업을 수행하는 데 어려움을 겪을지라도 이전 사람들이 이미 논의하여 정한, 그리고 학술계에서 공인된 문제에 대해 반드시 확실히 해야 할 필요가 있다. 이는 단지 독서할 때 잘못된 길을 가거나 혹은 길을 돌아가는 것, 즉 문자를 고증할 때 잘못 위서를 인용하거나 잘못된 것을 참된 자료로 간주하는 것을 피하기 위함만은 아니다.

그러나 반드시 주의해야 할 것은, 비록 우리가 많은 책에 대해 옛사람의 이름을 거짓으로 빌린 작품이라는 것을 고증해서 확정했다고 하더라도, 이는 단지 어떤 옛 책이 완성된 시대를 초보적으로 확인하여 자료를 활용하고 처리하는 데 더욱 편리하게 만들어서 연구 작업의 발전을 위해 유리한 조건을 제공하기 위함일 뿐이다. 즉, 한번 진위를 분별한 뒤 위서를 일률적으로 불살라 버릴 수 있다는 것이 아니라는 말이다.

오늘날 통용되는 《상서(尚書)》 58편《사부총간(四部叢刊)》, 《사부비요(四部備要)》, 《십삼경주소(十三經注疏)》 내의 《상서》가 모두 이것이다. 은 대부분 후세 사람들에 의해 위조된 것이다. 송대 학자인 오역과 주희가 처음으로 이를 의심하기 시작한 뒤, 청나라 초의 염약거(閻若璩)가 더욱 심도 있게 연구하여 128조의 증거를 가지고 《상서고문소증(尚書古文疏證)》 한 권을 완성하였는데, 나중에 출현한 《고문상서(古文尚書)》에서 위조된 흔적들을 하나씩 찾아내서 거의 확정하였다.

그리고 이후에 정안(丁晏)이 《상서여론(尚書餘論)》을 지어서 그 위조된 내용들이 위진 시대 학자인 왕숙(王肅)이 지었다는 것을 증명하였다. 왕숙이 비단 위고문 《상서》를 지었을 뿐만 아니라 《위공안국전(僞孔安國傳)》을 지었다는 이 문제에 관해서 이제 확정된 학설을 뒤집을 여지는 거의 없어졌다.

그러나 우리는 왕숙이 상당히 학식 있는 삼국 시대 사람이었다는 것을 분명히 인정해야 한다. 그는 옛 고전에 주석을 다는 작업에서 적잖은 성과를 거두었다. 단지 경학 방면에서 정현(鄭玄)과 으뜸의 자리를 다투려고 하다가 서로 원수처럼 공격하기에 이르렀을 뿐이다. 심지어 《상서》의 일부분을 위조하고, 아울러 전체 《상서》에 대한 전(傳)을 지은 뒤 서한 시기의 위대한 유학자 공안국의 이름을 빌려서 그를 통해 정현을 압도하고자 하였다. 이 방법은 당연히 아주 바보 같은 짓이다. 당시 그가 지은 《상서전(尚書傳)》에 옛사람의 이름을 빌리지 않고 자신의 이름을 표기하더라도 충분했을 것이다.

청나라 학자들은 현재 통용되는 《위공안국전》도 실제로 왕숙의 손에서 나왔다는 것을 고증하여 밝혔다. 하지만 책의 제목에 구애받지 않고 그것이 완성된 시기를 약간 늦추어, 위진 시대 사람이 경전을 해석한 책이라고 본다고 해도 안 될 것이 뭐가 있겠는가.

내가 왕년에 《광교수략(廣校讎略)》을 쓰면서 변위를 말한 적이 있는데, 〈위서를 모두 폐기해서는 안 된다〔僞書不可盡棄〕〉라는 한 편의 글에서 "학자들이 만약에 위서를 찾아서 그 시대를 뒤로 낮추어 공평하게 그것의 득실과 이해(利害)를 관찰할 수 있다면, 비록 늦게 출현한 모조품이라 하더라도 볼만한 구석이 있으니 일률적으로 무시해서는 안 된다."라고 지적하였다.

본래 위진 시대 사람들의 저술, 특히 여러 경전에 대한 주석은 오늘날까지 전해 내려오는 것이 그리 많지 않다. 왕숙이 만든 《위공안국전》과 같은 것은 우리가 위진 시대 사람의 작품으로 간주해서 보존하더라도 나쁠 것이 없다. 이러한 견해가 널리 퍼지고 훌륭하게 활용된다면 비로소 비교적 정확하게 위서를 처리할 수 있을 것이다.

# 제2장 일서의 수집

## 제1절 고서 산일의 배경

중국 고대 역사책 가운데 후세에 전해지지 않은 것이 상당히 많다. 정말로 마단림(馬端臨)이 《문헌통고(文獻通考)》 〈경적고(經籍考)〉의 서문에서 "한(漢)·수(隋)·당(唐)·송(宋)의 역사서에는 모두 〈예문지(藝文志)〉가 있다. 그러나 《한서》 〈예문지〉에 기재된 책을 《수서》 〈경적지(經籍志)〉를 가지고 고찰해 보면 열에 예닐곱은 망실되었으며, 《송사》 〈예문지〉를 가지고 《수서》 〈경적지〉와 《당서》 〈예문지〉를 고찰해 보면 역시 마찬가지이다."라고 말한 대로이다. 책이 흩어지고 사라져 버린 것이 이렇게 엄청난데, 도대체 무엇 때문일까?

과거 학자들은 이 문제를 이야기하면서 역대의 '전란의 불꽃'과 '재난과 변란'이 일으킨 재해라고 인식하였다. 예컨대 《수서》 권49 〈우홍전(牛弘傳)〉에서 우홍이 개황(開皇) 연간 초기에 비서감(祕書監)이 되었을 때 책을 바치는 길을 열어 달라고 표를 올린 적이 있음을 기록하고 있으며, 그 표에서는 옛날과 오늘날의 책들이 다섯 번의 큰 재난을 겪었음을 밝히고 있다. 그 대강은 다음과 같다.

진 시황이 명령을 내려 책을 불태운 것이 첫 번째이고, 서한 말 적미(赤眉)가 관중 지방에 쳐들어간 것이 두 번째이며, 동한 말 동탁(董卓)이 천도를 한 것이 세 번째이고, 서진 말년 유연(劉淵)과 석륵(石勒)이 반란을 일으킨 것이 네 번째이고, 위진남북조 시기 남조의 양(梁)나라에 북주(北周)의 군대가 영(郢) 지방으로 쳐들어갔을 때 양나라 원제(元帝)가 스스로 책을 불태운 것이 다섯 번째이다.

나중에 호응린(胡應麟)이 《소실산방필총(少室山房筆叢)》 권1에서 옛 책의 흩어짐과 사라짐에 대해 이야기하면서, 우홍은 수나라 이전의 사실만을 언급하였으며 수당 시대부터 송나라 말엽까지 다섯 번의 큰 재난을 다시 겪었다고 하였다. 그 대강은 다음과 같다.

수나라 대업(大業) 14년(618) 양제(煬帝)가 강도(江都)에서 피살당하고 일시적으로 큰 난리가 일어나서 책들이 불타 버렸으니, 이것이 첫 번째이다. 당나라 천보(天寶) 15년(756) 안녹산이 관중 지방에 쳐들어와서 현종(玄宗)이 촉(蜀)으로 도망했을 때 책들이 거의 모두 사라졌으니, 이것이 두 번째이다. 광명(廣明) 원년(880) 황소(黃巢)가 장안(長安)에 쳐들어와서 희종(僖宗)이 도망갔을 때 불타 버린 책들이 적지 않았으니, 이것이 세 번째이다. 북송 시기 정부에 보관된 책들이 아주 많았는데, 정강(靖康) 2년(1127) 금나라 사람들이 변(汴) 지방, 즉 개봉(開封)에 쳐들어와서 책들이 셀 수 없을 정도로 흩어지고 사라진 것이 네 번째이다. 남송 덕우(德祐) 2년(1276) 호응린의 원문에는 소정(紹定) 연간이라고 했지만 잘못된 고증이다. 몽골의 장군 백안(伯顔)이 남하하여 남송의 수도 임안(臨安)에 쳐들어와서 도서와 예기(禮器)들을 모조리 가져가 버린 것이 다섯 번째이다. 우홍이 언급한 다섯 번의 재액까지 합치면 모두 열 번의 재액이 있었던 셈이다.

그들이 언급한 이른바 '열 번의 재액'은 대부분 역대 왕조가 전쟁에서 패하여 나라가 망할 때 책들이 중대한 손실을 입은 사실을 가지고 이야기한 것이다. 창졸간에 변고가 발생하자 정부의 도서관에 집중된 책들이 비록 흩어지고 사라지며 또한 불타 버려 훼손되는 것을 일시적으로 피하지는 못하였으나, 중국의 땅덩이가 워낙 크기 때문에 민간에서 보관하고 있던 책들이 사실 모두 사라지지는 않았다.

역대 사서들은 전쟁 이후 도서들이 손실된 상황을 "모두 잿더미로 변해 버렸다." 혹은 "하나도 남김없이 모두 사라졌다."라는 식의 말로 서술하는데,

당연히 너무 과장된 것이다. 우홍과 호응린은 역사책의 기록에만 근거해서 옛 책들의 흩어짐과 사라짐을 '전란의 불꽃'과 '재난과 변란'이 일으킨 재해라고 결론 내리고 있는데, 분명히 이는 사실과 도무지 부합하지 않는 것이다.

진 시황이 책을 불태운 것을 가지고 이야기해 보자면, 당시 불태우지 말라고 지시한 것은 '의약, 점복, 나무를 심는 법에 관한 책'들이었다. 하지만 사실 공교롭게도 정반대로 이러한 종류의 책들은 보존되어 있지 않으며, 저 불타 버렸다고 하는 경전들은 한대 학자들의 계속된 탐문과 보충을 통해 오히려 옛 모습을 일부분 회복하였다. 이를 통해 서적의 존망은 어떤 통치자들도 그들의 주관과 호오에 따라 결정할 수 없는 것임을 알 수 있다.

그렇다면 옛 책이 흩어지고 사라진 데에는 도대체 어떤 원인이 있었을까? 이 문제를 확실히 하기 위해서는 책 그 자체가 탄생하고 발전하며 변화하는 모습을 분석해서 비교적 탐구할 만한 실마리를 얻는 것이 바람직할 것이다. 우선 우리는 조판 인쇄술이 발명되기 이전에는 모든 책을 손으로 필사해야 했음을 알아야 한다. 학자들이 책 하나를 베끼기도 쉽지 않다고 느끼는데, 많은 것을 힘써 공부하는 사람은 여러 책을 베껴야만 했으니 이 얼마나 힘든 일이었겠는가.

이에 성격이 서로 비슷하고 역할이 서로 같은 많은 저작에 대해서는 어쩔 수 없이 취사선택할 수밖에 없었다. 내용이 비슷한 많은 책 가운데 글은 간결하지만 많은 것을 아우르고 있는, 분량이 적은 판본을 선택해서 베꼈다. 봉건사회의 사대부들은 또한 모든 책의 문학적인 수준에 주의를 기울였는데, 이 역시 책을 베끼는 데 선택 기준이 되었다. 그래서 여러 사람의 손을 거쳐 필사된 뒤, 그 외의 다른 책은 결국 사람들이 찾지 않게 되었고, 어느새 빠르게 사라져 갔다. 이는 당시 서적 전파 방법과 도구로 인해 발생한 후유증이었다. 《후한서(後漢書)》와 《진서(晉書)》를 예로 들어 이 문제에 대해서 설명해 보겠다.

3세기부터 6세기까지 후한 말부터 남조 양나라까지이다. 학자들 가운데 후한

시대의 역사적 사실을 정리하고 편술 작업에 종사한 이들이 자못 많았다. 분량이 비교적 큰 몇 부의 저술들을 이야기하자면, 후한의 유진(劉珍) 등이 편찬한 《동관한기(東觀漢記)》 143권, 삼국 시대 오나라 사람 사승(謝承)의 《후한서(後漢書)》 130권, 진나라 설영(薛瑩)의 《후한기(後漢記)》 100권, 사마표(司馬彪)의 《속한서(續漢書)》 83권, 화교(華嶠)의 《후한서》 97권, 사침(謝忱)의 《후한서》 122권, 장영(張瑩)의 《후한남기(後漢南記)》 55권, 원산송(袁山松)의 《후한서》 100권, 원굉(袁宏)의 《후한기(後漢紀)》 30권, 장번(張璠)의 《후한기》 30권, 남조 송나라 범엽(范曄)의 《후한서》 97권, 이는 《수서》 〈경적지〉에 근거한 것이다. 양나라 소자현(蕭子顯)의 《후한서》 100권이 있다. 이 12종의 책은 모두 《수서》 〈경적지〉에 수록된 것이다.

그러나 지금 오직 범엽의 《후한서》와 원굉의 《후한기》만 존재할 뿐이다. 그 나머지 책들은 아주 일찍 사라지고 흩어져서, 비록 후세 사람들이 집록한 판본이 많기는 하기만 그 전모를 이미 볼 수 없게 되었다. 범엽의 저작이 당시 학자들에게 보편적으로 환영을 받은 원인으로는, 첫째, 범엽의 문장이 아주 훌륭해서 당시 사람들이 베끼기를 좋아했기 때문이며, 둘째, 범엽의 책에는 기(紀)와 전(傳)만 있고 표(表)와 지(志)가 없어서 쉽게 암기하면서 익힐 수 있었기 때문이다. 모두들 이 책을 먼저 베끼려고 다투었으며, 나머지 여러 학자의 책은 모두 폐기되었다. 그런데 원굉의 《후한기》는 체례가 달랐기 때문에 학자들에 의해 보존되고 널리 퍼져서 폐기되지 않았다.

4세기부터 6세기까지 동진 시기부터 남조 양나라까지이다. 학자들 가운데 진(晉)나라 때의 역사적 사실을 정리하여 전문 서적으로 완성한 이들이 과거 어떤 시기보다 많았다. 당나라 초 조서를 내려 《진서(晉書)》를 편찬할 때 이미 "앞뒤로 진나라 역사를 공부한 열여덟 학자[18家]가 있다."라는 말이 있었으며, 오늘날 《진서》의 열전과 《수서》 〈경적지〉, 《당서》 〈예문지〉에 기록된 것에 근거한다면, 당나라 이전에 《진서》를 편찬한 이가 많게는 스물

몇이나 된다는 것을 살펴볼 수 있다.

그중에서 남조 제나라 장영서(臧榮緖)의 《진서》 110권의 내용이 가장 완벽하였다. 왕명성(王鳴盛)은 《십칠사상각(十七史商榷)》 권43에서 "장영서가 편찬한 분량을 보면 이상의 여러 학자의 두 배 혹은 세 배나 되니, 동진과 서진을 전반적으로 다룬 역사서임을 알 수 있다."라고 하였다. 당나라 초 새로 편찬한 130권의 《진서》 역시 장영서의 《진서》를 저본으로 삼고 여러 학자의 것을 참고하여 완성한 것이다.

당대 학자들은 당나라 초기 새로 편찬한 《진서》를 신진서(新晉書)라고 하였으니, 《사통(史通)》 〈제목(題目)〉, 〈암혹(暗惑)〉을 보라. 이는 당연히 옛날의 진서에 대응해서 이름을 붙인 것이다. 《사통》 〈정사(正史)〉에서는 당나라 초기 새로 《진서》를 편찬하던 때를 언급하면서 "이때부터 진나라 역사를 말하는 자들은 모두 옛 책을 폐기하고 다투어 새롭게 편찬한 것을 따랐다."라고 하였으니, 여러 학자들이 편찬한 옛 역사책이 점차 사라지고 못 쓰게 된 것은 모두 새로운 책의 영향을 받았기 때문임을 알 수 있다.

당나라 초에 새로 편찬한 《진서》는 단점도 아주 많아서 옛 역사책의 수준에 못 미쳤지만, 당 태종(唐太宗) 스스로 진나라 선제(宣帝), 사마의(司馬懿) 무제(武帝) 사마염(司馬炎) 의 본기 두 편과 육기(陸機)와 왕희지(王羲之)의 전(傳) 두 편에 네 단락 정도 자신의 의견을 써넣었기 때문에, 이 책은 '어찬(御撰)'이라고 불리면서 신하들은 오직 삼가 존중하고 신뢰할 수밖에 없었다. 이 역시 새로운 편집본이 세상에 성행한 또 다른 원인이 되었다.

위에서 언급한 후한과 진나라 두 시기의 역사 사실 찬술이 발전·변화하는 모습에서, 같은 내용의 책이 날이 갈수록 많아지더라도 단점은 버리고 장점을 취하여 객관적인 수요에 부합하는 판본이 일단 출현하면 늘 새것이 옛것을 대체하고 옛것은 점차 묻혀서 결국 사라지게 된다는 사실을 알 수 있다. 이는 거의 중국 역사에서 일반적인 서적 발전의 필연적 추세라고 할 수 있으며, 또한 옛 책이 흩어지고 사라진 중대한 원인 가운데 하나이다.

그다음으로는, 중국 역사에서 군웅이 할거하거나 여러 민족이 혼전을 거듭하던 시기 통일된 중앙 정치 기구의 부재는 그들로 하여금 각자 정치를 하고 자신들만의 역사 기록을 확보하도록 만들었다. 이에 다양한 이름을 가진 많은 기록이 한꺼번에 세상에 퍼졌다. 이런 사회에서 큰 변화가 발생하여 분열에서 통일로 접어드는 시기가 되면 사람들은 처음부터 다시 낱낱이 흩어진 옛 자료를 종합적으로 정리하는 작업을 하며, 종합적인 체계의 새로운 책으로 편집하여 완성한다. 새로운 책이 세상에 나타나자 원래 있었던 수많은 단편적인 기록들은 점차 사람들에게서 버려지게 되었으며, 역시 당연히 일부의 책들이 흩어지고 사라지게 되었다.

예컨대 3세기 후한 말 삼국이 세 솥발처럼 일어나던 시기, 각국 모두 자신들만의 역사 기록과 저술을 많이 가지고 있었다. 그리고 진나라 초 진수(陳壽)가 《삼국지(三國志)》를 편찬할 때 비로소 그 자료들이 종합되어 한 권의 책으로 완성되었다. 그 후 배송지(裴松之)가 《삼국지주(三國志注)》를 편찬할 때 다시 삼국 시대에 관한 낱낱이 흩어진, 많게는 백 수십 종에 달하는 자료들을 널리 수집하였다.

이렇게 한번 대대적으로 정리가 이루어지자 진수가 빠먹은 것을 보충하기에 충분하였다. 뿐만 아니라 후세 사람들도 진수와 배송지가 종합한 자료들을 가지고 연구함으로써 삼국 시대의 역사적 사실이 상당히 자세하게 되었으니, 다시는 저런 낱낱이 흩어진 옛 사료들에 만족하지 않게 된 것은 지극히 당연한 일이다.

또한 304년부터 439년까지 진 혜제(晉惠帝) 영흥(永興) 원년 유연(劉淵)이 스스로 한왕(漢王)이 된 때부터 송 문제(宋文帝) 원가(元嘉) 16년 탁발씨(拓跋氏)의 북위(北魏)가 북량(北涼)을 멸할 때까지이다. 135년의 기나긴 세월 동안 서북 지방의 여러 민족은 북중국의 다른 지역들을 점거하고 앞뒤로 열 몇 개 나라를 세웠다. 역사에서는 이를 '오호십육국(五胡十六國)'이라고 칭한다. 한 세기 반쯤 동안 북중국은 혼란과 거듭된 전쟁의 상태에 빠져 있었고, 사회 변화 역시 격렬하여 사건들이 너무나도 복잡하게 뒤섞이게 되었다.

《수서》〈경적지〉에 수록된 것과 《사통》에서 언급된 각 나라의 역사책에 따르면 많게는 수십 명의 학자가 있었다. 이렇게 흩어져 있던 많은 기록은 곧 종합적인 체계를 갖춘 역사책을 편술하는 데 유리한 조건을 제공하였다. 북위(北魏)의 최홍(崔鴻)은 이러한 자료들에 의거하여 100권의 《십육국춘추(十六國春秋)》를 편찬했다. 이 책이 세상에 나타나자 그 밖의 '나라별로 구성된 서(書)'인 단행본 역사책들이 모두 흩어지고 사라지게 되었으니 이 역시 필연적인 추세였다. 최홍의 책은 북송 이후에 실전되었으며, 오늘날 통용되는 《십육국춘추》는 명나라 사람의 위작이다.

위에서 언급한 삼국과 이른바 오호십육국이라는 두 시기의 역사서 찬술의 발전과 변화의 모습에서, 흩어진 기록들이 지극히 번잡하고 너무 많더라도 한번 종합적인 저술이 출현하게 되면 왕왕 전체적인 기록으로 부분적인 기록을 대체하게 된다는 것이 충분히 설명된다. 이러한 사례들은 셀 수 없이 많다. 바로 모두 익숙하게 알고 있는 것처럼 당나라 이전에 남북조 시기의 역사적 사실을 편집하여 서술한 책은 아주 많지만, 이연수(李延壽)의 《남북사(南北史)》가 출현한 뒤로 각 왕조만을 다룬 역사서에 대해서는 점차 아무도 궁금해하지 않게 되었다. 오늘날 전해 내려오는 《송서(宋書)》, 《남제서(南齊書)》, 《위서(魏書)》, 《북제서(北齊書)》, 《주서(周書)》의 다섯 역사서에서 손상되어 온전하지 않은 부분을 찾기만 한다면 확실한 증거로 삼을 수 있다. 그것들이 사라지지 않은 것은 아주 운이 좋았다고 할 수밖에 없을 것이다.

요컨대 사물이란 부단히 진보하는 것이고 발전이 있으면 버려지는 것이 있기 마련이다. 하물며 문자를 써서 기록하여 만들어진 책의 경우 전파의 방법과 수단에 한계가 있기 때문에 오랫동안 멀리까지 전해지기란 어렵다. 당나라 이전의 책들은 모두 필사되었기 때문에 쉽게 흩어지고 사라져 버렸는데, 이에 대해서는 앞에서 이미 이야기하였다. 당나라 이후, 비록 조판 인쇄술이 점차 역사책의 보급에까지 영향을 끼쳤지만, 분량이 많은 책을 나무에 새기는 것 역시 아주 힘든 작업이었다. 그러므로 엉터리로 새겨서 책의 원래 모습이 사라진 것도 적지 않다.

봉건사회에서 '정사(正史)'라고 일컫는 책은 대부분 통치 계급이 판각하고 인쇄한 것인데, 그들은 동일한 시대를 다룬 두 부의 역사책 가운데 하나만을 편애해서 책의 존망에 직접적인 영향을 끼치기도 하였다. 예컨대 설거정(薛居正)의 《오대사(五代史)》가 세상에 전하지 않는 까닭은 남송 이래의 통치자들이 구양수(歐陽脩)의 《신오대사(新五代史)》를 편애한 나머지 설거정의 책을 없애 버렸기 때문이다. 그래서 원나라의 아홉 행정 단위인 로(路)에서 나누어 간행한 《십칠사(十七史)》, 명나라의 남북감(南北監)에서 둘로 나누어 간행한 《이십일사(二十一史)》에는 모두 설거정의 책이 판각되지 않았던 것이다. 이는 곧 원나라와 명나라 이후부터 설거정의 《오대사》가 날이 갈수록 희귀해지고 끝내 묻혀서 사라지도록 만들었다.

이로써, 서적들이 흩어지고 사라지게 된 원인은 다양하지만 옛날에 서적 보급이 매우 어려웠던 데서 말미암아 소실되어 버린 경우가 자연 대부분을 차지함을 알 수 있다.

## 제2절 집일 작업의 전개와 자료 선정의 근거

옛날에 책들이 흩어지고 사라지는 현상은 심각했다. 왕왕 이전 왕조의 예문지(藝文志)나 경적지(經籍志)에 이미 수록된 책도 일정한 시기가 지나면 찾을 수가 없었다. 이에 공부를 좋아하고 널리 책을 읽는 선비들은 지식 추구라는 자신의 욕망을 채우기 위해서, 특히 이미 흩어지고 사라져 버린 옛날 유명한 학자들의 저작을 무한히 흠모하고 사랑했기 때문에, 할 수 있는 모든 방법을 강구하였으며, 다른 책에서 인용한 자료들을 가지고 처음부터 다시 수집하고 정리하기를 희망하였고, 저자가 지은 책의 원래 모습, 혹은 그 일부분이라도 회복하기를 도모하였으니, 이것이 바로 '집일(輯佚)', 즉 잃어버린 책을 수집하는 것이다. 이 작업은 송대 학자들이 수행하기 시작하였다. 장학성(章學誠)은 《교수통의(校讎通義)》 〈보정(補鄭)〉에서 다음과 같이 말하였다.

> 옛날에 왕응린(王應麟)은 《역(易)》의 학문이 오로지 왕필(王弼)의 것만 전승되고 《상서(尙書)》는 《위공전(僞孔傳)》에만 머물러 있다고 여겨서, 이에 여러 책에서 보이는 정현(鄭玄)의 《역》과 《상서》에 관한 주석을 채집하여 《정씨주역주(鄭氏周易注)》, 《정씨상서주(鄭氏尙書注)》를 만들었다. 또한 네 학파의 《시(詩)》 가운데 오로지 《모전(毛傳)》만이 사라지지 않아서, 이에 여러 책에서 보이는 나머지 세 학파의 《시》에 관한 학설을 채집하여 《삼가시고(三家詩考)》를 만들었다. 이후 옛것을 좋아하는 선비들은 그가 만든 방법을 따랐으며, 왕왕 사라진 글들을 편집하고, 소략하고 편중된 것들을 수집하였다.

장학성은 사라진 책을 수집하는 작업이 분명히 남송의 학자 왕응린에게서 시작되었다고 여겼다. 그리고 이후 학자들도 이 문제를 언급할 때 대부분 이견이 없었다. 오로지 섭덕휘(葉德輝)가 《서림청화(書林淸話)》 권8 〈옛 책을 수집하여 판각한 것은 왕응린에게서 시작되지 않았다〔輯刻古書不始於王應麟〕〉라는 글에서 다음과 같이 이야기하였다.

> 옛 책이 흩어지고 사라진 뒤, 다시 다른 책에서 인용한 것을 수집하여 그 책을 만드는 일에 대해서, 세상은 송나라 말의 왕응린이 세 학파의 《시》를 편집한 것에서 시작한다고만 여기지 그 이전에 이미 그러한 일이 있었음을 알지 못한다. 송나라 황백사(黃伯思)는 《동관여론(東觀餘論)》 〈신한공이 소장한 《상학경》 뒤에 쓴 발문〔跋愼漢公所藏相鶴經後〕〉에서 다음과 같이 이야기하였다.
>
> "《수서(隋書)》 〈경적지〉와 《당서(唐書)》 〈예문지〉에 따르면, 《상학경(相鶴經)》은 한 권이었다. 오늘날 온전한 책은 사라졌지만 마총(馬總)의 《의림(意林)》과 이선(李善)의 《문선주(文選注)》, 포조(鮑照)의 〈무학부(舞鶴賦)〉에서 그 대강을 베껴 냈으며, 오늘날 진경원(陳景元)이 기록한 바가 바로 이것이다. 그런데 변변치 못한 무리들이 이 작품을 왕안석(王安石)의 문집에 잘못 수록했으며, 또한 오류도 상당하다. 오늘날 이 판본, 즉 진경원의 것은 정밀하고 훌륭하며, 또한 문체도 부드럽고 우아하여 옛 현인의 기품이 있으니 보배롭게 여길 만하다."
>
> 따라서 잃어버린 것을 수집한 책의 비조는 이 경전이 되어야 한다.

섭덕휘는 과거 학자들의 설명에 대해 반박하면서 잃어버린 책을 모으는 일이 왕응린에게서 시작되었다고 여기지 않았다. 요새 사람 유함흔(劉咸炘)은 섭덕휘의 견해에도 불만을 가지고 "관련 사실은 이뿐만이 아니다."라고 하였다. 유함흔은 자신이 지은 《목록학(目錄學)》의 상편에 있는 〈존일(存佚)〉에서 다음과 같이 말한 적이 있다.

> 송나라 때 당나라 사람들의 소설과 당나라 이전 사람들의 문집을 전승했는데, 숫자가 대부분 원래 책과 맞지 않았다. 다른 책에서 인용한 것과 비교해 보면 왕왕 잃어버리고 수록하지 않은 것이 있었다. 모두 송나라 사람들이 모아서 이룬 것이니, 이는 집일에 해당하는 일이다.

요컨대, 저 몇 학자들의 견해는 비록 서로 다르지만, 집일 작업은 어쨌든 송대 학자들이 그 서막을 열었다. 그러므로 오늘날 다시는 어떤 사람, 어떤 책에서 시작했는지에 얽매여서 불필요한 논쟁을 할 필요가 없다. 또한 송대 학자들은 일서(佚書)를 수집하는 일에 착수했을 뿐만 아니라 이러한 작업에 대한 유익한 이론도 제시하였다. 정초(鄭樵)의 《통지(通志)》〈교수략(校讎略)〉에 〈책 중에는 이름은 사라졌지만 실제는 사라지지 않은 것이 있음을 논함〔書有名亡實不亡論〕〉이라는 글이 있는데, 정초는 그 글에서 다음과 같이 말하였다.

> 사라졌다는 책 중에는, 사라졌어도 사라지지 않은 경우가 있으며, 찾지 않아선 안 되는 경우도 있고, 찾을 수 없는 경우도 있다. 《문언약례(文言略例)》는 이미 사라졌지만 《주역(周易)》은 온전히 존재한다. 한(漢)·위(魏)·오(吳)·진(晉)의 〈고취곡(鼓吹曲)〉은 이미 사라졌지만 《악부(樂府)》는 온전히 존재한다. 〈삼례목록(三禮目錄)〉은 이미 사라졌지만 여러 '삼례(三禮)'를 얻을 수 있다. 〈십삼대사목록(十三代史目錄)〉은 이미 사라졌지만 여러 '십삼대사(十三代史)'를 얻을 수 있다.……이러한 것들은 이름이 비록 사라졌지만 실제로는 사라지지 않은 것이다.

800년 전 남송 초기의 학술계에서 이 견해는 정말로 독창적인 것이었으며, 당시 학자들에게 사라진 것들을 수집하는 길을 밝혀 주는 것과 마찬가지였다. 하지만 다른 한편으로 정초의 이 말은 경솔하게도 문제를 너무 쉽게 보는 잘못을 범하고 있다. 장학성은 《교수통의》〈보정〉에서 다른 견해를 제시하였다.

> 정초가 책을 논하면서 "이름은 사라졌지만 실제로는 사라지지 않았다."라는 말을 했는데 이는 정말로 탁월한 견해라고 생각한다. 그러나 발언이 너무 안이한 점도 있다. 예컨대 "정현(鄭玄)의 〈삼례목록〉은 이미 사라졌지만 여러 '삼례'를 얻을 수 있다."라고 했는데, 오늘날 《삼례정의(三禮正義)》를 가지고 살펴보면, 그것이 정현의 〈삼례목록〉을 인용했지만 많은 부분 유향이 편집했던 순서와 다르기 때문에 당시에도 분명히 그에 대한 설명이 있었을 것이다. 하지만 오늘날 볼 수는 없는데 어찌 그것에서 삼례를 얻었다고 할 수 있겠는가.
>
> 또 "〈십삼대사목(十三代史目)〉은 이미 사라졌지만 여러 '십삼대사'를 얻을 수 있다."라고 하였다. 예문지에 수록된 〈십삼대사목〉을 고찰해 보면 당종간(唐宗諫)과 은중무(殷仲茂) 두 학자가 있는데, 당종간의 책은 열 권이지만, 은중무의 책은 세 권밖에 되지 않는다. 자세하고 간략한 것이 이처럼 다르니, 그 안의 내용에 대해서도 설명이 필요하다. 따라서 어찌 그것에서 '십삼대사'를 얻었다고 할 수 있겠는가.
>
> 그 밖에 논한 것들도 대부분 이 범주에서 벗어나지 않는다. 만약에 옛것을 찾으려고 노력했지만 찾지 못했을 경우에 어쩔 수 없이 오늘날 존재하는 책에서 찾아도 괜찮은 것이다. 옛 책이 비록 사라졌지만 사실 사라지지 않았다고 하는 것은 얼마나 말을 쉽게 하는 것인가.

본래 정초가 밝힌 저 견해의 문제점은 너무 막연하면서 자세하지 않다는 데에 있었다. 정말로 잃어버린 책을 수집하는 일에 종사하려면 반드시 면밀하고 신중하며 자세해야 한다. 정초가 제시한 방법은 원칙상 잘못이라고 할 수 없다. 후세 학자들도 잃어버린 책을 수집하는 구체적인 방법을 이야기할 때 단지 정초의 저 견해에 담긴 정신을 더욱 구체화하기만 하였다. 명나라 사람 기승한(祁承㸁)은 〈담생당장서약(澹生堂藏書約)〉에서 '책을 구매하기〔購書〕'에 대해서 이야기할 때 다음과 같이 말하였다.

> 책들 가운데 한나라 때 사라진 것은 한나라 사람들이 인용한 경전에 그에 대한 근거가 있다. 당나라 때 사라진 것은 당나라 사람들의 저술에 아직 있다. 송나라 때 사라진 것은 송나라 사람들이 편찬한 문집에 많이 존재한다. 즉 그 책이 각각 채록된 것을 따르는 것은 길광(吉光)이라는 신성한 동물이 남긴 하나의 깃털처럼 그 스스로 충분히 보배로우며, 말의 일부를 잡았는데도 그 앞에 말이 서 있지 않다고 할 수 없는 것과 같다.

기승한은 비록 유명한 장서가에 불과하고, 이 말은 오로지 책을 구하는 것에 관한 것이지만 자세히 살펴보면 정초의 견해에 담긴 정신이 스며들었음이 틀림없다. 사실 잃어버린 책을 수집하는 일에 활용해 보면 이러한 원칙을 결국 벗어날 수 없다. 손각(孫瑴)과 같은 명대 학자들은 여러 책에서 위서(緯書)[4]들의 잃어버린 글들을 집록하고 편집해서 《고미서(古微書)》를 만들었다. 비록 그 다루는 범위가 아주 협소하며 체례도 형편없지만, 여전히 송대 학자들이 개척한 길을 따라 노력해서 이룬 것이다. 청대에 이르러서 이 작업은 고증학자들의 실사구시적인 학술 기풍을 따라 그 방법이 과거보다 더 정

4 위서(緯書) : 한나라 때 유가 경전의 내용을 빌려서 상서롭거나 불길한 징조를 풀이하고, 또 그것들을 증명하려고 시도한 책을 일컫는다.

밀해졌다. 이에 집일(輯佚)은 당시 학술계의 중요 작업 가운데 하나가 되었으며, 현저한 성과도 거두었다.

청대 학술계에서 사라져 버린 책들을 모으는 작업을 널리 전개한 것과 건륭(乾隆) 연간에 편찬한 《사고전서(四庫全書)》와는 아주 긴밀한 연관 관계가 있다. 비록 《사고전서》를 편집하기 이전에 개인들이 일서를 수집한 성과가 상당수 있었으나, 이렇게 대규모로 잃어버린 책들을 수집한 것은 역시 《사고전서》 편찬의 결과를 직접 이어받아 밀고 나갔기 때문이다.

1773년 건륭 38년 안휘(安徽) 지방의 학정(學政)으로 재직하던 주균(朱筠)은 사고관(四庫館)을 열자고 주청을 올리면서 잃어버린 책을 수집하는 것도 늦춰서는 안 되는 급한 일이라고 여겼다. 주균의 《사하문집(笥河文集)》 권1 〈삼가 관청을 열어 책을 교감하자는 짧은 견식을 담은 접자[5]를 올리다〔謹陳管見開館校書摺子〕〉에서 다음과 같이 말하였다.

> 신이 한림(翰林)으로 있을 때, 예전 명나라의 《영락대전(永樂大典)》을 항상 반복하여 읽었습니다. 그 책은 편집·정리되면서 내부 분류의 숫자가 줄어들었고, 여러 책들도 나뉘어 그 분류를 따르게 되었습니다. 그리고 온전하기는 하지만 세상에 잘 보이지 않던 옛 책들이 모두 이 안에 있습니다. 신은 그 안에 있는 온전한 옛 책들 가운데 약간을 골라 나누어 편집하여 수록하고, 각각 책으로 만들어 목록을 갖추는 일을 청하고자 합니다. 책이 사라졌지만 다시 세상에 나타난다면 문예의 숲에 큰 경사일 것입니다.

이는 주균이 당시 최고 통치자에게 올린 의견 가운데 하나이다. 청나라 건륭제는 그의 건의를 받아들여서 인원을 파견하여 《영락대전》을 교감하고 살

5 접자(摺子) : 청나라 때 신하가 황제에게 건의를 올릴 때 사용하던 공문서의 일종이다.

피게 하였으며, 아울러 《사고전서》를 확정하였다. 당시 책을 편찬하는 것은 시작부터 집일과 긴밀히 결합되었다. 잇따라 《영락대전》에서 채집해 낸 책들을 《사고전서》에 수록하고 《사고전서존목(四庫全書存目)》에 기록하였는데, 경부(經部) 66종, 사부(史部) 41종, 자부(子部) 103종, 집부(集部) 175종, 합계 385종 4926권이나 되었다. 오늘날 《사고전서총목(四庫全書總目)》에 '영락대전본'이라고 표기된 책은 모두 이전에 사라졌지만 다시 새롭게 채집해 낸 것이다. 이는 중국 역사에서 전례 없는 규모로 잃어버린 책을 수집한 결과이다.

이때 수집된 잃어버린 책들 가운데 가치가 지극히 높고 오랫동안 실전된 명저들이 상당수 있었다. 역사서를 가지고 이야기해 보면, 이도(李燾)의 《속자치통감장편(續資治通鑑長編)》 520권, 설거정(薛居正)의 《오대사(五代史)》 150권, 학경(郝經)의 《속후한서(續後漢書)》 90권 모두 내용이 방대한 거작들이다. 또한 《동관한기(東觀漢記)》와 같은 책은 범엽(范曄)의 《후한서(後漢書)》의 잘못을 보정한 부분이 자못 적지 않다. 그 책은 오래전에 사라졌지만 이때 《영락대전》에서 24권을 채집해 냈으며, 이는 역사 연구자에게 상당히 귀한 자료가 되었다. 또한 송나라와 원나라 사람들의 문집을 모은 것 가운데는 역사적 사실을 고증하는 데 쓰이는 것도 아주 많았다. 여기까지 이야기하다 보니 이전 사람들이 우리를 위해 성실하게 작업해 주고 또한 우리에게 풍부한 유산을 남겨 준 것에 대해서 감사를 표하지 않을 수 없다. 어느 누가 잃어버린 책을 수집하는 것이 중요한 작업이 아니라고 말하겠는가.

하지만 중국의 대다수 고서들 가운데 송나라와 원나라 때 흩어지고 사라진 것이 가장 많다. 그런데 명나라 초 《영락대전》을 편집할 때 그 당시에 현존하던 책들만을 가지고 글자에 따라 나누어 편집하고, 각각의 운(韻)에 나누어 귀속하였다. 사실 상당히 많은 옛날 책들이 명나라 초기에 이미 찾아볼 수 없었다. 이 때문에 사라진 책을 반드시 다양한 방면에서 발굴해야지 소수의 혹은 한 권의 책에만 출처를 국한해서는 안 되는 것이다. 특히 당나라 이전의 옛 책을 수집할 때는 비교적 이른 책에 근거하지 않으면 안 된다. 대체로 사라진 책을 수집하는 이들이 힘을 쓰는 경로와 방법은 다음의 몇 가지가 있다.

1. 당나라와 송나라의 유서(類書)에서 여러 책을 수집한다.
2. 자부(子部)와 사부(史部), 한나라 사람들이 단 주석의 일종인 전주(箋注)에서 춘추 전국 시기의 옛 책을 수집한다.
3. 당나라 사람들이 단 주석의 일종인 의소(義疏)에서 한나라와 위나라 시기 경전의 스승들이 남긴 견해를 수집한다.
4. 여러 역사서와 총집(總集)《문원영화(文苑英華)》와 비슷한 것들 에서 역대의 흩어지고 사라진 글들을 수집한다.
5. 《일체경음의(一切經音義)》 혜림(慧琳)이 편찬한 《음의》를 정통으로 간주한다. 에서 소학(小學) 즉 고문자학과 훈고(訓詁)에 관련된 책을 수집한다.

이것들은 모두 사라진 자료들의 출처이다. 옛날의 주석 가운데 배송지(裴松之)의 《삼국지주(三國志注)》, 역도원(酈道元)의 《수경주(水經注)》, 유효표(劉孝標)의 《세설신어주(世說新語注)》, 이선(李善)의 《문선주(文選注)》, 혜림의 《일체경음의》가 가장 중요하다. 유서(類書)에서는 《북당서초(北堂書鈔)》, 《예문유취(藝文類聚)》, 《초학기(初學記)》, 《태평어람(太平御覽)》, 《책부원귀(冊府元龜)》가 가장 중요하다. 이 책들은 모두 사라져 버린 책들의 창고이다.

청대 학자들은 여기에서 많은 것을 정리하고 점검해 냈으며, 이는 우리가 귀중하게 여길 가치가 있다. 예컨대 마국한(馬國翰)의 《옥함산방집일서(玉函山房輯佚書)》는 580여 종이나 되고, 왕모(王謨)의 《한위유서초(漢魏遺

書鈔)》는 400여 종이나 된다. 황석(黃奭)의 《한학당총서(漢學堂叢書)》는 250여 종이나 된다. 이 모두 아득히 장관을 이루며 사부(四部)의 책들이 골고루 분포되어 있는 것들이다. 비록 자료 선택에서 종종 면밀하고 신중하지 못한 점이 있지만, 이전 사람들이 수집한 성과를 감별하면서 활용한다면 괜찮을 것이다.

## 제3절 과거 학자들이 집일 과정에서 범한 착오와 우리의 인식

요새 사람 유함흔(劉咸炘)은 "책을 수집하는 것은 쉬운 일이 아니다. 교수(校讎)에 대해 잘 이해하고 목록에 정통하지 않으면 오류가 여기저기에서 발생하기 십상이다." 이 말은 《목록학(目錄學)》 상편에 있다. 라고 말한 적이 있다. 이 말은 비교적 통달한 견해이다. 유함흔은 일찍이 《집일서규류(輯佚書糾繆)》 이 책의 서례(序例)가 《목록학》에 보인다. 라는 책을 쓴 적이 있는데, 여기에서 서적 수집의 네 가지 큰 병폐를 지적하였다.

1. 누락〔漏〕
2. 지나침〔濫〕 이는 두 가지로 나뉘는데, 첫째, 억단(臆斷), 둘째, 본래 책의 글이 아닌 경우이다.
3. 오류〔誤〕 이는 두 가지로 나뉘는데, 첫째, 시대를 살피지 않음, 둘째, 잘못된 판본이나 수준 낮은 속된 판본〔俗本〕에 근거함이다.
4. 조악함〔陋〕 이는 세 가지로 나뉘는데, 첫째, 체례를 살피지 않음, 둘째, 원류를 고찰하지 않음, 셋째, 순서를 마음대로 정함이다.

이는 모두 사라진 책을 수집하는 이들의 병통이 무엇인지에 꼭 들어맞는 말이다. 나는 사라진 책을 수집하는 작업을 하는 이들이 교수에 대해 잘 이해하고 목록에 정통할 뿐만 아니라 옛 책의 체례와 학술의 유파도 이해해야 한다고 생각한다. 즉 옛사람이 지은 저술의 배열 방식과 관련한 각 시대의 습관과 상례에 주의를 기울여야 한다는 것이다. 그렇게 하지 않는다면 쉽게 저자의 원서가 잘못 함께 편집되고 본래 모습과는 아주 동떨어지게 되어 큰 손실을 가져올 것이다.

예컨대 《사고전서(四庫全書)》를 편찬할 때 《영락대전(永樂大典)》에서 채집해 낸 송나라 사람들의 문집이 가장 많았다. 그중에서 유창(劉敞)의 《공시집(公是集)》이 54권으로 편집되어 완성되었는데, 그 문집에는 고시(古詩)와 율시(律詩)가 있었다. 원래 책은 다른 사람이 화답하여 부른 시를 함께 안에 수록하였고, 이는 당나라와 송나라 사람들이 문집을 편집·확정할 때의 상례였다.

그런데 건륭(乾隆) 연간에 사고관(四庫館)에서 이 책을 채집하여 수록할 때, 시들을 편집하면서 원래 책의 순서를 뒤집어 버렸다. 당시 교감학자인 노문초(盧文弨)는 이에 대해서 아주 불만이었다. 《포경당문집(抱經堂文集)》 권13 〈유공시집발(劉公是集跋)〉에서 다음과 같이 말하였다.

> 당나라 사람들의 시집 가운데 다른 사람이 화답하여 부른 것을 부록하는 경우 옛날의 판본은 모두 일률적으로 평범하게 전사하였으며, 높고 낮음의 구별이 없었다. 다른 사람이 부르고 내가 화답한 경우에는 다른 사람의 작품을 앞에 두고, 다른 사람이 나에게 화답한 경우에는 다른 사람의 작품을 뒤에 두었다. 그런데 요새는 그렇지 않다. 부록하는 것을 모두 뒤에 두고, 한 글자 내려써서 구별한다.
>
> 《공시집》에는 아직 옛 규범이 남아 있었는데, 베껴서 수집하는 자가 살피지 못했거나, 혹은 다른 사람의 작품을 원래 저자의 작품으로 오인하였다. 칠언의 근체시(近體詩)에도 동생이 아버지에게 먼저 시를 바치고 아버지가 그것에 화답하는 것이 있는데, 앞의 것을 아버지의 것으로 오인하고, 화답하는 시는 오히려 한 칸을 내려서 부록하는 규례를 따랐다. 내가 역성(歷城) 출신의 주영년(周永年)에게 보낸 편지에서 이를 숨김없이 이야기하였는데, 당연히 고쳐야 한다.

이는 아주 가치 있는 의견으로, 당시 사고관에서 책상에 머리를 박고 사라진 책을 수집하는 일에만 골몰했던 선생들에게 아주 큰 도움을 주었으며 그들의 수준을 높이는 데 한몫하였다. 만약에 노문초가 오랫동안 서적 교감을 현장에서 하지 않았고 옛 책의 배열 방식에 대한 통례를 잘 이해하지 못했다면 이러한 잘못을 발견하기가 쉽지 않았을 것이다.

그다음으로, 다른 책에서 인용한 자료를 사라진 책을 수집하는 근거로 활용할 때 정교하게 살피지 않고 꼼꼼하게 식별하지 않으면, 다른 책을 바로 그 옛 책이라고 오인하여 함부로 베끼고 채집하여 원서와 전혀 부합하지 않는 것으로 만들기 십상이다. 이렇게 일어난 문제는 더욱 심각하다.

예컨대 서한 말 유향(劉向)이 편집하여 완성한 《별록(別錄)》과 유흠(劉歆)이 편집하여 확정한 《칠략(七略)》은 중국사에서 처음으로 출현한 도서목록이며, 학술을 널리 밝히고 그 원류를 살펴보는 데 중요한 근거이기도 하다. 하지만 애석하게도 이 두 책은 일찍이 사라져 버렸다. 《별록》 안에 있던 내용은 현재 여덟 편밖에 보존되어 있지 않으며, 《칠략》의 의례는 《한서(漢書)》〈예문지(藝文志)〉에서만 그 대강을 살펴볼 수 있다. 학자들은 당연히 사라진 책을 수집하는 과정을 통해 저 두 책의 옛 모습을 회복하기를 바랐다.

청대 가경(嘉慶)·도광(道光) 연간의 학자들이 수집하여 완성한 《별록》과 《칠략》에는 엄가균(嚴可均)의 수집본 《전한문(全漢文)》 안에 있다. 과 마국한(馬國翰)의 수집본 《옥함산방총서(玉函山房叢書)》 안에 있다. 이 있다. 나는 일찍이 이 두 집본(輯本)을 자세하게 연구한 뒤 상당히 많은 오류를 발견한 적이 있는데, 그중에서 가장 심각한 것들을 다음의 두 경우로 귀납·정리할 수 있었다.

1. 옛 책에 있는 글자를 유향의 《별록》으로 잘못 보았다. 예컨대 《수경(水經)》의 "하수(河水) 또한 동쪽으로 지주(砥柱) 사이를 흘러간다."라는 구절에 대해서 《수경주(水經注)》에 "유향이 《안자춘추(晏子春秋)》를 서(敍)하면서, 고야자(古冶子)가 '내가 일찍이 황하를

건널 때 자라가 왼쪽의 말을 끌고 지주의 강물로 들어가는 것을 보았는데, 이때 따라가서 죽였다. 알고 보니 자라였다.'라고 한 구절을 언급하였다."라고 하였다. 그런데 이것은 복숭아 두 알로 세 명의 사(士)를 죽인 고사로 《안자춘추》 내편 제2권에서 볼 수 있다. 즉, 이는 분명히 《안자춘추》에 있는 원문인데, 마국한은 유향이 지은 《안자춘추서록(晏子春秋敍錄)》의 글이라고 잘못 알고는 이를 채집하였다.

마국한이 잘못을 저지른 까닭은 바로 《수경주》의 "유향이 《안자춘추》를 서(敍)했다."라는 구절에 있는 '서(敍)'라는 글자를 '서록(敍錄)'으로 잘못 봤기 때문이다. 사실 이 '서(敍)'라는 글자에는 정리라는 뜻이 있다. 즉, 《수경주》에서 "유향이 《안자춘추》를 서(敍)했다." 라고 한 것은 유향의 정리를 거친 《안자춘추》를 가리킨다. 마국한이 당시에 《수경주》의 문맥을 자세하게 헤아리고 다시 《안자춘추》의 원문을 검토했더라면 이러한 잘못을 피할 수 있었을 것이다.

2. 제목이 비슷한 책을 유흠의 《칠략》으로 잘못 보았다. 예컨대 《사기정의(史記正義)》에서 완효서(阮孝緖)의 《칠록(七錄)》을 인용하면서, 당시 통용되던 판본을 왕왕 《칠략》이라고 잘못 언급하였다. 어느 부분에서는 분명하게 '완효서의 《칠략》'이라고도 했으니, 이는 써서 새길 때 오류가 있었다는 확실한 증거이다.

엄가균과 마국한 두 학자의 《칠략》 집본에서는 《안자(晏子)》 7편을 유가(儒家)에 배치하고, 《관자(管子)》 18편을 법가(法家)에 배열하였는데, 이는 그들이 《사기정의》에서 《칠록》의 말을 범범하게 인용한 것을 근거로 채집한 것이다. 《칠략》의 원문은 《한서》 〈예문지〉에 보존되어 있는데, 《안자》 8편은 유가에 있고 《관자》 86편은 도가에 있었다. 이는 《칠록》과 아주 다른데도 그들 역시 주의를 기울이지 않았다.

위에서 언급한 오류의 실례들은 청나라 말 요진종(姚振宗)이 《별록》과 《칠략》을 수집할 때 모두 수정되었다. 이로써 고증에 관한 책은 뒤에 나온 것이 낫다는 것을 알 수 있다.

이 밖에도 반드시 주의를 기울여야 하는 다른 문제가 있는데, 바로 중국 고대의 문자와 언어가 통일되지 않은 것과 관련한 문제이다. 옛사람이 최초로 입 밖으로 꺼낸 것은 틀림없이 간단하고 소박한 언어였을 것이다. 그런데 역사학자들의 기록을 거치면서 윤색되어 수사와 기교를 갖춘 글로 변하게 되었다. 이러한 글은 결코 원래 그 말을 했던 사람이 내뱉은 것이 아니며, 우리는 이를 원래 그 말을 했던 사람의 작품으로 보아서는 안 된다. 예컨대 《좌전(左傳)》에는 정 장공(鄭莊公)이 그의 어머니에게 맹세를 하면서 다음과 같이 말하였다고 기록되어 있다.

> 황천에 이르지 않는 한 우리는 서로 다시 보지 못할 것입니다.〔不及黃泉, 無相見也.〕

설마 정 장공이 그의 어머니와 입씨름을 하면서 맹세할 때 단지 이 여덟 자만 말했단 말인가? 분명히 《좌전》의 저자는 자신이 들었던 많은 말들을 삭제하고, 정 장공이 죽은 뒤가 아니라면 다시는 만나지 않겠다고 발원한 것만 골라서 취한 뒤, 그 말을 꾸며서 이 여덟 글자의 맹세로 고쳤을 것이다.

또한 《사기(史記)》에서는 조삭(趙朔)의 처가 아이를 바지 속에 숨기면서 빌었던 것을 다음과 같이 기록하였다.

> 조나라의 대를 끊으려거든 울고, 끊지 않으려거든 아무 소리도 내지 말아다오.〔趙宗滅乎, 若號; 卽不滅, 若無聲.〕

이 구절은 분명히 역사서를 편찬한 자가 윤색한 글이다. 조씨의 처가 설령 이런 말을 했을지라도 이렇게 간결하고 세련되게 말하지는 않았을 것이다. 엄가균은 이것을 《전상고삼대문(全上古三代文)》에 수록하였고, 아울러 각각에 이름을 표기해서 말한 사람의 작품으로 인정하였는데, 이는 타당하지 못하다.

이런 사실들을 가지고 유추해 보자면, 진 시황이 여러 신하에게 함께 황제의 호칭을 논의하도록 분부했을 때 승상(丞相)인 왕관(王綰)이 많은 말을 했으며, 정위(廷尉)인 이사(李斯)가 시(詩)와 서(書)를 불태우자고 건의한 일에 대해 사마천(司馬遷)은 〈진시황본기(秦始皇本紀)〉에서 비교적 진실하고 생동감 있으며 아주 부드러운 문체로 서술하였다. 그런데 이러한 글은 발언한 당사자 스스로 쓴 것이 아님이 틀림없으나, 엄가균은 이 글을 《전진문(全秦文)》에 수록하고 각각 이름을 달아 왕관과 이사의 저술로 처리하였다. 이는 실제 모습과는 부합하지 않는 것이다.

이렇게 구체적인 사실로부터 집일하는 일은 식견이 있어야 불필요한 잘못을 피할 수 있다는 것을 알 수 있다. 이 작업에 관해서 이야기를 시작하면 많은 분야와 관련되기 마련이다. 학술의 유파와 저술의 체례에 대해서 이해해야 할 뿐만 아니라, 옛사람이 옛글을 인용한 의례, 옛사람이 옛 사실을 서술할 때의 문체도 모두 확실하게 분별해야 한다. 그렇게 하지 않는다면 옛사람을 억울하게 모함하거나 후배들에게 오류를 남겨 주기 십상이다. 과거 학자들이 범한 잘못은 자연히 우리가 반드시 기억해야 하는 교훈이다. 다른 한편으로는, 우리가 이전 사람들의 집일 성과를 활용할 때 더욱 자세하게 따지고 면밀하고 신중하게 처리해야 할 필요가 있다.

대개 독서에는 본말과 선후, 완급과 경중이 있으며, 결코 범위와 순서를 벗어나 제멋대로 돌아다녀서는 안 된다. 읽어야 할 책이 너무 많으면 자주 보이는 책을 먼저 읽어야 한다. 일반적인 필독서를 두루 읽은 뒤에, 다시 분류에 따라 쉽게 볼 수 없는 책을 찾아서 읽으면, 이미 사라진 책들도 자연스럽게 공부 대상에 포함된다.

그러므로 사라진 책을 수집하는 작업과 사라진 책에 대한 한층 깊은 연구는 모두 어떤 하나의 학문에서 기본 지식을 습득한 이후 비로소 시도할 수 있다. 그렇게 하지 않으면, 가까운 것을 버리고 먼 것을 도모하는 분위기에 휩쓸리기 쉬우며 실제 모습에 부합하지도 않으니, 성취를 이룩하기가 매우 어려워진다. 정초(鄭樵)는 《통지(通志)》 〈교수략(校讎略)〉에서 다음과 같이 훌륭한 말을 하였다.

> 후세에 경(經)에 밝지 못한 자들은 모두 진나라가 책을 불태운 것을 핑계로 대면서 학자들로 하여금 책 전체를 읽지 않게 만든다. 그렇다면 《역(易)》은 책 전부가 남아 있지만 후세에 《역》 전체에 밝은 사람을 본 적이 있는가.

이 말은 정말로 우리로 하여금 깊이 반성하게 한다. 2000년 동안 학자들은 늘 진나라가 책을 불태워서 손상되고 사라진 것을 개탄하였지만, 어쨌든 아직도 남아 있고 쉽게 찾을 수 있는 몇 부의 책이라도 비교적 익숙할 정도로 읽은 사람이 많다고는 할 수 없다. 그런데 이런 사람들이 오히려 잃어버린 책을 수집하는 작업에 깊은 흥미를 느꼈다. 청대 건륭(乾隆)·가경(嘉慶) 연간의 학자들 가운데 일부는 사라진 책을 수집하는 것을 일생의 작업으로 여겼다. 쉽게 볼 수 있는 책은 한쪽으로 치우고 구멍 난 옷과 같은 손실된 책들을 보충하는 일에 전력을 다하면서 늙을 때까지 쉬지 않았다. 당시 장학성(章學誠)은 이에 깊은 불만을 품은 채 조롱하고 배척하였다. 《문사통의(文史通義)》 〈박약 중(博約中)〉에서 그는 다음과 같이 말하였다.

> 오늘날 속된 유학자들은……시세를 따라서 구멍 난 옷과 같은 손실된 책들을 보충하는 일을 하늘과 땅을 덮을 만한, 뛰어난 일이라고 잘못 인식하고 있다. 이는 다행히 후세에 태어났기 때문이다. 만약에 진나라가

> 책을 불태우기 이전에 태어나서 전적(典籍)들이 모두 존재하여 보충하고 수집할 일이 없다면, 그들은 그들이 배운 바를 써먹지 못할 것이다.

이는 당시 집일을 전업으로 삼았던 선생들의 머리를 방망이로 한 대 친 것이나 마찬가지이다. 또한 일부의 사람들에게는, 집일 이외에도 많은 현존하는 책은 우리가 읽기를 기다리고 있으며, 많은 학술적 작업은 우리가 가서 진행해 주기를 기다리고 있으니, 귀중한 시간을 모두 그 일에 투입하지 말 것을 환기하고 있다.

건가학파, 즉 건륭 연간과 가경 연간의 학자들은 대부분 경학(經學)을 깊게 연구했는데, 그들은 경(經)을 공부하면서 한나라 때의 정현(鄭玄)을 존경하였다. 이에 정현이 남긴 저작들 가운데 흩어지고 사라진 약간의 책들을 수집하는 데 노력하였다. 황석(黃奭)이 모은《고밀유집(高密遺集)》14종, 공광림(孔廣林)이 모은《통덕유서(通德遺書)》17종, 원균(袁鈞)이 모은《정씨일서(鄭氏佚書)》21종 모두 정현의 학문을 모아 만든 작품이다. 그 밖의 얼마 안 되는 작품들을 모아 만든 것은 이루 다 셀 수 없을 정도로 많다. 당시 초순(焦循)은 이러한 분위기를 옳게 여기지 않았다.《조고집(雕菰集)》권12〈감왜본정주효경의(勘倭本鄭注孝經議)〉에서 그는 다음과 같이 말하였다.

> 세상 사람들이 안목은 얕은데 귀만 솔깃해져서 소홀함만 남고 사고 능력은 사라졌다.《예(禮)》주(注)와《시(詩)》전(箋)은 통달한 자가 극히 드물고,《역(易)》·《서(書)》·《논어(論語)》등의 주석은 서로 다투어 수집하는 일이 식지 않는다.

《조고집》권16〈우공정주석자서(禹貢鄭注釋自序)〉에서도 다음과 같이 말하였다.

요새 학자들은 그 실마리를 찾지 않고 그 끄트머리에 대해 질문을 던지지 않으면서 정현에 대한 것만 들으려 한다. 또한 정현의 책 가운데 현존하는 것에 대해서는 인내심을 가지고 토론하고 탐구하지도 않고 손상되고 버려진 남은 것들만 흩어져서 찾는다. 그리고 그 옳고 그름과 진위조차도 가리지 않고 한 구절이나 한 글자를 얻는 것을 일삼는다.

나아가 위조품을 진품으로 여기고 그 모순된 부분을 고찰하지도 않기 때문에, 심지어 거짓된 글을 구차하게 지키려고 하며 도리어 진실한 글을 그런 것들과 잘못 섞어 버린다. 발을 도려내어 신발의 크기에 맞추고 머리를 잘라 관을 쓰기 편하게 만드는 것처럼, 정현의 본의가 정현을 존경하는 사람들에 의해 어지럽혀지고 사라지게 되었다. 정현이 해명도 못 하는 억울함을 당했는데, 이 누구의 잘못이란 말인가?

이 모두 비교적 통달한 견해이다. 사실 당시 학자들이 집일 작업에 종사하면서 옛 책에 가져온 재앙과 현존하는 책들을 무시하는 경향이 어찌 정현이 남긴 유작에 그치겠는가. 초순은 잠깐 이것만을 예로 들었을 뿐이다. 이러한 분위기는 날로 심각해졌다. 양계초(梁啓超)는 《중국근삼백년학술사(中國近三白年學術史)》에서 '잃어버린 책을 수집하는 일〔輯佚書〕'에 대해 이야기하면서 다음과 같은 말을 남겼다.

요컨대 청나라 유학자들의 집일 작업은 매우 수고스러운 것이었으며, 그 적잖은 성과가 자료를 연구하는 후세의 전문가들에게 제공되었다. 그러나 이는 결국 책을 베끼는 기술자가 잘하는 일일 뿐이다. 그런데 하등한 이들은 이에 대해 서로 치켜세운다. 경(經)을 공부하는 자는 현존하는 삼례(三禮)에 대한 정현의 주석을 읽지는 않고 오로지 무슨 《상서》, 《논어》에 있는 정현의 주석만을 이야기한다.

역사를 공부하는 자는 현존하는 《후한서》, 《삼국지》를 읽지 않고 오

> 로지 무슨 사승(謝承), 화교(華嶠), 장영서(臧榮緖), 하법성(何法盛)이란 인물들의 것만 이야기한다. 제자백가를 공부하는 자는 현존하는 책을 읽지 않고 오로지 무슨 사라진 글이나 거짓되고 허망한《육자(鬻子)》,《연단자(燕丹子)》만을 이야기한다. 이와 같은 무리들은 정말로 본말이 전도되었으며, 크게 미혹되어 이해력이 떨어졌다고 할 수 있을 것이다.

양계초가 지적한 이러한 폐단은 처음 공부하는 사람들이 먼저 주의해야 할 문제임에 틀림없다. 중국의 역사를 연구하는 일을 가지고 이야기하자면, 오늘날 우리가 가장 아쉽게 여기는 것이 바로 1세기 초에서 3세기 초의 200년 동안의 역사적 사실이다. 범엽(范曄)의《후한서》가 너무 늦게 완성되었고, 또한 너무 간략해서 많은 자료들이 삭제되고 도태되었다. 또한 범엽 이전의 여러 학자가 지은《후한서》역시 이미 세상에 전하지 않게 된 지 오래이다. 따라서 후한 시기 역사적 사실의 전모를 고찰하기가 매우 어렵게 되었다. 이에《후한서》의 수집·보충 작업은 사라진 책을 수집하는 학자들의 주제가 되었다.

청나라 학자 요지인(姚之駰)은《후한서보일(後漢書補逸)》스물한 권에서《동관한기(東觀漢記)》와 사승, 설영(薛瑩), 장번(張璠), 화교, 사침(謝沈), 원산송(袁山松), 사마표(司馬彪) 등 여러 학자의 사라진 글들을 집록하였다. 왕문대(汪文臺)의《칠가후한서(七家後漢書)》스물한 권도 있다. 이러한 집본(輯本)들 가운데 어떤 자료들은 범엽의 책에 있는 부족한 부분을 보충하고 그 책의 오류를 수정할 수 있기 때문에 분명히 가치와 역할이 있다고 할 수 있다.

그러나 초학자들은 현존하는 범엽의 책을 한번 정독한 이후에야 저 이미 사라진 책들의 불완전하고 잘려 나간 부분들에 대해 참고할 수 있을 것이다. 그렇게 하지 않으면 가까운 것을 버리고 먼 것을 구하게 되며 호기심에 많은 것을 탐하게 되는데, 이는 스스로 지식을 쌓는 데 어떤 도움도 되지 않을 뿐만 아니라 학문을 하면서 취해야 할 절차도 아니다.

그리고 여기에서, 우리가 다른 전공 서적을 읽을 때에도 어떤 책을 기본적으로 읽어야 할지, 무슨 공부를 먼저 해야 할지, 어떤 것이 참고자료이고 어떤 것이 약간 늦추어도 되는 일인지를 가려야만 한다는 것을 유추할 수 있다. 성실하고 견실하게 몇 부의 책을 읽어야 자신에게 유익하다. 그래서 독서의 순서를 가지고 말하자면, 이전 사람들이 집일해 놓은 것이 비록 많지만, 초학자에게 이 작업은 공부하는 두 번째 순서에 둘 수 있을 듯하다.

직접 집일하는 것은 학문이 성숙한 이후의 일이다. 왜냐하면 독서량이 많지 않고 견문이 넓지 못하면, 비록 이 분야에 흥미를 느끼고 있더라도 많은 내용을 누락하는 것을 면치 못하기 때문이다. 게다가 이러한 작업은 일단 시작하면 아주 오랜 시간이 소요되고, 책 읽는 시간이 낭비되기 때문에 너무나 아깝다. 초학자는 여기에 너무 많은 힘을 들일 필요가 없으며, 일의 기초가 단단히 다져진 이후에 이 일을 다시 논해야 비교적 쉽게 착수할 수 있을 것이다.

역자 후기

# 역사문헌을 어떻게 오류 없이 읽을 것인가

'교독법(校讀法)'이라는 낯선 명칭이 책 제목에 붙어 있으니 거리감을 느끼는 독자도 있으리라. 장순휘 선생의 《중국고대사적교독법(中國古代史籍校讀法)》에 담긴 문제의식을 한마디로 요약하자면, '역사문헌을 어떻게 오류 없이 읽을 것인가'라고 할 수 있다. 글자의 이해부터 판본을 비교하는 교감(校勘)까지 가장 기초적인 훈련과 학습을 제공하는 것이 바로 이 책이다. 제발 책 제목 때문에 멀어지지 말고, 차례라도 한번 훑어보시기 바란다. 그러면 생각이 달라질 것이다.

처음에 나 역시 책 제목을 보고 침울했다. '중국고대사적교독법'이라니. 제목을 어디서 끊어 읽어야 할지도 선뜻 들어오지 않는 책이었다. 고색창연하다 못해 고리타분하다는 게 이 책에 대한 솔직한 나의 첫인상이었다. 그랬던 인상은 한 장 한 장 책장을 넘기는 과정에서, 처음에는 고개를 끄덕이다가, 차츰 부끄러워지다가, 또 감동도 받다가, 결국 이 책은 인문학이나 고전학을 공부하는 학생들이 학부 때 꼭 읽어야 한다는 생각에 이르렀다.

책 제목부터 보자. 책에서 다루는 고전의 산출 지역이 '중국'인 듯하지만, 우리가 알다시피 중국은 문화유산에 관한 한, 특히 전적(典籍)에 관한 한 동아시아 또는 아시아를 의미한다고 해도 과언이 아니다. 사서오경을 비롯한 유가(儒家) 경전만이 아니라 불교와 도가 경전들도 중국에서 저술되어 세계로 퍼졌다. 그래서 번역본에서는 굳이 '중국'이라는 단어를 뺐으며, 사적(史籍)이라는 단어도 우리 독자들이 이해하기 쉽도록 '역사문헌'이라 했다.

이 책에서 장순휘 선생이 다루는 시기가 '고대'인 듯하지만, 그것은 단지 '지금〔今〕'과 대비했을 때의 '옛날〔古〕'이란 뜻이다. 전통적으로 고-금을 대비하던 어법을 따른 것뿐이지, 무슨 그리스 로마 시대나 춘추 전국 시대라는 의미의 고대사회가 아니다. 이 책에는 삼대(三代)부터 춘추 전국 시대를 거쳐, 송(宋)·명(明)·청(淸)의 서적과 그에 대한 연구가 망라되어 있다.

한편 '사적(史籍)', '역사문헌'이라고 해서 역사 서적만 다루는 것으로 오해하지 않았으면 한다. 경(經)·사(史)·자(子)·집(集), 사부(四部)의 모든 서적이 대상이다. 오히려 저자는 경·사·자·집 중 어느 한 분야에만 집착하지 말고 비판적으로 서로 비교, 활용해야 한다고 강조한다.

이 책은 경·사·자·집을 망라하여 판본에 착오가 있는지 주의해야 하고, 무엇보다 교감에 주의를 기울여야 한다고 거듭 설명하고 있다. 이 책은 통론(通論), 분론(分論), 부론(附論) 등 세 부분으로 이루어져 있다. 제1편에서는 역사문헌 교독의 기본 조건을 통론하고, 글자 이해에서 시작하여 판본(板本) 변별에서 나타나는 여러 문제를 다루었다. 제2편에서는 교서라는 측면에서 나타나는 문제를 논의했다. 제3편에서는 독서라는 측면에서의 문제를 논의했으며, 제4편에서는 진위 판별과 자료 수집의 측면에서 나타나는 문제를 다루었다.

사서오경 또는 정사(正史)에 비교적 눈이 익고, 또 그에 대한 주석을 통해 글자의 쓰임, 변용, 교감 등에 대해 어느 정도 알고 있다고 생각했던 역자는 번역을 해 가면서 많은 생각을 내려놓아야 했다. 정말이지 모르는 게 너무 많다고 인정할 수밖에 없었다.

《사기(史記)》 권47 〈공자세가(孔子世家)〉 첫 대목에서, 신(愼) 자가 '신중하다'라는 말이 아니라 '천장(淺葬)하다'라는 뜻의 빈(殯) 자와 같다는 것을 몰라서, 사마천(司馬遷)은 "공자는 자신의 아버지 묘소가 있는 곳을 궁금해했지만 어머니가 확실히 대답해 주지 않았다."라고 기록하지 않았는가. 물론 정현(鄭玄)도 사마천을 따라서 해석했고, 송(宋)나라 《예기집설(禮記集說)》의 편찬자 진호(陳澔), 《수사고신록(洙泗考信錄)》의 최술(崔述)도 오류의 전철을 되밟았다. 이 오류는 청(淸)나라 옹정(雍正) 연간

(1723~1735)에 손호손(孫濩孫)이 지은 《단궁논문(檀弓論文)》에 이르러 바로잡혔지만, 여전히 요즘도 사마천과 정현의 오류를 반복하고 있다.

이는 오히려 소소한 사례에 불과하다. 글자부터 교감까지 학자가 지녀야 할 언어능력(philology)의 필요성을 일반적이면서도 격조 있게 제시한 공로는 차라리 후학에게는 후은(厚恩)이라고 하겠다. 그래서 예의 버릇대로 다 읽고 난 뒤 나는 자문했다. '이 책을 읽은 소감을 말해 보라.' 나는 두 가지라고 대답했다.

첫째, 이제라도 이 책을 읽은 것이 다행이다.

둘째, 재미있다.

얼마 전, 성균관대 대동문화연구원에서 간행한 경학자료집성 중 사서(四書) 부문에 대해 중국에서 표점, 교감한 판본이 수입된 것을 본 적이 있다. 얼핏 보니, 표점이나 교감 모두 수준이 높지 않았다. 대부분 조선 시대 학자들의 사서 연구인 만큼 중국 연구자들이 교감이나 표점을 잘하기는 어려울 것이다.

그러나 순간, 이런 자료조차 한국 내에서 하지 못하고 중국 연구자들 손에서 표점, 교감이 이루어지게 놔두었나, 하는 생각이 들었다. 물론 중국에서 역수입된 조선 학자들의 사서 교감본 얘기를 꺼내는 이유는 단순히 교감, 표점을 누가 먼저 했느냐는 걸 따지자는 것이 아니다. 고전 연구의 기초를 닦는 일에서 우리 학계가 뒤처진 느낌이 들었고, 불안한 마음이 들었기 때문이다.

특정 언어로 옮기는 번역이 그 언어를 사용하는 사람들을 위한 국내용이라면, 표점과 교감은 적어도 그 원자료를 사용하는 사람이면 누구나 이용하게 마련인 국제용이라는 차이가 있다. 이런 사례가 계속된다면 누가 경학자료집성에 실린 학술적 보물이 조선 문화(文華)의 산물임을 알 것인가.

현재 역자는 몇몇 학자들과 《율곡전서》 정본화에 몰두하고 있다. 종종

《율곡전서》에 무슨 문제가 있느냐며 정본화에 회의적인 분들도 있는데 역자 역시 처음에는 그렇게 생각했다. 어련히 잘 정리되어 있으려니 했던 것이다. 그러나 비교적 이른 시기에 율곡이 세상을 떴고, 이어 전란을 겪으면서 문집을 수습하기가 용이하지 않아서인지 실제로 검토해 보니 예상치 못한 오류, 설마 하는 수준의 오류나 편집 실수도 상당히 발견되었다.

이와 같은 정본화를 위한 '검토' 과정을 살피는 것이 이 책에서 다루는 교감, 교독이다. 《율곡전서》 정본화를 시작했지만, 표점부터 교감까지 우리는 스스로 배워 가면서 해야 했다. 여기에는 한국고전번역원에서 출간한 《교감학개론》(신승운 역), 《고적정리개론》(김언종 역), 《한문표점기법》(박은희 역) 등이 큰 도움이 되었다. 새삼 기초 소양의 부족을 절감하였다. 몇 년 전 《추안급국안(推案及鞫案)》을 번역하면서 실록 등 연대기와 대비했을 때 산삭(刪削)으로 인한 사건 오류의 사례를 발견하였는데, 이를 어떻게 정리하여 제시해야 할지 몰라서 허둥대던 기억도 아울러 떠올랐다. 장순휘 선생의 이 책이 후배들의 소양을 채워 주고 막막함을 덜어 주었으면 한다.

학부 1학년 때부터 나와 공부하는 인연을 맺은 이대우 군이 유학 도중 잠시 귀국하여 머무는 동안 나와 함께 이 책을 번역하였다. 오래 같이 있지 못하고 남경대로 떠났지만 그가 훌륭한 역사학자, 고전학자로 성장하리라 확신한다. 또 함께 공부할 기회가 있으리라는 희망으로 역자후기를 같이 쓰지 못하는 아쉬움을 달래 본다.

을미년(2015) 9월 1일

오항녕

## 지은이

### 장순휘(1911~1992)

중국 호남성(湖南省) 원강현(沅江縣) 출신이다. 청나라 건륭제(乾隆帝)와 가경제(嘉慶帝) 시대의 고증학과 경세치용학을 숭상하는 학자로서 난주대학(蘭州大學) 중문과 교수를 역임하였다. 문자학·음운학·훈고학을 기본으로, 판본과 목록, 교감, 고증에 뛰어나 경학과 문자학, 사학 등 여러 영역에서 고루 성취한 바가 크다. 중화인민공화국이 건국된 뒤에 화중대학(華中大學) 교수, 화중사범대학 교수, 역사문헌연구소장, 중국역사문헌연구학회 1~3대 회장을 역임했다. 저서로는《광교수략(廣校讎略)》,《중국문헌학(中國文獻學)》,《정학총저(鄭學叢著)》,《청인문집별록(淸人文集別錄)》,《설문해자약주(說文解字約注)》,《중화인민통사(中華人民通史)》 등이 있다.

## 옮긴이

### 오항녕

고려대학교 사학과에서 조선 시대 사관제도를 연구하여 박사학위를 받았고, 태동고전연구소에서 한학을 공부하였다. 국가기록원 팀장, 국가기록관리위원회 전문위원을 지냈고, 전주대학교 역사문화콘텐츠학과 교수로 재직하고 있다. 조선왕조실록 등 역사기록의 성격, 성리학의 경세론, 기억과 시간을 주제로 연구하고 있다. 저서로《밀양 인디언》,《광해군, 그 위험한 거울》,《조선의 힘》,《기록한다는 것》,《한국사관제도성립사(韓國史官制度成立史)》,《조선초기 성리학과 역사학》 등이 있다. 역서로《대학연의(大學衍義)》《사통(史通)》,《영종대왕실록청의궤(英宗大王實錄廳儀軌)》,《문곡집(文谷集)》,《존재집(存齋集)》 등이 있다.

# 역사문헌교독법

장순휘(張舜徽) 지음 | 오항녕 옮김

2015년 10월 30일 초판 1쇄 발행
발행인 이명학 | 발행처 한국고전번역원
등록 2008. 3. 12. 제300-2008-22호
주소 (03000) 서울시 종로구 비봉길 1
전화 02-6263-0464 | 팩스 02-6339-0724 | 홈페이지 www.itkc.or.kr

책임편집 강옥순 | 편집진행 박정열
편집교정 송숙희 | 조판 김지현 | 제작 김형석
디자인 황재성 · 이가영 | 인쇄 ㈜삼우아트
값 20,000원
ISBN 978-89-284-0322-6 94010
978-89-284-0215-1 (세트)
* 이 책은 2015년도 교육부 고전번역사업비로 출간한 것임.